명유학안 역주明儒學案譯註

An Annotated Translation of “Records of the Ming Scholars”

【3권】

명유학안 역주【3권】明儒學案譯註 三
An Annotated Translation of "Records of the Ming Scholars"

—

1판 1쇄 인쇄 2023년 11월 6일
1판 1쇄 발행 2023년 11월 15일

—

저 자 | 황종희黃宗羲
역주자 | 한정길 · 윤상수
발행인 | 이방원
발행처 | 세창출판사
신고번호 · 제1990-000013호
주소 · 서울 서대문구 경기대로 58 경기빌딩 602호
전화 · 02-723-8660 팩스 · 02-720-4579
http://www.sechangpub.co.kr | e-mail: edit@sechangpub.co.kr

—

ISBN 979-11-6684-241-2 94150
979-11-6684-238-2 (세트)

—

이 역주서는 2018년 대한민국 교육부와 한국연구재단의 지원을 받아 수행된 연구임.
(NRF-2018S1A5A7032306)

—

이 책은 한국연구재단의 지원으로 세창출판사가 출판, 유통합니다.

명유학안 역주明儒學案譯註

An Annotated Translation of "Records of the Ming Scholars"

【3권】

황종희黃宗羲 저

한정길 · 윤상수 역주

세창출판사

• 명유학안 3권 차례

• 명유학안 역주 전체 차례

명유학안 7권

명유학안 권25, 남중왕문학안 1明儒學案 卷二十五, 南中王門學案 一
명유학안 권26, 남중왕문학안 2明儒學案 卷二十六, 南中王門學案 二
명유학안 권27, 남중왕문학안 3明儒學案 卷二十七, 南中王門學案 三
명유학안 권28, 초중왕문학안明儒學案 卷二十八, 楚中王門學案
명유학안 권29, 북방왕문학안明儒學案 卷二十九, 北方王門學案
명유학안 권30, 월민왕문학안明儒學案 卷三十, 粵閩王門學案
명유학안 권31, 지수학안明儒學案 卷三十一, 止修學案

명유학안 8권

명유학안 권32, 태주학안 1明儒學案 卷三十二, 泰州學案 一
명유학안 권33, 태주학안 2明儒學案 卷三十三, 泰州學案 二
명유학안 권34, 태주학안 3明儒學案 卷三十四, 泰州學案 三

명유학안 9권

명유학안 권35, 태주학안 4明儒學案 卷三十五, 泰州學案 四
명유학안 권36, 태주학안 5明儒學案 卷三十六, 泰州學案 五

명유학안 10권

명유학안 권37, 감천학안 1明儒學案 卷三十七, 甘泉學案 一
명유학안 권38, 감천학안 2明儒學案 卷三十八, 甘泉學案 二
명유학안 권39, 감천학안 3明儒學案 卷三十九, 甘泉學案 三

명유학안 11권

명유학안 권40, 감천학안 4明儒學案 卷四十, 甘泉學案 四
명유학안 권41, 감천학안 5明儒學案 卷四十一, 甘泉學案 五
명유학안 권42, 감천학안 6明儒學案 卷四十二, 甘泉學案 六

명유학안 12권

명유학안 권43, 제유학안 상1明儒學案 卷四十三, 諸儒學案 上一
명유학안 권44, 제유학안 상2明儒學案 卷四十四, 諸儒學案 上二
명유학안 권45, 제유학안 상3明儒學案 卷四十五, 諸儒學案 上三
명유학안 권46, 제유학안 상4明儒學案 卷四十六, 諸儒學案 上四

명유학안 13권

명유학안 권47, 제유학안 중1明儒學案 卷四十七, 諸儒學案 中一
명유학안 권48, 제유학안 중2明儒學案 卷四十八, 諸儒學案 中二
명유학안 권49, 제유학안 중3明儒學案 卷四十九, 諸儒學案 中三

명유학안 14권

명유학안 권50, 제유학안 중4明儒學案 卷五十, 諸儒學案 中四
명유학안 권51, 제유학안 중5明儒學案 卷五十一, 諸儒學案 中五
명유학안 권52, 제유학안 중6明儒學案 卷五十二, 諸儒學案 中六

명유학안 15권

명유학안 권53, 제유학안 하1明儒學案 卷五十三, 諸儒學案 下一
명유학안 권54, 제유학안 하2明儒學案 卷五十四, 諸儒學案 下二
명유학안 권55, 제유학안 하3明儒學案 卷五十五, 諸儒學案 下三
명유학안 권56, 제유학안 하4明儒學案 卷五十六, 諸儒學案 下四
명유학안 권57, 제유학안 하5明儒學案 卷五十七, 諸儒學案 下五

명유학안 16권

명유학안 권58, 동림학안 1明儒學案 卷五十八, 東林學案 一
명유학안 권59, 동림학안 2明儒學案 卷五十九, 東林學案 二
명유학안 권60, 동림학안 3明儒學案 卷六十, 東林學案 三
명유학안 권61, 동림학안 4明儒學案 卷六十一, 東林學案 四

명유학안 17권

명유학안 권62, 즙산학안明儒學案 卷六十, 蕺山學案
명유학안 부안明儒學案 附案

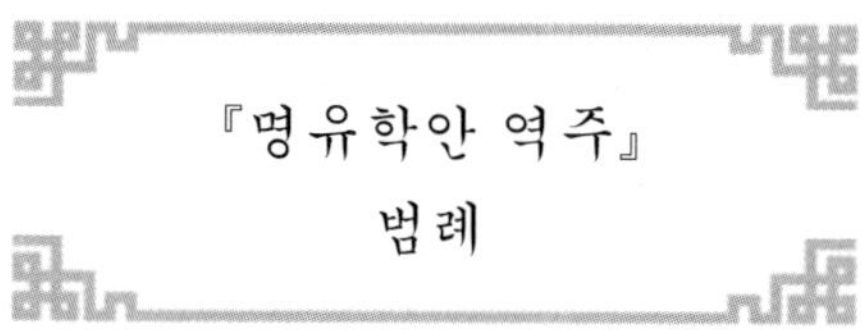

『명유학안 역주』 범례

1. 역주 저본

❶ 참고 저본: 황종희(黃宗羲) 저, 심지영(沈芝盈) 점교(點校), 『명유학안(明儒學案)』 상하(上下) 수정본(修訂本), 북경: 중화서국(中華書局), 2008.

❷ 대조본: 사고전서본 『명유학안』과 해당 개별 문집.

2. 표점과 교감

❶ 저본의 표점을 사용하고, 일부 부호를 변경하였다. 판본에 따라 글자가 다른 경우 역자의 판단에 따라 교감을 가하고 필요하다고 생각되는 경우 저본의 표점에 변경을 가하였다.

❷ 저본의 인용부호 (「 」), (『 』)를 (“ ”), (‘ ’)으로 표기하였다.

❸ 저본의 종지부호 (。)를 (.)로 표기하였다.

❹ 저본의 책명부호 (《》)를 (『 』)와 (「 」)로 표기하였다.

❺ 저본에서 작은 글자로 표기한 황종희의 원주는 원문과 번역문에서 모두 (【 】)로 변경하였다.

3. 역주 원칙

❶ 저본의 편제에 따라 단락마다 권-단락을 숫자로 표시하였다. 예컨대 “25-7”은 “제25권 南中學案 7번째 단락”을 의미한다.

❷ 저본의 한 단락이 길 경우, 역자의 판단에 따라 단락을 나누고 숫자를 붙이지 않았다. 따라서 숫자 표기가 없는 단락은 앞의 숫자 표기 단락의 한 부분임을 의미한다.

❸ 유종주(劉宗周)의 평어는 번역문에서 ‘[유종주평어]’의 표제어를 부가하였다.

명유학안 권10, 요강학안

明儒學案 卷十, 姚江學案

|10-1| 명대 학술은 종전에는 선유의 기존 설[成說]을 익숙하게 익히기만 하고 자신에게 돌이켜 이해하고 그것을 미루어 지극히 은미한 뜻을 보지 못했으니, 이른바 "여기서도 주자를 서술하고, 저기서도 주자를 서술할 뿐이었다."[1] 고충헌(高忠憲: 高攀龍)[2]이 "설경헌(薛敬軒: 薛瑄)[3]과 여경야(呂涇野: 呂柟)[4]의 『어록』에는 모두 그다지 투철하게 깨달은 것이 없다."[5]라고 말한 것도 역시 이 때문이다. 요강(姚江: 王守仁)이 "양지는 사람들마다 지금 가지고 있으

|10-1| 有明學術, 從前習熟先儒之成說, 未嘗反身理會, 推見至隱, 所謂"此亦一述朱, 彼亦一述朱"耳. 高忠憲云: "薛敬軒·呂涇野『語錄』中, 皆無甚透悟." 亦爲是也. 自姚江指點出"良知人人現

1 여기서도 주자를 … 서술할 뿐이었다: 黃宗羲, 『黃宗羲全集』 第一冊 「孟子師說」, 「題辭」, 48쪽에 보인다.; 宋·陳亮, 『龍川集』 권20, 「壬寅答朱元晦秘書」, "此亦一述朱耳, 彼亦一述朱耳."

2 고충헌(高忠憲): 『明儒學案』 권58, 「東林學案1」.

3 설경헌(薛敬軒): 『明儒學案』 권7, 「河東學案上」.

4 여경야(呂涇野): 『明儒學案』 권8, 「河東學案下」.

5 설경헌(薛敬軒: 薛瑄)과 여경야(呂涇野: 呂柟) … 것이 없다: 『高子遺書』 권5, 「會語」. "薛文淸呂涇野二先生語錄中, 無甚透悟語."

므로 한번 돌이켜 살피면 스스로 터득하게 된다"는 점을 지적해 내면서부터 사람들마다 성인이 되는 길을 지니게 되었다. 그러므로 요강이 없었다면 예로부터 내려오는 학맥이 끊겼을 것이다. 그러나 '치양지'라는 한마디 말이 양명 만년에 나와 배우는 이들과 함께 그 취지를 깊이 연구하지 못해서 뒤의 제자들이 각자 자기의 의견을 뒤섞어 현묘하게 말하여 거의 사복射覆[6]처럼 되었으니 더 이상 양명이 말한 본의는 아니었다.[7]

선생은 격물에 대해서 "내 마음 양지의 천리를 사사물물에서 남김없이 실행하여 사사물물이 모두 그 리를 얻게 되는 것이다."[8]라고 하였다. 그리고 성인께서 사람에게 가르친 것은 단지 하나의 행行이기 때문에 널리 배우고, 자세히 묻고, 신중히 생각하고, 밝게 변별하는 것이 모두 행이요, 독실하게 행하는 것은 이 몇 가지를 그치지 않고 행하는 것이다. 선생이 사물에서 남김없이 실행한다[致]고 할 때의 '치致'

在, 一反觀而自得", 便人人有個作聖之路. 故無姚江, 則古來之學脈絶矣. 然'致良知'一語, 發自晩年, 未及與學者深究其旨, 後來門下各以意見攙和, 說玄說妙, 幾同射覆, 非復立言之本意.

先生之格物, 謂"致吾心良知之天理於事事物物, 則事事物物皆得其理." 以聖人教人只是一個行, 如博學・審問・愼思・明辨皆是行也. 篤行之者, 行此數者不已是也. 先

---

6 사복(射覆): 그릇 속에 물건을 숨겨 두고 무엇인지 알아맞히는 유희.

7 '치양지'라는 한마디 … 본의는 아니었다: 황종희 이전에 이런 관점을 취한 이들이 있다. 『明儒學案』 권20, 「江右王門學案五」, 〈太常王塘南先生時槐・語錄〉, 482쪽. "'致良知'一語, 惜陽明發此於晩年, 未及與學者深究其旨. 先生沒後, 學者大率以情識爲良知, 是以見諸行事, 殊不得力. 羅念菴乃擧未發以究其弊, 然似未免於頭上安頭."

8 내 마음 … 되는 것이다: 『傳習錄』 「答顧東橋書」, 제135조. "若鄙人所謂致知格物者, 致吾心之良知於事事物物也. 吾心之良知, 卽所謂天理也. 致吾心良知之天理於事事物物, 則事事物物皆得其理矣. 致吾心之良知者, 致知也. 事事物物皆得其理者, 格物也."

자는 곧 '행行' 자의 의미이니, 그로써 공허하게 리를 궁구하여 단지 지적 측면에서만 분명한 이해를 추구하는 것의 오류를 바로잡았다. 그러나 뒤의 학자들은 억측하고 상상하여 본체를 보려고 하고, 단지 지식의 측면에서 본령을 세우고, 그것을 양지라고 여긴다. 그렇다면 선생이 어째서 격물궁리의 가르침을 그대로 따라서 먼저 안 뒤에 행하지 아니하고, 굳이 스스로 하나의 학설을 만들고자 했겠는가?

「천천문답」에서 "선도 없고 악도 없는 것은 마음의 본체이고, 선도 있고 악도 있는 것은 의意의 움직임이며, 선을 알고 악을 아는 것은 양지이고, 선을 행하고 악을 제거하는 것은 격물이다."[9]라고 하였다. 지금 그것을 풀이하는 이는 "심체에 선도 없고 악도 없는 것은 성이고, 이로부터 발하여 선도 있고 악도 있는 의가 되며, 이로부터 선과 악을 분별하는 지가 있게 되고, 이로부터 선을 행하고 악을 제거하는 격물이 있게 된다."라고 하였다. 층층이 안으로부터 밖으로 나아가 일체가 모두 거친 체계인지라 양지는 이미 뒤에 처져서 사려하지 않고도 아는 본연이 아니므로 등정우(鄧定宇:

生致之於事物, 致字卽是行字, 以救空空窮理, 只在知上討個分曉之非. 乃後之學者測度想像, 求見本體, 只在知識上立家儅, 以爲良知, 則先生何不仍窮理格物之訓, 先知後行, 而必欲自爲一說耶?

「天泉問答」: "無善無惡者心之體, 有善有惡者意之動, 知善知惡是良知, 爲善去惡是格物." 今之解者曰: "心體無善無惡是性, 由是而發之爲有善有惡之意, 由是而有分別其善惡之知, 由是而有爲善去惡之格物." 層層自內而之外, 一切皆是粗機, 則良知已

9 선도 없고 … 것은 격물이다: 『傳習錄』「黃省曾錄」, 제315조. "丁亥年九月, 先生起復征思· 田. 將命行時, 德洪與汝中論學. 汝中擧先生教言, 曰: 「無善無惡是心之體, 有善有惡是意之動, 知善知惡是良知, 爲善去惡是格物."

鄧以讚)[10]는 그것을 임시방편으로 논한 것이라고 여겼다.[11]

실제로 '선도 없고 악도 없다는 것'은 선한 생각[善念]도 없고 악한 생각[惡念]도 없다는 것일 뿐이지, 본성에 선도 없고 악도 없음을 말하는 것이 아니다. 아래 구절에 의意에 선도 있고 악도 있다는 것도 역시 선한 생각도 있고 악한 생각도 있다는 것일 뿐이니, 두 구절은 단지 '동정動靜' 두 글자로 표현하면 완전해진다.[12] 다른 날 설간薛侃[13]에게 "선도 없고 악도 없는 것은 리의 고요함이요, 선도 있고 악도 있는 것은 기의 움직임이다."[14]라고 말한 것이 바로 이 두 구절, 즉 "無善無惡者心之體, 有善有惡者意之動"의 의미이다. 이른바 '선을 알고 악을 안다'는 것은 의意가 움직여 선과 악이 나타난 뒤에 그것을 좇아서 선과 악을 분별하는 것이 지知라는 말이 아니다. '지'도 단지 성의誠意 속에 있는 좋아함과 미워함으로써, 선은 기

落後着, 非不慮之本然, 故鄧定宇以爲權論也.

其實無善惡者, 無善念惡念耳, 非謂性無善無惡也. 下句意之有善有惡, 亦是有善念有惡念耳, 兩句只完得動靜二字. 他日語薛侃曰: "無善無惡者理之靜, 有善有惡者氣之動." 卽此兩句也. 所謂知善知惡者, 非意動於善惡, 從而分別之爲知, 知亦只是誠意中之好惡, 好必於善, 惡必於惡, 孰是孰非而不容已者, 虛

---

10 등정우(鄧定宇): 『明儒學案』 권21, 「江右王門學案6」.

11 그것을 임시방편으로 … 것이라고 여겼다: 『明儒學案』 권21, 「江右王門學案六」, 「文潔鄧定宇先生以讚」, 490쪽. 謂"陽明知是知非爲良知, 特是權論."

12 두 구절은 … 표현하면 완전해진다: 무선무악(無善無惡=無善念惡念)은 정(靜), 유선유악(有善有惡=有善念有惡念)은 동(動)으로 달리 표현할 수 있다는 의미이다.

13 설간(薛侃): 『明儒學案』 권30, 「粵閩王門學案」.

14 선도 없고 … 기의 움직임이다: 『傳習錄』 「薛侃錄」, 제101조. "無善無惡者理之靜, 有善有惡者氣之動. 不動於氣, 卽無善無惡, 是謂至善."

필코 좋아하려고 하고, 악은 기필코 미워하려고 하여, 무엇이 옳고 무엇이 그른지를 판단하면서 좋아하고 미워함을 그만둘 수 없는 것이니, 텅 비고 영명하여 어둡지 않은[虛靈不昧] 성체性體이다. 선을 행하고 악을 제거하는 것은 단지 본성을 따라서 행하는 것이니, 자연히 선악이 끼어들 것이 없다. 선생의 말한 "사사물물에서 내 마음의 양지를 남김없이 실행한다."[15] 라는 것이 그 말이다. 네 구절은 본래 병통이 없는데, 배우는 이들이 문장의 취지를 오해했다. 저 무선무악으로 성性을 말하는 사람은[16] 무선무악이 바로 지선이라고 말한다. 선은 하나인데 유선有善의 선이 있고, 무선無善의 선이 있다면 성性의 종자種子를 끊어 없애는 것이 아니겠는가? 저 발용처에서 양지를 구하는 자들은[17] 이발을 미발로 여기고, 사람들에게 화和를

靈不昧之性體也. 爲善去惡, 只是率性而行, 自然無善惡之夾雜. 先生所謂"致吾心之良知於事事物物也" 四句, 本是無病, 學者錯會文致. 彼以無善無惡言性者, 謂無善無惡斯爲至善. 善一也, 而有有善之善, 有無善之善, 無乃斷滅性種乎? 彼在發用處求良知者, 認已發作未發, 教人在致和❶上着力, 是指月者不

15 사사물물에서 … 남김없이 실행한다: 『傳習錄』「答顧東橋書」, 제135조. "吾心之良知, 即所謂天理也. 致吾心良知之天理於事事物物, 則事事物物皆得其理矣. 致吾心之良知者, 致知也. 事事物物皆得其理者, 格物也."

16 저 무선무악으로 … 말하는 사람은: 예를 들면 周汝登과 같은 사람이 그렇다. 『明儒學案』 권36, 「泰州學案五」, 「尚寶周海門先生汝登」, "乃先生建立宗旨, 竟以性爲無善無惡, 失卻陽明之意. 而曰'無善無惡, 斯爲至善', 多費分疏, 增此轉轍. 善一也, 有有善之善, 有無善之善, 求直截而反支離矣."

17 저 발용처에서 … 구하는 자들은: 예를 들면 王畿, 歐陽德과 같은 사람들이다. 『黃宗羲全集』 10冊, 「董吳仲墓誌銘」(467쪽), "中庸言致中和, 考亭以存養爲致中, 省察爲致和, 故中和兼致; 王龍溪從日用倫物之應感, 以致其明; 歐陽南野以感應變化爲良知, 是致和而不致中."

❶ 和: 『명유학안』에는 '知'로 되어 있으나 『황종희전집』에 근거하여 '和'로 고친다. 발용상의 공부를 주장하는 이들은 '和'를 이루고자 하기 때문이다. 『黃宗羲全集』 10冊, 董

이루는 데 힘을 쓰게 하였다. 이것은 달을 가리키는 자가 하늘 위의 달은 가리키지 않고 지상의 (강에) 비치는 달을 가리키는 것이니, 구하면 구할수록 양지와는 멀어지게 된다. 내 설을 얻어 간직한 뒤에야 선생에게 병폐가 없음을 알게 될 것이다.

指天上之月, 而指地上之光, 愈求愈遠矣. 得羲說而存之, 而後知先生之無弊也.

吳仲墓誌銘(467쪽) 참고.

문성 양명 왕수인 선생

文成王陽明先生守仁

|10-2| 왕수인王守仁은 자가 백안伯安이고, 배우는 이들이 양명 선생이라고 불렀으며, 여요餘姚 사람이다. 부친은 왕화王華[1]이고, 성화成化 신축년(1481)에 진사에 장원 급제했으며, 벼슬은 남경이부상서에 이르렀다. 선생은 잉태한 지 14개월 만에 태어났는데, 조모 잠씨岑氏가 신인이 구름 속에서 아이를 건네주는 꿈을 꾸었기에 이름을 운雲이라고 하였다. 다섯 살이 되도록 말을 하지 못했는데, 어떤 기이한 스님이 지나가다가 "애석하게도 천기를 누설하였구나."라고 말하였다. 비로소 지금 이름인 수인으로 고쳤다. 호방하여 얽매이지 않았으며, 15세에 변방의 바깥쪽을 마음껏 구경하다가

|10-2| 王守仁字伯安, 學者稱爲陽明先生, 餘姚人也. 父華, 成化辛丑進士第一人, 仕至南京吏部尚書. 先生娠十四月而生, 祖母岑夫人夢神人送兒自雲中至, 因命名爲雲. 五歲, 不能言, 有異僧過之曰: 「可惜道破.」 始改今名. 豪邁不羈, 十五歲, 縱

1 왕화(王華): 1446-1522. 자는 德輝, 호는 實庵 또는 海日翁이며, 龍山 선생이라고도 불린다. 절강 여요 사람이다. 成化 17년(1481)에 진사에 장원급제하였으며, 翰林院修撰, 任翰林院學士, 詹事府右春坊右諭德, 詹事府少詹事, 禮部右侍郎, 南京吏部尚書 등을 역임하였다. 저술로는 『龍山稿』, 『垣南草堂稿』, 『禮經大義』 등이 있다.

한 달이 지나서야 돌아왔다. 18세에 광신廣信을 지나다 누일재(婁一齋: 婁諒)[2]를 찾아뵙고, 개연히 배움을 통하여 성인이 될 수 있다고 여겼다. 홍치弘治 기미년(1499)에 진사에 급제하고 형부주사에 제수되었다가 병부로 옮겼다. 역적 유근劉瑾이 황제의 명을 날조하여 남경 과도관科道官을 체포하자 선생이 상소를 올려 그들을 구제하려고 하였으나 조옥詔獄[3]에 갇혀 정장廷杖 40대를 맞고 귀주貴州 용장龍場의 역승으로 좌천되었다. 유근이 사람을 보내어 추적하여 위해危害를 가하려고 하자 선생은 물에 빠진 것처럼 위장하여 위험에서 벗어나 용장에 이를 수 있었다.

觀塞外, 經月始返. 十八歲, 過廣信, 謁婁一齋, 慨然以聖人可學而至. 登弘治己未進士第, 授刑部主事, 改兵部. 逆瑾矯旨逮南京科道官, 先生抗疏救之, 下詔獄, 廷杖四十, 謫貴州. 龍場驛丞. 瑾遣人跡而加害, 先生托投水脫去, 得至龍場.

유근이 주살되자 여릉 지현廬陵知縣이 되었다가, 이부吏部의 주사主事·원외랑員外郎·낭중郎中을 역임하고 남경태복시경南京太僕寺少卿·홍려시경鴻臚寺卿에 올랐다. 당시에 건주虔州와 민주閩州가 불안하자 병부상서 왕경王瓊이 특별히 선생을 좌첨도어사左僉都御史에 기용하여 남주南州와 공주贛州를 순무하게 했다. 얼마 되지 않아 장남漳南·횡수橫水·통강桶岡·대모大帽·이두浰頭 지역의 여러 도적들을 평정했다. 기묘년(1519) 6월에 황제의 명을 받들어 복건福建 반

瑾誅, 知廬陵縣, 歷吏部主事·員外郎·郎中, 陞南京太僕寺少卿·鴻臚寺卿. 時虔·閩不靖, 兵部尚書王瓊特擧先生以左僉都御史巡撫南·贛. 未幾, 遂平漳南·橫水·桶岡·大帽·浰頭

2 누일재(婁一齋): 『明儒學案』 권2, 「崇仁學案2」.

3 조옥(詔獄): 조칙을 받아 범죄자를 가두는 감옥.

란군의 죄상을 조사하여 처단했다. 풍성豊城에 이르렀을 때 신호宸濠가 반란을 일으켰다는 소식을 듣고 길안吉安으로 돌아가 군사를 일으켜 토벌하였다. 신호가 안경安慶을 포위하자 선생이 (신호의 본거지인) 남창南昌을 깨뜨렸다. 신호가 군사를 돌려 자신의 본거지를 구하려고 (돌아왔는데), 초사樵舍에서 그를 만나 세 차례 싸운 끝에 신호를 사로잡았다.

諸寇. 己卯六月, 奉敕勘處福建叛軍. 至豊城而聞宸濠反, 遂返吉安, 起兵討之. 宸濠方圍安慶, 先生破南昌, 濠返兵自救, 遇之於樵舍, 三戰, 俘濠.

무종이 군사를 이끌고 친히 정벌하자 소인배인 장충張忠과 허태許泰가 신호를 파양호鄱陽湖에 풀어놓았다가 무종이 접전한 뒤에 승전보를 올리기를 바랐다. 선생은 듣지 않고 밤을 틈타 옥산玉山으로 가서 절강浙江에 삼사三司를 집합시키고 신호를 태감 장영張永에게 넘겼다. 장영은 무종의 신임을 받고 있었기 때문에 소인배들이 꺼렸다. 강서의 순무를 겸하라는 명을 받았다. 또 이듬해에 남경병부상서에 오르고, 신건백新建伯에 봉해졌다.

武宗率師親征, 羣小張忠·許泰欲縱濠鄱湖, 待武宗接戰而後奏凱. 先生不聽, 乘夜過玉山, 集浙江三司, 以濠付太監張永. 張永者, 爲武宗親信, 羣小之所憚也. 命兼江西巡撫. 又明年, 陞南京兵部尚書, 封新建伯.

가정 임오년(1522)에 부친상을 당했다. 정해년(1527)에 원래 관직에 좌도어사를 겸직하여 사주思州와 전주田州로 출정하였다. 사주와 전주가 평정되자 군대를 돌려 팔채八寨와 단등협斷藤峡을 습격하여 도적을 깨부쉈다. 선생은 어렸을 때 꿈속에서 마복파[馬伏波, 후한(後漢)의 용장 마원(馬援)]의 사당을 알현하고 벽에다 시를 쓴 적이 있었다. 여기에 이르러 보니 길이 사

嘉靖壬午, 丁冢宰憂. 丁亥, 原官兼左都御史, 起征思·田. 思·田平, 以歸師襲八寨·斷藤峽, 破之. 先生幼夢謁馬伏波廟, 題詩於壁. 至是, 道出祠下,

당 아래로 났는데 놀랍게도 꿈속과 똑같았다. 당시에 선생은 이미 병이 깊어서 소를 올려 물러나기를 청하였다. 남안南安에 이르러 문인 주적周積이 병시중을 들었는데 남기실 말씀을 여쭈자 선생이 말했다. "이 마음이 광명한데 또 다시 무엇을 말하겠는가?" 잠시 뒤에 돌아가시니 가정 7년 무자년(1528) 11월 29일, 나이 57세였다.

恍如夢中. 時先生已病, 疏請告. 至南安, 門人周積侍疾, 問遺言, 先生曰: "此心光明, 亦復何言?" 頃之而逝, 七年戊子十一月二十九日也, 年五十七.

|10-3| 선생의 학문은 처음에는 사장詞章을 섭렵하고, 이어서 주자의 글을 두루 읽고 순서에 따라 사물의 이치를 궁구했어도 도리어 물리物理와 내 마음[吾心]이 끝내 둘로 갈라져서 들어갈 수 있는 데가 없었다. 이에 오랫동안 불교와 도교에 드나들었다. 급기야 오랑캐 땅에 살면서 곤경에 처하여 마음을 분발시키고 성격을 강인하게 함에 이르러서야 성인이 이런 상황에 처하신다면 달리 무슨 방법이 있을까를 생각하였다. 홀연히 격물치지의 취지를 깨달았으니, 성인의 도는 내 본성으로 충분하기에 밖에서 구할 필요가 없었다. 선생의 학문은 무릇 세 번 변해서야 비로소 그 도에 들어가는 문을 얻었던 것이다.

이 뒤로는 지엽을 다 버리고 한결같이 본원에 뜻을 두어 묵좌하여 마음을 맑게 하는 것[默坐澄心]을 배움의 요체로 삼았다. 미발지중未發之中이 있어야 비로소 발하여 절도에 맞는 화

|10-3| 先生之學, 始泛濫於詞章, 繼而徧讀考亭之書, 循序格物, 顧物理吾心終判爲二, 無所得入. 於是出入於佛·老者久之. 及至居夷處困, 動心忍性, 因念聖人處此更有何道? 忽悟格物致知之旨, 聖人之道, 吾性自足, 不假外求. 其學凡三變而始得其門.

自此以後, 盡去枝葉, 一意本原, 以默坐澄心爲學的. 有未發之中, 始能有發

[中節之和]가 있을 수 있으며,[4] 시청언동은 대체로 수렴을 위주로 하였고 발산은 부득이하였다.[5] 강우江右 이후로는 오로지 '치양지' 세 글자를 제시하였는데,[6] 묵식도 정좌에 의지하지 않았고, 마음도 맑게 할 필요가 없었으며, 익히지도 않고 사려하지 않아도 (언행으로) 나타나는 것에 저절로 천칙天則이 있었다. 대개 양지가 바로 미발지중이요,[7] 이 양지 이전에 달리 미발이 없으며, 양지가 바로 절도에 맞는 화[中節之和]요,[8] 이 양지 뒤에 다시 이발이 없다. 이 양지는 스스로 수렴할 수 있으니 다시 수렴을 위주로 할 필요가 없으며, 이 양지는 스스로 발산할 수 있으니 다시 발산을 기약할 필요가 없다.[9] 수렴이란 감感의 본체[體]요, 고

而中節之和, 視聽言動, 大率以收斂爲主, 發散是不得已. 江右以後, 專提'致良知'三字, 默不假坐, 心不待澄, 不習不慮, 出之自有天則. 蓋良知卽是未發之中, 此知之前更無未發; 良知卽是中節之和, 此知之後更無已發. 此知自能收斂, 不須更主於收斂; 此知自能發散,

4 미발지중(未發之中)이 있어야 … 수 있으며: 『傳習錄』「陸澄錄」, 제45조. "不可謂未發之中常人俱有. 蓋體用一源, 有是體, 卽有是用. 有未發之中, 卽有發而皆中節之和. 今人未能有發而皆中節之和, 須知是他未發之中亦未能全得."

5 시청언동은 대체로 … 발산은 부득이하였다: 『傳習錄』「陸澄錄」, 제54조. "精神 · 道德 · 言動, 大率收斂爲主, 發散是不得已. 天地人物皆然."

6 강우(江右) 이후로는 … 글자를 제시하였는데: 「연보」에 따르면 양명은 50세(1521년, 정덕 16년, 在江西)에 치양지설을 처음 제출한 것으로 알려져 있다.

7 대개 양지가 바로 미발지중이요: 『傳習錄』「答陸原靜書(又)」, 제155조. "性無不善, 故知無不良. 良知卽是未發之中, 卽是廓然大公, 寂然不動之本體, 人人之所同具者也."

8 양지가 바로 … 맞는 화[中節之和]요: 『傳習錄』「黃省曾錄」, 제304조. 問: "良知原是中和的, 如何卻有過不及?" 先生曰: "知得過不及處, 就是中和."

9 대개 양지가 … 필요가 없다: 『明儒學案』 권12, 「浙中王門學案二」, 「郎中王龍溪先生畿」, 238쪽. 先生謂"良知原是無中生有, 卽是未發之中. 此知之前, 更無未發, 卽是中節之和, 此知之後, 更無已發. 自能收斂, 不須更主於收斂, 自能發散, 不須更期於發散. 當下現成, 不假工夫修證而後得. 致良知原爲未悟者設, 信得良知過時, 獨往獨來, 如珠之走盤, 不待拘管而自不過其則也."

요하지만 움직이는 것이며, 발산이란 적연함[寂]의 작용[用]이요, 움직이지만 고요한 것이다. 앎[知]을 참되고 절실하며 독실하게 하는 것이 바로 행行이요, 행을 밝게 깨닫고 정밀히 살피는 것이 바로 앎[知]이니, 둘이 있는 것이 아니다.[10] 월越 땅에 머문 뒤로는[11] 지키는 것은 더욱 무르익고 얻은 것은 더욱 융화되어, 언제나 옳고 그름을 알고, 언제나 옳음도 없고 그름도 없이,[12] 입을 열면 곧바로 본심을 얻어서 다시 무언가에 의지하거나 일부러 모아들일 필요가 없었으니, 마치 붉은 태양이 하늘에서 만상을 다 비추는 것과 같았다. 이것이 학문이 이루어진 뒤에 또 이러한 세 차례의 변화가 있었던 것이다.[13]

不須更期於發散. 收斂者, 感之體, 靜而動也; 發散者, 寂之用, 動而靜也. 知之眞切篤實處卽是行, 行之明覺精察處卽是知, 無有二也. 居越以後, 所操益熟, 所得益化, 時時知是知非, 時時無是無非, 開口卽得本心, 更無假借湊泊, 如赤日當空而萬象畢照. 是學成之後

---

10 앎[知]을 참되고 … 것이 아니다: 『傳習錄』「答顧東橋書」, 제133조. "知之眞切篤實處卽是行, 行之明覺精察處卽是知. 知行工夫, 本不可離."

11 월(越) 땅에 머문 뒤로는: 양명은 51세(1522년, 가정 원년)에 아버지 용산공이 돌아가신 뒤로 越에 머문다.

12 언제나 옳고 … 그름도 없이: 『明儒學案』 권12, 「浙中王門學案二」, 「郎中王龍溪先生畿 · 語錄」, 248쪽. "良知二字, 是徹上徹下語. 良知知是知非, 良知無是無非. 知是知非卽所謂規矩; 忘是非而得其巧, 卽所謂悟也."

13 이것이 학문이 … 있었던 것이다: 일찍이 전덕홍은 왕양명의 학문 변천 과정을 '學三變'과 '敎三變'으로 정리한 바 있다. 『王陽明全集』 권41, 「刻文錄敍說」(錢德洪): "先生之學凡三變, 其爲敎也亦三變. 少之時馳騁於辭章, 已而出入於二氏, 繼乃居夷處困, 豁然有得於聖人之旨, 是三變而至於道也. 居貴陽時首於學者爲知行合一之說; 自滁陽後多敎學者靜坐; 江右以來始學致良知三字, 直指本體, 令學者言下有悟, 是敎亦三變也."
* "先生之學, 始泛濫於詞章 … 是學成之後又有此三變也"는 기본적으로 『王龍溪先生全集』 권2의 「滁陽會語」를 수정, 요약한 것이다. 다만 이 글에서 밝히고 있는 王畿의 견해는 "先師之學, 凡三變而始入於悟, 再變而所得始化而純"인 데 반해, 황종희는 전덕홍의 "先生之學凡三變, 其爲敎也亦三變"의 설을 따르고 있다. 그래서 황종희는

又有此三變也.

선생은 송대 유자의 후학들이 지식을 '지知'로 여겨서 "사람의 마음이 지니는 것은 명각明覺에 지나지 않고, 리는 천지만물이 함께 공유하는 것이므로 반드시 천지만물의 리를 다 궁구한 뒤에야 내 마음의 명각이 그것과 틈이 없이 혼연히 하나가 된다"고 말하는 것을 안타깝게 여겼다. 말로는 안과 밖이 없다고 하지만, 실제로는 전적으로 밖에서 보고 듣는 데 의지하여 마음의 영명함을 메꾸어 보충한 것이다.

先生憫宋儒之後學者, 以知識爲知, 謂"人心之所有者不過明覺, 而理爲天地萬物之所公共, 故必窮盡天地萬物之理, 然後吾心之明覺與之渾合而無間." 說是無內外, 其實全靠外來聞見以塡補其靈明者也.

선생은 성인의 학문은 심학이라고 생각하였다. 마음이 곧 리이기 때문에 치지와 격물의 가르침에 대해서도 "내 마음 양지의 천리를 사물마다에서 다 실행하면 사물들이 모두 그 리를 얻게 된다."[14]라고 말하지 않을 수 없었다. 지식을 '지知'로 여기면 경박하여 충실하지 않기 때문에 반드시 힘써 행하는 것[力行]을 공부로 삼아야 한다. 양지의 감응은 신묘하고 빨라서 기다림이 없다. 본심의 밝음이 곧 '지'요, 본심의 밝음을 속이지 않는 것이 바로 '행'이기에

先生以聖人之學, 心學也. 心卽理也, 故於致知格物之訓, 不得不言"致吾心良知之天理於事事物物, 則事事物物皆得其理." 夫以知識爲知, 則輕浮而不實, 故必以力行爲功夫. 良知感應神速, 無有

「滁陽會語」에서 學三變 · 敎三變說과 어긋나는 부분을 수정하고, 적절히 요약하면서 이 글을 구성하고 있다.

14 내 마음 … 얻게 된다: 『傳習錄』「答顧東橋書」, 제135조. "致吾心良知之天理於事事物物, 則事事物物皆得其理矣."

'지행합일'을 말하지 않을 수 없다. 그 주장의 대지大旨는 이것을 벗어나지 않는다. 그러나 어떤 사람은 불교의 본심설이 자못 심학에 가깝다고만 여기고, 유교와 불교의 경계가 단지 하나의 '리理'자임을 알지 못한다. 불교는 천지만물의 리에 대하여 일체를 도외시하여 다시 말하지 아니하고 단지 이 명각을 지키기만 한다. 반면에 세상의 유자들은 이 명각을 믿지 아니하고 천지만물에서 리를 구하니, 행하는 바는 전혀 다르다. 그러나 리를 천지만물에 귀속시키고, 명각을 내 마음에 귀속시킨 것은 동일하다. 밖에서 리를 찾는 것은 끝내 근원이 없는 물이요, 뿌리가 없는 나무라서 설령 본체상에서 합할지라도 이미 불필요한 과정을 거친 것이다. 그러므로 남의 집에 다니면서 불을 구걸하는 것은 눈을 감고 어두움을 응시하는 것[15]과 그 거리가 서로 멀지 않다.

선생께서 마음이 마음 된 까닭은 명각에 있지 않고 천리에 있음을 지적해 냈으나, 금경(金

等待, 本心之明卽知, 不欺本心之明卽行也, 不得不言'知行合一'. 此其立言之大旨, 不出於是, 而或者以釋氏本心之說, 頗近於心學, 不知儒釋界限只一理字. 釋氏於天地萬物之理, 一切置之度外, 更不復講, 而止守此明覺; 世儒則不恃此明覺, 而求理於天地萬物之間, 所爲絕異. 然其歸理於天地萬物, 歸明覺於吾心, 則一也. 向外尋理, 終是無源之水, 無根之木, 縱使合得本體上, 已費轉手, 故沿門乞火與合眼見闇, 相去不遠.

先生點出心之所以爲心, 不在明覺而

15 눈을 감고 어두움을 응시하는 것: 『楞嚴經』에 나온다.

鏡, 도를 비유)이 이미 땅에 떨어졌다가 다시 수습되어 마침내 유교와 불교의 경계를 산과 강처럼 아득히 멀어지게 만들었으니, 이것은 눈이 있는 사람이라면 모두 볼 수 있는 것이다. 시험 삼아 공자와 맹자의 말을 가지고 증험해 보자. 내 양지를 사물에 남김없이 실행하여 사물이 모두 그 이치를 얻는 것이 이른바 '사람이 도를 넓힐 수 있다'[16]는 것이 아니겠는가? 만약 (리가) 사물에 있다면 이것은 도가 사람을 넓히는 것이다. 고자告子가 의義를 밖에 둔 것[17]이 어찌 의를 없애고 돌아보지 않으려고 한 것이겠는가? (그) 역시 사물에서 그 의를 구하여 그것에 합하고자 한 것이니, 바로 세상의 유자들이 말하는 궁리와 같은 것이다. 맹자가 어찌하여 그것을 허여하지 않고 사단을 반드시 마음에 귀속시켰겠는가? 아! 쭉정이가 눈에 들어가 혼미해지고, 사방의 방위가 바뀐 뒤에야 선생을 의심할 수 있을 것이다. 융경 초에 신건후新建侯에 추증되었으며, 시호는 문성文成이다. 만력 연간에 황제의 명으로 공묘에 종사하고, '선유先儒 왕자王子'라고 칭하였다.

在天理, 金鏡已墜而復收, 遂使儒釋疆界渺若山河, 此有目者所共覩也. 試以孔・孟之言證之. 致吾良知於事物, 事物皆得其理, 非所謂人能弘道乎? 若在事物, 則是道能弘人矣. 告子之外義, 豈滅義而不顧乎? 亦於事物之間求其義而合之, 正如世儒之所謂窮理也, 孟子胡以不許之, 而四端必歸之心哉! 嗟乎, 糠秕眯目, 四方易位, 而後先生可疑也. 隆慶初, 贈新建侯, 謚文成. 萬曆中, 詔從祀孔廟, 稱'先儒王子'.

---

16 사람이 도를 … 수 있다: 『論語』「衛靈公」. 子曰, "人能弘道, 非道弘人."

17 고자(告子)가 의(義)를 … 둔 것: 『孟子』「告子上」. 告子曰, "食色, 性也. 仁, 內也, 非外也. 義, 外也, 非內也."

반규 허장 선생

許半圭先生璋

|10-4| 허장許璋은 자는 반규半圭이고, 월(越: 지금의 절강성) 지역의 상우上虞 사람이다. 순박한 자질을 지니고 어려운 상황에서도 힘써 노력하면서 성명性命의 학문에 잠심潛心하였다. 흰 도포에 짚신을 신고 이불 하나 끼고 길을 나서 영남嶺南으로 진백사(陳白沙: 陳獻章)[1]를 방문하려고 했다. 왕사여(王司輿: 王文轅)[2]가 그를 송별하면서 시를 지어 말했다. "지난해에 황석黃石을 만나더니 올해엔 백사를 방문하네." 초楚 땅에 이르러 백사의 문인 이승기李承箕[3]를 만나, 대애大厓산에서 봄 · 여름 · 가을 동안 머물면서 의심스럽고 어려운 것을 질의하고 토론

|10-4| 許璋字半圭, 越之上虞人. 淳質苦行, 潛心性命之學. 白袍草履, 挾一衾而出, 欲訪白沙於嶺南. 王司輿送之詩云: "去歲逢黃石, 今年訪白沙." 至楚, 見白沙之門人李承箕, 留大厓山中者三時, 質疑問難. 大厓語之以靜坐觀心,

1 진백사(陳白沙): 『明儒學案』 권5, 「白沙學案上」.

2 왕사여(王司輿): 아래 10-5 참고.

3 이승기(李承箕): 1452-1505. 자는 世卿, 호는 大厓로 楚의 嘉魚 사람이다. 成化 丙午에 擧人이 되었다. 陳白沙의 학문을 사모하여 戊申년에 南海에 들어가 그를 스승으로 섬겼다. 권5, 「白沙學案下」.

하였다. 대애는 정좌하여 마음을 살펴보라고 하면서 말했다. "옛 서적을 읽느라 골몰하면서 거경하여 이치를 궁구하는 것이라고 하는데, 나는 그렇지 않다. 뜻은 크고 말은 과장되어 실천이 없으면서[4] '꽃구경하고 버들을 따라다니며 자연을 즐기는 것'[5]이라고 하는데 나는 그렇지 않다. 형상도 없고 형체 없는 것을 추구하면서 죽지 않고 오래 사는 근본을 찾는 것이라고 하는데 나는 그렇지 않다." 선생은 또 영남에 가지 않고 돌아갔다. 양명이 동굴에서 요양하고 있을 때, 오직 선생과 사여司輿 몇 사람만이 서로 마주 대하여 정좌공부를 하였고, 말없이 깊이 계합하였다. 양명이 강우江右에서 월越로 돌아온 이후로는 매번 선생을 방문하여 채소 국에 보리밥을 먹으며 이틀 밤을 함께 지내도 싫증이 나지 않았다. 선생이 죽자 양명이 그의 묘에 "처사 허장의 묘"라고 썼다. 선생은 천문, 지리, 육임六壬[6]과 둔갑遁甲, 손무孫武[7]와 오기吳起[8]의 병법에 마음을 기울여 연구하지

曰: "拘拘陳編, 曰'居敬窮理者', 予不然. 嘐嘐虛跡, 曰'傍花隨柳者', 予不然. 罔象無形, 求長生不死之根者, 予不然." 先生亦不至嶺南而返. 陽明養病洞中, 惟先生與司輿數人, 相對危坐, 忘言冥契. 陽明自江右歸越, 每訪先生, 菜羹麥飯, 信宿不厭. 先生歿, 陽明題其墓曰: "處士許璋之墓". 先生於天文·地理·壬遁·孫吳之術, 靡不究心. 正德中, 嘗指乾象謂陽

4 뜻은 크고 … 실천이 없으면서: 『孟子』 盡心下:37, "其志嘐嘐然, 曰'古之人, 古之人'. 夷考其行而不掩焉者也." 集註: "嘐嘐, 志大言大也. … 程子曰: '曾皙言志, 而夫子與之. 蓋與聖人之志同, 便是堯舜氣象也. 特行有不掩焉耳, 此所謂狂也.'"

5 꽃구경하고 버들을 … 자연을 즐기는 것: 程顥, 「偶成」, "雲淡風輕近午天, 望(或作'傍' '訪')花隨柳過前川."(『二程文集』 권3); 嘐嘐虛跡, 曰傍花隨柳者는 曾皙과 같은 狂者의 氣象을 추구하는 사람들을 가리킨다.(『孟子』 盡心下:37 集註 참고.)

6 육임(六壬): 占法의 하나. 太乙·遁甲과 더불어 三式이라 칭한다. 오행이 水에서 시작하기 때문에 壬이라 하고, 天一生水하여 地六成之하므로 六이라 하였다.

7 손무(孫武): 춘추시대 齊나라 병법가.

않은 것이 없었다. 정덕 연간에 일찍이 천문을 가리키면서 양명에게 말하기를 "제성帝星이 지금 초楚 지역에 있다."라고 하였다. 얼마 뒤에 세종이 홍저興邸에서 일어났으니, 그 점이 기이하게 들어맞은 것이 이와 같았다.

明曰: "帝星今在楚矣." 已而世宗起於興邸. 其占之奇中如此.

8 오기(吳起): 전국시대 魏나라 병법가.

황여 왕문원 선생

王黃轝先生文轅

|10-5| 왕문원王文轅은 자는 사여司輿, 호는 황여자黃轝子로 월越 지방의 산음山陰 사람이다. 일곱 살 때 금 한 전鐉을 주웠는데 앉아서 잃어버린 사람을 기다렸다가 돌려주었다. 장성해서는 병이 많아 고요함을 익히고 은거하면서 뜻을 가다듬고 힘써 행하여 마을 사람들이 모두 그를 좋아하여 가까이했다. 글을 읽는데 자득한 것이 많았으며 장구에 얽매이지 않았다. 일찍이 "주자의 주석에 경전의 뜻을 얻지 못한 것이 많다."라고 말하자, 듣는 이들이 괴이하게 여겼다. 오직 양명만이 그와 벗이 되었는데, 거스름이 없었다. 왕수인이 남주南州와 감주贛州로 떠나려고 할 때 선생이 그 문인에게 "양명은 이번 출정에서 반드시 공업을 세울 것이다."라고 말하기에 그 까닭을 묻자, "내가 그를 자극해 보았는데 동요하지 않았다."라고 대답하였다. 그 뒤에 선생이 세상을 떠나셨다.

|10-5| 王文轅字司輿, 號黃轝子, 越之山陰人. 七歲時, 拾遺金一鐉, 坐待失者歸之. 既長多病, 遂習靜隱居, 勵志力行, 鄕人咸樂親之. 讀書多自得, 不牽章句. 嘗曰: "朱子註說多不得經意." 聞者怪之. 惟陽明與之友, 莫逆也. 陽明將之南·贛, 先生語其門人曰: "陽明此行. 必立事功", 問其故, 曰: "吾觸之不動

양명이 마침 양지학을 주창할 때, 당시에 그것을 비방하는 이들이 많자 탄식하면서 말하기를 "어떻게 황천에서 왕사여를 일으킬 수 있을까?"라고 하였다.

矣." 其後先生歿, 陽明方講良知之學, 時多訕之者, 歎曰: "安得起王司輿於九原乎?"

양명전신록

陽明傳信錄

|10-6| 한가한 날에 『양명선생집』을 읽고 그 중요한 말들을 뽑아서 세 권을 만들었다. 맨 앞의 『어록語錄』에는 선생이 문인 제자와 학문을 논한 여러 편지를 수록하여 그 학칙學則을 보존하였다. 그다음 『문록文錄』에는 선생이 사람들에게 준 글[贈遺]과[1] 잡저를 수록하여 그 교법敎法을 보존하였다. 또 다음의 『전습록傳習錄』에는 문인 제자들이 구두로 전해 받은 학문과 가르침에 관한 선생의 말씀을 수록하여 그 종지宗旨를 보존하였다.

|10-6| 暇日讀『陽明先生集』, 摘其要語, 得三卷. 首『語錄』, 錄先生與門弟子論學諸書, 存學則也; 次『文錄』, 錄先生贈遺雜著, 存教法也; 又次『傳習錄』, 錄諸門弟子所口授於先生之爲言學·言教者, 存宗旨也.

선생의 학문은 처음 사장詞章에서 출발하여 이어서 불교와 도교로 달아났다가 끝내 『육경』에서 구하여 한번 변해 도에 이르렀으니 세상에 선생보다 잘 배운 이는 없다. 이것을 '학칙'

先生之學, 始出詞章, 繼逃佛, 老, 終乃求之『六經』而一變至道, 世未有善學

1 선생이 사람들에게 준 글[贈遺]: 『陽明傳信錄』 권2, 文錄에 수록된 贈○○○, 別○○○, 示○○○ 등을 가리킨다.

이라고 한다. 선생이 사람을 가르칠 때 핵심은 인욕을 제거하고 천리를 보존하는 데 있었고, 지행합일설로 나아갔으며, 그 요체는 치양지로 귀결되었으니, 비록 천백 마디의 말을 하더라도 이 세 마디 말(즉, '去人欲而存天理', '知行合一', '致良知')의 전주轉注[2]가 되는 데서 벗어나지 않는다. 무릇 배우는 이로 하여금 얽어맨 것을 끊어 버리고 향상해 나갈 길을 찾게 하였으니, 이 세상에 선생보다 잘 가르친 이가 없다. 이것을 '교법'이라고 한다. 선생이 양지를 말씀하신 것은 가까이로는 공자와 맹자의 설에 근본을 두었고, 멀리로는 (요 · 순 · 우 임금이) 정일精一의 가르침을 전해 준 데까지 거슬러 올라간다. 대개 정주程朱의 한 노선이 중간에 끊어진 뒤에 치우친 것을 보완하고 폐단을 구제하여 성인에 계합하고 근본 가르침으로 돌아가는 데 선생만큼 깊고 절실하고 뚜렷하고 밝은 이가 없다. 이것을 '종지'라고 한다. 그러므로 뒤에서 선생을 배우는 사람들은 이로부터 (무엇을 배워야 할지) 알 수 있다. 선생이 깨우친 것을 배우지 아니하고 그가 후회한 것을 배우며, 천리를 버리고 양지를 구하며, 속으로는 공자와 맹자의 도를 배반하면서도 돌아보지 아니하

如先生者也, 是謂學則. 先生教人, 吃緊在去人欲而存天理, 進之以知行合一之說, 其要歸於致良知, 雖累千百言, 不出此三言爲轉註, 凡以使學者截去之繞, 尋向上去而已, 世未有善教如先生者也, 是謂教法. 而先生之言良知也, 近本之孔 · 孟之說, 遠溯之精一之傳, 蓋自程 · 朱一線中絕, 而後補偏救弊, 契聖歸宗, 未有若先生之深切著明者也, 是謂宗旨. 則後之學先生者, 從可知已. 不學其所悟而學其所悔, 舍天理而求良知, 陰以叛孔 · 孟之道而

---

2 전주(轉注): 六書의 하나. 이미 만들어진 한자의 뜻을 다른 뜻으로 확대하여 새로운 뜻을 나타내는 원리.

니, (이런 것들이) 또 그 폐단이다. 지를 말하고 행을 말하는데 지와 행이 선후로 끊어지고, 깨달음을 말하고 징험을 말하는데 점점 더 배우고 사려함을 증가시키니, 나는 그것들이 선생의 도에 대해 어떠한지 모르겠다. 간혹 그 까닭을 찾아본 적도 있으나 알아내지 못했다. 아마도 선생께서 병에 따라 처방을 하여 때때로 일시적인 방편과 영원히 변하지 않는 진실을 번갈아 사용하였기에 후인들이 그것을 이해하지 못하여 더욱 갈라지게 됨을 면하지 못했던 것 같다.

不顧, 又其弊也. 說知說行, 先後兩截, 言悟言參, 轉增學慮, 吾不知於先生之道爲何如! 間嘗求其故而不得, 意者先生因病立方, 時時權實互用, 後人不得其解, 未免轉增離歧乎?

나는 손수 초록하면서 선생의 은미한 뜻을 밝힐 수 있는 것이 있으면 참람되게 한두 가지 좁은 소견을 남겨 두어 의심스러운 바를 질정하였으니, 독자가 나를 대신하여 도가 있는 이를 찾아가서 바로잡히기를 바란 것이다. 그렇게 된다면 아마도 선생을 잘 배우는 이가 나와서 선생의 도가 오랫동안 전해져도 폐단이 없을 것이다. 그래서 「전신(傳信)」이라고 제목을 달았다. 숭정 기묘년(1639) 7월 16일 후학 유종주가 쓰다.

宗周因於手抄之餘, 有可以發明先生之蘊者, 僭存一二管窺, 以質所疑, 冀得藉手以就正於有道, 庶幾有善學先生者出, 而先生之道傳之久而無弊也. 因題之曰「傳信」云. 崇禎己卯七月既望, 後學劉宗周書.

어록

語錄

|10-7| 화려한 명성을 추구하는 마음을 깎아 내고 자기에게 절실한 곳에서 착실하게 공부

|10-7| 刊落聲華, 務於切己處著實用

하는 데 힘써야 한다. 이른바 정좌하는 일은 좌선하여 선정에 들려고 하는 것이 아니다. 우리가 평소에 사물에 어지럽게 붙잡혀 자기를 위할 줄 모르기 때문에 정좌를 통해 소학小學의 잃어버린 마음을 거두어들이는 일단의 공부를 보완하고자 할 따름이다. 정명도程明道는 "막 배우기 시작할 때는 힘을 붙일 곳이 있음을 알아야 하며, 이미 배움에 들어서서는 힘을 얻을 곳이 있음을 알아야 한다."[3]라고 하였다. 여러 벗들은 마땅히 정좌에 힘을 붙여야만 비로소 진보가 있게 되며, 훗날 비로소 힘을 얻을 곳이 있게 될 것이다. "학문은 내면적으로 독려하여 자기에게 달라붙게 해야 한다,"[4] "군자의 도는 어렴풋하지만 날마다 드러난다,"[5] "명성을 위하고 이익을 위하는 것은 비록 청탁이 다르지만 이기심이라는 점에서는 동일하다,"[6] "겸손하면 이익을 얻는다,"[7] "남과 달라지려고 하지 말고 리理에서 같아지려고 하라."는 이 몇

力. 所謂靜坐事, 非欲坐禪入定, 蓋因吾輩平日爲事物紛拏, 未知爲己, 欲以此補小學收放心一段功夫耳. 明道云: 「纔學便須知有著力處, 既學便須知有得力處.」 諸友宜於此處著力, 方有進步, 異時始有得力處也. "學要鞭辟近裏著己", "君子之道, 闇然而日章." "爲名與爲利, 雖清濁不同, 然其利心則一." "謙受益", "不求異於人而求同於理." 此數

---

3 배움에 들어서서는 … 알아야 한다: 『二程遺書』 권12. "凡人才學便須知著力處, 既學便須知得力處."

4 학문은 내면적으로 … 해야 한다: 『二程遺書』 권11. "學只要鞭辟近裏著己而已, 故切問而近思則仁在其中矣."

5 군자의 도는 … 날마다 드러난다: 『中庸章句』 33장. "君子之道, 闇然而日章, 小人之道, 的然而日亡."

6 명성을 위하고 … 점에서는 동일하다: 『二程遺書』 권18. "今之學者, 大抵爲名. 爲名與爲利, 清濁雖不同, 然其利心則一也."

7 겸손하면 이익을 얻는다: 『書經』 「大禹謨」. "益贊于禹曰, '惟德動天, 無遠弗屆, 滿招損, 謙受益, 時乃天道.'"

마디 말은 마땅히 벽에 적어 두고 늘 보아야 한다. 과거 공부가 수행 공부를 방해할까 근심하지 말고 오직 뜻을 빼앗을까 근심하며, 단지 예전에 약속한 대로 차근차근 실천한다면 저절로 두 가지의 일이 서로 방해하지 않을 것이다. (그것이) 이른바 "알게 되면 물 뿌리고 비질하며 응대하는 것이 바로 의로움을 정밀하게 하여 신묘한 경지에 들어가는 것이다."라는 말이다.[8] 【「진중(辰中)의 여러 학생들에게 보내는 편지」[9]】

語宜書之壁間, 常目在之. 舉業不患妨功, 惟患奪志, 只如前日所約, 循循爲之, 亦自兩無相礙. 所謂知得, 則❶灑掃應對便是精義入神也. 【「與辰中諸生」】

[유종주평어] 화려한 명성을 추구하는 마음을 깎아 내는 것은 배우는 사람에게 가장 중요한 일이다.

刊落聲華, 是學人第一義.

|10-8| 도를 지향함이 간절한 것은 참으로 뜻[意]을 성실하게 하는 것이다. 그러나 급박하게 구하면 도리어 사사로운 자기를 위하게 되니 잘 살피지 않으면 안 된다. 일상생활에서 무엇이 천리의 유행이 아니겠는가마는, 이 마음을 늘 보존하여 잃어버리지 않는다면 의리가 저절로 익숙해질 것이다. (이것이) 맹자가 말한 "잊지도 말고 조장하지도 말며"[10] "깊이 나아가서 스스로 터득한다."[11]라는 말이다.

|10-8| 志道懇切, 固是誠意, 然急迫求之, 則反爲私己, 不可不察也. 日用間何莫非天理流行, 但此心常存而不放, 則義理自熟. 孟子所謂"勿忘勿助", "深造自得"者矣. 【「答

---

8 알게 되면 … 라는 말이다: 『二程遺書』 권15. "聖人之道更無精粗, 從灑埽應對至精義入神, 通貫只一理, 雖灑埽應對, 只看所以然者如何." 『論語集註』 「子張」 12장에 수록된 程子의 말과 주자의 말 참고.

9 「진중(辰中)의 여러 … 보내는 편지」: 『王陽明全集』 권4, 「與辰中諸生」(己巳, 1509년, 양명 38세).

10 잊지도 말고 조장하지도 말라: 『孟子』 「公孫丑上」.

【「서성지(徐成之)에게 답함」[12]】

[유종주평어] 이 말은 본래 정주(程朱)를 인증한 것이다.

徐成之」】

此語自是印過程·朱.

|10-9| 성인의 마음은 조그마한 티끌이라도 본래 허용하는 바 없기에 저절로 연마할 필요가 없다. 그러나 보통사람의 마음은 얼룩진 때가 어지럽게 뒤섞인 거울과 같아서 반드시 철저하게 한번 깎고 갈아 내어 그 얼룩진 것을 다 제거해야 한다. 그런 뒤에야 조그만 티끌이라도 곧바로 눈에 띄어서 털어 내기만 하면 바로 제거되므로 역시 저절로 힘을 들일 필요가 없다. 이러한 단계에 이르면 이미 인체仁體를 안 것이다. 만약 어지럽게 얼룩진 것이 제거되지 않았더라도, 그 사이에 본래 한 점 밝은 곳이 있으니, 티끌이 거기에 떨어진다면 참으로 또 볼 수 있어서 역시 털어 내기만 하면 바로 제거된다. 그러나 (티끌이) 얼룩진 데 쌓인다면 끝내 그것을 볼 수 없다. 이것이 배워서 알고 이롭게 여겨서 행하는 부류와, 곤고하게 알고 힘써 행하는 부류가 달라지는 원인이니, 번거롭고 어렵다고 여겨서 그것을 의심하지 말기

|10-9| 聖人之心, 纖翳自無所容, 自不消磨刮. 若常人之心, 如斑垢駁雜之鏡, 須痛加刮磨一番, 盡去其駁蝕, 然後纖塵卽見, 纔拂便去, 亦自不消費力, 到此已是識得仁體矣. 若駁雜未去, 其間固自有一點明處, 塵埃之落, 固亦見得, 亦纔拂便去, 至於堆積於駁蝕之上, 終弗之能見也. 此學利困勉之所由異, 幸弗以爲煩難而疑之也. 凡人情好易

---

11 깊이 나아가서 스스로 터득한다: 『孟子』「離婁下」:14.

❶ 則: 『王陽明全集』과 賈本에는 '則' 자가 없다. 반면 『劉宗周全集』에는 '則' 자가 있다.

12 「서성지(徐成之)에게 답함」: 『王陽明全集』 권4, 「答徐成之」(辛未, 1511년, 양명 40세).

를 바란다. 사람의 감정은 쉬운 것을 좋아하고 어려운 것을 싫어하며, 그 사이에 또 저절로 사사로운 뜻[私意]과 기질의 습성에 얽히고 가려짐이 있으나, 인체仁體를 완전히 안 뒤에는 자연히 그 어려움을 보지 않게 된다. 옛사람 가운데 만 번 죽는 지경에 나가더라도 즐겁게 그것을 행한 이가 있었던 것은 역시 인체仁體를 알았던 것이다. 전에는 내면으로 향하는 것의 의미를 깨닫지 못하여 이 공부를 강구할 수 있는 데가 없었는데, 지금 이 한 층을 보고 난 뒤에는 도리어 쉬운 것을 좋아하고 어려운 것을 싫어하여 선禪으로 흘러들어 갈까 두렵다. 예전에 유교와 불교의 차이를 논한 것으로, 정명도의 이른바 "(불교에는) 경으로써 안을 곧게 함은 있으나, 의로써 밖을 방정하게 함은 없다."[13] 라는 말이 있지만, 필경은 (주자가 불교에) '경으로써 안을 곧게 함이 있다고 하는 것조차도 옳지 않다'[14]고 한 것이 이미 80-90%는 말한 것이다. 【「황종현(黃宗賢)·응원충(應原忠)에게 답함」[15]】

而惡難, 其間亦自有私意氣習纏蔽, 在識破後, 自然不見其難矣. 古之人至有出萬死而樂爲之者, 亦見得耳. 向時未見得向裏面意思, 此工夫自無可講處, 今已見此一層, 却恐好易惡難, 便流入禪釋去也. 昨論儒釋之異, 明道所謂「敬以直內則有之, 義以方外則未」, 畢竟連敬以直內亦不是者, 已說到八九分矣. 【「答黃宗賢·應原忠」】

[유종주평어] 이미 인체(仁體)를 안 뒤에야 비로소 어려움을 알게 되니, 바로 그렇기 때문에 늘

已見後方知難, 政爲此鏡子時時不廢拂

13 (불교에는) 경으로써 … 함은 없다: 『二程遺書』 권4. "彼釋氏之學, 於敬以直內則有之矣, 義以方外則未之有也."

14 '경으로써 안을 … 옳지 않다: 『朱子語類』 권129. "又曰只無義以方外, 則連敬以直內也, 不是了."

15 「황종현(黃宗賢)·응원충(應原忠)에게 답함」: 『王陽明全集』 권4, 「答黃宗賢·應原忠」(辛未, 1511년, 양명 40세), 146쪽.

거울을 털어 내고 닦는 일을 그만두지 않는 것이다. 유교와 불교의 변별에서 명도는 여전히 범범하게 조정했지만, 선생(양명)에 이르러 비로소 단칼에 끊어 버렸다.

拭. 在儒釋之辨, 明道尚泛調停, 至先生始一刀截斷.

|10-10| 나는 근래 벗들과 학문을 논하면서 오직 (진실함을 확립한다는 의미의) '입성立誠' 두 글자를 말한다. 사람을 죽이려고 하면 반드시 목에 칼을 대야 하는 것처럼, 우리가 학문을 하는 것도 마음의 정수精髓인 은미한 곳에서 힘을 써야만 자연히 독실하고 빛나게 되어, 비록 사욕이 싹트더라도 참으로 붉은 화로에 떨어진 한 점의 눈처럼 금방 사라져서 천하의 대본이 세워지게 된다. 만약 말단에서 꾸미고 비교한다면, 평소의 이른바 배우고 묻고 생각하고 변별하는 것이 오만함을 기르고 잘못을 이루는 빌미가 되기에 충분하다. (그리하여) 스스로는 고명하고 광대한 경지로 나아갔다고 여기지만, 못되고 사나우며 험악하고 시기하는 데 빠진 줄을 모르니, 또한 참으로 애처로울 뿐이다.[16]

|10-10| 僕近時與朋友論學, 惟說'立誠'二字. 殺人須就咽喉上著刀, 吾人爲學當從心髓入微處用力, 自然篤實光輝, 雖私欲之萌, 眞是紅爐點雪, 天下之大本立矣. 若就標末粧❷綴比擬, 凡平日所謂學問思辨者, 適足以爲長傲遂非之資, 自以爲進於高明光大, 而不知陷於狠戾險嫉, 亦誠可哀也已.

[유종주평어] "작위가 없는 진실함"[17]이 바로 마음

誠無爲, 便是心髓入

---

16 나는 근래 … 애처로울 뿐이다: 『王陽明全集』 권4, 「與黃宗賢(五)」(癸酉, 1513년, 양명 42세), 152쪽.

17 작위가 없는 진실함: 『周敦頤集』 「通書 · 誠幾德第三」. "誠, 無爲; 幾, 善惡. 德: 愛曰仁, 宜曰義, 理曰禮, 通曰智, 守曰信. 性焉安焉之謂聖. 復焉執焉之謂賢. 發微不可見,

의 정수인 은미한 곳이요, 양지는 바로 이로부터 나오는 것이다. 그러므로 "(지극하게 진실해야) 천하의 대본을 세운다."라고 한 것이다.[18] 내가 보기에 양지는 오히려 부차적인 것이다.[19]

微處, 良知卽從此發竅者, 故謂之立天下之大本. 看來良知猶是第二義也.

|10-11| 우리의 공통된 걱정거리는 바로 연못의 수면이 부평초로 인해 열리기도 하고 가려지기도 하는 것과 같다. 강이든 바다든 상관없이 단지 물이 흐르고 있다면 부평초는 가릴 수가 없다. 무엇 때문인가? 흐르는 물은 근원이 있고, 연못의 물은 근원이 없기 때문이다. 근원이 있는 것은 자기로 말미암는 반면, 근원이 없는 것은 외물을 따른다. 그러므로 무릇 쉬지 않는 것은 근원이 있고, 하다가 말다가 하는 것은 모두 근원이 없기 때문이다.[20] 【이상은 「황종현(黃宗賢)에게 보낸 편지글」이다.】

[유종주평어] 열리는 곳이 근원은 아니니, 오인하지 말라.

|10-11| 吾輩通患, 正如池面浮萍, 隨開隨蔽. 未論江海, 但在活水, 浮萍卽不能蔽. 何者? 活水有源, 池水無源, 有源者由己, 無源者從物, 故凡不息者有源, 作輟者皆無源故耳. 【以上「與黃宗賢」】

開處不是源, 莫錯認.

|10-12| 기질의 변화는 평상시에는 드러나지 않는다. 오직 이해利害에 부딪히고 변고를 겪

|10-12| 變化氣質, 居常無所見, 惟當利

充周不可窮之謂神."

❷ 粧: 『王陽明全集』에는 '粧'으로 되어 있다. 반면 『劉宗周全集』에는 '妝'으로 되어 있다.

18 『中庸章句』 32장. "唯天下至誠, 爲能經綸天下之大經, 立天下之大本, 知天地之化育."

19 내가 보기에 … 부차적인 것이다: 유종주는 '良知'보다 '誠'을 일차적인 것으로 본다.

20 우리의 공통된 … 없기 때문이다: 『王陽明全集』 권4, 「與黃宗賢(六)」(丙子, 1516년, 양명 45세), 153쪽.

고 굴욕을 당하는 때를 만나 평소에 분노했던 이가 이런 상황에서 분노하지 않을 수 있고, 근심하고 당황하여 어쩔 줄 몰라 했던 이가 이런 상황에서 근심하고 당황하여 어쩔 줄 몰라 하지 않을 수 있어야 한다. 그래야 그곳이 비로소 힘을 얻는 곳이요, 또한 바로 힘을 써야 할 곳이기도 한 것이다. 천하의 일이 비록 수만 가지로 변화하지만, 내가 그것에 응하는 것은 희로애락喜怒哀樂 네 가지를 벗어나지 않으니, 이것이 학문을 하는 요체요, 정치를 하는 것도 역시 그 가운데 있다.[21]

害・經變故・遭屈辱, 平時憤怒者到此能不憤怒, 憂惶失措者到此能不憂惶失措, 始是得力處, 亦便是用力處. 天下事雖萬變, 吾所以應之, 不出乎喜怒哀樂四者, 此爲學之要, 而爲政亦在其中矣.

[유종주평어] 공부는 단지 중화(中和)를 극진히 하는 것이다.

工夫只是致中和.

|10-13| 사물에 있는 것이 리理이고, 사물에 대처하는 것이 의義이며,[22] 성性에 있는 것이 선善이니, 가리키는 바에 따라서 그 이름을 달리하지만 실제로는 모두 내 마음이다. 마음 밖에 물物이 없고, 마음 밖에 일[事]이 없고, 마음 밖에 리理가 없고, 마음 밖에 의義가 없고, 마음 밖에 선이 없다. 내 마음이 사물에 대처하는데 리에 순수하여 인위人僞가 섞이지 않은 것을

|10-13| 在物爲理, 處物爲義, 在性爲善, 因所指而異其名, 實皆吾之心也. 心外無物, 心外無事, 心外無理, 心外無義, 心外無善. 吾心之處事物, 純乎理

---

21 기질의 변화는 … 가운데 있다: 『王陽明全集』 권4, 「與王純甫」(壬申, 1512년, 양명 41세), 154-155쪽.

22 사물에 있는 … 것이 의(義)이며: 『伊川易傳』 艮卦, 彖傳 註; 『孟子集註』 「告子上」:7에도 수록.

선善이라고 하는 것이지, 사물에 어떤 정해진 바가 있어서 구할 수 있는 것이 아니다. 사물에 대처하는 것이 의라는 것은 내 마음이 그 마땅함을 얻은 것이다. 의는 밖에서 엄습하여 취할 수 있는 것이 아니다. 격格이란 내 마음을 격(格: 바르게 함)하는 것이요, 치致란 내 마음을 치(致: 다 발휘함)하는 것이다. 반드시 사사물물事事物物에서 지선을 구한다고 말한다면 이것은 마음과 지선을 둘로 나누는 것이다. 이천이 "저것을 밝히자마자, 곧 이것을 환하게 이해하게 된다."[23]라고 말한 것은 여전히 이것과 저것을 둘이라고 한 것이다. 성性에는 이것과 저것이 없고, 리에도 이것과 저것이 없으며, 선에도 이것과 저것이 없다.[24] 【이상은 「왕순보(王純甫)에게 보낸 편지글」이다.】

而無人僞之雜謂之善, 非在事物有定所之可求也. 處物爲義, 是吾心之得其宜也, 義非在外可襲而取也. 格者, 格此也. 致者, 致此也. 必曰事事物物上求個至善, 是離而二之也. 伊川所云"纔明彼, 卽曉此", 是猶謂之二. 性無彼此, 理無彼此, 善無彼此也. 【以上「與王純甫」】

[유종주평어] 선생이 심체를 회복시키자 모든 것이 갖추어졌으니, 참으로 이것은 맹자의 성선설과 마찬가지로 성문(聖門)에 커다란 공이 있는 것이다.

先生恢復心體, 一齊俱了, 眞是有大功於聖門, 與孟子性善之說同.

|10-14| 『대학』의 이른바 '성의誠意'는 바로 『중용』의 이른바 '성신誠身'이요, 『대학』의 이른바 '격물치지格物致知'는 바로 『중용』의 이른바 '명

|10-14| 『大學』之所謂'誠意', 卽『中庸』之所謂'誠身'也;

---

23 저것을 밝히자마자 … 이해하게 된다: 『二程遺書』 권18. 問"觀物察己, 還因見物, 反求諸身否?" 曰, "不必如此說. 物我一理, 纔明彼, 卽曉此, 合內外之道也."

24 사물에 있는 … 저것이 없다: 『王陽明全集』 권4, 「與王純甫」(壬申, 1512년, 양명 41세).

선明善'이다. 널리 배우고, 자세히 묻고, 신중히 생각하고, 밝게 변별하고, 독실하게 행하는 것은 모두 선을 밝혀서 몸을 성실하게 하는 공부이지, 선을 밝히는 것 이외에 따로 이른바 몸을 성실하게 하는 공부가 있는 것이 아니다. 격물치지의 밖에 또 어찌 따로 이른바 성의誠意 공부가 있겠는가? 『서경』의 이른바 '정일精一', 『논어』의 이른바 '문헌을 널리 배우고 예로써 단속한다[博文約禮]', 『중용』의 이른바 '덕성을 높이고 학문을 말미암는다[尊德性而道問學]'는 것도 모두 이와 같을 따름이다.[25] 【「왕천우(王天宇)에게 답함」】

『大學』之所謂'格物致知', 卽『中庸』之所謂'明善'也. 博學·審問·愼思·明辨·篤行, 皆所以明善而爲誠身之功也, 非明善之外別有所謂誠身之功也. 格物致知之外又豈別有所謂誠意之功乎? 『書』之所謂'精一', 『語』之所謂'博文約禮', 『中庸』之所謂'尊德性而道問學', 皆若此而已. 【「答王天宇」】

[유종주평어] 양명선생은 이미 '격물치지'가 바로 『중용』의 '명선(明善)' 공부요, 박학·심문·신사·명변·독행을 떠나지 않는다고 말하였으니, 그렇다면 주자의 설과 무엇이 다른가? 또 "그 물(物)의 바르지 않음을 바르게 하여 바른 데로 돌아가게 한다."[26]라고 한 것에 이르면 저절로 (위의 말

先生旣言格致卽『中庸』明善之功, 不離學問思辨行, 則與朱子之說何異? 至又云"格其物之不正以歸於正", 則不免自相

25 『대학』의 이른바 … 같을 따름이다: 『王陽明全集』 권4, 「答王天宇」(甲戌, 1514년, 양명 43세).

26 그 물의 … 돌아가게 한다: 『傳習錄』 「陸澄錄」, 제87조. 問格物. 先生曰, "格者, 正也. 正其不正, 以歸於正也."

과) 서로 어긋남을 면하지 못하니, 어느 쪽이 옳은지 모르겠다.

齟齬, 未知孰是.

|10-15| 학문이 끊어지고 도가 상실되어 세속에 빠진 것은 마치 사람이 큰 바다의 파도 속에 있는 것과 같으니, 우선 모름지기 해안으로 끌어올린 뒤에야 그에게 옷을 주고 밥을 줄 수 있다. 만약 옷과 밥을 파도 속에 던져 준다면 이것은 단지 그가 빠지는 것을 가중시킬 것이니, 그는 장차 은덕을 베풀었다고 여기기 아니하고 도리어 그 일을 원망할 것이다. 그러므로 무릇 지금의 세상에서는 우선 근기根機에 따라 인도하고 일에 따라 열어 주며, 마음을 너그럽게 먹고 기분을 가라앉힌 상태에서 훈도하고, 그가 감발하여 흥기하기를 기다렸다가 그의 단계에 맞는 설을 통해 열어 주어야 한다. 이 때문에 힘쓰는 것은 쉬우면서도 거두는 효과는 크다.[27] 【「이도부(李道夫)에게 부치는 글」】

[유종주평어] 지금은 우선 "해안으로 끌어올린다."라는 것이 무엇인지 알아야 한다.

|10-15| 學絶道喪, 俗之陷溺, 如人在大海波濤中, 且須援之登岸, 然後可授之衣而與之食. 若以衣食投之波濤中, 是適重其溺, 彼將不以爲德而反以爲尤矣. 故凡居今之時, 且須隨機導引, 因事啟沃, 寬心平氣以薰陶之, 俟其感發興起, 而後開之以其說, 是故爲力易而收效溥. 【「寄李道夫」】

今且識援之登岸是何物.

|10-16| 만약 나에게 정말 공리功利를 추구하는 마음이 없다면 비록 전곡錢穀이나 병갑兵甲

|10-16| 使在我果無功利之心, 雖錢穀

---

27 학문이 끊어지고 … 거두는 효과는 크다: 『王陽明全集』 권4, 「寄李道夫」(乙亥, 1515년, 양명 44세), 165쪽.

을 다루거나 땔나무를 하고 물을 길어 나르더라도 어디에서든 실학實學이 아님이 없고 무슨 일이든 천리가 아님이 없다. 하물며 자사子史와 시문詩文의 부류는 어떠하겠는가? 만약 나에게 여전히 공리를 추구하는 마음이 있다면 비록 매일 도덕과 인의를 말하더라도 역시 단지 공리를 추구하는 일이다. 하물며 자사子史와 시문詩文의 부류는 어떠하겠는가? 일체를 물리쳐 끊어 버린다는 주장은 여전히 예전에 들은 것에 집착하는 것이니, 평소의 공부에 아직 힘을 얻은 곳이 없는 것이다.[28] 【「육원정(陸原靜)에게 보내는 글」】

兵甲, 搬柴運水, 何往而非實學, 何事而非天理, 況子史詩文之類乎? 使在我尚有功利之心, 則雖日談道德仁義, 亦只是功利之事, 況子史詩文之類乎? 一切屛絕之說, 猶是泥於舊聞, 平日用功未有得力處. 【「與陸原靜」】

[유종주평어] 잘 헤아린 것이다.

勘得到.

|10-17| 여러 해 동안 갈고 다듬은 것은 단지 뜻을 세워[立志] 의로움과 이로움[義利]을 변별하는 것일 뿐이다. 만약 여기에서 힘을 얻는 것이 없다면 도리어 평소의 강론이 다 빈말이고, 평소에 알아낸 바도 모두 실제로 얻은 것이 아니다.[29]

|10-17| 數年切磋, 只得立志辨義利. 若於此未有得力處, 却是平日所講盡成虛話, 平日所見皆非實得.

[유종주평어] 의리(義利) 두 글자는 학문의 커다란 관건이요, 또 유교와 불교가 갈라지는 지점이다.

義利二字, 是學問大關鍵, 亦卽儒釋分途處.

---

28 만약 나에게 … 없는 것이다: 『王陽明全集』 권4, 「與陸原靜」(丙子, 1516년, 양명 45세), 166쪽.

29 여러 해 … 것이 아니다: 『王陽明全集』 권4, 「寄薛尙謙」(戊寅, 1518년, 양명 47세), 170쪽.

|10-18| 한번 넘어지는 일을 겪은 사람은 지혜가 한 뼘 자라므로 오늘의 실수가 꼭 훗날 보탬이 되지 않는 것은 아니지만, 그것은 이미 부차적인 것에 떨어진 것이다. 모름지기 제일의(第一義: 궁극적 도리)에서 힘을 써야 하니, 이 하나가 참되면 일체가 참되게 된다.[30] 【이상은 모두 「설상겸(薛尚謙)에게 보낸 글」이다.】

[유종주평어] 제일의(第一義)를 알게 되면 선으로 옮겨 가고 허물을 고치는 것이 모두 제일의이다.

|10-18| 經一蹶者長一智, 今日之失, 未必不爲後日之得, 但已落第二義. 須從第一義上著力, 一眞一切眞. 【以上皆「與薛尚謙」】

識得第一義, 卽遷善改過皆第一義.

|10-19| 리理는 안과 밖의 구별이 없고, 성性도 안과 밖의 구별이 없으므로 학문도 안과 밖의 구별이 없습니다. 강습하고 토론하는 것이 안이 아닌 적이 없고, 돌이켜 살피고 내면을 성찰하는 것이 밖을 버린 적이 없습니다. 대저 "학문은 반드시 밖에서 구하는 데 의지해야 한다."[31]라고 말하는 것은 자기의 성性이 밖에 있다고 여기는 것입니다. 이것은 '의로움이 밖에 있다고 여기는 것[義外]'[32]이요, '(사적으로) 지혜를 쓰는 것[用智]'[33]입니다. "돌이켜 살피고 내면

|10-19| 理無內外, 性無內外, 故學無內外. 講習討論, 未嘗非內也, 反觀內省, 未嘗遺外也. 夫謂學必資於外求, 是以己性爲有外也, 是義外也, 用智者也.

謂"反觀內省爲求之於內", 是以己性

---

30 한번 넘어지는 … 참되게 된다: 『王陽明全集』 권4, 「寄薛尚謙」(戊寅, 1518년, 양명 47세), 170쪽.

31 학문은 반드시 … 의지해야 한다: 『困知記』 「困知記附錄」·「與王陽明書」(庚辰夏), 108-109쪽. "如必以學不資於外求, 但當反觀內省以爲務, 則正心誠意四字, 亦何不盡之有? 何必於入門之際, 便困以格物一段工夫也?"

32 의로움이 밖에 있다고 여기는 것[義外]: 『孟子』 「告子上」. 告子曰: "仁, 內也, 非外也. 義, 外也, 非內也."

을 성찰하는 것은 안에서 구하는 것이다."라고 말하는 것은 자기의 성이 안에만 있다고 여기는 것입니다. 이것은 '사적인 내가 있는 것[有我]'이요, '자신을 사사롭게 여기는 것[自私]'입니다. 이것은 모두 성에 안과 밖의 구별이 없음을 알지 못하는 것입니다. 그러므로 "(안으로) 의리를 정밀하게 연구하여 신비한 경지에 들어가는 것은 (세상에 나가서) 지극하게 쓰기 위해서이고, (자신의 학문을 세상을) 이롭게 하는 데 쓰고 (그로써) 몸을 편안하게 하는 것은 (안으로) 덕을 높이기 위해서이다."[34]라고 했으며, "[자기를 이루는 인(仁)과 물(物)을 이루어 주는 지(知)는] 성의 덕이요, 안과 밖을 합일하는 도이다."[35]라고 했습니다. 이것으로써 격물의 학문을 알 수 있습니다.

爲有內也, 是有我也, 自私者也. 是皆不知性之無內外也. 故曰: "精義入神, 以致用也; 利用安身, 以崇德也"; "性之德也, 合內外之道也." 此可以知格物之學矣.

'격물'이란 『대학』에서 실제로 공부에 착수하는 곳으로, 처음부터 끝까지 관통되어 있고, 초학자로부터 성인에 이르기까지 다만 이 공부가 있을 뿐이요, 단지 입문할 때만 이 일단의 공부가 있는 것은 아닙니다. 저 정심·성의·치지·격물은 모두 수신修身의 방법이지만, 격물이란 그 힘쓰는 바를 매일매일 볼 수

格物者, 『大學』之實下手處, 徹首徹尾, 自始學至聖人, 只此工夫而已, 非但入門之際有此一段也. 夫正心誠意致知格物, 皆所以修

33 지혜를 쓰는 것[用智]: 『二程集』「答橫渠先生定性書」. "大率患在于自私而用智. 自私則不能以有爲爲應迹, 用智則不能以明覺爲自然."

34 의리를 정밀하게 … 덕을 높이기 위해서이다: 『周易』「繫辭上」, 5장.

35 성의 덕이요 … 합일하는 도이다: 『中庸章句』 제25장.

있는 곳입니다. 그러므로 격물이란 그 심心의 물物을 바로잡는 것이며, 그 의意의 물을 바로잡는 것이며, 그 지知의 물을 바로잡는 것입니다.[36] 정심이란 그 물의 심心을 바르게 하는 것이고, 성의란 그 물의 의意를 성실하게 하는 것이며, 치지란 그 물의 지知를 다 실행하는 것입니다.[37] 여기에 어찌 안과 밖, 저것과 이것의 구분이 있겠습니까?[38] 【「나정암(羅整菴) 소재(少宰)에게 답함」】

身, 而格物者, 其所以用力, 實❸可見之地. 故格物者. 格其心之物也, 格其意之物也, 格其知之物也. 正心者, 正其物之心也. 誠意者, 誠其物之意也. 致知者, 致其物之知也. 此豈有內外彼此之分哉! 【「答羅整菴少宰」】

[유종주평어] 나정암은 또 양명 선생에게 답하는 편지에서 "앞의 세 가지 물(物)은 물이 셋이요, 뒤의 세 가지 물(物)은 물이 하나이다."[39]고 하였

整菴又有答先生書云: "前三物爲物三, 後三物爲物一." 爲

---

36 그러므로 격물이란 … 바로잡는 것입니다.: 격물이란 심·의·지의 물을 바로잡는 것이지, 마음 밖의 사물에 나아가서 그 리를 궁구하는 것은 아님을 말한 것이다.

37 정심이란 그 … 실행하는 것입니다: 양명은 身·心·意·知·物은 공부가 이루어지는 곳으로 각기 자기 자리가 있지만 실제로는 一物이라고 말한다.(『王陽明全集』 권26, 「大學問」. "蓋身·心·意·知·物者, 是其工夫所用之條理, 雖亦各有其所, 而其實只是一物. 格·致·誠·正·修者, 是其條理所用之工夫, 雖亦皆有其名, 而其實只是一事.")

38 리는 안과 … 구분이 있겠습니까: 『傳習錄』 「答羅整菴少宰書」, 제174조.

39 앞의 세 … 물이 하나이다: 『困知記』 「困知記附錄」·「與王陽明書」(庚辰夏), 112-113쪽. 夫謂"格其心之物, 格其意之物, 格其知之物", 凡其爲物也三. 謂"正其物之心, 誠其物之意, 致其物之知", 其爲物也一而已矣. 就三物而論, 以程子格物之訓推之, 猶可通也, 以執事格物之訓推之, 不可通也. 就一物而論, 則所謂物者, 果何物也? 如必以爲"意之用", 雖極按排之巧, 終無可通之日.; 『明儒學案』 권47, 「諸儒學案中一」, 1137쪽.

❸ 實: 교감주에는 〈'實'元作'日', 據賈本改.〉로 되어 있으나 『傳習錄』에 따르면 '日'이 맞다.

는데, 스스로 서로 모순된다고 여긴 것이다. 요컨대 물은 하나이지만 흩어져서 둘이 되지 않을 수 없고, 흩어져서 만 가지가 되지 않을 수 없다. 양명 선생의 말씀은 본래 팔면이 다 영롱하다.

自相矛盾. 要之物一也, 而不能不散而爲兩, 散而爲萬. 先生之言, 自是八面玲瓏.

|10-20| 옛날에 공자께서 자공에게 말씀하셨다. "사야, 너는 나를 많이 배워서 아는 사람이라고 여기느냐?" (자공이) 대답했다. "그렇습니다. 아닙니까?" 공자께서 말씀하셨다. "아니다. 나는 하나로 꿰었다."[40] 그렇다면 성인의 학문도 요체가 있지 않겠는가? 저 불교에서 인륜을 도외시하고, 물리物理를 저버리고서 공적空寂에 떨어진 것은 물론 그 마음을 밝힌다고 말할 수 없다. 세상의 유자들처럼 밖으로 강구講求하고 탐색하는 데 힘쓰느라 자신에게 근본을 둘 줄 모르는 것도 역시 리를 궁구한다고 말할 수 있겠는가?[41] 【「하돈부(夏敦夫)에게 보냄」】

|10-20| 昔夫子謂子貢曰: "賜也, 汝以予爲多學而識之者與?" 對曰: "然, 非與?" 子曰: "非也, 予一以貫之." 然則聖人之學乃不有要乎? 彼釋氏之外人倫·遺物理而墮於空寂者, 固不得謂之明其心矣. 若世儒之外務講求考索而不知本諸身者, 其亦可謂窮理乎? 【「與夏敦夫」】

[유종주평어] 수사(洙泗: 공자의 학문)의 연원이 원래 이와 같다. 증자의 발명을 얻어서 더욱 순박하고 진실함이 두드러지게 되었다. 증자는 '성

洙·泗淵源, 原是如此. 得曾子發明, 更是樸實頭地. 曾子就

40 공자께서 자공에게 … 하나로 꿰었다: 『論語』「衛靈公」.

41 옛날에 공자께서 … 수 있겠는가: 『王陽明全集』 권5, 「與夏敦夫」(辛巳, 1521, 양명 52세), 179쪽.

(誠)'처에 나아가 지적하였고, 양명 선생은 '명(明)'처에 나아가 지적하였으나, 그 내용은 동일할 따름이다.

誠處指點, 先生就明處指點, 一而已矣.

|10-21| 마음은 움직임과 고요함이 없는 것이다. 그 고요함이라는 것은 마음의 본체를 말한 것이고, 그 움직임이라는 것은 마음의 작용을 말한 것이다. 그러므로 군자의 학문은 움직임과 고요함에 틈이 없다. 고요할 경우에도 늘 지각하여 없었던 적이 없기 때문에 늘 반응하며[常應], 움직일 경우에도 늘 안정되어 있었던 적이 없기 때문에 늘 적연하다[常寂]. 늘 반응하고 늘 적연하여[常應常寂] 움직일 때건 고요할 때건 모두 일삼음이 있으니, 이것을 일컬어 '의를 축적한다[集義]'[42]고 한다. 의를 축적하기 때문에 후회하는 데 이르지 않을 수 있으니, 이른바 "움직일 때도 안정되고, 고요할 때도 안정된다."[43]라는 것이다.

마음은 하나일 따름이다. 고요함은 마음의 본체인데 다시 고요함의 뿌리를 찾는다면, 이것은 그 본체를 흔드는 것이다. 움직임은 마음

|10-21| 心無動靜者也. 其靜也者, 以言其體也; 其動也者, 以言其用也, 故君子之學, 無間於動靜. 其靜也, 常覺而未嘗無也, 故常應; 其動也, 常定而未嘗有也, 故常寂, 常應常寂. 動靜皆有事焉, 是之謂集義. 集義故能無祇悔, 所謂動亦定・靜亦定者也.

心一而已, 靜其體也, 而復求靜根焉, 是撓其體也; 動其用

42 의를 축적한다: 『孟子』「公孫丑上」. 敢問"何謂浩然之氣?" 曰, "難言也. 其爲氣也, 至大至剛, 以直養而無害, 則塞于天地之閒. 其爲氣也, 配義與道; 無是, 餒也. 是集義所生者, 非義襲而取之也. 行有不慊於心, 則餒矣. 我故曰, 告子未嘗知義, 以其外之也."

43 움직일 때도 … 때도 안정된다: 『二程文集』 권3「答橫渠先生定性書」. "所謂定者, 動亦定, 静亦定, 無將迎, 無內外."

의 작용인데 그것이 쉽게 움직이는 것을 두려워한다면 이것은 그 작용을 없애는 것이다. 그러므로 고요함을 찾는 마음은 곧 움직임이요, 움직임을 싫어하는 마음은 고요함이 아니다. 이것을 '움직일 때도 움직이고, 고요할 때도 움직여서 보내고 맞이하고 일어나고 엎드리는 것이 무궁하게 서로 이어진다'고 한다. 그러므로 리를 따르는 것을 고요함이라고 하고, 인욕을 따르는 것을 움직임이라고 한다. 인욕이라는 것은 반드시 명성과 여색 재화와 이익처럼 밖에서 유혹하는 것만이 아니라, 사사로운 마음이 있으면 모두 인욕이다. 그러므로 리를 따르면 비록 온갖 변화에 대응할지라도 모두 고요하다. 이것이 주렴계가 말한 바의 "고요함을 위주로 함은 인욕이 없음을 말한다."[44]라는 것이요, 이것을 '의를 축적한다'고 하는 것이다. 인욕을 따르면 비록 마음을 재계[心齋]하고 좌망坐忘[45]할지라도 역시 움직인 것이다. 고자告子가 억지로 제어한 것은 미리 기대하고 조장한 것을 말한 것으로 의義를 밖에 있다고 여긴

也, 而懼其易動焉, 是廢其用也. 故求靜之心, 卽動也; 惡動之心, 非靜也. 是之謂動亦動, 靜亦動, 將迎起伏, 相尋於無窮矣. 故循理之謂靜, 從欲之謂動. 欲也者, 非必聲色貨利外誘也, 有心之私皆欲也. 故循理焉, 雖酬酢萬變, 皆靜也. 濂溪所謂主靜無欲之謂也, 是謂集義者也. 從欲焉, 雖心齋坐忘, 亦動也. 告子之強制, 正助之謂也, 是外義者也. 【「答倫彥式」】

---

44 고요함을 위주로 … 인욕이 없음을 말한다: 『周敦頤集』「太極圖說」. "聖人定之以中正仁義, 而主靜(本注云, 無欲故靜)."

45 마음을 재계[心齋]하고 좌망(坐忘): 심재와 좌망은 마음을 깨끗이 씻어 내고, 안과 밖을 다 잊는 것을 의미하는 것으로 『장자』에 나온다. 『莊子』「人間世」. 回曰: "敢問心齋." 仲尼曰: "若一志, 无聽之以耳而聽之以心, 无聽之以心而聽之以氣! 耳止於聽, 心止於符. 氣也者, 虛而待物者也. 唯道集虛. 虛者, 心齋也."; 『莊子』「大宗師」. 仲尼蹴然曰: "何謂坐忘?" 顏回曰: "墮肢體, 黜聰明, 離形去知, 同於大通, 此謂坐忘."

것이다.[46] 【「윤언식(倫彦式)에게 답함」】

[유종주평어] 이 편지는 정명도의 「정성서(定性書)」와 서로 표리가 된다.

與「定性書」相爲表裏.

| 10-22 | 또 본 것을 가지고 마음에서 실제로 체험한다면 반드시 의심스러운 점이 생길 것이다. 실제로 의심스러운 점이 없다면 반드시 터득한 것이 있을 것이다. 실제로 터득한 것이 없다면 또 반드시 본 바가 있을 것이다.[47] 【「방숙현(方叔賢)에게 답함」】

[유종주평어] 이와 같이 공부한다면 참으로 진보하지 못할까 두려워하지 않을 것이다.

| 10-22 | 且以所見者實體諸心, 必將有疑, 果無疑, 必將有得, 果無得, 又必有見. 【「答方叔賢」】

如此用功, 眞不怕不長進.

| 10-23 | 맹자가 말했다. "시비를 변별하는 마음은 지智이다."[48] 시비를 변별하는 마음은 사람들이 모두 지니고 있으니 곧 이른바 양지이다. 누가 이 양지가 없겠는가? 다만 그것을 다 실행하지 못할 뿐이다. 어찌하여 "이를 데를 알아 이른다."[49]라고 하였는가? '이를 데를 안

| 10-23 | 孟子云: "是非之心, 智也." 是非之心, 人皆有之, 卽所謂良知也. 孰無是良知乎? 但不能致之耳. 曷謂

---

46 마음은 움직임과 … 여긴 것이다: 『王陽明全集』 권5, 「答倫彦式」(辛巳, 1521, 양명 52세), 182쪽.

47 또 본 것을 … 있을 것이다: 『王陽明全集』 권5, 「答方叔賢」(辛巳, 1521, 양명 52세), 184쪽.

48 시비를 변별하는 마음은 지(智)이다: 『孟子』 「告子上」. "惻隱之心, 人皆有之; 羞惡之心, 人皆有之; 恭敬之心, 人皆有之; 是非之心, 人皆有之. 惻隱之心, 仁也; 羞惡之心, 義也; 恭敬之心, 禮也; 是非之心, 智也. 仁義禮智, 非由外鑠我也, 我固有之也, 弗思耳矣."

49 이를 데를 알아 이른다: 『周易』 「乾卦 · 文言傳」. "知至至之, 可與言幾也."

다'는 것은 지知이고, '이른다'는 것은 지를 다 실행하는 것[致知]이니, 이것이 지와 행이 하나인 까닭이다.[50]

知至至之? 知至者, 知也; 至之者, 致知也, 此知行之所以一也.

[유종주평어] 양지의 지(智)는 실제로 측은히 여기는 인(仁)으로부터 온다.

良知之智, 實自惻隱之仁來.

| 10-24 | 망령된 마음은 움직이지만, 비추는 마음은 움직이는 것이 아니다. 항상 비추므로 항상 움직이면서도 항상 고요하니, 천지가 항구하여 그치지 않는 까닭이다.[51] 비추는 마음은 본래 비추지만, 망령된 마음도 비추니, '그것이 변하지 아니하므로 쉬지 않고 사물을 낳는다.'[52] 잠시라도 정지한다면 곧 그치게 되니, '지극히 성실하여 그치지 않는'[53] 학문이 아니다.[54]

| 10-24 | 妄心則動也, 照心非動也. 恒照則恒動恒靜, 天地之所以恒久而不已也. 照心固照也, 妄心亦照也, 其爲物不貳, 則其生物不息, 有刻暫停則息矣, 非至誠無息之學矣.

| 10-25 | 마음의 본체는 일어남도 없고, 일어나지 않음도 없다. 비록 망령된 생각[妄念]이 발

| 10-25 | 心之本體, 無起無不起, 雖妄念

---

50 맹자가 말했다 … 하나인 까닭이다: 『王陽明全集』 권5 「與陸元静」(二)(壬午, 1522, 양명 53세), 189쪽.

51 천지가 항구하여 … 않는 까닭이다: 『周易』 「恒卦·彖傳」: "天地之道, 恒久而不已也."

52 그것이 변하지 … 사물을 낳는다: 『中庸章句』 제26장. "天地之道, 可一言而盡也. 是非之心, 人皆有之, 則其生物不測."

53 지극히 성실하여 그치지 않는: 『中庸章句』 제26장. "故至誠無息, 不息則久, 久則徵."

54 망령된 마음은 … 학문이 아니다: 『傳習錄』 「答陸原靜書」, 제151조. 『陽明文錄』에 따르면 이 글은 1524년(갑신, 양명 53세)에 쓰여졌다.

생하더라도 양지는 있지 않은 적이 없다. 다만 사람들이 보존할 줄 모르면 간혹 마음을 잃어버리는 때가 있게 된다. 비록 막힌 것이 극에 이르렀더라도 양지는 밝지 않은 적이 없다. 다만 사람이 살필 줄 모르면 간혹 가려지는 때가 있게 된다. 간혹 잃어버리는 때가 있을지라도 그 마음의 본체는 실제로 있지 않은 적이 없으므로 그것을 보존하기만 하면 된다. 간혹 가려지는 때가 있을지라도 그 마음의 본체는 실제로 밝지 않은 적이 없으므로 그것을 살피기만 하면 된다.[55]

之發, 而良知未嘗不在, 但人不知存, 則有時而或放耳. 雖昏塞之極, 而良知未嘗不明, 但人不知察, 則有時而或蔽耳. 雖有時而或放, 其體實未嘗不在也, 存之而已耳. 雖有時而或蔽, 其體實未嘗不明也, 察之而已耳.

| 10-26 | 본성은 선하지 않음이 없으므로 앎[知]은 선천적으로 갖추고 있지 않음이 없다. 양지가 바로 미발의 중[未發之中]이고, 확 트여 크게 공정한 것이며, 적연하여 움직이지 않는 본체로서 사람들마다 똑같이 갖추고 있는 것이다. 다만 물욕에 가려지지 않을 수 없으므로 반드시 학문을 통해 그 가려진 것을 제거해야 한다. 그러나 양지의 본체에 대해서는 애초에 털끝만큼이라도 보태거나 덜어 낼 것이 있을 수 없다.[56]

| 10-26 | 性無不善, 故知無不良. 良知卽是未發之中, 卽是廓然大公寂然不動之本體, 人人之所同具者也. 但不能不昏蔽於物欲, 故須學以去其昏蔽, 然於良知之本體, 初不能有加損於毫末也.

55 마음의 본체는 … 하면 된다: 『傳習錄』「答陸原靜書」, 제152조.

56 본성은 선하지 … 수 없다: 『傳習錄』「又(答陸原靜書)」, 제155조.

10-27 리理는 움직임이 없는 것이다. 항상 알고 항상 보존하고, 항상 리를 위주로 한다는 것은 곧 보지도 않고 듣지도 않으며,[57] 생각도 없고 행위도 없다[58]는 것을 말한다. 보지도 않고 듣지도 않으며, 생각도 없고 행위도 없다는 것은 마른 나무나 꺼진 재와 같은 상태를 말하는 것이 아니다. 보고 듣고 생각하고 행위하는 것이 한결같이 리理를 따르면서도 (의식적으로) 보고 듣고 생각하고 행위한 적이 없다. 이것이 바로 움직이되 움직인 적이 없다는 것이며, 이른바 "움직여도 안정되고, 고요해도 안정되며", "본체와 작용은 그 근원을 같이한다."[59]라는 것이다.[60]

10-27 理, 無動者也. 常知常存, 常主於理, 卽不睹不聞·無思無爲之謂也. 不睹不聞·無思無爲, 非槁木死灰之謂也. 睹聞思爲一於理, 而未嘗有所睹聞思爲, 卽是動而未嘗動也. 所謂"動亦定, 靜亦定", "體用一原"者也.

10-28 미발의 중[未發之中]은 곧 양지로서, 앞과 뒤, 안과 밖이 없이 혼연히 일체를 이루고 있는 것이다. 일이 있음[有事]과 일이 없음[無事]으로써 (마음의) 움직임과 고요함을 말할 수 있

10-28 未發之中, 卽良知也, 無前後內外而渾然一體者也. 有事無事可以言動

57 보지도 않고 듣지도 않으며: 『中庸章句』 1장. "是故君子戒愼乎其所不睹, 恐懼乎其所不聞."

58 생각도 없고 행위도 없다: 『易』 「繫辭上傳」 10장. "易无思也, 无爲也, 寂然不動, 感而遂通天下之故."

59 본체와 작용은 … 근원을 같이한다: 程頤, 「易傳序」.

60 리(理)는 움직임이 … 라는 것이다: 『傳習錄』 「又(答陸原靜書)」, 제156조. 이 부분은 육원정의 다음 물음에 대한 답변 내용이다. 來書云: "周子曰'主靜', 程子曰'動亦定, 靜亦定', 先生曰'定者心之本體.' 是靜定也, 決非不覩不聞·無思無爲之謂, 必常知·常存·常主於理之謂也. 夫常知·常存·常主於理, 明是動也, 已發也, 何以謂之靜? 何以謂之本體? 豈是靜定也, 又有以貫乎心之動靜者邪?"

으나, 양지는 일이 있음과 일이 없음 사이에 어떠한 나뉨도 없다. 적연寂然과 감통感通으로써 (마음의) 움직임과 고요함을 말할 수 있으나, 양지는 적연과 감통 사이에 어떠한 나뉨도 없다. 움직임과 고요함이란 (마음이) 만난 바의 때이다. 마음의 본체는 본래 움직임과 고요함 사이에 어떤 나뉨도 없다. 리理는 움직임이 없는 것이다. 움직이면 곧 인욕이 된다. 리를 따르면 온갖 변화에 대응하더라도 일찍이 움직인 적이 없으며, 인욕을 좇으면 아무리 마음의 작용을 그치게 하고 생각[念]을 전일하게 하더라도 일찍이 고요한 적이 없다.[61]

靜, 而良知無分於有事無事也; 寂然感通可以言動靜, 而良知無分於寂然感通也. 動靜者所遇之時, 心之本體固無分於動靜也. 理, 無動者也, 動卽爲欲. 循理, 則雖酬酢萬變而未嘗動也; 從欲, 則雖槁心一念而未嘗靜也.

| 10-29 | 경계하고 삼가며 두려워할 수 있는 것이 바로 양지이다.[62]

| 10-29 | 能❹戒愼恐懼者是良知.❺

| 10-30 | "비추는 마음은 움직이는 것이 아니다"라는 것은 그것이 본체 명각明覺의 저절로 그러한 데에서 발하여 일찍이 움직인 적이 없

| 10-30 | "照心非動"者, 以其發於本體明覺之自然, 而未

---

61 미발의 중[未發之中]은 … 적이 없다: 『傳習錄』 「又(答陸原靜書)」, 제157조.

62 경계하고 삼가며 … 바로 양지이다: 『傳習錄』 「又(答陸原靜書)」, 제159조. 來書云: "夫子昨以良知爲照心. 竊謂良知心之本體也, 照心人所用功, 乃戒愼恐懼之心也, 猶思也. 而遂以戒愼恐懼爲良知, 何歟?" "能戒愼恐懼者, 是良知也."

❹ 能: 『명유학안』 수정본에는 '此'로 되어 있다. 『劉宗周全集』에는 '能'으로 되어 있다. 의미상 '能'으로 보아야 한다.

❺ 能戒愼恐懼者是良知: 『명유학안』 수정본에는 이 부분을 유종주의 말로 오인하여 한 칸 들여 썼다. 『劉宗周全集』에서도 유종주의 말로 오인하고 있다.

기 때문이다. 움직이는 것이 있으면 곧 망령스럽게 된다. "망령된 마음 역시 비춘다"는 것은 그 본체 명각의 저절로 그러한 것이 그 가운데 있지 않은 적이 없기 때문이다. 다만 움직이는 것이 있을 뿐이다. 움직이는 것이 없으면 곧 비추게 된다. "망령됨도 없고 비춤도 없다"는 것은 망령됨을 비춤으로 여기거나 비춤을 망령됨으로 여기는 것이 아니다. 비추는 마음을 비춤으로 여기고, 망령된 마음을 망령됨으로 여긴다면, 이것은 여전히 망령됨이 있고 비춤이 있는 것이다. 망령됨이 있고 비춤이 있으면 두 가지가 있는 것이다. 두 가지가 있다면 그치게 된다. 망령됨도 없고 비춤도 없으면 한결같이 변하지 않고 (성실하다), 한결같이 변하지 않고 (성실하다면) 그치지 않는다.[63]

嘗有所動也. 有所動, 卽妄矣. "妄心亦照"者, 以其本體明覺之自然者, 未嘗不存於其中, 但有所動耳. 無所動, 卽照矣. "無妄無照", 非以妄爲照, 以照爲妄也. 照心爲照, 妄心爲妄, 是猶有妄有照也. 有妄有照, 則有二也, 二則息矣. 無妄無照, 則不貳, 不貳則不息矣.

|10-31| 반드시 이 마음이 순수한 천리天理 그 자체이고 조금의 사사로운 인욕도 남겨 두지 않으려고 해야 하니, 이것이 성인이 되는 공부이다. 반드시 이 마음이 순수한 천리 그 자체이고 조금의 사사로운 인욕도 남겨 두지 않지 않으려고 하는 것은 (사욕이) 싹트기 이전에 막고 싹트려고 할 때 제거하지 않으면 불가능하다. 싹트기 이전에 막고 싹트려고 할 때 제거

|10-31| 必欲此心純乎天理, 而無一毫人欲之私, 此作聖之功也. 必欲此心純乎天理, 而無一毫人欲之私, 非防於未萌之先而克於方萌之際, 不能也. 防於未

63 '비추는 마음은 … 그치지 않는다: 『傳習錄』 「又(答陸原靜書)」, 제160조.

하는 것이 바로 『중용』의 “경계하고 삼가며 두려워하는 것[戒愼恐懼]”이고, 『대학』의 “앎을 다 실천하여 물物을 바르게 하는[致知格物]” 공부이다. 이것 이외에 다른 공부가 없다.[64]

萌之先而克於方萌之際, 此正『中庸』“戒愼恐懼”·『大學』“致知格物”之功, 舍此之外, 無別功矣.

| 10-32 | “선도 생각하지 않고 악도 생각하지 않을 때 본래 면목을 인식한다”[65]는 것은 불교에서 아직 본래 면목을 알지 못한 이를 위해 그러한 방편을 고안해 낸 것이다. 본래 면목은 곧 우리 성인 문하의 이른바 양지이다. 이제 양지를 이미 명백하게 알았다면 그렇게 말할 필요가 없다. ‘사물에 따라서 바르게 하는 것’은 앎을 다 실천하는 공부이고, 곧 불교의 ‘항상 또렷이 깨어 있다’[66]는 것이니, 이 또한 그 본래 면목을 항상 보존하는 것일 뿐이다. (유가와 불교의) 체단體段과 공부는 대체로 서로 비슷하지만, 불교에는 스스로를 사사롭게 여기고 이기적인 마음이 있기 때문에 다름이 생기게 된다.[67]

| 10-32 | “不思善, 不思惡時, 認本來面目”, 此佛氏爲未識本來面目者設此方便. 本來面目, 卽吾聖門所謂良知. 今既認得良知明白, 卽已不消如此說矣. 隨物而格, 是致知之功, 卽佛氏之常惺惺, 亦是常存他本來面目耳. 體段功夫大略相似, 但佛氏有個自私自利之心, 所

---

64 반드시 이 … 공부가 없다: 『傳習錄』「又(答陸原靜書)」, 제161조.

65 선도 생각하지 … 면목을 인식한다: 『六祖壇經』「行由品」. 惠能遂出, 盤坐石上. 惠明作禮云: “望行者爲我說法.” 惠能云: “汝既爲法而來, 可屛息諸緣, 勿生念. 吾爲汝說.” 明良久, 惠能云: “不思善, 不思惡, 正與麽時, 那箇是明上座本來面目?” 惠明言下大悟.

66 항상 또렷이 깨어 있다: 瑞巖禪師(약 850-약 910)의 말로 정신을 늘 깨어 있게 하는 공부이다. 후대에 이정 문하의 謝上蔡가 중시하였고, 정이와 주자에 의해 敬 공부의 주요 내용 가운데 하나로 흡수된다. 『五燈會元』, 7장.(『續藏經』 1輯, 2編下, 11函, 120쪽下.)

67 ‘선도 생각하지 … 생기게 된다: 『傳習錄』「又(答陸原靜書)」, 제162조. 이 조목은 육

以便有不同.

| 10-33 | 학질에 걸린 사람은 학질이 아직 발병하지 않았다고 하더라도 병의 뿌리가 잠복하고 있으니, 어찌 학질이 아직 발병하지 않았다고 해서 마침내 약을 먹고 조리하는 노력을 잊을 수 있겠는가? 만약 반드시 학질이 발병한 뒤에 약을 먹고 조리하고자 한다면 이미 늦은 것이다.[68] 【이상은 모두 「육원정(陸原靜)에게 답한 글」이다.】

[유종주평어] "비추는 마음은 본래 비추지만, 망령된 마음도 역시 비춘다."라는 두 마디 말은 선생이 스스로 주석을 달아 풀이한 것이 이미 분명하므로 독자가 현묘하게 이해하지 않기를 바란다. 아직 발병하지 않았어도 약을 복용한다는 설은 크게 생각해 볼 만하다.

| 10-33 | 病瘧之人, 瘧雖未發, 而病根自在, 則亦安可以其瘧之未發, 而遂忘其服藥調理之功乎? 若必待瘧發而後服藥調理, 則既晩矣. 【以上皆「答陸原靜」】

"照心固照, 妄心亦照"二語, 先生自爲註疏已明, 讀者幸無作玄會. 未病服藥之說, 大是可思.

| 10-34 | 군자가 말하는 바의 '경외敬畏'라는 것은 두려워하고 근심하는 바가 있음을 말하는 것이 아니라, 바로 '보이지 않는 바에도 경계하고 삼가며 들리지 않는 바에도 두려워하는

| 10-34 | 君子之所謂'敬畏'者, 非有所恐懼憂患之謂也, 乃戒愼不睹·恐懼不

원정의 다음 질문에 대한 대답으로 제시된 것이다. 來書云: "佛氏於'不思善·不思惡時, 認本來面目', 於吾儒'隨物而格'之功不同. 吾若於不思善不思惡時用致知之功, 則已涉於思善矣. 欲善惡不思, 而心之良知淸靜自在, 惟有寐而方醒之時耳. 斯正孟子'夜氣'之說. 但於斯光景不能久, 倏忽之際, 思慮已生. 不知用功久者, 其常寐初醒, 而思未起之時否乎? 今澄欲求寧靜, 愈不寧靜, 欲念無生, 則念愈生. 如之何而能使此心前念易滅, 後念不生, 良知獨顯, 而與造物者遊乎?"

68 학질에 걸린 … 늦은 것이다: 『傳習錄』 「又(答陸原靜書)」, 제167조.

것'[69]을 말한다. 군자가 말하는 바의 '쇄락灑落' 이란 마음이 광달하여 거리낌 없이 제멋대로 놀고 감정을 좇아 마음대로 하는 것을 말하는 것이 아니라, 바로 그 심체가 사욕에 얽매이지 아니하고 어디를 가든 자득하지 않음이 없음[70]을 말한다. 대저 마음의 본체가 바로 천리이다. 천리가 환하게 밝아 영묘하게 지각하는 것[昭明靈覺]이 이른바 양지이다. 군자가 경계하고 삼가며 두려워하는 것은 오직 그 환하게 밝아 영묘하게 지각하는 것이 혹시라도 어둡고 방일放逸해져서 그릇되고 치우치고 사특하고 망령된 데로 흘러서 그 본체의 바름을 잃을까 두려워하는 것이다. 경계하고 삼가며 두려워하는 공부가 한시라도 끊어지는 때가 없다면 천리는 항상 보존되어 그 환하게 밝고 영묘하게 지각하는 본체가 가려지는 바가 없고, 이끌려 어지럽게 되는 바가 없으며, 두려워하고 근심하는 바가 없으며, 좋아하고 성내는 바가 없으며,[71] 의도하고 기필하고 고집하고 자기중심

聞之謂耳. 君子之所謂灑落者, 非曠蕩放逸縱情肆意之謂也, 乃其心體不累於欲・無入而不自得之謂耳. 夫心之本體, 卽天理也; 天理之昭明靈覺, 所謂良知也. 君子之戒愼恐懼, 惟恐其昭明靈覺者, 或有所昏昧放逸, 流於非僻邪妄, 而失其本體之正耳. 戒愼恐懼之功無時或間, 則天理常存, 而其昭明靈覺之本體無所虧蔽, 無所牽擾, 無所恐懼憂患, 無所好樂忿懥, 無所

---

69 보이지 않는 … 두려워하는 것: 『中庸章句』 제1장. "道也者, 不可須臾離也, 可離非道也. 是故君子戒愼乎其所不睹, 恐懼乎其所不聞."

70 어디를 가든 … 않음이 없음: 『中庸章句』 제14장. "君子素其位而行, 不願乎其外. 素富貴, 行乎富貴; 素貧賤, 行乎貧賤; 素夷狄, 行乎夷狄; 素患難, 行乎患難; 君子無入而不自得焉."

71 두려워하거나 근심하는 … 성내는 바가 없으며: 『大學』. "所謂脩身在正其心者, 身有所忿懥, 則不得其正; 有所恐懼, 則不得其正; 有所好樂, 則不得其正; 有所憂患, 則不得其正."

적인 바가 없으며,[72] 만족하지 못하여 주리고 부끄러워하는 바가 없이, 융화하고 투명하며, 충만하게 가득 차서 유행하고, 행동거지와 용모가 예에 맞으며,[73] 마음이 하고자 하는 바를 따라도 법도를 어기지 않으니,[74] 이것이 바로 이른바 진정한 쇄락이다. 이 쇄락은 천리가 늘 보존되는 데서 생겨나며, 천리가 보존되는 것은 항상 끊어짐이 없이 경계하고 삼가며 두려워하는 데에서 생겨나니, 누가 "경외가 늘어나면 도리어 즐거움에 누가 된다."라고 말하였는가?[75] 【「서국용(舒國用)에게 보내는 글」】

意必固我, 無所歉餒愧怍, 和融瑩徹, 充塞流行, 動容周旋而中禮, 從心所欲而不踰, 斯乃所謂眞灑落矣. 是灑落生於天理之常存, 天理常存生於戒愼恐懼之無間, 孰謂"敬畏之增, 反爲樂之累"耶! 【「與舒國用」】

[유종주평어] 송유의 '주경(主敬)'의 설을 가장 잘 밝혔다.

最是發明宋儒主敬之說.

| 10-35 | 『주역』「계사전」의 "무엇을 생각하고 무엇을 염려하겠는가."[76]라는 말은 생각하고 염려하는 것이 다만 하나의 천리이고, 다시 별도의 생각이나 염려가 없음을 말하는 것일

| 10-35 | 「繫」言"何思何慮", 是言所思所慮只是一個天理, 更無別思別慮耳, 非

---

72 의도하고 기필하고 … 자기중심적인 바가 없으며: 『論語』「子罕」. "子絶四: 毋意, 毋必, 毋固, 毋我."

73 행동거지와 … 예에 맞으며: 『孟子』「盡心下」. "堯舜, 性者也; 湯武, 反之也. 動容周旋中禮者, 盛德之至也; 哭死而哀, 非爲生者也; 經德不回, 非以干祿也; 言語必信, 非以正行也. 君子行法, 以俟命而已矣."

74 마음이 하고자 … 어기지 않으니: 『論語』「爲政」. 子曰: "吾十有五而志于學, 三十而立, 四十而不惑, 五十而知天命, 六十而耳順, 七十而從心所欲, 不踰矩."

75 군자가 말하는 … 라고 말하였는가: 『王陽明全集』 권5 「答舒國用」(癸未, 1523년 양명 52세), 190쪽.

76 무엇을 생각하고 무엇을 염려하겠는가: 『周易』「繫辭傳下」 제5장.

뿐이지, 아무 생각이나 염려가 없다는 뜻이 아니다. 그러므로 "돌아가는 곳은 같아도 길은 다르며, 이르는 곳은 동일해도 사려思慮는 백 가지이니, 천하에 무엇을 생각하고 무엇을 염려하겠는가?"라고 하였다. '길은 다르다', '사려는 백 가지이다'라고 하였는데, 어찌 아무 생각이나 염려가 없다고 말하겠는가? 마음의 본체는 바로 천리요, 그것은 단지 하나이니, 다시 무엇을 생각하고 염려하겠는가? 천리는 원래 적연하여 움직이지 않고, 원래 느껴서 마침내 통한다.[77] 배우는 사람의 공부는 비록 천만 가지를 사려한다고 하더라도, 단지 그 본래의 체용體用을 회복하고자 하는 것일 따름이지, 사사로운 뜻으로 안배하고 사색하는 것이 아니다. 그래서 명도明道는 "군자의 학문은 확 트여서 크게 공정하여 사물이 다가오면 순리대로 응하는 것만 한 것이 없다."[78]라고 하였다. 만약 사사로운 뜻으로 안배하고 사색한다면, 이것은 사적으로 지혜를 쓰고[用智] 자신을 사사롭게 여기는[自私] 것이다.[79] '무엇을 생각하고 무

謂無思無慮也, 故曰: "同歸而殊途, 一致而百慮. 天下何思何慮?" 云'殊途', 云'百慮', 則豈謂無思無慮耶? 心之本體卽是天理, 只是一個, 更何思慮得! 天理原自寂然不動, 原自感而遂通, 學者用功, 雖千思萬慮, 只是要復他本來體用而已, 不是以私意去安排思索出來, 故明道云: "君子之學, 莫若廓然而大公, 物來而順應." 若以私意安排思索, 便是用智自私矣. 何思何慮, 正是工夫, 在聖人分

---

77 적연하여 움직이지 … 마침내 통한다: 『周易』「繫辭傳上」 제10장.

78 군자의 학문은 … 것이 없다: 『明道文集』 권2 「答橫渠先生定性書」.

79 지혜를 쓰고[用智] … 여기는[自私] 것이다: 『明道文集』 권2 「答橫渠先生定性書」. "대개 근심은 자신을 사사롭게 여기고 지혜를 쓰는 데에 있다. 자신을 사사롭게 여기면 영위하는 것이 외물의 자취에 응하는 것이 될 수 없고, 지혜를 쓰면 명각을 자연스러운 것으로 삼을 수 없다.[大率患在于自私而用智. 自私則不能以有爲爲應迹, 用智則不能以明覺爲自然.]"

엇을 염려하겠는가'는 바로 공부이다. 이것은 성인의 경우는 저절로 그러한 것이지만, 배우는 사람의 경우는 힘써서 그러한 것이다.[80]

上便是自然的, 在學者分上便是勉然的.

[유종주평어] 이와 같아야 비로소 (불교의) 선을 생각하지도 않고 악을 생각하지도 않는다는 설과 전혀 다르게 된다.

如此, 方與不思善惡之說迥異.

| 10-36 | 성선의 단서는 모름지기 기氣에서 (봐야) 비로소 볼 수 있다. 만약 기가 없다면 역시 볼 수 있는 것이 없다. 측은·수오·사양·시비가 바로 기이다. 정자程子가 "성性을 논하되 기氣를 논하지 않으면 다 갖추어지지 않고, 기를 논하되 성을 논하지 않으면 분명하지 못하다."[81]라고 말한 것도 역시 배우는 자가 각각 한쪽에만 집착하기 때문에 부득이 이와 같이 말한 것이다. 만약 자신의 성을 명백하게 알았을 때는 기가 바로 성이고, 성이 바로 기로서 원래 성과 기를 나눌 수 없다.[82] 【이상은 「주도통(周道通)에게 답한 글」이다.】

| 10-36 | 性善之端, 須在氣上始見得; 若無氣, 亦無可見矣. 惻隱羞惡辭讓是非卽是氣. 程子謂"論性不論氣不備, 論氣不論性不明", 亦是爲學者各執一邊, 只得如此說, 若見得自性明白時, 氣卽是性, 性卽是氣, 原無性氣之可分也. 【以上「答周道通」】

[유종주평어] 선생의 견해는 이미 80-90%에 도달했다. 다만 "성이 바로 기이고, 기가 바로 성이다."라고 한 것은 마땅히 다시 생각해 보아야 할

先生之見, 已到八九分. 但云「性卽是氣, 氣卽是性」, 則

---

80 『주역』「계사전」의 … 그러한 것이다: 『傳習錄』「啓問道通書」, 제145조.

81 성(性)을 논하되 … 분명하지 못하다: 『二程遺書』 권6, 2쪽下.

82 성선의 단서는 … 수 없다: 『傳習錄』「啓問道通書」, 제150조.

점이 있다.

合更有商量在.

|10-37| 신독이 바로 양지를 다 실천하는 것이다.[83] 【「황면지(黃勉之)에게 보내는 글」】[84]

|10-37| 愼獨卽是致良知. 【「與黃勉之」】

|10-38| 무릇 행行이라고 하는 것은 단지 착실하게 이 일을 해 나가는 것이다. 만약 착실하게 배우고 묻고 생각하고 변별하는 공부를 한다면 배우고 묻고 생각하고 변별하는 것도 역시 바로 행行이다. 배움[學]은 이 일을 하는 것을 배우는 것이고, 물음[問]은 이 일을 하는 것을 묻는 것이고, 생각하고 변별하는 것[思辨]은 이 일을 하는 것을 생각하고 변별하는 것이니, 행도 역시 바로 배우고 묻고 생각하고 변별하는 것이다. 만약 배우고 묻고 생각하고 변별한 뒤에 행한다고 한다면 도리어 어떻게 관념적으로 먼저 배우고 묻고 생각하고 변별할 수 있겠는가? 행할 때에는 또 어떻게 배우고 묻고 생각하고 변별하는 일을 할 수 있겠는가? 행行을 밝게 지각하고 정밀하게 살피는 것이 바로 지知이고, 지를 참되고 절실하며 독실하게 하

|10-38| 凡謂之行者, 只是著實去做這件事, 若著實做學問思辨工夫, 則學問思辨亦便是行矣. 學是學做這件事, 問是問做這件事, 思辨是思辨做這件事, 則行亦便是學問思辨矣. 若謂學問思辨之然后去行, 却如何懸空先去學問思辨得? 行時又如何去得做❻學問思辨的事? 行之明覺精察處便是知, 知之眞切篤實處

---

83 신독이 바로 … 실천하는 것이다: 『王陽明全集』 권5, 「與黃勉之」(二)甲申(1524년, 양명 53세), 194쪽.

84 『劉宗周全集』에는 "千聖同符."라는 劉宗周의 평어가 있다.

❻ 做: 『명유학안』 수정본에는 '個'로 되어 있으나, 『王陽明全集』에 의거하여 바로잡았다. 『劉宗周全集』에도 '箇'로 되어 있다.

는 것이 바로 행이다. 만약 행하되 밝게 지각하고 정밀하게 살피지 못한다면 그것은 바로 어두운 가운데 행하는 것으로서, 바로 "배우되 생각하지 않으면 종잡을 수 없다."[85]라는 것이니, 따라서 반드시 하나의 지知를 말해야 한다. 알되 참되고 절실하며 독실하지 않다면, 그것은 바로 망령되이 생각하는 것으로서, 바로 "생각하되 배우지 않으면 위태롭다."[86]라는 것이니, 따라서 반드시 하나의 행行을 말해야 한다. 원래는 단지 하나의 공부이다. 무릇 옛 사람들이 지행을 말한 것은 하나의 공부에 나아가서 치우친 것을 보완하여 폐단을 구제하기 위하여 말한 것이지, 요즘 사람들처럼 (지와 행을) 절연히 두 가지의 일로 나누어 (지와 행의 공부를) 하는 것과는 다르다. 내가 이제 지행합일知行合一을 말하는 것도 비록 오늘날의 치우친 것을 보완하여 폐단을 구제하기 위하여 말한 것이지만, 지행의 본모습이 또한 본래 이와 같다.[87]

便是行. 若行而不能明覺精察, 便是冥行, 便是"學而不思則罔", 所以必須說個知; 知而不能眞切篤實, 便是妄想, 便是"思而不學則殆", 所以必須說個行. 原來只是一個工夫. 凡古人說知行, 皆是就一個工夫上補偏救弊說, 不似今人截然分作兩件事做. 某今說知行合一, 雖亦是就今時補偏救弊說, 然知行體段亦本來如是.

| 10-39 | 지행은 원래 두 개의 글자로 하나의 공부를 말한 것이라서, 이 하나의 공부는 모름

| 10-39 | 知行原是兩個字說一個工夫,

85 배우되 생각하지 … 수 없다: 『論語』「爲政」. 子曰: "學而不思則罔, 思而不學則殆."
86 생각하되 배우지 않으면 위태롭다: 『論語』「爲政」. 子曰: "學而不思則罔, 思而不學則殆."
87 무릇 행(行)이라고 … 이와 같다: 『王陽明全集』 권6, 「答友人問」(丙戌, 1526년, 양명 55세), 208쪽.

지기 이 두 개의 글자를 붙여야만 비로소 말하는 것이 완전하여 병폐가 없게 된다. 만약 핵심처[頭腦處]를 분명하게 이해하여 원래가 하나의 핵심[頭腦]임을 이해한다면 비록 지행을 두 가지로 나누어 말하더라도 필경은 하나의 공부를 하게 될 것이다. 그렇다면 처음에는 혹 융회하지 못했더라도 끝내는 이른바 '생각은 백 가지이지만 하나로 돌아가게 될 것이다.'[88] 그러나 만약 핵심처를 분명하게 이해하지 못하여 (지와 행이) 원래 두 가지인 것으로 여긴다면 비록 지행을 하나로 합하여 말하더라도 역시 끝내는 하나로 귀결될 곳이 없을 것이다. 하물며 또 두 가지로 절연히 나누어서 (지와 행의 공부를) 한다면 머리부터 꼬리에 이르기까지 다시는 (공부에) 착수할 곳을 찾을 수 없을 것이다.[89] 【이상은 「우인(友人)의 물음에 답한 글」이다.】

這一個工夫, 須着此兩個字, 方說得完全無弊病. 若頭腦處見得分明, 見得原是一個頭腦, 則雖把知行分作兩個說, 畢竟將來做那一個工夫, 則始或未便融會, 終所謂百慮而一致矣. 若頭腦見得不分明, 原看做兩個了, 則雖把知行合作一個說, 亦恐終未有湊泊處. 況又分作兩截去做, 則是從頭至尾更沒討下落處也. 【以上「答友人問」】

[유종주평어] 이른바 '핵심[頭腦]'이란 양지 두 글자이다.

所謂頭腦, 是良知二字.

| 10-40 | 무릇 사물의 리는 내 마음에서 벗어나지 않는다. 내 마음을 벗어나 사물의 리를

| 10-40 | 夫物理不外於吾心, 外吾心而

88 생각은 백 가지이지만 … 될 것이다: 『周易』「繫辭傳下」. 子曰: "天下何思何慮? 天下同歸而殊塗, 一致而百慮, 天下何思何慮?"

89 지행은 원래 … 없을 것이다: 『王陽明全集』 권6, 「答友人問」(丙戌, 1526년, 양명 55세), 209쪽.

구한다면 사물의 리가 없다. 사물의 리를 버려두고서 내 마음을 구한다면, 내 마음은 또 어떤 것인가? 마음의 본체는 성性이고, 성은 곧 리이다. 그러므로 부모에게 효도하는 마음이 있으면 곧 효도의 리가 있고, 부모에게 효도하는 마음이 없으면 곧 효도의 리가 없다. 임금에게 충성하는 마음이 있으면 곧 충성의 리가 있고, 임금에게 충성하는 마음이 없으면 곧 충성의 리가 없다. 리가 어찌 내 마음에서 벗어나겠는가? 회암(晦庵, 주희)은 "사람이 학문하는 것은 마음과 리일 뿐이다.[90] 마음은 비록 한 몸을 주재하지만 실제로 천하의 리를 주관한다. 리는 비록 온갖 일들에 흩어져 있지만 실로 한 사람의 마음에서 벗어나지 않는다."[91]라고 하였다. 이것은 한 번 나누고 한 번 합하는 사이에 이미 배우는 사람들에게 마음과 리理를 이분시키는 폐단을 열어 놓았음을 면치 못한다.[92]

求物理, 無物理矣. 遺物理而求吾心, 吾心又何物耶? 心之體, 性也, 性卽理也. 故有孝親之心, 卽有孝之理, 無孝親之心, 卽無孝之理矣. 有忠君之心, 卽有忠之理, 無忠君之心, 卽無忠之理矣. 理豈外于吾心耶? 晦菴謂「人之所以爲學者, 心與理而已. 心雖主乎一身, 而實管乎天下之理; 理雖散于萬事, 而實不外乎一人之心.」 是其一分一合之間, 而未免已啟學者心理爲二之弊.

|10-41| 명도는 "단지 리를 다하기만 하면 곧

|10-41| 明道云:

90 사람이 학문하는 … 리일 뿐이다: 마음을 닦는 공부가 居敬涵養이요, 리를 궁구하는 공부가 格物窮理이다. 주희의 공부는 이 두 가지로 이루어져 있다.

91 사람이 학문하는 … 벗어나지 않는다: 『大學或問』 傳5章.

92 무릇 사물의 … 면치 못한다: 『傳習錄』 「答顧東橋書」, 제133조.

본성을 다하여 천명에 이른다."[93]라고 하였다. 그러므로 반드시 인仁의 경우에는 반드시 인의 궁극에까지 이른 뒤에야 능히 인의 리를 다했다고 말하며, 의義의 경우에는 반드시 의의 궁극에까지 이른 뒤에야 능히 의의 리를 다했다고 말한다. 인을 실행하여 인의 궁극에까지 이르렀다면 인의 본성을 다한 것이다. 학문이 리를 궁구하는 데는 지극하지만 아직 그것을 행위로 옮기지는 못했다면 세상에 어찌 이런 일이 있겠는가? 이런 까닭에 행하지 않는 것은 학문이 될 수 없음을 안다면 행하지 않는 것은 리를 다하는 것이 될 수 없음을 알게 될 것이다. 행하지 않는 것이 리를 다하는 것이 될 수 없음을 안다면 지知와 행行이 합일하고 함께 진행하여 두 가지 일로 나눌 수 없다는 것도 알게 될 것이다. 무릇 만사와 만물의 리는 내 마음에서 벗어나지 않는다. 그런데도 기필코 "천하의 리를 궁구한다"고 주장한다면, 이것은 아마도 내 마음의 양지를 충분하지 못하다고 여겨서 반드시 밖으로 드넓은 천하에서 구하여 그것을 보충하고 더하려는 것이니, 이것은 여

"只窮理便盡性至命", 故必仁極仁而後謂之能窮仁之理, 義極義而後謂之能窮義之理. 仁極仁, 則盡仁之性矣. 學至於窮理, 至矣, 而尚未措之於行, 天下寧有是耶? 是故知不行之不可以爲學, 則知不行之不可以爲窮理矣. 知不行之不可以爲窮理, 則知知行之合一並進, 而不可以分爲兩節事矣. 夫萬事萬物之理不外於吾心, 而必曰窮天下之理, 是殆以吾心之良知爲未足, 而必外求於天下之廣, 以裨❼補增

93 단지 리를 … 천명에 이른다: 『二程遺書』 권2上. "窮理盡性以至於命, 三事一時並了, 元無次序, 不可將窮理作知之事. 若實窮得理, 卽性命亦可了."; 『二程遺書』 권22上. "盡其心者, 我自盡其心, 能盡心則自然知性知天矣. 如言窮理盡性以至於命, 以序言之, 不得不然. 其實只能窮理便盡性至命也."

❼ 裨: 『명유학안』 수정본에는 '稗'로 되어 있으나, 『왕양명전집』과 『명유학안』 賈本에 근거하여 바로잡았다. 『劉宗周全集』에도 '裨'로 되어 있다.

전히 마음과 리를 둘로 나누는 것이다. 대저 배우고 묻고 생각하고 변별하고 독실하게 행하는 공부는 비록 애써서 알고 힘써서 행하는 사람이 다른 사람보다 백배의 노력을 더하여 확충이 지극해져서 본성을 다하여 하늘을 아는 데 도달할지라도, 역시 내 마음의 양지를 다 실천하는 것에 지나지 않을 따름이다. 양지 이외에 어찌 다시 터럭만큼이라도 보탤 것이 있겠는가? 이제 기필코 '천하의 리를 궁구한다'고 주장하고 그 마음에 돌이켜 구할 줄 모른다면 이른바 선악의 기미와 진망眞妄의 분별을 내 마음의 양지를 버리고 또 장차 어떻게 몸소 살피는 데 이르겠는가?[94]

益之, 是猶析心與理而爲二也. 夫學問思辨篤行之功, 雖其困勉至於人一己百, 而擴充之極至於盡性知天, 亦不過致吾心之良知而已, 良知之外, 豈復有加於毫末乎? 今必曰"窮天下之理", 而不知反求諸其心, 則凡所謂善惡之機, 眞妄之辨者, 舍吾心之良知, 亦將何以致其體察乎?

| 10-42 | 대저 세부 항목과 사태의 변화에 대한 양지의 관계는 사각형과 원형[方圓], 긴 것과 짧은 것[長短]에 대한 컴퍼스와 곱자의 관계와 같다. 세부 항목과 사태의 변화를 미리 정할 수 없는 것은 방원·장단을 이루 다 궁구할 수 없는 것과 같다. 그러므로 컴퍼스와 곱자가 참으로 세워지면 사각형과 원형으로 속일 수 없고 세상의 사각형과 원형을 무궁하게 사용할 수 있다. 자가 참으로 갖추어지면 긴 것과 짧

| 10-42 | 夫良知之於節目事變, 猶規矩尺度之于方圓長短也. 節目事變之不可預定, 猶方圓長短之不可勝窮也. 故規矩誠立, 則不可欺以方圓, 而天下之方圓不可勝用矣. 尺

94 명도는 "단지 … 데 이르겠는가: 『傳習錄』「答顧東橋書」, 제136조.

은 것으로 속일 수 없고 세상의 긴 것과 짧은 것을 무궁하게 사용할 수 있다. 양지가 참으로 다 실현되면 세부 항목과 사태의 변화로 속일 수 없고 세상의 세부 항목과 사태의 변화에 무궁하게 응할 수 있다. 천 리만큼의 큰 잘못을 초래하는 털끝만 한 작은 차이를 내 마음 양지의 미세한 한 생각[一念]에서 살피지 않는다면, 또 장차 그 학문을 어디에 사용할 것인가? 이것은 컴퍼스와 곱자를 사용하지 않고 세상의 사각형과 원형을 그리려고 하는 것이며, 자를 사용하지 않고 세상의 긴 것과 짧은 것을 다 재고자 하는 것이다. 나는 그것이 어긋나고 잘못되어 날마다 수고롭게 애써도 이루어지는 결과가 없음을 알 뿐이다.

度誠陳, 則不可欺以長短, 而天下之長短不可勝用矣. 良知誠致, 則不可欺以節目事變, 而天下之節目事變不可勝應矣. 毫釐千里之謬, 不於吾心良知一念之微而察之, 亦將何所用其學乎? 是不以規矩而欲定天下之方圓, 不以尺度而欲盡天下之長短, 吾見其乖張謬戾, 日勞而無成也已.

그대는 "(겨울에는) 따뜻하게 해 드리고 (여름에는) 시원하게 해 드리며, (저녁에는) 잠자리를 살피고 (아침에는) 일찍 문안을 드리는 일에서 효도를 말한다면 누가 그것을 모르겠는가."라고 하였다. 그러나 그 앎을 다 할 수 있는 사람은 드물다. 만약 따뜻하게 해 드리고 시원하게 해 드리며, 잠자리를 살피고 일찍 문안을 드리는 의례의 세목[儀節]을 대략 아는 것을 일컬어 마침내 그 앎을 다할 수 있다고 말한다면, 무릇 임금은 마땅히 어질어야 한다는 것을 아는 자는 모두 그 어짊의 앎을 다한다고 말할 수 있고, 신하는 마땅히 충성해야 한다는 것을 아

吾子謂"語孝於溫凊定省, 孰不知之?" 然而能致其知者鮮矣. 若謂粗知溫凊定省之儀節, 而遂謂之能致其知, 則凡知君之當仁者, 皆可謂之能致其仁之知, 知臣之當忠者, 皆可謂之能致其忠之知, 則天下孰非致知者耶? 以是而言, 可以知致

는 자는 모두 그 충성의 앎을 다한다고 말할 수 있으니, 그렇다면 세상에 누군들 앎을 다한 자가 아니겠는가? 이것으로써 말하면, 앎을 다하는[致知] 것이 반드시 실행에 달려 있음을 알 수 있으며, 실행하지 않는 것은 앎을 다하는 것이 될 수 없음이 분명하다. 지행합일知行合一의 본모습이 더욱 뚜렷하지 않은가?

知之必在於行, 而不行之不可以爲致知也明矣. 知行合一之體不益較然矣乎?

무릇 순임금이 부모에게 알리지 않고 아내를 맞아들인 것[95]이 어찌 순임금 이전에 이미 부모에게 알리지 않고 아내를 맞아들인 경우가 있어서 준칙이 되고, 그래서 순임금이 어떤 전적을 고찰하거나 어떤 사람에게 문의하여 그렇게 행한 것인가? 아니면 역시 그 마음 일념의 양지에서 구하여 경중의 마땅함을 헤아리고, 부득이하여 그렇게 행한 것인가? 무왕이 문왕을 장사 지내지도 않고 군사를 일으킨 것[96]이 어찌 무왕 이전에 이미 장사 지내지도 않고 군사를 일으킨 경우가 있어서 준칙이 되고, 그래서 무왕이 어떤 전적을 고찰하거나 어떤 사람에게 문의하여 그렇게 행한 것인가? 아

夫舜之不告而娶, 豈舜之前已有不告而娶者爲之準則, 故舜得以考之何典·問諸何人而爲此耶? 抑亦求諸其心一念之良知, 權輕重之宜, 不得已而爲此耶? 武之不葬而興師, 豈武之前已有不葬而興師者爲之準則, 故武得以考之何典·問諸何人而爲

95 순임금이 부모에게 … 맞아들인 것: 『孟子』「離婁上」. "不孝有三, 無後爲大. 舜不告而娶, 爲無後也."

96 무왕이 문왕을 … 일으킨 것: 武王이 殷나라 紂王을 정벌하려 하자 伯夷와 叔齊가 말고삐를 잡고 말리며 말하기를 "아버지가 죽어 장례도 치르지 못했는데 전쟁을 벌이는 것이 효라 할 수 있습니까? 신하로서 임금을 시해하는 것이 인이라 할 수 있습니까? [父死不葬, 爰及干戈, 可謂孝乎? 以臣弑君, 可謂仁乎?]" 하였다고 한다. 『史記』 권61, 「伯夷列傳」.

니면 역시 그 마음 일념의 양지에서 구하여 경중의 마땅함을 헤아리고, 부득이하여 그렇게 행한 것인가? 만약 순임금의 마음이 후사가 끊기는 것을 염려하는 데 진실하지 않았고, 무왕의 마음이 백성을 구제하는 데 진실하지 않았다면, 부친에게 알리지도 않고 아내를 맞아들이고, 문왕을 장사 지내지도 않고 군사를 일으킨 것은 곧 커다란 불효요 불충일 것이다. 그러나 후세 사람들이 자신의 양지를 다함으로써 이 마음이 감응하여 응대하는 사이에서 의리를 정밀하게 살피는 데 힘쓰지 않고, 다만 아무런 근거 없이 그처럼 상도常道를 변화시킨 이례적인 일들을 토론하고, 그것을 잡아 일을 처리하는 근본으로 삼음으로써 일에 임하는 데 잘못이 없기를 구하는 것은 대단히 잘못된 것이다.[97] 【이상은 「고동교(顧東橋)에게 답함」이다.】

[유종주평어] 양지설은 단지 마음이 곧 리요, 지가 곧 행이라고 말할 뿐, 다시 별도의 설법은 없다.

此耶? 抑亦求諸其心一念之良知, 權輕重之宜, 不得已而爲此耶? 使舜之心而非誠于爲無後, 武之心而非誠於爲救民, 則其不告而娶與不葬而興師, 乃不孝不忠之大者, 而後之人不務致其良知, 以精察義理於此心感應酬酢之間, 顧欲懸空討論此等變常之事, 執之以爲制事之本, 以求臨事之無失, 其亦遠矣. 【以上「答顧東橋」】

良知之說, 只說得個卽心卽理, 卽知卽行, 更無別法.

| 10-43 | 세상에 옛사람이건 지금 사람이건 그 감정은 동일할 따름이다. 선왕이 예를 제정한 것은 모두 인정人情에 따라 절문節文한 것이다.

| 10-43 | 天下古今之人, 其情一而已矣. 先王制禮, 皆因

97 대저 세부 … 잘못된 것이다: 『傳習錄』「答顧東橋書」, 제139조.

이 때문에 그것을 만세에 행하여도 모두 표준이 된다. 그런데 더러 내 마음에 돌이켜 살필 때 편안하지 않은 경우가 있는 것은 전하고 기록한 것이 잘못되거나 빠진 것이 아니라면, 반드시 고금의 기풍과 습속의 시의성이 다르기 때문이다. 이런 경우에는 선왕이 제정한 예禮가 없을지라도 역시 의리에 따라 새로 만들 수 있는 것이요,[98] 삼왕이 서로 예를 습용襲用하지 않은 까닭[99]이기도 하다. 만약 한갓 옛것에 구애되어 마음에서 얻지 못하고 어두운 가운데 행한다면, 이것은 예가 아닌 예이고, 행하면서도 그 까닭을 밝게 알지 못하고, 익숙하면서도 그 이유를 살피지 못하는 것이다.[100] [101]

[유종주평어] 『예경(禮經)』 전부를 모두 이와 같이 본다.

人情而爲之節文, 是以行之萬世而皆準. 其或反之吾心而有所未安者, 非其傳記之訛缺, 則必古今風氣習俗之異宜者矣. 此雖先王未之有, 亦可以義起, 三王之所以不相襲禮也. 若徒拘泥於古, 不得於心而冥行焉, 是乃非禮之禮, 行不著而習不察者矣.

一部『禮經』, 皆如此看.

| 10-44 | (지금은) 학문이 끊기고 도가 상실된 뒤인지라 만약 흥기하여 이 학문을 사모하는 이가 있다면 모두 동지가 될 수 있다. 굳이 아

| 10-44 | 學絕道喪之餘, 苟有興起向慕於是❽學者, 皆可以

---

98 이런 경우에는 선왕이 … 있는 것이요: 禮文에는 없지만 의리에 부합하면 그에 입각해서 적절한 예법을 새로 일으킬 수 있음을 말한다. 『禮記』「禮運」의 "故禮也者, 義之實也. 協諸義而協, 則禮雖先王未之有, 可以義起也."라는 말에서 유래한다.

99 삼왕이 서로 … 않은 까닭: 『禮記』「樂記」. "五帝殊時, 不相沿樂. 三王異世, 不相襲禮."

100 행하면서도 그 … 못하는 것이다: 『孟子』「盡心上」. 孟子曰: "行之而不著焉, 習矣而不察焉, 終身由之而不知其道者, 衆也."

101 세상에 옛사람이건 … 못하는 것이다: 『王陽明全集』 권6, 「寄鄒謙之(二)」(丙戌, 1526년, 양명 55세), 202쪽.

❽ 是: 『王陽明全集』에 따라 보충하였다. 『劉宗周全集』에는 '是'가 없다.

주 미세한 차이까지 변별하여 이쪽에 다 합하기를 요구할 필요는 없으니, 그렇게 사람을 대하면 된다. 그러나 만약 내가 단서를 만들고 명命을 세우는 일인 경우라면 조금이라도 행여 어긋남이 있음을 허용해서는 안 된다. 도는 하나일 따름이다. 그러나 인자仁者는 그것을 인仁으로 보고, 지자知者는 지知로 본다.[102] 부처가 부처가 되는 까닭과 노자가 노자가 되는 까닭, 그리고 백성이 날마다 사용하면서도 알지 못하는 것[103]이, 모두 이 도이니, 어찌 둘이 있겠는가? 지금과 예전 학술의 진실과 거짓[誠僞] 사특함과 바름[邪正]의 차이가 어찌 무부碔砆[104]와 아름다운 옥의 차이일 뿐이겠는가? 그러나 (거짓되고 사특한 학술에) 현혹되어 종신토록 변별하지 못하는 사람이 있는 것은 바로 이 도에 둘이 없기 때문이니, 도는 구속받지 않고 변동하며 틈이 없이 가득 차서 종횡으로 오르고 내리고 하더라도 모두 미루어 통할 수 있다. 세상의 유자들은 각각 한편에 치우친 견해를 따르면서 또 그것을 비교하여 헤아리고 형상을 모방하는 공을 들여 자신의 견해를 꾸미고, 장

爲同志, 不必銖稱寸度而求其盡合於此, 以之待人, 可也. 若在我之所以爲造端立命者, 則不容有毫髮之或爽矣. 道, 一而已. 仁者見仁, 知者見知. 釋氏之所以爲釋, 老氏之所以爲老, 百姓日用而不知, 皆是道也, 寧有二乎? 今古學術之誠僞邪正, 何啻碔砆美玉! 有眩惑終身而不能辨者, 正以此道之無二, 而其變動不拘, 充塞無間, 縱橫顚倒皆可推之而通. 世之儒者各就其一偏之見, 而又飾之以比擬倣像之功, 文

102 인자는 그것을 … 지(知)로 본다: 『周易』「繫辭傳上」. "仁者見之謂之仁, 知者見之謂之知, 百姓日用而不知, 故君子之道鮮矣."

103 백성이 날마다 … 못하는 것: 『周易』「繫辭傳上」. "仁者見之謂之仁, 知者見之謂之知, 百姓日用而不知, 故君子之道鮮矣."

104 무부(碔砆): 붉은 바탕에 흰 무늬가 있어서 옥처럼 생긴 돌.

구와 가차의 풀이로 자신의 견해를 문식한다. 그것에 익숙하게 되면 자신감을 갖기에 이미 충분하고, 조목은 또 스스로 편안히 여기기에 충분하다. 이것이 자기를 속이고 남을 속이면서 평생 거기에 빠져 있으면서도 깨닫지 못하는 까닭이다. 그러나 그 조그마한 차이가 천 리만큼이나 큰 오류를 초래하니, 참으로 성인이 되기를 구하는 뜻이 있어서 오직 정밀하게 살피고 오직 한결같이 지키는 학문에 종사하는 이가 아니라면, 그 병을 얻게 된 근원을 파악하여 그 신간(神奸: 사람을 해칠 수 있는 귀신의 괴이한 물건)이 숨어 있는 데를 들추어낼 수 없다.

之以章句假借之訓, 其爲習熟既足以自信, 而條目又足以自安, 此其所以誑己誑人, 終身沒溺而不悟焉耳. 然其毫釐之差而乃致千里之謬, 非誠有求爲聖人之志而從事於惟精惟一之學者, 莫能得其受病之源, 而發其神奸之所由伏也.

나처럼 불초한 사람도 일찍이 여러 해 동안 그 사이에 빠져서 길을 잃고 헤매면서 이미 스스로 옳다고 여긴 적이 있다. 영명하신 하늘의 도움으로 우연히 양지학을 깨우친 뒤에야, 예전에 행했던 것이 참으로 재앙의 기미를 간직한 채, 겉으로 거짓을 꾸며 내느라 마음 고생하면서 나날이 졸렬해지는 일[105]이었음을 뉘우치게 되었다. 그 뒤로 십여 년 동안 비록 통렬하게 자신을 씻어 내고 깎아 내고 도려냈지만 병의 뿌리가 깊고 고질적이라서 싹이 때때로

若某之不肖, 蓋亦嘗陷溺於其間者幾年, 倀倀然既自以爲是矣. 賴天之靈, 偶有悟於良知之學, 然後悔其向之所爲者, 固包藏禍機, 作僞於外, 而心勞日拙者也. 十餘年來, 雖痛自洗剔創艾, 而病根

105 겉으로 거짓을 … 나날이 졸렬해지는 일: 『書經』「周官」에, "덕을 행하면 마음이 편안해지면서 날로 발전하게 되는 반면에, 거짓을 행하면 마음만 괴롭히면서 날로 졸렬해진다.[作德, 心逸日休; 作僞, 心勞日拙.]"라는 말이 나온다.

생겨난다. 다행스럽게도 양지가 나에게 있어서 그 요체를 잡을 수 있었으니, 비유하자면 배에 키가 있다면 비록 강한 바람과 거친 파도로 인해 엎어지고 자빠지는 경우가 없지는 않을지라도 전복되는 것을 면할 수 있는 것과 같다. 대저 사람을 잘못에 빠뜨리는 구습은 비록 이미 깨우치고 후회했을지라도 그것을 이겨내는 공부가 여전히 또 이처럼 어렵다. 하물며 빠져 있음을 깨닫지 못하고 날로 깊이 빠져드는 자는 또 장차 어떤 지경에 이르겠는가?[106] 【이상은 「추겸지(鄒謙之)에게 부침」이다.】

深痼, 萌孽時生. 所幸良知在我, 操得其要, 譬猶舟之得舵, 雖驚風巨浪, 顚沛不無, 尙猶得免於傾覆者也. 夫舊習之溺人, 雖已覺悔悟, 而其克治之功尙且其難若此, 又況溺而不悟, 日益以深者, 亦將何所抵極乎? 【以上「寄鄒謙之」】

[유종주평어] 단지 하나의 위(僞) 자가 바로 귀신처럼 간교한 것[神奸]이 숨어 있는 곳이다. 선생처럼 좋게 변하는 데 뛰어났던 분도 이렇게 많은 단련을 거쳤음에도 찌꺼기가 다 없어지지 않아서 여전히 힘쓰기를 그만두지 않음이 이와 같았다.

只一僞字, 是神奸攸伏處. 以先生之善變也, 經如許鍛鍊而渣滓未盡, 猶然不廢力如此.

| 10-45 | 사람은 천지 만물의 마음이며, 마음은 천지 만물의 주재이다. 마음이 곧 하늘이므로, 마음을 말하면 천지 만물이 모두 포함된다.[107] 【「이명덕(李明德)에게 답함」】

| 10-45 | 人者, 天地萬物之心也; 心者, 天地萬物之主也. 心卽天, 言心則天地

---

106 학문이 끊기고 … 지경에 이르겠는가: 『王陽明全集』 권6, 「寄鄒謙之(四)」(丙戌, 1526년, 양명 55세), 205-206쪽.

107 사람은 천지 만물의 … 모두 포함된다: 『王陽明全集』 권6, 「答李明德」(丙戌, 1526년, 양명 55세), 214쪽.

萬物皆擧之矣. 【「答李明德」】

| 10-46 | 무릇 배우고 묻는 공부는 다만 주된 뜻[主意]의 핵심이 마땅해야 한다. 만약 주된 뜻의 핵심이 오로지 양지를 실현하는 것[致良知]을 해야 할 일로 여긴다면 무릇 많이 듣고 보는 것이 모두 다 양지를 실현하는 공부일 것이다. 생각건대 일상생활에서 보고 듣고 응수하는 것이 비록 수천만 가지라고 하더라도 모두 다 양지가 발용하여 유행하는 것이다. 보고 듣고 응수하는 것을 제외한다면 또한 실현할 수 있는 양지란 없다.[108] 【「구양숭일(歐陽崇一)에게 답함」】

| 10-46 | 大抵學問工夫, 只要主意頭腦的❾當, 若主意頭腦專以致良知爲事, 則凡多聞多見, 莫非致良知之功. 蓋日用之間, 見聞酬酢, 雖千頭萬緖, 莫非良知之發用流行. 除却見聞酬酢, 亦無良知可致矣. 【「答歐陽崇一」】

| 10-47 | 배우는 이들이 왕왕 (맹자의 이른바) '잊지도 말고 조장하지도 말라'[109]는 공부가 매우 어려우니, 조금이라도 (공부를) 의식하면 곧바로 조장하는 것이 되고, 의식하지 않으면 곧바로 잊는 것이 된다고 말합니다. 그래서 그에게 "잊는다는 것은 무엇을 잊는 것이며, 조장한다는 것은 무엇을 조장하는 것인가?"라고 물었습니다. 그 사람은 입을 다문 채 아무 대답

| 10-47 | 學者往往說勿忘勿助工夫甚難, 才著意便是助, 才不着意便是忘. 問之云: "忘是忘個甚麽? 助是助固甚麽?" 其人默然無對. 因與說: "我此間講

108 무릇 배우고 … 양지란 없다: 『傳習錄』「答歐陽崇一」, 제168조.
109 잊지도 말고 조장하지도 말라: 『孟子』「公孫丑上」. "必有事焉而勿正, 心勿忘, 勿助長也."
❾ 的: 『傳習錄』에는 '是'로 되어 있으나 『劉宗周全集』에는 '的'으로 되어 있다.

도 못했습니다. 그래서 다음과 같이 설명해 주었습니다. "나는 요즈음 학문을 강의할 때 다만 '반드시 일삼음이 있어야 한다'는 것만 말할 뿐이지, '잊지도 말고 조장하지도 말라'는 것은 말하지 않습니다. '반드시 일삼음이 있어야 한다'는 것은 다만 항상 '의로움을 쌓는[集義]' 것입니다. 만약 항상 '반드시 일삼음이 있어야 한다'는 공부를 하되 혹 끊어지는 때가 있다면, 이것은 바로 잊어버린 것이니, (그럴 때는) 즉시 '잊지 말아야 한다'는 공부를 해야 합니다. 항상 '반드시 일삼음이 있어야 한다'는 공부를 하되 혹 빨리 이루려고 하고 효과를 거두려고 할 때가 있다면, 이것은 바로 조장한 것이니, (그럴 때는) 즉시 '조장하지 말라'는 공부를 해야 합니다. 그 공부는 전적으로 '반드시 일삼음이 있어야 한다'는 데 있고, '잊지도 말고 조장하지도 말라'는 것은 다만 그 사이에서 일깨우고 경각시키는 것일 뿐입니다. 만약 이 공부가 원래 끊어지지 않는다면 다시 잊지 말라고 말할 필요가 없으며, 이 공부가 원래 빨리 이루려고 하고 효과를 거두려고 하지 않는다면 다시 조장하지 말라고 말할 필요가 없습니다. 이제 도리어 '반드시 일삼음이 있어야 한다'는 데 나아가 공부하지 않고, 허공에 매달려 하나의 '잊지도 말고 조장하지도 말라'는 것을 지키고 있다면, 이것은 바로 솥을 불에 올려놓고 밥을 지으려고 하면서 솥에 물을 붓고 쌀을 넣지도 않

學, 却只說個必有事焉, 不說勿忘勿助. 必有事焉者, 只是時時去集義. 若時時去用必有事的工夫, 而或有時間斷, 此便是忘了, 卽須勿忘; 時時去用必有事的工夫, 而或有時欲速求效, 此便是助了, 卽須勿助. 工夫全在必有事上, 勿忘勿助只就其間提撕警覺而已. 若工夫原不間斷, 不須更說勿忘; 原不欲速求效, 不須更說勿助. 今却不去必有事上用工, 而乃懸空守着一個勿忘勿助, 此如燒鍋煮飯, 鍋內不曾漬水下米, 而乃專去添柴放火, 吾恐火候未及調停而鍋先破裂矣. 所謂時時去集義者, 只是致良知. 說集義, 則一時未見

은 채 자꾸 장작만 넣어 불을 지피는 것과 같습니다. 나는 미처 불을 조절하기도 전에 솥이 먼저 깨져 버리지나 않을까 두렵습니다.[110] 이른바 항상 의로움을 쌓는다는 것은 단지 양지를 다 실천하는 것입니다. 의로움을 쌓는다고 말하면 단번에 핵심을 드러내지 못하지만, 양지를 실현한다고 말하면 당장 실제로 공부할 수 있는 곳이 있게 됩니다."[111]

頭腦; 說致良知, 當下便有用工實地."

[유종주평어] 양지를 다 실천하는 것은 단지 천리의 본연(本然)을 보존하는 것이다.

致良知, 只是存天理之本然.

| 10-48 | 양지는 단지 하나일 뿐이며, 그것이 발현하여 유행하는 곳이면 어디서나 그 자리에 충분히 갖추어져 있으므로 다시 구할 것도 없고 (밖에서) 빌릴 필요도 없습니다. 그러나 양지가 발현하여 유행하는 곳에는 도리어 본래 경중과 후박의 차이가 있어서 털끝만큼이라도 보태거나 덜어 낼 수 없으니, 이것이 이른바 "천연적으로 본래 지니고 있는 균형[中]" 입니다.[112] 비록 가볍고 무겁고 두텁고 엷은 차이가 있어서 털끝만큼이라도 보태거나 덜어

| 10-48 | 良知只是一個, 隨他發見流行處, 當下具足, 更無去來,⑩ 不須假借. 然其發見流行處, 却自有輕重厚薄, 毫髮不容增減者, 所謂天然自有之中也. 雖則輕重厚薄毫髮不容增減, 而原來只是

---

110 배우는 이들이 … 않을까 두렵습니다: 『傳習錄』「答聶文蔚」, 제186조.

111 이른바 항상 … 있게 됩니다: 『傳習錄』「答聶文蔚」, 제187조.

112 "천연적으로 본래 지니고 있는 균형[中]"입니다: 『大學或問』, 제6장: "程子所謂天然自有之中."; 『二程遺書』 권17, 伊川云, "事事物物上皆天然有箇中在那上, 不待人安排也."

⑩ 來: 『전습록』에는 '求'로 되어 있다. 다만 『유종주전집』에는 '來'로 되어 있다.

낼 수 없다고 하더라도, 원래는 단지 하나일 뿐입니다.[113] 【이상은 「섭문울(聶文蔚)에게 답한 글」이다.】

一個. 【以上「答聶文蔚」】

| 10-49 | 정명도는 말했다. "내 학문은 비록 전수받은 바가 있지만, 천리 두 글자는 도리어 내가 체인體認해 낸 것이다."[114] 양지가 바로 천리요, 체인이란 실제로 자기에게 있게 하는 것을 말한다.[115] 【「마자신(馬子莘)에게 보낸 글」】

| 10-49 | 明道云: "吾學雖有所受, 然天理二字却是自家體認出來." 良知卽是天理, 體認者, 實有諸己之謂耳. 【「與馬子莘」】

[유종주평어] 이것이 양명 선생이 명도를 정통으로 계승한 점이다.

此是先生的派明道處.

| 10-50 | 무릇 사람은 말하는 것이 매우 만족스러울 때 바로 절연히 참고서 침묵할 수 있고, 의기가 한창 발양될 때 바로 흡연翕然히 수렴할 수 있고, 분노와 욕망이 한창 비등할 때 바로 확연히 없앨 수 있어야 한다. 이것은 천하의 커다란 용기가 있는 이가 아니라면 불가능하다. 그러나 양지를 보아 낸 것이 확실할

| 10-50 | 凡人言語正到快意時, 便截然能忍默得; 意氣正到發揚時, 便翕然能收斂得; 憤怒嗜欲正到騰沸時, 便廓然能消化得. 此非天下之

---

113 양지는 단지 … 하나일 뿐입니다: 『傳習錄』「答聶文蔚」, 제189조.

114 내 학문을 … 낸 것이다: 『二程外書』 권11. 明道嘗曰, "吾學雖有所受, 天理二字却是自家體貼出來."

115 정명도는 말했다 … 것을 말한다: 『王陽明全集』 권6, 「與馬子莘」(丁亥, 1527년, 양명 56세), 218쪽.

경우에는 그 공부가 또 저절로 어렵지 않게 된다.[116] 【「황종현(黃宗賢)에게 보내는 글」】

大勇不能也. 然見得良知親切時, 其工夫又自不難. 【「與宗賢」】

|10-51| 『상산문집』에 실린 것을 보면 그 생도들에게 글을 읽고 리理를 궁구하라고 가르치지 않은 적이 없다. 그리고 스스로 '문자를 이해하는 것이 자못 남과 다르다'고 말했는데, 그렇다면 그의 뜻은 실제로 자기 몸에서 체험하기를 바란 것이다. 그가 사람들을 깨우치려고 자주 일컬어 말한 것은, "거처할 때에는 공손하게 하고, 일을 집행할 때에는 경건하게 하며, 사람을 대할 때에는 충성스럽게 한다."[117]라고 하고, "자기를 이겨 예로 돌아간다."[118]라고 하고, "만물이 모두 나에게 갖추어져 있으니, 자신에게 돌이켜 보아 성실하면 즐거움이 그보다 큰 것이 없다."[119]라고 하고, "학문의 길이란 다른 것이 없다. 그 잃어버린 마음을 찾는[求放心] 것일 뿐이다."[120]라고 하고, "먼저 그

|10-51| 『象山文集』所載, 未嘗不教其徒讀書窮理, 而自謂理會文字頗與人異者, 則其意實欲體之於身. 其亟所稱述以誨人者, 曰"居處恭, 執事敬, 與人忠"; 曰"克己復禮"; 曰"萬物皆備於我, 反身而誠, 樂莫大焉"; 曰"學問之道無他, 求其放心而已"; 曰"先立乎其大者, 而小者不能奪". 是數言者,

---

116 무릇 사람은 … 않게 된다: 『王陽明全集』 권6, 「與黃宗賢」(丁亥, 1527년, 양명 56세), 219쪽.

117 거처할 때에는 … 충성스럽게 한다: 『論語』「子路」. 子曰: "居處恭, 執事敬, 與人忠. 雖之夷狄, 不可棄也."

118 자기를 이겨 예로 돌아간다: 『論語』「顔淵」. 子曰: "克己復禮爲仁. 一日克己復禮, 天下歸仁焉. 爲仁由己, 而由人乎哉?"

119 만물이 모두 … 큰 것이 없다: 『孟子』「盡心上」.

120 학문의 길이란 … 것일 뿐이다: 『孟子』「告子上」.

큰 것을 세우면 작은 것이 빼앗을 수 없다."[121] 라는 것인데, 이 몇 마디 말들은 공자와 맹자의 말이니, 어디에 공허함이 있겠는가? 다만 그 "쉽고 간단하며[易簡], 깨닫는다[覺悟]."라는 주장이 자못 당시에 의심을 받았다. 그러나 '쉽고 간단하다'는 말은 『주역』「계사전」에서 나온 것이다.[122] 깨닫는다는 말은 비록 불교와 같은 점이 있다. 그러나 불교의 주장에도 본래 우리 유교와 같으면서도 (양자가 근본적으로) 다르다고 하는 데는 아무런 문제가 되지 않는 것이 있으니, (양자를 가르는 것은), 오직 기미幾微와 털끝만큼의 아주 미세한 사이에 있을 따름이다.

孔·孟之言也, 惡在其爲空虛者乎? 獨其"易簡覺悟"之說, 頗爲當時所疑. 然易簡之說出於「繫辭」, 覺悟之說雖有同於釋氏, 然釋氏之說, 亦自有同於吾儒而不害其爲異者, 惟在於幾微毫忽之間而已.

회암(晦菴, 주희)의 말에 이르기를 "경敬에 머물며 리를 궁구한다."[123]라고 하고, "마음을 보존하지 않으면 앎을 이룰 수 없다."[124]라고 하고, "군자의 마음은 항상 공경함과 두려워함을 두어, 비록 보고 듣지 않을 때라도 또한 감히 소홀히 하지 않으니, 이 때문에 천리의 본연을 보존하여 잠시라도 (도를) 떠나지 않게 하는 것

晦菴之言, 曰"居敬窮理"; 曰"非存心無以致知"; 曰"君子之心常存敬畏, 雖不見聞, 亦不敢忽, 所以存天理之本然, 而不使離於須臾之頃

121 먼저 그 큰 것을 … 빼앗을 수 없다: 『孟子』「告子上」. "耳目之官不思, 而蔽於物, 物交物, 則引之而已矣. 心之官則思, 思則得之, 不思則不得也. 此天之所與我者, 先立乎其大者, 則其小者弗能奪也. 此爲大人而已矣."

122 '쉽고 간단하다'는 … 나온 것이다: 『周易』「繫辭傳上」: "乾以易知, 坤以簡能."

123 경에 머물며 리를 궁구한다: 『朱子語類』 9:18. "學者工夫, 唯在居敬·窮理二事. 此二事互相發. 能窮理, 則居敬工夫日益進; 能居敬, 則窮理工夫日益密."

124 마음을 보존하지 … 이룰 수 없다: 『中庸章句』 제27장 朱熹注. "蓋非存心無以致知, 而存心者又不可以不致知. 故此五句, 大小相資, 首尾相應."

이다."[125]라고 한다는 것이 있다. 이것은 그 말이 비록 투명하지 못하지만 역시 어찌 일찍이 덕성을 받드는 것[尊德性]을 해야 할 일로 여기지 않은 적이 있으며, 또 그 지리支離함이 어디에 있는가? 다만 그가 평소에 훈고와 해설에 급급하여 비록 한유韓愈의 문장, 『초사楚辭』, 『음부경陰符經』, 『참동계參同契』 따위에도 반드시 주석을 달고 고증함으로 해서 논자들이 드디어 그가 완물상지玩物喪志가 아닌가 의심하게 되었다. 또 그의 마음은 배우는 이들이 등급을 건너뛰어 혹 망령되게 행동하는 잘못을 저지르지 않을까 우려하여 반드시 먼저 격물치지하여 밝게 알지 않음이 없은 연후에 성의 · 정심 공부로 진실하게 하여 오류가 없게 하였다. 세상의 학자들은 한 가지만 거론하고 만 가지를 빠뜨리니 구하는 것이 번잡하면 번잡할수록 잃어버리는 것이 더욱 커서 죽을 때까지 지치도록 노력하고 그 어려움을 감내해도 끝내 들어갈 바를 얻지 못하자 드디어 그를 지리支離하다고 비난하였다. 잘 모르겠지만 이것은 바로 후세 학자들의 병폐이지 당시 회암 자신이 한 바가 어찌 이런 지경에 이르렀겠는가?

也". 是其爲言雖未盡瑩, 亦何嘗不以尊德性爲事, 而又惡在其爲支離者乎? 獨其平日汲汲於訓解, 雖韓文·『楚辭』·『陰符』·『參同』之屬, 亦必與之註釋考辨, 而論者遂疑其玩物. 又其心慮學者之躐等, 而或失之於妄作, 使必先之以格致而無不明, 然後有以實之於誠正而無所謬. 世之學者挂一漏萬, 求之愈繁而失之愈遠, 至有疲力終身, 苦其難而卒無所入, 則遂議其支離, 不知此乃後世學者之弊, 當時晦菴之自爲, 亦豈至是乎?

나는 일찍이 회암과 상산은 그 학문을 하는데 다름이 있는 것 같지만, 요컨대 모두 성인

嘗以爲晦菴之與象山, 雖其所爲學者

125 군자의 마음은 … 하는 것이다: 『中庸章句』 제1장, 朱熹注.

의 무리라고 할 수 있다고 생각하였다. 이제 회암의 학문은 세상 사람들이 어릴 때부터 익혀서 이미 사람들에게 깊이 들어가 논변을 용납하지 않음이 있다. 그러나 유독 상산의 학문은 그가 일찍이 회암을 비난한 말이 있기 때문에 마침내 그를 (유교의) 울타리 밖으로 쫓아냈다.

若有不同, 而要皆不失爲聖人之徒. 今晦菴之學, 天下之人童而習之, 既已入人之深, 有不容於論辨者. 獨象山之學, 則以其嘗與晦菴之有言, 而遂藩籬之.

(회암과 상산이) 마치 (공자의 제자인) 자로子路와 자공子貢이 다른 것처럼 다르다고 한다면 괜찮겠지만, 마치 무부碔砆를 미옥美玉과 다르다고 버리는 것처럼 (상산을) 쫓아내고 배척한다면 어찌 너무 심하지 않은가? 대저 회암은 여러 유자들의 설을 절충하여 『육경』, 『논어』, 『맹자』의 뜻을 천하에 밝혔으니, 그가 후학에게 은혜를 베풀어 준 마음은 참으로 비평할 수 없는 점이 있다. 그러나 상산은 의義와 리利를 분변하고, 대본을 세우고, 잃어버린 마음을 찾는다는 것으로 후학들에게 독실하게 자기를 위하는 도道를 보여 주었으니, 그 공을 또 어찌 다 무고할 수 있겠는가! 그러나 세상의 유자들은 부화뇌동하여 그 실질을 궁구하지 않고 선학禪學으로 개괄하여 지목하니, 참으로 원통스러울 따름이다.[126] 【「서성지(徐成之)에게

使若由·賜之殊科焉, 則可矣; 乃擯放廢斥, 若碔砆之與美玉, 則豈不過甚矣乎? 夫晦菴折衷羣儒之說, 以發明『六經』·『語』·『孟』之旨於天下, 其嘉惠後學之心, 眞有不可得而議者. 而象山辨義利之分, 立大本, 求放心, 以示後學篤實爲己之道, 其功亦寧可得而盡誣之! 而世之儒者附和雷同, 不究其實而概目

126 『상산문집』에 실린 … 원통스러울 따름이다: 『王陽明全集』 권21, 「答徐成之(二)」(王

답하는 글」】

之以禪學, 則誠可冤也已. 【「答徐成之」】

| 10-52 | 무릇 공부는 단지 간단하고 쉬우며 참되고 절실해야 한다. 참되고 절실할수록 더욱 간단하고 쉬워지며, 간단하고 쉬울수록 더욱 참되고 절실해진다.[127] 【「안복(安福)의 여러 동지들에게 부침」】

[유종주평어] 간단하고 쉬우며 참되고 절실한 것이 양지가 착수하는 방법이다.

| 10-52 | 凡工夫只是要簡易眞切. 愈眞切, 愈簡易, 愈簡易, 愈眞切. 【「寄安福諸同志」】

簡易眞切, 是良知做手法.

전습록

傳習錄

| 10-53 | 서애徐愛가 물었다. "(『대학』의) '머무를 곳을 안 뒤에 (뜻에) 일정함이 있다'[128]는 것을 주자는 '사사물물에 모두 일정한 이치가 있다'[129]고 보았는데, 선생의 학설과 서로 어긋나는 듯합니다."

선생께서 대답하셨다. "사사물물에서 지극한 선을 구하는 것은 도리어 의로움[義]을 밖에 있다고 여기는 것이다.[130] 지극한 선은 마음의

| 10-53 | 愛問: "'知止而後有定', 朱子以爲事事物物皆有定理, 似與先生之說相戾."

曰: "於事事物物上求至善, 却是義外也. 至善是心之本

午, 1522년, 양명 51세), 807-809쪽.

127 무릇 공부는 … 참되고 절실해진다: 『王陽明全集』 권6, 「寄安福諸同志」(丁亥, 1527, 양명 56세), 223쪽.

128 (『대학』의) '머무를 … 일정함이 있다: 『大學章句』 경1장. "知止而后有定, 定而后能靜, 靜而后能安, 安而后能慮, 慮而后能得."

129 사사물물에 … 이치가 있다: 『大學或問』 「或問一章而下以至三章之半」. "能知所止, 則方寸之間, 事事物物皆有定理."

본체이니, 단지 밝은 덕을 밝혀서 지극히 순수하고 지극히 한결같은 곳에 이르기만 하면 된다. 그러나 또한 일찍이 사물을 떠난 적이 없다. (주자가) 본주本註에서 '저 천리의 지극함을 다하여 조금이라도 인욕의 사사로움이 없다'[131]고 말한 것이 (지극한 선의 의미를) 제대로 얻은 것이다."[132] 【서애의 기록】

體, 只是明明德到至精至一處便是, 然亦未嘗離却事物. 本註所謂'盡夫天理之極, 而無一毫人欲之私'者, 得之."【徐愛記】

[유종주평어] '천리인욕(天理人欲)' 네 글자는 주자와 왕양명이 서로 부합하는 곳이다. 어찌 꼭 「만년정론」이겠는가?

天理人欲四字, 是朱·王印合處, 奚必「晩年定論」?

| 10-54 | 서애가 물었다. "지극한 선善을 단지 마음에서만 구한다면 온 세상 일의 이치에 다 구하지 못하는 것이 있지 않을까 염려됩니다."

(선생께서) 말씀하셨다. "마음이 곧 리이다. 이 마음이 사욕에 가려지지 않은 것이 바로 천리이니, 밖에서 조금이라도 보탤 필요가 없다. 이 순수한 천리의 마음을 부모를 섬기는 데 드러낸 것이 바로 효도이고, 임금을 섬기는 데 드러낸 것이 바로 충성이며, 벗과 사귀고 백성을 다스리는 데 드러낸 것이 바로 믿음과 어짊이다. 다만 이 마음에서 인욕을 제거하고 천리를 보존하는 데 힘쓰기만 하면 된다."

| 10-54 | 愛問: "至善只求諸心, 恐於天下事理有不能盡."

曰: "心卽理也, 此心無私欲之蔽, 卽是天理, 不須外面添一分. 以此純乎天理之心, 發之事父便是孝, 發之事君便是忠, 發之交友治民便是信與仁, 只在此心去人欲存天理上用

---

130 사사물물에서 … 여기는 것이다: 『孟子』「告子上」. "仁內也, 非外也. 義外也, 非內也."

131 저 천리의 … 사사로움이 없다: 『大學章句』 경1장, 朱熹註.

132 서애가 물었다 … 얻은 것이다: 『傳習錄』「徐愛錄」, 제2조.

功便是."

서애가 말했다. "예를 들어 부모를 섬기는 한 가지 일에도 그 사이에는 (겨울에는) 따뜻하게 해 드리고 (여름에는) 시원하게 해 드리며, 저녁에는 잠자리를 살피고 아침에는 일찍 문안을 드리는[133] 등의 수많은 세목이 있으니, 또한 반드시 강구해야 하지 않겠습니까?"

愛曰: "如事父一事, 其間溫凊定省之類有許多節目, 亦須講求否?"

(선생께서) 말씀하셨다. "어찌 강구하지 않겠는가? 다만 하나의 요령이 있으니, 오직 이 마음이 인욕을 제거하고 천리를 보존하는 데 나아가 강구할 뿐이다. 예를 들어 겨울에 따뜻하게 해 드릴 것을 강구하는 경우에도 단지 이 마음의 효도를 다하고 조금의 인욕이라도 끼어들어 뒤섞일까 두려워해야 하며, 여름에 시원하게 해 드릴 것을 강구하는 경우에도 단지 이 마음의 효도를 다하고 조금의 인욕이라도 끼어들어 뒤섞일까 두려워해야 한다. 단지 이 마음을 강구할 수 있을 뿐이다. 이 마음이 만약 인욕이 없는 순수한 천리라서 부모에게 효도하는 데 성실한 마음이라면, 겨울에는 자연히 부모의 추위를 생각하여 저절로 따뜻하게 해 드릴 도리를 구하고자 할 것이며, 여름에는 자연히 부모의 더위를 생각하여 저절로 시원

曰: "如何不講求? 只是有個頭腦, 只就此心去人欲存天理上講求. 如講求冬溫, 也只是要盡此心之孝, 恐怕有一毫人欲間雜; 講求夏凊, 也只是要盡此心之孝, 恐怕有一毫人欲間雜. 此心若無人欲, 純是天理, 是個誠於孝親之心, 冬時自然思量父母寒, 自去求溫的道理; 夏時自然思量父母熱, 自去求凊的道理. 譬

133 부모를 섬기는 … 문안을 드리는: 『禮記』 「曲禮上」. "凡爲人子之禮, 冬溫而夏凊, 昏定而朝省."

하게 해 드릴 도리를 구하고자 할 것이다. 나무에 비유하면 진실로 효성스러운 이 마음은 뿌리이고 수많은 조목들은 가지나 잎이다. 반드시 먼저 뿌리가 있은 뒤에 가지나 잎이 있는 것이지, 먼저 가지나 잎을 찾은 뒤에 뿌리를 심는 것이 아니다. 『예기』에서 '효자 가운데 깊은 사랑이 있는 자에게는 반드시 온화한 기운이 있고, 온화한 기운이 있는 자에게는 반드시 기뻐하는 얼굴빛이 있으며, 기뻐하는 얼굴빛이 있는 자에게는 반드시 유순한 용모가 있다'[134]고 한 것이 바로 이와 같은 것이다."[135]

之樹木, 這誠孝的心便是根, 許多條件便是枝葉, 須先有根然後有枝葉, 不是先尋了枝葉然後去種根. 『禮記』'孝子之有深愛者必有和氣, 有和氣者必有愉色, 有愉色者必有婉容', 便是如此."

[유종주평어] 지극한 선이 본래 내 마음에 있다는 것은 가장 먼저 선생으로 인해 회복되었다.

至善本在吾心, 首賴先生恢復.

|10-55| 서애가 말했다. "예컨대 지금 사람들은 다 부모에게는 마땅히 효도해야 하고 형에게는 마땅히 공손해야 한다는 것을 알고 있지만 도리어 효도하지 못하고 공손하지 못합니다. 이것은 바로 지知와 행行이 분명히 두 가지 일임을 보여 줍니다."

|10-55| 愛問: "今人儘有知父當孝·兄當弟者, 却不能孝·不能弟, 知行分明是兩件."

(선생께서) 말씀하셨다. "그것은 이미 사욕에 의해 (지와 행이) 가로막힌 것이지, 지행의 본체는 아니다. 아직까지 알면서도 행하지 않는 사

曰: "此已被私欲間斷, 不是知行本體. 未有知而不行

---

134 효자 가운데 … 용모가 있다: 『禮記』「祭義」. "孝子之有深愛者, 必有和氣. 有和氣者, 必有愉色. 有愉色者, 必有婉容."

135 서애가 물었다 … 같은 것이다: 『傳習錄』「徐愛錄」, 제3조.

람은 없었다. 알면서도 행하지 않는 것은 다만 아직 알지 못한 것이다.[136] 성현이 사람들에게 지행을 가르친 것은 바로 그 본체를 회복하기를 바랐기 때문이다. 그러므로 『대학』에서는 하나의 지행을 가리켜 사람들에게 보여 주면서, '마치 아름다운 여색을 좋아하듯이 하고, 악취를 싫어하듯이 하라'[137]고 말했다. 아름다운 여색을 보는 것은 지知에 속하고, 아름다운 여색을 좋아하는 것은 행行에 속한다. 단지 아름다운 여색을 보았을 때 이미 저절로 좋아하는 것이지, (아름다운 여색을) 본 뒤에 또 하나의 마음을 세워서 좋아하는 것은 아니다. 악취를 맡는 것은 지知에 속하고, 악취를 싫어하는 것은 행行에 속한다. 단지 악취를 맡았을 때 이미 저절로 싫어하는 것이지, (악취를) 맡은 뒤에 따로 하나의 마음을 세워서 싫어하는 것은 아니다."

者, 知而不行, 只是未知. 聖賢教人知行, 正是要復那本體. 故『大學』指個眞知行與人看, 說如好好色, 如惡惡臭. 見好色屬知, 好好色屬行; 只見好色時已自好了, 不是見後又立個心去好. 聞惡臭屬知, 惡惡臭屬行; 只聞惡臭時已自惡了, 不是聞後別立個心去惡."

서애가 말했다. "옛사람이 지행을 두 가지로 말한 것[138]도 또한 사람들이 양자의 구별을 분

愛曰: "古人分知行爲兩,⓫ 亦是要

---

136 알면서도 행하지 … 알지 못한 것이다: 朴殷植은 이 구절에 대해 "지행합일의 뜻은 (양명) 선생이 상세하게 논했다. 특히 '알면서도 행하지 않는 것은 아직 알지 못한 것이다'라는 두 마디 말은 지행합일의 요점이다."(『王陽明先生實記』, 26쪽)라고 평하고 있다.

137 마치 아름다운 … 싫어하듯이 하라: 『大學』 전6장. "所謂誠其意者, 毋自欺也. 如惡惡臭, 如好好色."

138 옛사람이 앎과 … 말한 것: 『中庸章句』 제20장. "或生而知之, 或學而知之, 或困而知之, 及其知之, 一也. 或安而行之, 或利而行之, 或勉強而行之, 及其成功, 一也."

⓫ 古人分知行爲兩: 『傳習錄』과 『劉宗周全集』에는 "古人說知行做兩箇(個)"로 되어 있다.

명히 알게 하려는 것입니다. 한편으로는 알아내는 공부를 하고, 다른 한편으로는 행위하는 공부를 한다면 공부에 비로소 착수할 곳이 있을 것입니다."

선생께서 말씀하셨다. "그것은 도리어 옛사람의 근본 취지를 잃어버린 것이다. 나는 일찍이 '지知는 행行의 주지主旨이고, 행行은 지知의 공부이다.' '지는 행의 시작이고, 행은 지의 완성이다'라고 말했다. (이 도리를) 이해했다면 다만 하나의 지知만 말하더라도 행行이 저절로 이미 그 가운데 있으며, 하나의 행만 말하더라도 지가 저절로 이미 그 가운데 있다. 옛사람이 하나의 지를 말하고 다시 하나의 행을 말한 까닭은 단지 세상에 어떤 부류의 사람들은 어리석고 사리에 어두워서 임의대로 행하고 사색과 성찰을 전혀 하지 않기 때문이다. 이것은 그저 맹목적이고 망령된 행동이므로 반드시 하나의 지를 말해야만 비로소 행이 올바르게 될 수 있다. 또 어떤 종류의 사람들은 아득하고 망막하여 종잡을 곳이 없고 터무니없이 사색하고 전혀 착실하게 몸소 행하려고 하지 않는다. 이것은 그저 그림자나 메아리처럼 실체가 없는 것을 추측하는 것이므로 반드시 하나

人見得分曉. 一行工夫做知, 一行工夫做行,⑫ 則工夫始有下落."

曰: "此却失了古人宗旨. 某嘗說知是行的主意, 行是知的工夫, 知是行之始, 行是知之成. 若會得時, 只說一個知, 已自有行在; 只說一個行, 已自有知在. 古人所以既說知又說行者, 只爲世間有一種人, 懵懵懂懂, 任意去做, 全不解思維省察, 只是個冥行妄作, 所以必說個知, 方纔行得是. 又有一種人, 茫茫蕩蕩, 懸空去思索, 全不肯著實躬行, 只是個揣摩影響, 所以必

⑫ 一行工夫做知, 一行工夫做行: 『傳習錄』과 『劉宗周全集』에는 "一行做知的功(工)夫, 一行做行的功(工)夫"로 되어 있다.

의 행을 말해야만 비로소 지가 참되게 될 수 있다. 이것은 옛사람이 어쩔 수 없이 치우친 부분을 보충하고 폐단을 구제하기 위하여 한 말이다. 만약 근본 취지를 이해한다면 (지와 행을) 두 가지라고 말해도 무방하니, 그 경우에도 둘은 하나일 뿐이다. 만약 근본 취지를 이해하지 못했다면 (지행이) 하나라고 말한다고 해도 무슨 쓸모가 있겠는가? (쓸데없이) 한가롭게 떠들어대는 것에 불과하다."[139]

說一個行, 方纔知得眞. 此是古人不得已補偏救弊的說話. 今若知得宗旨, 卽說兩個亦不妨, 亦只是一個; 若不會宗旨, 便說一個亦濟得甚事, 只是閒說話."

[유종주평어] "아름다운 여색을 보았을 때 이미 좋아하는 것이지, (아름다운 여색을) 본 뒤에 또 하나의 마음을 세워서 좋아하는 것은 아니다. 악취를 맡았을 때 이미 저절로 싫어하는 것이지, (악취를) 맡은 뒤에 따로 하나의 마음을 세워서 싫어하는 것은 아니다." 이것은 선생께서 심체(心體)를 통찰하신 곳이다. 이미 또 하나의 마음을 세워서 좋아하고 싫어하는 것이 아니라면, 결코 하나의 뜻[意]을 일으켜서 좋아하고 싫어하는 것이 아니라는 것을 알 수 있으며, 뜻[意]은 발생하고 소멸하는 것으로 말할 수 없음을 참으로 알 것이다.

"只見那好色時已是好了, 不是見了後又立個心去好. 只聞那惡臭時已是惡了, 不是聞了後又立個心去惡." 此是先生洞見心體處, 既不是又立個心去好惡, 則決不是起個意去好惡可知, 固知意不可以起滅言也.

|10-56| 서애가 물었다. "격물의 '물物' 자는 곧 '사事' 자이며, 모두 마음으로부터 말한 것

|10-56| 愛問: "格物, 物字卽是事字,

139 서애가 말했다 … 것에 불과하다: 『傳習錄』「徐愛錄」, 제5조.

입니다."

선생께서 말씀하셨다. "그렇다. 몸을 주재하는 것이 바로 마음이고, 마음이 발한 것이 바로 의意이며, 의의 본체가 바로 지知이고, 의가 있는 곳이 바로 물物이다. 만약 의意가 부모를 섬기는 데 있다면 부모를 섬기는 것이 바로 하나의 물이고, 의가 임금을 섬기는 데 있다면 임금을 섬기는 것이 바로 하나의 물이며, 의가 백성을 어질게 대하고 사물을 사랑하는 데 있다면 백성을 어질게 대하고 사물을 사랑하는 것이 바로 하나의 물이며, 의가 보고 듣고 말하고 움직이는 데 있다면 보고 듣고 말하고 움직이는 것이 바로 하나의 물이다. 그래서 나는 '마음 밖에 이치가 없으며, 마음 밖에 물物이 없다'[140]고 말한 것이다. 『중용』에서는 '성실하지 않으면 사물이 없다'[141]고 말했는데, 『대학』의 '밝은 덕을 밝힌다'[142]는 공부는 다만 뜻을 성실하게 하는 것이며, 뜻을 성실하게 하는 공부는 다만 하나의 격물이다."[143]

[유종주평어] 마음이 발한 것을 가지고 의(意)를 말하고, 의가 있는 곳을 가지고 물(物)을 말한다

皆從心上說."

曰: "然. 身之主宰便是心, 心之所發便是意, 意之本體便是知, 意之所在便是物. 如意在於事親, 卽事親便是一物; 意在於事君, 卽事君便是一物; 意在於仁民愛物, 卽仁民愛物便是一物; 意在于視・聽・言・動, 卽視・聽・言・動便是一物. 所以某說無心外之理, 無心外之物. 『中庸』言不誠無物, 『大學』明明德之功只是個誠意, 誠意之功只是個格物."

以心之所發言意, 意之所在言物, 則心有

140 마음 밖에 이치가 … 물(物)이 없다: 『傳習錄』「徐愛錄」, 제3조. "天下又有心外之事, 心外之理乎?"; 『傳習錄』「陸澄錄」, 제83조. "心外無物, 如吾心發一念孝親, 卽孝親便是物."

141 성실하지 않으면 사물이 없다: 『中庸章句』 제25장.

142 밝은 덕을 밝힌다: 『大學章句』 경1장.

143 서애가 물었다 … 하나의 격물이다: 『傳習錄』「徐愛錄」, 제6조.

면 마음이 아직 발하지 않았을 때는 도리어 어떻게 물(物)을 바로잡겠는가. 앞의 호오(好惡)에 대한 설명을 가지고 참고해 보기를 바란다.

未發之時, 却如何格物耶, 請以前好惡之說參之.

|10-57| 앎[知]은 마음의 본체이며, 마음은 자연히 알 수 있다. 부모를 뵈면 자연히 효도할 줄 알고, 형을 뵈면 자연히 공경할 줄 알며, 어린아이가 우물에 빠지는 것을 보면 자연히 측은히 여길 줄 안다. 이것이 바로 양지이니 밖에서 구할 필요가 없다. 만약 양지가 발현되어 더 이상 사사로운 뜻에 막히지 않는다면, 그것이 바로 (맹자의) 이른바 "측은히 여기는 마음을 확충한다면 어짊[仁]을 이루 다 쓸 수 없다."[144]라는 것이다. 그러나 보통 사람은 사사로운 뜻에 막히지 않을 수 없기 때문에 반드시 앎을 실현하고[致知] 물物을 바로잡는[格物] 공부를 해서 사사로움을 이기고 예를 회복해야 한다. 마음의 양지가 다시는 (사사로운 뜻에) 막히지 않고 가득 차서 유행할 수 있다면, 그것이 바로 그 앎을 실현하는[致知] 것이다. 앎이 실현되면 뜻[意]이 성실해진다.[145]

|10-57| 知是心之本體, 心自然會知. 見父自然知孝, 見兄自然知弟, 見孺子入井自然知惻隱, 此便是良知, 不假外求. 若良知之發, 更無私意障礙, 即所謂"充其惻隱之心而仁不可勝用矣." 常人不能無私意,⓭ 所以須用致知格物之功, 勝私復禮. 知更無障礙,⓮ 得以充塞流行, 便是致其知, 知致則意誠.

---

144 측은히 여기는 … 수 없다: 『孟子』「盡心下」. "人能充無欲害人之心, 而仁不可勝用也. 人能充無穿踰之心, 而義不可勝用也."

145 앎[知]은 마음의 … 뜻[意]이 성실해진다: 『傳習錄』「徐愛錄」, 제8조.

⓭ 私意: 『傳習錄』『劉宗周全集』에는 '私意障碍(礙)'로 되어 있다.

⓮ 知更無障礙: 『傳習錄』『劉宗周全集』에는 '卽心之良知更無障礙'로 되어 있다.

[유종주평어] 이미 "지극한 선은 마음의 본체"라고 하였고, 또 "앎[知]은 마음의 본체"라고 하였다. 대개 앎은 단지 선을 알고 악을 아는 것이며, 선을 알고 악을 아는 것은 바로 마음의 지극히 선한 곳이다.

既云"至善是心之本體", 又云"知是心之本體". 蓋知只是知善知惡, 知善知惡正是心之至善處.

[유종주평어] 그것을 이미 양지라고 한다면 절대로 사사로운 뜻이 (그것을) 막을 수 없으니, 이는 보통 사람이나 성인이나 동일하다.

既謂之良知, 決然私意障礙不得, 常人與聖人同.

10-58 (서애가) '널리 글을 배우고, 예로 단속한다'[146]는 것에 관해 물었다. 선생께서 대답하셨다. "'예禮' 자는 곧 '리理' 자이다. 리가 발현하여[147] 볼 수 있는 것을 '문文'[148]이라고 하고, 문이 은미하여 볼 수 없는 것을 '리'라고 하니, (리와 문은) 다만 하나의 사물일 따름이다. '예로 단속하는 것'은 다만 이 마음이 순수한 하나의 천리이고자 하는 것이다. 이 마음이 순수한 천리이고자 하면 반드시 리가 발현하여 드러나는 곳에서 공부해야 한다. 예컨대 (리가) 부모를 섬기는 데 발현할 때는 부모를 섬기는 데서 이 천리를 보존할 것을 배우고, 임금을 섬

10-58 問'博約'. 曰: "禮字卽是理字. 理之發見可見者謂之文, 文之隱微不可見者謂之理, 只是一物. 約禮只是要此心純是一個天理, 要此心純是天理, 須就理之發見處用功. 如發見于事親時, 就在事親上學存此天理; 發見于事君時,

146 널리 글을 … 예로 단속한다: 『論語』「雍也」. "君子博學於文, 約之以禮."

147 리가 발현하여: 이 말은 리의 능동성을 인정한 것으로 주희가 理를 '無情意, 無計度, 無造作'(『朱子語類』 권1)이라 하여 능동성을 지니지 못한 순수 원리 개념으로 파악한 것과 구분된다.

148 문(文): 문헌이나 문물제도라는 것도 인간의 삶의 자취가 드러난 하나의 무늬라고 말할 수 있다.

기는 데 발현할 때는 임금을 섬기는 데서 이 천리를 보존할 것을 배운다. 움직이고 멈추고 말하고 침묵할 때도 그렇지 않은 것이 없으니, 이것이 바로 널리 글을 배우는 것이며, 바로 예로 단속하는 공부이다. '널리 글을 배우는 것[博文]'은 바로 '(마음을) 순수하게 하는 것[惟精]'이고, '예로 단속하는 것[約禮]'은 바로 '(마음을) 한결같게 하는 것[惟一]'이다."[149]

就在事君上學存此天理; 至于作止語默, 無處不然, 這便是博學於文, 便是約禮的工夫. 博文卽是惟精, 約禮卽是惟一."

|10-59| 서애가 물었다. "(주자는) '도심道心이 항상 한 몸의 주인이 되고, 인심人心은 매번 그 명령을 따른다'[150]고 말했는데, 선생의 '순수하게 하고 한결같게 한다[精一]'에 대한 해석으로 미루어 본다면 이 말은 폐단이 있는 듯합니다."

선생께서 대답하셨다. "그렇다. 마음은 하나이다. 인위적인 것이 섞이지 않은 마음을 도심이라고 하고, 인위적인 것이 섞인 마음을 인심人心이라고 한다. 인심이 그 바름을 얻은 것이 바로 도심이고, 도심이 그 바름을 잃은 것이 바로 인심이지, 애초에 두 마음이 있는 것이 아니다. 정자程子가 '인심은 곧 인욕이고, 도심은 곧 천리이다'[151]라고 했는데, 이 말은 마치

|10-59| 愛問: "'道心常爲一身之主, 而人心每聽命', 以先生精一之訓推之, 此語似有弊."

曰: "然. 心一也, 未雜于人謂之道心, 雜以人僞謂之人心. 人心之得其正者卽道心, 道心之失其正者卽人心, 初非有二心也. 程子謂'人心卽人欲, 道心卽天

149 (서애가) '널리 … 하는 것'[惟一]이다: 『傳習錄』「徐愛錄」, 제9조.

150 도심(道心)이 항상 … 명령을 따른다: 주자의 『中庸章句序』에 보인다.

151 인심은 곧 … 곧 천리이다: 『二程遺書』 11:103. "'人心惟危', 人欲也; '道心惟微', 天理

(마음을 둘로) 나눈 듯하지만 그 뜻은 실로 (인심과 도심의) 의미를 정확하게 이해한 것이다. 이제 '도심이 주인이 되고 인심은 명령을 따른다'고 말한다면, 이것은 마음을 둘로 나눈 것이다. 천리와 인욕이 병립하지 않는데, 어떻게 천리가 주인이 되고 인욕이 그것을 좇아서 명령을 따를 수 있겠는가?"[152] 【이상은 서애의 기록이다.】

理', 語若分析而意實得之. 今曰'道心爲主而人心聽命', 是二心也. 天理人欲不並立, 安有天命爲主, 人欲又從而聽命者!"【以上徐愛記】

[유종주평어] 선생께서 인심과 도심은 단지 하나의 마음이라고 말한 것은 매우 옳다. 그러나 자세히 보면 여전히 정주의 견해를 따르고 있어서 아직도 분명하지 않은 부분이 남아 있는 것 같다. 맹자는 '인(仁)은 사람의 마음이다'[153]라고 하였는데, '인심(人心)'은 바로 '인심야(人心也)'의 인심(人心)이며, '도심(道心)'은 바로 '인(仁)' 자이다. 이것으로 생각해 보면 (인심과 도심은) 하나인가 둘인가? 인심은 본래 사람의 마음인데, 어떻게 그것을 거짓된 마음이나 욕심이라고 말할 수 있겠는가? 감히 선생께 질정한다.

先生說人·道只是一心, 極是. 然細看來, 依舊只是程·朱之見, 恐尚有剩義在. 孟子曰: "仁, 人心也." 人心便只是'人心也'之人心, 道心卽是仁字. 以此思之, 是一是二? 人心本只是人之心, 如何說他是僞心欲心? 敢以質之先生.

| 10-60 | 나는 (정자와 주자의) 옛 학설에 빠져 있어서 선생의 가르침을 처음 들었을 때는 깜

| 10-60 | 愛因舊說汩沒, 始聞先生之

也."; 『二程遺書』 19:54. "人心, 私欲也 / 道心, 正理也."; 『二程遺書』 24:9. "人心, 私欲, 故危殆; 道心, 天理, 故精微, 滅私欲則天理明矣."

152 『傳習錄』「徐愛錄」, 제10조.

153 인(仁)은 사람의 마음이다: 『孟子』「告子上」, 11장.

짝 놀라서 마음이 안정되지 않아 어디에서부터 공부를 시작해야 할지를 알지 못했다. 그 뒤로 반복해서 듣는 동안 가르침에 익숙해지고 자기 몸에 돌이켜 실천한 뒤에야 비로소 선생의 학문이 공자 문하의 적통이며, 이것을 제외하면 모두가 샛길이나 작은 길[小徑]이고 흐름이 끊긴 도랑이나 하천에 불과하다는 것을 믿게 되었다. 예컨대 '물物을 바로잡는 것[格物]은 뜻을 성실하게 하는[誠意] 공부'이고, '선을 밝히는[明善] 것은 몸을 성실하게 하는[誠身] 공부'이며, '이치를 궁구하는[窮理] 것은 본성을 실현하는[盡性] 공부'이고, '묻고 배우는 데 종사하는[道問學] 것은 덕성을 높이는[尊德性] 공부'이며, '널리 글을 배우는[博文] 것은 예로 단속하는[約禮] 공부'이고, '오직 순수하게 하는[惟精] 것은 오직 한결같게 하는[惟一] 공부'라는 등의 말들은 처음에는 모두 서로 어울리지 않아 납득하기 어려웠지만, 오랫동안 생각하여 그 의미를 알게 되자 나도 모르게 손발이 덩실덩실 춤을 추게 되었다.[154]

教, 駭愕不定, 無入頭處. 其後聞之旣熟, 反身實踐, 始信先生之學爲孔門嫡傳, 舍是皆旁蹊小徑, 斷港絕河矣. 如說格物是誠意工夫, 明善是誠身工夫, 窮理是盡性工夫, 道問學是尊德性工夫, 博文是約禮工夫, 惟精是惟一工夫, 此類始皆落落難合, 久之⑮不覺手舞足蹈.

[유종주평어] 내가 생각하기에 왈인(曰仁, 서애)은 선생의 입실(入室) 제자이다. 그가 기록한 선생의 어록 중에는 인욕을 제거하고 천리를 보존할 것을 말한 곳은 적지 않다. 또 (『어록』에서는) "지

愚按: 曰仁爲先生入室弟子, 所記『語錄』, 其言去人欲存天理者不一而足. 又曰:

---

154 나는 (정자와 … 추게 되었다: 『傳習錄』「徐愛跋」.

⑮ 久之: 『傳習錄』『劉宗周全集』에는 '其後思之旣久'로 되어 있다.

극한 선은 마음의 본체이지만, 사물을 떠난 적이 없다."(10-53) 또 "(지극한 선이란) 바로 천리의 지극함을 다한 곳이다."(10-53)라고 말했다. 이에서 보면 선생의 마음을 근본으로 삼는 교법(教法)은 의외로 송대 유자의 법도이다. 다만 선생은 핵심을 분명하게 제시했을 뿐이다.

"至善是心之本體, 然未嘗離事物." 又曰: "卽盡乎天理之極處." 則先生心宗教法, 居然只是宋儒矩矱, 但先生提得頭腦清楚耳.

| 10-61 | 육징陸澄[155]이 물었다. "마음을 한곳에 집중하는[主一][156] 공부는, 예컨대 글을 읽을 때는 온 마음이 글을 읽는 데 있고, 손님을 맞이할 때는 온 마음이 손님을 맞이하는 데 있다면, 마음을 한곳에 집중한 것이라고 할 수 있습니까?"

선생께서 대답하셨다. "여색을 좋아하는 경우 온 마음이 여색을 좋아하는 데 있고, 재화를 좋아하는 경우 온 마음이 재화를 좋아하는 데 있다면, 마음을 한곳에 집중했다고 할 수 있겠는가? 마음을 한곳에 집중한다는 것은 오로지 하나의 천리에 마음을 집중하는 것이다."[157]

[유종주평어] 또 천리를 끄집어내서 (보여 주었다).

| 10-61 | 澄問: "主一之功, 如讀書則一心在讀書上, 接客則一心在接客上, 可以爲主一乎?"

曰: "好色則一心在好色上, 好貨則一心在好貨上, 可以爲主一乎? 主一是專主一個天理."

又拈出天理.

---

155 육징(陸澄): 『明儒學案』 권14, 「浙中王門學案4」.

156 마음을 한곳에 집중하는[主一]: 專一·專心의 뜻이다. 伊川은 "마음을 오로지 한결같이 하는 것을 경이라고 하고, 옮겨 감이 없는 것을 일이라고 한다.[主一之謂敬, 無適之謂一.]"(『二程遺書』 권15)라고 하였고, 주자는 "정자의 이른바 '주일무적'의 '주일'은 다만 오로지 한결같이 하는 것이다.[程子所謂主一無適, 主一只是專一.]"(『朱子語類』, 권120)라고 말한 바 있다.

157 육징(陸澄)이 물었다 … 집중하는 것이다: 『傳習錄』 「陸澄錄」, 제15조.

| 10-62 | 맹원孟源[158]에게 스스로를 옳다고 여기고 명성을 좋아하는 병통이 있어서 선생께서 그를 깨우쳐 말씀하셨다. "이것은 그대 일생의 커다란 병근이다. 비유하자면 사방 한 장丈의 (좁은) 땅에 이와 같이 커다란 한 그루의 나무를 심은 것과 같다. 비나 이슬의 자양분과 토양의 기름진 힘은 단지 이 큰 뿌리를 더욱 기를 뿐이다. 주변에 설령 좋은 곡물을 심는다고 하더라도 위로는 이 나뭇가지와 잎에 가리고 아래로는 이 나무의 뿌리에 서리서리 엉켜 있으니, 어떻게 성장할 수 있겠는가? 반드시 이 나무를 베어 버리고 잔뿌리조차 남겨 두지 않아야 비로소 좋은 곡물을 재배할 수 있다. 그렇지 않으면 아무리 그대가 밭 갈고 김매고 북돋아 주고 비료를 주더라도 이 뿌리만 더욱 키울 뿐이다."[159]

| 10-62 | 孟源有自是好名之病, 先生喻之曰: "此是汝一生大病根, 譬如方丈地內種此一大樹, 雨露之滋, 土脈之力, 只滋養得這個大根. 四旁縱要種些嘉穀, 上被此樹遮覆, 下被此樹盤結, 如何生長得成? 須是伐去此樹, 纖根勿留, 方可種植嘉種. 不然, 任汝耕耘培壅, 只滋養得此根."

| 10-63 | (육징이) 물었다. "고요한 때는 생각이 그런대로 괜찮다고 느끼다가도 일을 만나자마자 같지 않은 것은 무엇 때문입니까?"

선생께서 대답하셨다. "그것은 한갓 고요함을 기를 줄만 알고 극기克己 공부를 하지 않기 때문이다. 사람은 반드시 일에서 연마해야만

| 10-63 | 問: "靜時亦覺意思好, 纔遇事便不同, 如何?"

曰: "是徒知養靜而不用克己工夫也. 人須在事上磨鍊, 方

---

158 맹원(孟源): 字는 伯生이고 滁州 사람이다. 그 밖의 내용은 자세하게 알려져 있지 않다.

159 맹원(孟源)에게 … 키울 뿐이다: 『傳習錄』「陸澄錄」, 제19조.

비로소 확고하게 설 수 있으며, 비로소 '고요해도 안정되고, 움직여도 안정될 수 있다.'[160]"[161]

[유종주평어] 선생은 또 극기를 말했는데, 그것은 바로 천리를 보존하고 인욕을 제거하는 것의 또 다른 이름이다.

立得住, 方能靜亦定, 動亦定."

先生又說個克己, 卽存理去欲之別名.

| 10-64 | (육징이) 위로 통달하는[上達][162] 공부에 관해 물었다.

선생께서 대답하셨다. "후대의 유학자들은 사람을 가르칠 때 정미精微한 것에 관련되기만 하면 곧 '상달上達은 아직 배울 때가 아니니 우선 하학下學에 대해 말해 주겠다'고 하는데, 이것은 하학과 상달을 둘로 나누는 것이다. 무릇 눈으로 볼 수 있고 귀로 들을 수 있고 입으로 말할 수 있고 마음으로 생각할 수 있는 것을 (배우는 것)은 모두 하학이다. 눈으로 볼 수 없고 귀로 들을 수 없고 입으로 말할 수 없고 마음으로 생각할 수 없는 것에 (통달하는 것)은 상달이다. 예컨대 나무를 재배하고 물을 주는 것 따위는 하학이고, 밤낮으로 (조금씩) 자라서[163]

| 10-64 | 問"上達工夫".

曰: "後儒教人, 纔涉精微, 便謂'上達未當學, 且說下學', 是分下學上達爲二也. 夫目可得見, 耳可得聞, 口可得言, 心可得思者, 皆下學也; 目不可得見, 耳不可得聞, 口不可得言, 心不可得思者, 上達也. 如木之栽培灌溉, 是下學也;

---

160 고요해도 안정되고 … 수 있다: 『二程全書』「明道文集」, 「答張子厚先生書」. "所謂定者, 動亦定, 靜亦定, 無將迎, 無內外."

161 (육징이) 물었다 … 수 있다: 『傳習錄』「陸澄錄」, 제23조.

162 위로 통달하는[上達]: 『論語』「憲問」. 子曰: "莫我知也夫!" 子貢曰: "何爲其莫知子也?" 子曰: "不怨天, 不尤人, 下學而上達, 知我者, 其天乎!"

163 밤낮으로 (조금씩) 자라서: 『孟子』「告子上」. "牛山之木嘗美矣, 以其郊於大國也, 斧斤伐之, 可以爲美乎? 是其日夜之所息, 雨露之所潤, 非無萌蘖之生焉, 牛羊又從而牧之."

가지가 뻗고 잎이 무성해지는 것은 바로 상달이니, 사람의 힘이 어떻게 상달에 관여할 수 있겠는가? 무릇 성인이 말씀하신 내용은 비록 매우 정미하지만 모두 하학이다. 학문하는 사람들은 단지 하학으로부터 힘쓰기만 하면 자연히 상달하게 되니 상달하는 공부를 따로 찾을 필요가 없다."[164]

至於日夜之所息, 條達暢茂, 乃是上達, 人安能與其力哉! 凡聖人所說, 雖極精微, 俱是下學, 學者只從下學裏用功, 自然上達去, 不必別尋上達工夫."

| 10-65 | (육징이) 물었다. "편안하고 고요하게 마음을 보존하는 때를 '(감정이) 아직 발하지 않은 중中의 상태[未發之中]'[165]라고 말할 수 있습니까?"

| 10-65 | 問: "寧靜存心時可爲未發之中否?"

(선생께서) 대답하셨다. "오늘날 사람들이 마음을 보존하는 것은 단지 기운을 안정시킬 수 있을 뿐이다. 마음이 편안하고 고요한 때를 만나도 단지 기운이 편안하고 고요한 것일 뿐이니, '(감정이) 아직 발하지 않은 중中의 상태'라고 할 수는 없다."

曰: "今人存心, 只定得氣, 當其寧靜時, 亦只是氣寧靜, 不可以爲未發之中."

(육징이) 물었다. "(마음을 편안하고 고요하게 보존하는 것이) 중中은 아닐지라도 역시 중中을 구하는 공부[166]가 아니겠습니까?"

曰: "未便是中, 莫亦是求中工夫?"

---

164 (육징이) 위로 … 필요가 없다: 『傳習錄』「陸澄錄」, 제24조.

165 (감정이) 아직 … 중(中)의 상태[未發之中]: 『中庸章句』 제1장. "喜怒哀樂之未發, 謂之中. 發而皆中節, 謂之和."

166 중(中)을 구하는 공부: 求中 공부는 양시를 통해 내려오는 道南學派의 비결이다. 이에 대해 주자는 다음과 같이 말한다. "李先生教人, 大抵令於靜中體認大本, 未發時氣象分明, 卽處事應物自然中節, 此乃龜山門下相傳指訣."(『朱子大全』 권40 「答何叔京」.)

(선생께서) 대답하셨다. "단지 인욕人欲을 제거하고 천리를 보존하려고 해야 비로소 공부이다. 고요할 때도 늘 인욕을 제거하고 천리를 보존할 것을 생각하고, 움직일 때도 늘 인욕을 제거하고 천리를 보존할 것을 생각해야 하니, (이것은 마음이) 편안하고 고요한지의 여부와는 전혀 무관하다. 만약 편안하고 고요한 것에 의존한다면 점차 고요함을 좋아하고 움직임을 싫어하는 폐단이 생길 뿐만 아니라, 그 가운데 수많은 병폐가 잠재되어 있어서 끝내 제거할 수 없으며, (계기가 되는) 일을 만나면 (그 병폐가) 여전히 자라날 것이다. 이치를 따르는 것을 위주로 한다면, 어찌 일찍이 편안하고 고요하지 않겠는가? 편안하고 고요한 것을 위주로 한다면 반드시 이치를 따르지는 못할 것이다."[167]

曰: "只要去人欲, 存天理, 方是工夫. 靜時念念去欲存理, 動時念念去欲存理, 不管寧靜不寧靜. 若靠著寧靜, 不惟有喜靜厭動之弊, 中間許多病痛只是潛伏在, 終不能絕去, 遇事依舊滋長. 以循理爲主, 何嘗不寧靜; 以寧靜爲主, 未必能循理."

[유종주평어] 여기에서 말하는 '염(念)'은 '무념(無念)의 염(念)'이니, 오해하지 말아야 한다. 그렇지 않으면 한 생각을 일으키자 마자 이미 인욕이다. 그러므로 "무릇 지향하는 것이 있으면 바로 인욕이다"[168]라고 하였다. 그러나 선생의 가르침은 본래 참되고 절실하다.

此所謂念, 是無念之念, 莫錯會. 不然, 纔起一念, 已是欲也, 故曰: "凡有所向便是欲." 然先生之教, 自是眞切.

|10-66| (마음을) 반성하고 살피는 것은 일이

|10-66| 省察是有

---

167 (육징이) 물었다 … 못할 것이다: 『傳習錄』「陸澄錄」, 제28조.

168 무릇 지향하는 … 바로 인욕이다: 『孟子集註』盡心下:35, 程子曰: "所欲不必沈溺, 只有所向便是欲."

있을 때 (본성을) 보존하고 기르는 일이고, (본성을) 보존하고 기르는 것은 아무 일도 없을 때 (마음을) 반성하고 살피는 일이다.[169]

事時存養, 存養是無事時省察.

|10-67| 안정됨[定]이란 마음의 본체이고 천리이다. 움직임과 고요함은 (마음이) 만나는 바의 때이다.[170]

|10-67| 定者, 心之本體, 天理也. 動靜, 所遇之時也.

|10-68| 당후唐詡[171]가 물었다. "뜻을 세운다는[立志] 것은 하나의 선한 생각을 항상 보존하면서 선을 행하고 악을 제거하려는 것이 아닙니까?"

(선생께서) 대답하셨다. "선한 생각이 보존되는 때가 바로 천리이다. 이 생각[念]이 곧 선한데, 다시 무슨 선을 생각하겠는가? 이 생각이 악이 아닌데, 다시 무슨 악을 제거하겠는가? 이 생각은 마치 나무의 뿌리에서 나온 어린 싹과 같다. 뜻을 세운다는 것은 이 선한 생각을 오랫동안 세우는 것일 뿐이다. (공자의) '마음이 하고자 하는 것을 좇아도 법도를 어기지 않았다'[172]는 것은 다만 뜻이 완숙한 경지에 도달한

|10-68| 唐詡問: "立志是常存個善念, 要爲善去惡否?"

曰: "善念存時, 卽是天理. 此念卽善, 更思何善? 此念非惡, 更去何惡? 此念如樹之根芽, 立志者, 長立此善念而已. 從心所欲不踰矩, 只是志到熟處."

169 반성하고 살피는 … 살피는 일이다: 『傳習錄』「陸澄錄」, 제36조.
170 안정됨[定]이란 마음의 … 바의 때이다: 『傳習錄』「陸澄錄」, 제41조.
171 당후(唐詡): 江西 新淦 사람이다. 나머지 사항은 자세하지 않다.
172 마음이 하고자 … 어기지 않았다: 『論語』「爲政」. 子曰: "吾十有五而志于學, 三十而立, …七十而從心所欲不踰矩."

것이다."[173]

[유종주평어] 생각[念]은 본래 무념(無念)이다. 그러므로 천리이다. 보존해야 한다는 생각[念]이 있으면 곧 천리가 아니다.

念本無念, 故是天理, 有念可存, 卽非天理.

| 10-69 | 허노재許魯齋[174]의 "유학자는 우선 생계 문제를 해결해야 한다."라는 주장도 사람들을 오도하였다.[175]

| 10-69 | 許魯齋謂"儒者以治生爲先"之說, 亦誤人.

| 10-70 | 희로애락의 본체는 본래 중中이고 화和하지만, (그 본체에) 자신의 생각을 조금이라도 붙이자마자 곧 지나치거나 미치지 못하게 되니, 그것이 바로 사사로움이다.[176]

| 10-70 | 喜怒哀樂本體, 中和的, 纔自家着些意思, 便過不及, 便是私.

| 10-71 | (육징이) 물었다. "앎이 지극해진 뒤라야 뜻이 성실해진다고 말할 수 있습니다.[177] 지금 천리와 인욕을 아직 완전히 알지 못하는데, 어떻게 자기를 이기는[克己] 공부를 할 수 있습니까?"

| 10-71 | 問: "知至然後可以言意誠, 今天理人欲知之未盡, 如何用得克己工夫?"

---

173 당후(唐詡)가 물었다 … 도달한 것이다: 『傳習錄』「陸澄錄」, 제53조.

174 허노재(許魯齋: 許衡, 1209-1281). 자는 仲平, 호는 魯齋, 시호는 文正으로, 河南 沁陽 사람이다. 國子祭酒, 集賢殿 大學士 등을 지냈다. 저서에 『讀易私言』, 『魯齋心法』, 『魯齋遺書』 등이 있다. 『宋元學案』 권90 참조.

175 허노재(許魯齋)의 "유학자는 … 사람들을 오도하였다: 『傳習錄』「陸澄錄」, 제56조.

176 희로애락의 본체는 … 바로 사사로움이다: 『傳習錄』「陸澄錄」, 제58조.

177 앎이 지극해진 … 수 있습니다: 『大學章句』 경1장. "欲誠其意者, 先致其知 … 知至而后意誠."

(선생께서) 말씀하셨다. "사람이 만약 진실하고 절실하게 멈추지 않고 공부한다면 이 마음의 천리의 정미함을 나날이 더 잘 보게 되고, 미세한 사욕까지도 나날이 더 잘 보게 된다. 만약 자기를 이기는 공부를 하지 않는다면 천리와 사욕은 끝내 스스로 보지 못할 것이다. 이것은 마치 길을 가는 것과 같다. 한 구간을 가야만 비로소 그 구간을 알 수 있다. 갈림길에 이르러 의심이 생기면 곧 질문을 던지고, 질문이 끝난 뒤에 다시 길을 가야만 비로소 (목적지에) 도달할 수 있다. 이제 이미 알고 있는 천리를 기꺼이 보존하려고 하지 않고, 이미 알고 있는 인욕을 기꺼이 제거하려고 하지 않으면서, 그저 다 알아내지 못할까 근심만 하고 (쓸데없이) 한가하게 강학만 한들 무슨 보탬이 있겠는가? 우선 (더 이상) 이겨 낼 사사로움이 없을 때까지 자기를 이겨 낸 다음에 비로소 다 알 수 없을까 근심해도 역시 늦지 않다."[178]

曰: "人若眞實切己用功不已, 則于此心天理之精微, 日見一日, 私欲之細微, 亦日見一日. 若不用克己工夫, 天理私欲終不自見. 如走路一般, 走得一段方認得一段, 走到岐路處, 有疑便問, 問了又走, 方纔能到. 今于已知之天理不肯存, 已知之人欲不肯去, 只管愁不能盡知, 閒講何益? 且待克得自己無私可克, 方愁不能盡知, 亦未遲耳."

|10-72| (육징이) 물었다. "이천(伊川, 程頤)은 '희로애락이 아직 발하기 이전에 중中을 구하는 것은 마땅하지 않다'[179]고 했으나, 연평延

|10-72| 問: "伊川謂不當於喜怒哀樂未發之前求中, 延平

178 (육징이) 물었다 … 늦지 않다: 『傳習錄』「陸澄錄」, 제65조.

179 희로애락이 아직 … 마땅하지 않다: 『二程全書』 권19. 或曰: "喜怒哀樂未發之前求中, 可否?" 曰: "不可. 旣思於喜怒哀樂未發之前求之, 又却是思也. 旣思卽是已發(思與喜怒哀樂一般.) 纔發便謂之和, 不可謂之中也."

平[180]은 도리어 학자들에게 (희로애락이) 아직 발하기 이전의 기상을 보라고 가르쳤는데,[181] 어떻습니까?"

却教學者看未發以前氣象, 何如?"

(선생께서) 말씀하셨다. "모두 옳다. 이천은 사람들이 (희로애락이) 아직 발하기 이전에 중中을 구하려다가 중中을 하나의 사물로 생각할까 근심하였다. 이것은 마치 내가 예전에 말한 '기운이 안정된 때를 중中으로 여긴다'[182]는 것과 같다. 그러므로 (이천은) 사람들에게 다만 함양하고 성찰하는 데서 공부하도록 했다. 반면에 연평은 사람들이 착수처를 얻지 못할까 염려하여 사람들에게 시시각각 감정이 아직 발하기 이전의 기상을 구하게 하였다. 그는 사람들에게 눈을 똑바로 떠서 오직 이것을 보게 하였고, 귀를 기울여 오직 이것을 듣게 하였다. 이것이 바로 '보이지 않는 곳에서도 경계하고 삼가며, 들리지 않는 곳에서도 두려워하는'[183] 공부이다. 두 가지는 모두 옛사람들이 사람들을 인도하기 위하여 어쩔 수 없이 한 말

曰: "皆是也. 伊川恐人於未發前討個中, 把中作一物看, 如吾向所謂認氣定時做中, 故令只於涵養省察上用功. 延平恐人未便有下手處, 故令人時時刻刻求未發前氣象, 使人正目而視惟此, 傾耳而聽惟此, 卽是戒愼不睹·恐懼不聞的工夫, 皆古人不得已誘人之言也."

---

180 연평(延平): 李侗. 1088-1157. 자는 願中, 호는 延平, 시호는 文靖으로 南劍州 劍浦(복건성 南平) 사람이다. 羅從彦에게 程子의 理學을 배워 二程의 三傳弟子가 되었다. 저서에 『李延平集』이 있다. 『宋元學案』 권39, 『宋史』 권428 참조.

181 연평(延平)은 도리어 … 보라고 가르쳤는데: 『延平答問』 권20. "先生令靜中看喜怒哀樂未發之謂中, 未發時作何氣象."

182 기운이 안정된 때를 중(中)으로 여긴다: 『傳習錄』「陸澄錄」, 제28조. "今人存心, 只定得氣. 當其寧靜時, 亦只是氣寧靜, 不可以爲未發之中."

183 보이지 않는 … 곳에서도 두려워하는: 『中庸章句』 제1장. "是故君子戒愼乎其所不睹, 恐懼乎其所不聞. 莫見乎隱, 莫顯乎微. 故君子愼其獨也."

이다."[184]

[유종주평어] 이천과 연평이 그처럼 말한 것은 단지 본래 (희로애락의 감정이 발하기) 이전과 이후의 경계가 없기 때문이다. 선생은 자못 정자의 학설을 위주로 하고 있다.

只爲本無前後際故也, 先生頗主程子說.

10-73 육징이 말했다. "저는 여전히 '중中' 자의 의미를 분명하게 알지 못하겠습니다."

(선생께서) 말씀하셨다. "이것은 반드시 스스로 마음에서 체인해 내야지, 말로 가르쳐 줄 수 있는 것이 아니다. 중中은 단지 천리이다."

(육징이) 물었다. "천리를 어찌하여 중中이라고 합니까?"

(선생께서) 대답하셨다. "치우치고 의지하는 것이 없기 때문이다."

(육징이) 물었다. "치우치고 의지하는 것이 없다는 것은 어떤 기상입니까?"

(선생께서) 대답하셨다. "마치 밝은 거울처럼 전체가 맑고 투명하여 조그만 티끌도 전혀 붙어 있지 않은 것이다."

육징이 물었다. "(희로애락의 감정이) 이미 일어나서 혹 아름다운 여색을 좋아하고 이익을 좋아하고 명예를 좋아하는 데 가 있어야 비로소 치우치고 의지함을 볼 수 있습니다. 그러나

10-73 澄於中字之義尚未明.

曰: "此須自心體認出來, 非言語所能喩. 中只是天理."

曰: "天理何以謂之中?"

曰: "無所偏倚."

曰: "無所偏倚何等氣象?"

曰: "如明鏡全體瑩徹, 無纖塵點染."

曰: "當其已發, 或著在好色好利名上, 方見偏倚. 若未發時, 何以知其有所偏

184 (육징이) 물었다 … 한 말이다: 『傳習錄』「陸澄錄」, 제75조.

만약 (희로애락의 감정이) 아직 일어나지 않았을 때는 어떻게 치우치고 의지하는 것이 있음을 알 수 있습니까?"

倚?"

(선생께서) 대답하셨다. "평소에 미색이나 명예, 이익을 좋아하는 마음이 본래 없었던 적이 없고, 병근이 제거되지 않았다면 잠시 잠복했을지라도 치우치고 의지함은 여전히 남아 있는 것이다. 반드시 평소에 사심을 말끔히 쓸어 내고 씻어 내어 (이 마음 전체가) 확 트여 순수한 천리가 되어야만 비로소 (희로애락이 아직 발하지 않은) 중中이라고 말할 수 있다."[185]

曰: "平日美色名利之心原未嘗無, 病根不除, 則暫時潛伏, 偏倚仍在. 須是平日私心蕩除潔淨, 廓然純乎天理, 方可謂中."

10-74 말에 두서가 없다면 역시 그것으로써 마음이 보존되지 않았음을 충분히 알 수 있다.[186]

10-74 言語無序, 亦足以見心之不存.

10-75 (육징이) 물었다. "격물은 움직이는 곳에서 공부하는 것입니까?"

(선생께서) 대답하셨다. "격물에는 움직임과 고요함 사이에 구별이 없다. 고요함도 역시 '물物'이다. 맹자는 '반드시 일삼음이 있다'[187]고 했는데, 이것은 움직이든 고요하든 모두 일삼음이 있다는 것이다."[188]

10-75 問: "格物于動處用功否?"

曰: "格物無間動靜, 靜亦物也. 孟子謂『必有事焉』, 是動靜皆有事."

---

185 육징이 말했다 … 수 있다: 『傳習錄』「陸澄錄」, 제76조.

186 말에 두서가 … 수 있다: 『傳習錄』「陸澄錄」, 제80조.

187 반드시 일삼음이 있다: 『孟子』「公孫丑上」. "必有事焉而勿正, 心勿忘, 勿助長也."

[유종주평어] 이것은 선생의 정론이다. 선생은 다른 날에 매번 "의(意)가 부모를 섬기는 데 있다면 부모를 섬기는 것이 하나의 물(物)이다."[189]라고 말하였다. 나는 삼가 한마디를 바꾸어 말하겠다. "의(意)가 부모를 섬기는 데 있지 않을 때 (그것은) 어떤 물건인가?" 선생은 또 "공부하기 어려운 곳은 오로지 격물치지(格物致知)에 있다, 이것은 바로 의를 성실하게 하는[誠意] 일이다. 의가 이미 성실하다면 대체로 마음도 저절로 바르게 되고, 몸도 저절로 닦여질 것이다. 그러나 마음을 바르게 하고 몸을 닦는 공부는 또한 각각 힘쓸 곳이 있다. 몸을 닦는 공부는 이발(已發) 쪽에서 힘쓰는 것이고, 마음을 바르게 하는 공부는 미발(未發) 쪽에서 힘쓰는 것이다. 마음이 바르게 되면 (희로애락의 감정에 치우치거나 기울어짐이 없는) 중(中)의 상태가 되고, 몸이 닦여지면 (희로애락의 감정이 발하여 모두 절도에 맞는) 화(和)의 상태가 된다."[190]라고 말했다. 선생은 이미 '양지(良知)' 두 글자로 천하의 도를 포괄하였는데, 어찌 또 달리 (마음을) 바르게 하고 (몸을) 닦는 공부가 있을 수 있는가? 다만 '의(意)'자를 이발로 보았기 때문에 공부가 미진하여 또 마음을 바르게 하고자 하고, 또 몸을 닦고자

此是先生定論. 先生它日每言"意在於事親, 卽事親爲一物"云云, 余竊轉一語曰: "意不在於事親時是恁物?" 先生又曰: "工夫難處全在格物致知上, 此卽誠意之事. 意旣誠, 大段心亦自正, 身亦自修. 但正心修身工夫亦各有用力處, 修身是已發邊, 正心是未發邊, 心正則中, 身修則和"云云. 先生旣以良知二字冒天下之道, 安得又另有正修工夫? 只因將意字看作已發, 故工夫不盡, 又要正心, 又要修身. 意是已發, 心是未發, 身又是已發. 先生每譏宋學支

188 (육징이) 물었다 … 있다는 것이다: 『傳習錄』「陸澄錄」, 제87조.
189 의(意)가 부모를 … 하나의 물(物)이다: 『傳習錄』「徐愛錄」, 제6조.
190 공부하기 어려운 … 화(和)의 상태가 된다: 『傳習錄』「陸澄錄」, 제88조.

한 것이다. 의(意)는 이발이고, 심(心)은 미발이며, 신(身)은 또 이발이다. 선생은 매번 송학을 지리하다고 비난하였지만 자신도 그것을 답습했던 것이다. 천년 뒤에 매번 선생을 구원(九原)에서 일으켜 질정하려고 해도 방법이 없다.

離而躬自蹈之. 千載而下, 每欲起先生于九原質之而無從也.

10-76 (육징이) 물었다. "정명도는 '인자仁者는 천지 만물을 한 몸으로 여긴다'[191]고 했는데, 묵자의 겸애兼愛는 어째서 도리어 인仁이라고 말할 수 없습니까?"

(선생께서) 말씀하셨다. "인仁은 자연의 조화가 끊임없이 낳고 낳는[生生不息] 이치이다. 비록 사방에 가득 차고 두루 편재하여 인이 아닌 곳이 없다고 하더라도, 그것이 유행하여 발생하는 데는 역시 본래 점진적인 과정이 있다. 오직 점진적인 과정이 있기 때문에 반드시 발단처가 있으며, 오직 발단처가 있기 때문에 끊임없이 낳고 낳는다. 나무에 비유하면, 처음에 싹이 돋는 것이 바로 나무의 생의生意가 발단하는 곳이다. 그런 뒤에 줄기가 생기고 가지와 잎이 생긴다. 부자와 형제간의 사랑은 바로 사람 마음의 생의가 발단하는 곳으로 나무가 싹

10-76 問: "程子云: '仁者以天地萬物爲一體.' 何墨氏兼愛反不得謂之仁?"

曰: "仁是造化生生不息之理, 雖彌漫周遍, 無處不是, 然其流行發生亦自有漸. 惟其有漸, 所以必有發端處; 惟有發端處, 所以生生不息. 譬之於木, 其始抽芽便是生意發端處, 然後有幹有枝葉. 父子兄弟之愛是人心生意發端處,

191 인자(仁者)는 … 한 몸으로 여긴다: 『二程遺書』 권2上. "醫書言手足痿痺爲不仁, 此言最善名狀. 仁者以天地萬物爲一體, 莫非己也. 認得爲己, 何所不至? 若不有諸己, 自不與己相干. 如手足不仁, 氣已不貫, 皆不屬己."

을 틔우는 것과 같다. 이것으로부터 백성을 어질게 대하고 사물을 아끼는 것은 바로 나무에 줄기가 생기고 가지와 잎이 생기는 것과 같다. 묵자가 자신의 부자 형제를 길거리의 사람과 똑같이 여기는 것은 곧 스스로 발단처를 없애 버린 것이니, 어떻게 낳고 낳을 수 있겠는가? 어떻게 그것을 인이라고 할 수 있겠는가?"[192]

如木之抽芽, 自此而仁民而愛物, 如木之有幹有枝葉也. 墨氏將父子兄弟與途人一例, 便沒了發端處, 安能生生? 安得謂之仁?"

[유종주평어] 단지 이것만으로 곧 불교의 학문을 헤아릴 수 있다.

只此便可勘佛氏之學.

|10-77| (육징이) 물었다. "연평이 '리理에 마땅하고 사사로운 마음이 없다'[193]고 했는데, 리에 마땅함과 사심이 없음은 어떻게 분별합니까?"

|10-77| 問: "延平云: '當理而無私心.' 當理與無私心如何分別?"

(선생께서) 대답하셨다. "마음이 바로 리理이다. 사심이 없는 것이 바로 리에 마땅한 것이며, 리에 마땅하지 않은 것이 바로 사심이다. 만약 마음과 리를 나누어 말한다면 좋지 않은 듯하다."

曰: "心卽理也. 無私心卽是當理, 未當理卽是私心, 若析心與理言之, 恐亦未善."

(육징이) 또 물었다. "석씨는 세간의 일체 정욕의 사사로움에 물들지 않기 때문에 사심이 없는 듯합니다. 그러나 밖으로는 인륜을 저버리니, 도리어 리에 합당하지 못한 듯합니다."

又問: "釋氏於世間情欲之私不染, 似無私心, 外棄人倫, 却似未當理."

---

192 (육징이) 물었다 … 수 있겠는가: 『傳習錄』「陸澄錄」, 제93조.

193 리(理)에 마땅하고 … 마음이 없다: 「延平答問」, 30a. "仁只是理, 初無彼此之辨. 當理而無私心卽仁矣."

(선생께서) 말씀하셨다. "역시 단지 하나로 연결된 일이니, 자신의 사적인 마음을 성취하려는 것이다."[194](이상은 모두 육징의 기록이다.)

曰: "亦只是一統事, 成就它一個私己的心." 【以上俱陸澄記】

|10-78| 성인이 성인이 되는 까닭은 단지 그 마음이 천리天理에 순수하고 인욕의 섞임이 없기 때문이다. 마치 순금이 순금이 되는 까닭이 단지 그 순도가 충분하고 구리나 아연이 섞이지 않았기 때문인 것과 같다. 사람은 천리에 순수한 데 이르러야 비로소 성인이며, 금은 충분한 순도에 이르러야 비로소 순금이 된다. 그러나 성인의 재질과 능력에도 역시 크고 작은 차이가 있으니, 마치 금의 무게에 가볍고 무거움이 있는 것과 같다. 순금이 되는 까닭은 순도에 있지 무게에 있지 않으며, 성인이 되는 까닭은 천리에 순수함에 있지 재질과 역량에 있지 않다. 배우는 사람이 성인이 되기를 배우는 것은 인욕을 제거하고 천리를 보존하는 데 지나지 않으니, 마치 금을 정련하여 충분한 순도를 구하는 것과 같을 따름이다. 후세 사람들은 성인이 되는 근본을 알지 못하고, 오히려 오로지 지식과 재능의 측면에서 성인을 추구한다. 헛되이 정력을 낭비하여 책을 보면서 연

|10-78| 聖人之所以爲聖, 只是此心純乎天理而無人欲之雜, 猶精金之所以爲精, 但以其成色足而無銅鉛之雜也. 人到純乎天理方是聖, 金到足色方是精. 然聖人之才力亦有大小不同, 猶金之分兩有輕重, 所以爲精金者, 在足色而不在分兩, 所以爲聖者, 在純乎天理而不在才力也. 學者學聖人, 不過是去人欲而存天理, 猶鍊金而求其足色耳. 後世不知作聖之本, 却專去

194 (육징이) 물었다 … 성취하려는 것이다: 『傳習錄』「陸澄錄」, 제94조.

구하고 명칭과 기물[名物]을 고증하며 옛사람의 자취를 모방한다. 지식이 넓어지면 넓어질수록 인욕은 더욱더 자라나고, 재주와 능력이 많으면 많을수록 천리는 더욱더 가려진다. 이것은 마치 다른 사람에게 만 일鎰의 순금이 있는 것을 보고는 (자신의) 순도를 제련하는 데 힘쓰지 않고, 헛되이 무게가 많기를 바라서 주석·아연·구리·철을 뒤섞어 집어넣는 것과 같으니, 무게가 많아지면 많아질수록 순도는 점점 더 떨어져서, 결국은 더 이상 금이라고 할 것이 없게 된다.[195]

知識才能上求聖人. 敝精竭力, 從冊子上鑽研, 名物上考索, 形迹上比擬, 知識愈廣而人欲愈滋, 才力愈多而天理愈蔽. 正如見人有萬鎰精金, 不務鍛鍊成色, 而乃妄希分兩, 錫鉛銅鐵雜然投之, 分兩愈增而成色愈下, 及其梢末, 無復有金矣.

| 10-79 | 설간薛侃이 꽃밭의 풀을 뽑으면서 물었다. "세상에서 어찌하여 선은 배양하기 어렵고, 악은 제거하기 어려운 것입니까?"

선생께서 대답하셨다. "그렇게 선악을 보는 것은 모두 신체[軀殼][196]로부터 생각을 일으킨 것이다. 천지의 생명 의지[生意]는 꽃이나 풀이나 한가지이다. 어찌 일찍이 선악의 구분이 있겠는가? 그대가 꽃을 감상하려고 하면 꽃을 선으로 여기고 풀을 악으로 여긴다. 만약 풀을 쓰려고 할 때는 다시 풀을 선으로 여길 것

| 10-79 | 侃去花間草, 曰: "天地間何善難培, 惡難去?"

先生曰: "此等看善惡, 皆從軀殼起念. 天地生意, 花草一般, 何曾有善惡之分? 子欲觀花, 則以花爲善, 以草爲惡; 如欲用草時, 復以草

195 성인이 성인이 … 없게 된다: 『傳習錄』 「薛侃錄」, 제99조.

196 신체[軀殼]: 軀殼은 身體를 가리킨다.

이다.”

(설간이) 물었다. “그렇다면 선도 없고 악도 없는 것입니까?”

(선생께서) 대답하셨다. “선도 없고 악도 없는 것은 이치의 고요함이고, 선도 있고 악도 있는 것은 기운의 움직임이다. 기운에 의해 움직여지지 않으면 곧 선도 없고 악도 없으니, 이것을 ‘지극한 선[至善]’이라고 한다.”

(설간이) 물었다. “불교 역시 선도 없고 악도 없다고 하는데, 어떻게 다릅니까?”

(선생께서) 대답하셨다. “불교는 ‘무無’에 집착하여 곧 일체 (세상사에) 상관하지 않는다. 성인의 ‘무선무악’은 단지 ‘일부러 좋아하지도 않고 일부러 싫어하지도 않는 것’[197]이니, 이것을 기氣에 의해 움직여지지 않는다고 한다.”

爲善矣.”

曰: “然則無善無惡乎?”

曰: “無善無惡者理之靜, 有善有惡者氣之動, 不動於氣, 卽無善無惡, 是謂至善.”

曰: “佛氏亦無善無惡, 何以異?”

曰: “佛氏着在無上, 便一切不管. 聖人無善無惡, 只是‘無有作好・無有作惡’, 此之謂不動于氣.”

(설간이) 말했다. “풀이 이미 악이 아니라면 풀을 제거해서는 안 되는 것이군요.”

(선생께서) 말씀하셨다. “그와 같은 것은 도리어 불교나 노자의 생각이다. 풀이 만약 장애가 된다면 이치상으로도 역시 마땅히 제거해야 한다.”

설간이 말했다. “그와 같은 것도 역시 일부러 좋아하고 일부러 싫어하는 것이 (아닙니까?)”

曰: “草既非惡, 是草不宜去矣!”

曰: “如此却是佛・老意見, 草若有礙, 理亦宜去.”

曰: “如此又是作好作惡.”

---

197 일부러 좋아하지도 … 않는 것: 『書經』「洪範」, “無有作好·無有作惡.”

(선생께서) 말씀하셨다. "일부러 좋아하거나 싫어하지 않는다는 것은 좋아하거나 싫어함이 전혀 없는 것이 아니다. 단지 좋아하고 싫어함이 한결같이 리理에 따르고 자기 생각을 조금이라도 덧붙이지 않는 것이니, (이는) 바로 좋아하고 싫어한 적이 없는 것과 마찬가지이다."

曰: "不作好惡, 非是全無好惡, 只是好惡一循于理, 不去著一分意思, 卽是不曾好惡一般."

(설간이) 말했다. "그렇다면 선善과 악惡은 전혀 사물에 있지 않은 것이군요."

曰: "然則善惡全不在物."

(선생께서) 말씀하셨다. "단지 그대의 마음에 있을 뿐이다. 이치를 따르는 것이 바로 선善이고, 기운에 움직이는 것이 바로 악惡이다."

曰: "只在汝心. 循理便是善, 動氣便是惡."

(설간이) 말했다. "결국 사물에는 선악이 없는 것이군요."

曰: "畢竟物無善惡."

(선생께서) 말씀하셨다. "마음에 있는 것이 그와 같으니, 사물에 있는 것도 역시 그러하다. 세속의 유학자들은 오직 이것을 알지 못하여 마음을 버리고 사물을 좇으니 격물格物의 학문을 잘못 보게 되었다."[198]

曰: "在心如此, 在物亦然. 世儒惟不知此, 舍心逐物, 將格物之學錯看了."

[유종주평어] (이곳의) 선생의 말씀은 본래 분명하다. 「천천증도설(天泉證道說)」과는 전혀 다르다.

先生之言自是端的, 與天泉證道之說迥異.

| 10-80 | 학문할 때는 반드시 핵심을 이해해야 공부에 비로소 성과가 있게 된다. 설령 공부에 중단이 없을 수 없더라도 (핵심을 이해한다면) 마

| 10-80 | 爲學須得個頭腦, 工夫方有着落, 縱未能無間,

198 설간(薛侃)이 꽃밭의 … 보게 되었다: 『傳習錄』「薛侃錄」, 제101조.

치 배에 키가 있는 것처럼 한번 환기시키기만 하면 곧장 깨닫게 된다. 그렇지 않으면 비록 학문에 종사하더라도 단지 '밖에서 의義를 엄습해서 취하는 일[199]을 행할 뿐이지, 커다란 근본과 두루 통하는 도道[200]는 아니다.[201]

如舟之有舵, 一提便醒. 不然, 雖從事于學, 只做個義襲而取, 非大本達道也.

|10-81| 설간이 물었다. "예전의 유학자는 마음의 고요함을 본체로 보고, 마음의 움직임을 작용으로 보았는데,[202] 어떻습니까?"

(선생께서) 대답하셨다. "마음의 움직임과 고요함을 본체와 작용으로 생각해서는 안 된다. 움직임과 고요함은 (마음이 만나는 바의) 때이다.[203] 본체에 즉卽하여 말하면 작용은 본체에 있고, 작용에 즉하여 말하면 본체는 작용에 있다. 이것을 '본체와 작용은 근원을 같이한다'[204]고 말한다. 만약 고요함에서 그 본체를 볼 수 있고, 움직임에서 그 작용을 볼 수 있다

|10-81| 侃問: "先儒以心之靜爲體, 心之動爲用, 如何?"

曰: "不可以動靜爲體用. 動靜, 時也. 卽體而言用在體, 卽用而言體在用, 是謂體用一源. 若說靜可以見其體, 動可以見其用, 却不妨."

---

199 밖에서 의(義)를 … 취하는 일: 『孟子』「公孫丑上」. "敢問何謂浩然之氣?" 曰: "難言也. 其爲氣也, 至大至剛, 以直養而無害, 則塞于天地之閒. 其爲氣也, 配義與道; 無是, 餒也. 是集義所生者, 非義襲而取之也. 行有不慊於心, 則餒矣. 我故曰, 告子未嘗知義, 以其外之也."

200 커다란 근본과 두루 통하는 도(道): 『中庸章句』 제1장: "中也者, 天下之大本也; 和也者, 天下之達道也."

201 학문할 때는 … 도(道)는 아니다: 『傳習錄』「薛侃錄」, 제102조.

202 예전의 유학자는 … 작용으로 보았는데: 『伊川文集』 권5, 「與呂大臨論中書」. "心一也 … 有指體而言者(本註: 寂然不動是也.) 有指用而言者(本註: 感而遂通天下之故是也."

203 (마음이 만나는 바의) 때이다: 위의 10-28, 10-67, 「動靜(者), 所遇之時」 참고.

204 본체와 작용은 … 같이한다: 『伊川易傳』「序」. "至微者理也, 至著者象也. 體用一原, 顯微無間."

고 말해도 무방하다."[205]

[유종주평어] 마음에는 결코 움직임이나 고요함이라고 말할 수 있는 것이 없다. 어쩔 수 없이 (말해야) 한다면, '움직임에서 본체를 볼 수 있고 고요함에서 작용을 볼 수 있다'고 말할 수는 있다.

心并無動靜可言, 必不得已, 可說動可以見體, 靜可以見用.

| 10-82 | 양일부梁日孚[206]가 '주일(主一, 하나에 집중함)'에 관하여 물었다.

(선생께서) 말씀하셨다. "하나[一]란 천리이다. 주일(主一)이란 온 마음이 천리에 있는 것이다. 만약 주일만 알고, 하나가 바로 천리라는 것을 알지 못한다면, 일이 있을 때는 곧 외물을 좇아가게 되고, 일이 없을 때는 공空에 집착하게 된다. 오직 일이 있건 일이 없건 온 마음이 모두 천리에서 공부하는 데 있기 때문에 거경居敬이 또 바로 궁리窮理인 것이다. 궁리가 전일한 데 나아가 말하면 전일한 것을 거경이라 하고, 거경이 정밀한 데 나아가 말하면 정밀한 것을 궁리라고 한다. 거경을 하고 나서 별도로 궁리하는 마음이 있는 것도 아니며, 궁리할 때 별도로 거경하는 마음이 있는 것도 아니다. 이름은 비록 다르지만 공부는 단지 하나의 일이다."[207]

| 10-82 | 梁日孚問'主一'.

曰: "一者, 天理. 主一, 是一心在天理上. 若只知主一, 不知一卽是理, 有事時便逐物, 無事時便是着空. 惟其有事無事, 一心皆在天理上用功, 所以居敬亦卽是窮理. 就窮理專一處說, 便謂之居敬; 就居敬精密處說, 便謂之窮理, 不是居敬了別有個心窮理, 窮理時別有個心居敬. 名雖不同,

205 설간이 물었다 … 말해도 무방하다: 『傳習錄』「薛侃錄」, 제108조.
206 양일부(梁日孚): 이름은 焯, 호는 日孚로서, 廣東 사람이다.
207 양일부(梁日孚)가 '주일(主一)'에 … 하나의 일이다: 『傳習錄』「薛侃錄」, 제117조.

工夫只是一事."

| 10-83 | 정지正之[208]가 물었다. "경계하고 두려워하는[戒懼] 것은 자기가 알지 못하는 때의 공부이고, 홀로 있을 때 삼간다[愼獨]는 것은 자기가 홀로 아는 때의 공부라는 (말이 있는데 어떻습니까?)"[209]

| 10-83 | 正之問: "戒懼是己所不知時工夫, 愼獨是己所獨知時工夫."

(선생께서) 대답하셨다. "(둘은) 단지 하나의 공부일 뿐이다. 일이 없을 때는 물론 홀로 알고, 일이 있을 때도 역시 홀로 안다. 여기에서 공부하는 것이 바로 근본을 바로잡고 근원을 맑게 하는 것이며, 바로 성실함[誠]을 세우는 것[210]이다. 만약 단지 남들이 함께 아는 곳에서만 공부한다면, 그것은 곧 거짓을 꾸미는 것이다. 이제 만약 또 경계하고 두려워하는 것을 따로 떼어 내어 자기가 알지 못하는 때의 공부라고 여긴다면, (공부가) 곧 지리支離하게 된다. 이미 경계하고 두려워한다면 그것이 곧 자기를 아는 것이다."

曰: "只是一個工夫. 無事時固是獨知, 有事時亦是獨知. 于此用功, 便是端本澄源, 便是立誠. 若只在人所共知處用功, 便是作僞. 今若又分戒懼爲己所不知工夫, 便支離. 既戒懼, 卽是知己."

(정지가) 물었다. "홀로 아는[獨知] 곳에서는 더 이상 아무 생각[念]도 없는 때란 없는 것입

曰: "獨知之地, 更無無念時耶?"

---

208 정지(正之): 『明儒學案』 권19, 「江右王門學案4」.

209 경계하여 두려워하는[戒懼] … 때의 공부라는: 『中庸章句』 제1장. "道也者, 不可須臾離也; 可離, 非道也. 是故君子戒愼乎其所不睹, 恐懼乎其所不聞. 莫見乎隱, 莫顯乎微, 故君子愼其獨也."; 『中庸或問』, 13a. "其所不睹不聞者, 己之所不睹不聞也. …獨者人之所不睹不聞也."

210 성실함[誠]을 세우는 것: 『易經』 「乾卦 · 九三爻辭」. "君子進德修業. 忠信, 所以進德也. 修辭立其誠, 所以居業也."

니까?”

(선생께서) 말씀하셨다. “경계하고 두려워하는 생각[念]은 잠시도 그쳐서는 안 된다.[211] 만약 경계하고 두려워하는 마음을 조금이라도 지니지 않는 때가 있다면 (그때는) 흐리멍텅하지 않으면, 이미 악한 생각에 흘러 들어간 것이다.”[212]

曰: “戒懼之念, 無時可息. 若戒懼之心稍有不存, 不是昏聵, 便已流入惡念.”

[유종주평어] 계신공구(戒愼恐懼)는 염(念)이 아니지만 사(思)라고 말할 수는 있다. 사(思)는 단지 성실함[誠]을 생각하는 것이다. 사(思)는 마음의 본래적인 기능인데, 생각이 욕심에 의해 움직이면 염(念)이 된다. 그러므로 염(念)은 제거해야 하지만 사(思)는 제거해서는 안 된다. 후대 사람들은 오로지 '무사(無思)'를 말하기 좋아하여, 염(念)에 대해서는 마음의 묘용으로 보아서 제거해서는 안 된다고 하는데, 이것은 거꾸로 말한 것이다. 그들(후대 사람들)은 그저 이장(理障)을 제거하려고만 할 뿐이다.

戒懼不是念, 可言是思. 思只是思誠. 思是心之本官, 思而動于欲爲念. 故念當除而思不可除. 後人專喜言無思, 至于念, 則以爲是心之妙用, 不可除. 是倒說了, 他只要除理障耳.

| 10-84 | 채희연蔡希淵[213]이 물었다. “주자의 『대학』 신본新本에서 격물치지를 앞에 두고 성의

| 10-84 | 蔡希淵問: “『大學』新本先格致

---

211 경계하고 두려워하는 … 안 된다: 『傳習錄』에는 이 문장 앞에 '戒懼亦是念'이라는 구절이 있다. 왕수인은 '戒懼'를 하나의 '念'으로 본 것이다. 그런데 유종주는 『전습록』의 이 구절을 삭제했다. 그는 '戒懼'를 '念'으로 보지 않기 때문이다. 그는 '意'와 '念'을 구분한다. 그리고 '계구'를 '意'로 본다.

212 정지(正之)가 물었다 … 들어간 것이다: 『傳習錄』「薛侃錄」, 제120조.

213 채희연(蔡希淵): 『明儒學案』 권11, 「浙中王門學案1」.

공부를 뒤에 놓은 것은 (『대학』) 첫 번째 장의 순서와 서로 맞는 듯합니다. 그런데 선생처럼 구본舊本[214]을 따른다면 성의가 도리어 격물 앞에 있습니다."

而后誠意, 工夫似與首章次第相合, 若先生從舊本, 誠意反在格致之前矣."

(선생께서) 대답하셨다. "『대학』의 공부는 바로 밝은 덕을 밝히는 것이다. 밝은 덕을 밝히는 것은 단지 뜻을 성실하게 하는 것이며, 뜻을 성실하게 하는 공부는 단지 격물치지이다. 만약 뜻을 성실하게 하는 것을 중심으로 삼고서 격치공부를 한다면, 공부에 비로소 착수할 곳이 있게 되어, 곧 선을 행하고 악을 제거하는 것이 뜻을 성실하게 하는 일이 아님이 없게 된다. (주자의) 신본처럼 사물의 이치를 먼저 궁구한다면 아득하고 망막하여 착수할 곳이 없으므로, 반드시 하나의 '경敬' 자를 첨가해야만 비로소 (공부를) 몸과 마음으로 끌어들일 수 있게 되니, 끝내 근원이 없다. 게다가 이미 '경敬' 자가 필요하다면, 무엇 때문에 공자의 문하에서는 가장 중요한 글자를 빠뜨렸다가 천여 년 뒤에 다른 사람이 첨가하여 보충하기를 기다렸겠는가? (이는) 바로 성의誠意를 중심으로 삼는다면 '경' 자를 첨가할 필요가 없음을 말해준다. 이것이 학문의 커다란 핵심처이다. 이

曰: "『大學』工夫即是明明德, 明明德只是個誠意, 誠意工夫只是格致. 若以誠意爲主, 去用格致工夫, 工夫始有下落, 即爲善去惡, 無非是誠意的事. 如新本先去窮格事物之理, 即茫茫蕩蕩都無著落處, 須添個敬字, 方才牽扯得身心上來, 終沒根源. 且既須敬字, 緣何孔門倒將最要緊的落了,⑯ 直待千餘年後人添補? 正謂以誠意爲主, 即不須添敬字. 此學問大頭腦, 於此

---

214 구본(舊本): 『禮記』에 원래 실려 있던 「古本大學」을 가리킨다.

⑯ 緣何孔門倒將最要緊的落了: 『劉宗周全集』에는 '緣何孔門倒將一箇(個)最要緊的字落了'로 되어 있다.

점을 살피지 못한다면 참으로 터럭만큼의 작은 차이가 천리만큼의 큰 오류를 가져올 것이다. 무릇 『중용』의 공부는 다만 몸을 성실하게 하는[誠身] 것이며, 몸을 성실하게 하는 공부의 궁극은 바로 지극한 성실함[至誠]이다. 『대학』의 공부는 다만 뜻을 성실하게 하는 것이며, 뜻을 성실하게 하는 공부의 궁극은 바로 지극한 선[至善]이다. (『중용』과 『대학』에서 말하는 것이) 모두 동일하다."[215] 【이상은 모두 설간(薛侃)의 기록이다.】

不察, 眞是千里之謬. 大抵『中庸』工夫只是誠身, 誠身之極便是至誠. 『大學』工夫只是誠意, 誠意之極便是至善. 總是一般." 【以上俱薛侃記】

[유종주평어] 선생의 『대학』 풀이 가운데 오직 이 단락이 가장 분명하고 병통이 없다. 밝은 덕을 밝힌다[明明德]는 것은 다만 하나의 성의(誠意)일 뿐이다. 만약 '의(意)' 자를 분명하게 이해한다면 정심(正心)에 다시 공부가 있다고 말할 필요가 없다.

先生疏『大學』, 惟此段最端的無病. 明明德只是個誠意, 若意字看得分曉, 不必說正心更有工夫矣.

| 10-85 | 진구천(陳九川)[216]이 물었다. "정좌 공부를 할 때는 자못 이 마음이 수렴되는 것을 느끼다가도 일을 만나면 다시 중단됩니다. 그러면 그 자리에서 즉시 생각을 일으켜 일에 나아가 성찰하지만, 일이 지나간 뒤에는 다시 전에 하던 (정좌) 공부를 찾으니, 안과 밖을 하나

| 10-85 | 九川問: "靜坐用功, 頗覺此心收斂, 遇事又斷了, 旋起個念頭去事上省察, 事過又尋舊功, 覺內外打不成一

215 채희연(蔡希淵)이 물었다 … 모두 동일하다: 『傳習錄』 「薛侃錄」, 제129조.
216 진구천(陳九川): 『明儒學案』 권19, 「江右王門學案4」.

로 만들 수 없음을 느낍니다."

(선생께서) 대답하셨다. "마음에 어찌 안과 밖이 있겠는가? 예컨대 그대가 지금 여기서 강론하고 있는데, 또 어찌 하나의 마음이 있어서 안에서 지켜보고 있겠는가? 여기서 강의를 들을 때 전적으로 공경하는 마음이 곧 저 정좌할 때의 마음이다. 공부가 하나로 관통하고 있는데, 어찌 다시 생각[念]을 일으킬 필요가 있겠는가? 반드시 (구체적인) 일에서 연마하고 공부를 해야만 보탬이 있게 된다. 만약 고요함만 좋아한다면 일을 만났을 때 곧 혼란스럽게 될 것이다. 그렇다면 저 고요한 때의 공부도 역시 잘못되어 마음을 거두어들인 듯하지만 사실은 방만할 것이다."[217]

[유종주평어] "어찌 다시 생각[念]을 일으킬 필요가 있겠는가"라는 말은 성학의 은미한 곳을 알리는 참된 소식이다. 그러나 (선생은) 다른 날에는 도리어 "사실 생각[念]이 없는 때는 없다. 단지 생각[念]을 바르게 해야 한다"고 하셨다. 만약 강론할 때 안에서 지켜보는 생각[念]을 일으킬 수 없다면, 강론할 때 잘 모르겠지만 또 부모를 섬기려는 뜻[意]을 일으킬 수 있겠는가?

片."

曰: "心何嘗有內外, 卽如惟濬今在此講論, 又豈有一心在內照管? 這講說時專一,⑰ 卽是那靜坐時心, 工夫一貫, 何須更起念頭? 須在事磨鍊工夫得力. 若只好靜, 遇事便亂, 那靜時工夫亦差, 似收斂而實放溺也."

"何須更起念頭", 是聖學入微眞消息. 他日却曰: "實無無念時, 只是要正念." 如講論時便起不得在內照管的念, 則講論時不知又可起得個事親的意否?

---

217 진구천(陳九川)이 물었다 … 방만할 것이다: 『傳習錄』「陳九川錄」, 제204조.

⑰ 外這講說時專一: 『劉宗周全集』에는 '這聽講說時專敬'으로 되어 있다.

| 10-86 | (진구천이) 물었다. "요즈음의 공부는 핵심을 조금 깨달은 듯하지만 온당한 곳을 찾기가 어렵습니다."

(선생께서) 말씀하셨다. "(공부는) 다만 앎을 실현하는 것일 뿐이다."

(구천이) 물었다. "어떻게 (앎을) 실현합니까?"

(선생께서) 말씀하셨다. "한 점의 양지가 그대 자신의 준칙이다. 그대의 의념이 붙어 있는 곳에서 양지는 옳으면 곧 옳다는 것을 알고 그르면 곧 그르다는 것을 아니 다시 조금이라도 그것을 속일 수 없다. 그대가 다만 자신의 양지를 속이려 하지 않고 착실하게 그것에 의거하여 행한다면 선은 곧 보존되고 악은 곧 제거될 것이다. 이 얼마나 온당한가! 이것이 바로 치지의 실질적인 공부이다."[218]

[유종주평어] 양명 선생은 매번 '염(念)' 자와 '의(意)' 자를 합해서 말하지만, '염'과 '의'에는 끝내 구별이 있을 것이다.

| 10-86 | 問: "近來工夫稍知頭腦, 然難尋個穩當處."

曰: "只是致知."

曰: "如何致?"

曰: "一點良知是爾自家的準則, 爾意念着處, 他是便知是, 非便知非, 更瞞他一些不得. 爾只不要欺他, 實實落落依著他做去, 善便存, 惡便去, 何等穩當! 此便是致知的實功."

先生每以念字與意字合說, 恐念與意終有別.

| 10-87 | 숭일崇一[219]이 말했다. "선생께서는 치지致知의 의미에 대해 정밀함과 심오함을 다 드러내셨습니다. 제가 보기에는 여기서 더 이상

| 10-87 | 崇一曰: "先生致知之旨, 發盡精蘊, 看來這裏再

218 (진구천이) 물었다 … 실질적인 공부이다: 『傳習錄』「陳九川錄」, 제206조.

219 숭일(崇一): 『明儒學案』 권17, 「江右王門學案2」.

나아갈 수 없을 듯합니다."

선생께서 말씀하셨다. "어찌 그렇게 쉽게 말하는가? 다시 반년을 공부하고 어떤지를 보고, 또 일 년을 공부하고 어떤지를 보라. 공부가 오래될수록 같지 않다는 것을 더욱더 느끼게 된다."[220] "알고 보면 본래 알았던 것이 없으며, 깨닫고 보면 본래 깨달은 것이 없다. 그러나 알지 못한다면 마침내 빠져서 묻혀 버릴 것이다."[221] 【이상은 진구천의 기록이다.】

[유종주평어] 이것은 독체(獨體)의 정당한 곳으로 선생의 한마디 말에 의해 가지런히 드러나게 되었다. 여기에 이르러 무슨 좋거나 좋지 않음[良不良], 알거나 알지 못함[知不知]을 말하겠는가.

去不得."

曰: "何言之易也! 再用功半年看如何? 又用功一年看如何? 工夫愈久, 愈覺不同. 知來本無知, 覺來本無覺, 然不知則遂埋沒." 【以上俱陳九川記】

此是獨體正當處, 被先生一口打幷出, 到這裏說恁良不良·知不知.

| 10-88 | 황이방黃以方[222]이 물었다. "선생의 격물치지에 관한 학설은 때에 따라 사물을 궁구하여[格物] 그 앎을 실현하는[致知] 것입니다. 그렇다면 그 앎은 부분적인 앎이지 전체적인 앎이 아닙니다. 그것으로 어떻게 '하늘처럼 드넓고 연못처럼 깊은'[223] 경지에 도달할 수 있겠습니까?"

| 10-88 | 黃以方問: "先生格致之說, 隨時格物以致其知, 則知是一節之知, 非全體之知也, 何以到得溥博如天·淵泉如淵地位?"

---

220 숭일(崇一)이 말했다 … 느끼게 된다: 『傳習錄』「陳九川錄」, 제210조.

221 알고 보면 … 버릴 것이다: 『傳習錄』「陳九川錄」, 제213조.

222 황이방(黃以方): 黃直. 1500-1579. 자는 以方, 호는 卓峰으로, 江西 金谿 사람이다. 嘉靖 2년(1523)에 진사가 되었다. 漳州推官, 長泰知縣을 역임하였다. 저서로는 『鳴難錄』이 있다.

223 하늘처럼 드넓고 연못처럼 깊은: 『中庸章句』 제31장.

선생께서 대답하셨다. "마음의 본체는 갖추고 있지 않는 것이 없으니, 원래 하나의 하늘이다. 다만 사욕에 가려져서 하늘의 본체를 잃어버렸을 뿐이다. 마음의 이치는 무궁무진하니, 원래 하나의 연못이다. 다만 사욕에 막혀서 연못의 본체를 잃어버렸을 뿐이다. 만약 생각마다 양지를 실현하여 이 가리고 막은 것을 전부 제거한다면 본체가 이미 회복된 것이니, 그것이 바로 하늘과 연못이다." 그리고는 하늘을 가리켜 보이면서 말씀하셨다. "예를 들면 눈앞에 보이는 것도 밝고 밝은 하늘이며, (집 밖으로 나갔을 때) 사방에 보이는 것도 밝고 밝은 하늘이다. 단지 수많은 집의 담벽에 막혀서 하늘의 전체를 보지 못하는 것이다. 만약 집의 담벽을 헐어 버린다면 전부 하나의 하늘이다. 여기에서 곧 부분의 앎이 바로 전체의 앎이며, 전체의 앎이 바로 부분의 앎으로서 전부 하나의 본체라는 것을 알 수 있다."[224]

曰: "心之本體無所不該, 原是一個天, 只爲私欲障礙, 則天之本體失了. 心之理無窮盡, 原是一個淵, 只爲私欲窒塞, 則淵之本體失了. 如念念致良知, 將此障礙窒塞一齊去盡, 則本體已復, 便是天淵了." 因指天以示之曰: "如面前所見是昭昭之天, 四外所見亦只是昭昭之天, 只爲許多牆壁遮蔽, 不見天之全體. 若撤去牆壁, 總是一個天矣. 於此便見一節之知卽全體之知, 全體之知卽一節之知, 總是一個本體."

| 10-89 | 성현에게 공업功業이나 기개와 절조가 없는 것은 아니다. 다만 그들은 천리天理를 따

| 10-89 | 聖賢非無功業氣節, 但其循着

224 황이방(黃以方)이 물었다 … 수 있다: 『傳習錄』「黃直錄」, 제222조.

랐을 뿐이다. 그렇다면 그것은 도道이지 사공이나 기절이라고 불러서는 안 된다.[225]

天理, 則便是道, 不可以事功氣節名矣.

| 10-90 | 우리가 양지를 실현하는 것은 다만 각자의 역량에 따를 뿐이다. 오늘 양지가 이만큼 나타나 있으면 다만 오늘 아는 것에 따라서 끝까지 확충하며, 내일 양지가 또 깨달은 것이 있으면 내일 안 것에 따라서 끝까지 확충한다. 이와 같아야 비로소 (마음을) 순수하게 하고 한결같이 하는[精一] 공부이다.[226]

| 10-90 | 我輩致知, 只是各隨分量所及, 今日良知見在如此, 則隨今日所知擴充到底, 明日良知又有開悟, 便隨明日所知擴充到底, 如此, 方是精一工夫.

[유종주평어] 이것은 선생의 점수(漸修)의 가르침이다. 돈오(頓悟)는 점수를 폐하지 않는다.

此是先生漸教, 頓不廢漸.

| 10-91 | (황직이) '지행합일'에 대해 물었다.

| 10-91 | 問'知行合一'.

(선생께서) 말씀하셨다. "이것은 반드시 내가 주장하는 근본 취지를 이해해야 한다. 요즘 사람들의 학문은 지행을 둘로 나누기 때문에 한 생각이 발동했을 때 비록 선하지 않을지라도 그것을 아직 행하지 않았다면 금지하려고 하지 않는다. 내가 지금 지행합일을 말하는 것은 바로 사람들에게 한 생각이 발동한 곳이 곧 행

曰: "此須識我立言宗旨. 今人學問, 只因知行分作兩件, 故有一念發動, 雖是不善, 然却未曾行, 便不去禁止. 我今說個知行合一, 正要

225 성현에게 공업(功業)이나 … 불러서는 안 된다: 『傳習錄』「黃直錄」, 제223조.

226 우리가 양지를 … 하는[精一] 공부이다: 『傳習錄』「黃直錄」, 제225조.

行임을 깨닫게 하여, 발동한 곳에 선하지 않은 것이 있으면 곧 그 선하지 않은 생각을 극복하게 하려는 것이다. 반드시 그 뿌리까지 철저히 (제거하여) 조금의 불선한 생각도 가슴 속에 잠복하지 못하게 해야 한다. 이것이 내가 주장하는 근본 취지이다."[227]

人曉得一念發動處便卽是行了, 發動處有不善, 就將這不善的念克倒了, 須要徹根徹底, 不使那一念不善潛伏在胸中. 此是我立言宗旨."

[유종주평어] 이와 같이 지행합일을 말하는 것은 참으로 세밀하게 혈맥을 보는 것이다. 선생의 학문이 참되고 절실함이 이와 같다. 후세 사람이 어찌 이해한 적이 있는가?

如此說知行合一, 眞是絲絲見血. 先生之學眞切乃爾, 後人何曾會得?

| 10-92 | 성인이 알지 못하는 것이 없다는 것은 다만 하나의 천리를 안다는 말이고, 하지 못하는 일이 없다는 것은 다만 하나의 천리를 행할 수 있다는 말이다. 성인은 본체가 명백하기 때문에 일마다 천리가 있는 곳을 알아서 곧 그 천리를 모두 실현하는 것이지, 본체가 밝혀진 뒤에야 천하의 사물을 모두 알아낼 수 있고 해낼 수 있는 것이 아니다. 천하의 사물, 예를 들어 사물의 명칭[名物]과 도수度數 및 초목·금수와 같은 것은 그 번잡함을 이루 다 말할 수 없다. 비록 본체가 밝혀졌다 하더라도 어찌 모든 것을 다 알 수 있겠는가? 다만 반드시 알아

| 10-92 | 聖人無所不知, 只是知個天理, 無所不能, 只是能個天理. 聖人本體明白, 故事事知個天理所在, 便去盡個天理, 不是本體明後, 却于天下事物都便知得, 便做得來也. 天下事物, 如名物度數草木鳥獸之類, 不勝其煩, 雖是

227 (황직이) '지행합일'에 … 근본 취지이다: 『傳習錄』「黃直錄」, 제226조.

야 하는 것이 아니라면 성인은 스스로 꼭 알려고 하지 않으며, 마땅히 알아야 하는 것이라면 성인은 스스로 다른 사람에게 물을 수 있다. 예를 들면 공자가 "태묘太廟에 들어가서 매사에 물었다."[228]라는 것이 그런 것이다. 이전의 유학자들은 이것을 "비록 알고 있었지만 또 물었으니, 공경하고 삼가는 것이 지극하다."[229]라고 했는데, 이러한 해설은 통할 수 없다. 성인이 예악이나 명물에 대해 반드시 모두 알아야 할 필요는 없다. 그러나 그가 천리를 알고 있다면 저절로 수많은 규칙과 도수가 나올 수 있다. 알지 못하면 물을 수 있는 것도 역시 천리의 절문節文이 있는 곳이다.[230]

本體明了, 亦何緣能盡知得? 但不必知的, 聖人自不消求知, 其所當知者, 聖人自能問人. 如"子入太廟, 每事問". 先儒謂"雖知亦問, 敬謹之至". 此說不可通. 聖人于禮樂名物不必盡知, 然他知得一個天理, 便自有許多節文度數出來. 不知能問, 亦卽是天理節文所在.

[유종주평어] 명물·도수를 말하면서 또 '천리' 두 글자를 끄집어냈다. 선생의 학문은 원래 한 줌의 물도 새어 나가지 않을 정도로 틈이 없다.

說名物象數, 也拈出天理二字, 先生之學, 自是勺水不漏.

| 10-93 | (황직이) 물었다. "유학자의 야기夜氣는 가슴속의 사려가 텅텅 비고 고요한 것이 불교의 고요함과 같은데, 이때는 (유·불이) 어떻게 분별됩니까?"

| 10-93 | 問: "儒者夜氣, 胸中思慮, 空空靜靜, 與釋氏之靜却一般, 此時何所分

---

228 태묘(太廟)에 들어가서 매사에 물었다: 『論語』「八佾」.

229 비록 알고 … 것이 지극하다: 『論語集註』「八佾」, '子入太廟, 每事問'에 대한 朱熹注. "禮者, 敬而已矣. 雖知亦問, 謹之至也."

230 성인이 알지 … 있는 곳이다: 『傳習錄』「黃直錄」, 제227조.

別?"

(선생께서) 말씀하셨다. "움직임과 고요함은 다만 하나이다. 저 야기가 텅텅 비고 고요할 때 천리가 (그) 가운데 있으니, (그것은) 바로 사물에 응접할 때의 마음이다. 사물에 응접할 때의 마음도 천리를 따른다면, 바로 야기의 텅텅 비고 고요한 마음이다. 그러므로 움직임과 고요함은 분별할 수 없다. 움직임과 고요함이 합일되어 있음을 안다면, 불교와의 미세한 차이점도 저절로 숨길 수 없다."[231]

曰: "動靜只是一個, 那夜氣空空靜靜, 天理在中, 即是應事接物的心. 應事接物的心亦是循天理, 便是夜氣空空靜靜的心, 故動靜分別不得. 知得動靜合一, 釋氏毫釐差處亦自莫掩矣."

[유종주평어] 천리 두 글자는 유가 문하에서 가업을 나누어 얻은 것이다. 불교는 그것을 비웠으니, 비록 고요한 때조차도 주인이 될 수 없다.

天理二字, 是儒門得分家儅, 釋氏空之, 雖靜時也做不得主.

| 10-94 | 문공(文公, 주자)의 격물설은 다만 핵심이 결여되어 있을 뿐이다. 예를 들어 "생각이 은미한 곳에서 살핀다"는 한 구절을 "문자 가운데서 구한다, 일의 행위[事爲]가 드러난 데서 징험한다, 강론하는 즈음에 살핀다"는 것[232]과 뒤섞어 동일한 사례로 보아서는 안 된다. 이것은 경중의 (구별이) 없는 것이다.[233] 【이상은 모두

| 10-94 | 文公格物之說, 只是少頭腦. 如所謂"察之于念慮之微", 此一句不該與"求之文字之中, 驗之事爲之著, 索之講論之際"混作一例

231 (황직이) 물었다 … 수 없다: 『傳習錄』「黃直錄」, 제231조.

232 문자 가운데서 … 즈음에 살핀다'는 것: 『大學或問』. "若其用力之方, 則或考之事爲之著, 或察之念慮之微, 或求之文字之中, 或索之講論之際."

233 문공(文公, 주자)의 격물설은 … 없는 것이다: 『傳習錄』「黃修易錄」, 제234조.

황직의 기록이다.】

[유종주평어] 양명 선생은 문공[주자]의 공신이다.

|10-95| 불교는 형상[相]에 집착하지 않는 듯하지만 실제로는 형상에 집착하고 있으며, 우리 유가는 형상에 집착하는 듯하지만 실제로는 형상에 집착하지 않는다. 불교는 부자 관계에 얽매이는 것을 두려워하여 도리어 부자 관계로부터 도피하고, 군신 관계에 얽매이는 것을 두려워하여 도리어 군신 관계로부터 도피하며, 부부 관계에 얽매이는 것을 두려워하여 도리어 부부 관계로부터 도피한다. 모두 형상에 집착하기 때문에 도피해야 하는 것이다. 우리 유가에서는 부자 관계가 있으면 어짊[仁]으로써 그에 대처하고, 군신 관계가 있으면 의로움[義]으로써 그에 대처하며, 부부 관계가 있으면 분별[別]로써 그에 대처한다. 어찌 일찍이 부자·군신·부부의 형상에 집착한 적이 있겠는가?[234]

[유종주평어] 선생은 불교에 대해 한마디 말로 내외를 협공했으니, 더 이상 공격할 것이 없게 되었다.

看, 是無輕重也.

【以上俱黃直記】

文公功臣.

|10-95| 佛氏不著相, 其實著相; 吾儒著相, 其實不著相. 佛怕父子累, 却逃了父子; 怕君臣累, 却逃了君臣; 怕夫婦累, 却逃了夫婦, 都是著相, 便須逃避. 吾儒有個父子, 還他以仁; 有個君臣, 還他以義; 有個夫婦, 還他以別, 何曾著父子君臣夫婦的相?

先生于佛氏一言而內外夾攻, 更無剩義.

234 불교는 형상[相]에 … 적이 있겠는가: 『傳習錄』「黃修易錄」, 제236조.

10-96 (황수이가) 물었다. "글을 읽는 것은 이 마음을 조절하여 다스리는 일입니다. 그러나 (글을 읽는데) 과거시험에 대한 생각이 따라오니, 어떻게 하면 이를 면할 수 있습니까?"

(선생께서) 대답하셨다. "양지가 참되고 절실하기만 하면 비록 과거시험 공부를 하더라도 마음에 누가 되지 않는다. 가령 글을 읽을 때 억지로 암기하는 마음은 옳지 않다는 것을 알게 되면 곧 그것을 극복하여 제거하며, 빨리 효과를 보려는 마음이 있는 것은 옳지 않다는 것을 알게 되면 곧 그것을 극복하여 제거하며, (지식이) 많은 것을 자랑하고 화려함을 다투는 마음이 있는 것은 옳지 않다는 것을 알게 되면 곧 그것을 극복하여 제거한다. 이처럼 하는 것은 또 종일토록 성현과 더불어 인증하는 것으로서 하나의 순수한 천리의 마음이다. 그가 글을 읽는 대로 내버려 두더라도 다만 이 마음을 조절하여 다스릴 따름인데, 무슨 근심[累]이 있겠는가?"[235]

[유종주평어] 또 천리 두 글자를 제시하였다. 이와 같아야 비로소 참된 독서이며, 또 참된 격물처이다. 주자가 독서를 격물궁리의 요체로 파악한 것은 선생의 말과 차이가 없지 않다.

10-96 問: "讀書所以調攝此心, 但一種科目意思牽引而來, 何以免此?"

曰: "只要良知眞切, 雖做擧業, 不爲心累. 且如讀書時, 知得強記之心不是, 卽克去之; 有欲速之心不是, 卽克去之; 有誇多鬭靡之心不是, 卽克去之, 如此, 亦只是終日與聖賢印對, 是個純乎天理之心, 任它讀書, 亦只是調攝此心而已, 何累之有?"

又擧天理二字, 如此方是眞讀書, 亦便是眞格物處. 朱子以讀書爲格物窮理之要, 與先生語不無差別.

---

235 (황수이가) 물었다 … 근심[累]이 있겠는가: 『傳習錄』「黃修易錄」, 제241조.

| 10-97 | 제군들은 공부할 때 무엇보다도 조장해서는 안 된다. 뛰어나게 지혜로운 사람은 극히 적으며, 배우는 자가 성인의 경지로 뛰어넘어 들어가는 법은 없다. 일어났다가 엎드리기도 하고, 나아갔다가 물러나기도 하는 것이 본래 공부의 순서이다. 자신이 이전에 공부를 했으나 지금도 이루지 못했다고 해서 아무 문제도 없는 것처럼 억지로 꾸며 내서는 안 된다. 이것이 바로 조장하는 것이며, 예전에 했던 약간의 공부조차도 다 무너지고 만다. 단지 늘 "세상을 피해 살아도 근심하지 않으며, 남으로부터 인정받지 못해도 근심이 없는"[236] 마음을 품고 있어야 한다. 이 양지에 의거하여 참을성 있게 공부해 나가되 비방과 칭찬, 영광과 치욕에 신경쓰지 말고 오래도록 지속하다 보면 자연히 힘을 얻는 곳이 있게 될 것이다.[237] 【이상은 모두 황수이(黃修易)의 기록이다.】

| 10-97 | 諸君工夫最不可助長. 上智絕少, 學者無超入聖人之理, 一起一伏, 一進一退, 自是工夫節次, 不可以我前日曾用工夫, 今却不濟, 便要矯強做出一個沒破綻的模樣, 這便是助長, 連前些子工夫都壞了. 只要常常懷個遁世無悶・不見是而無悶之心, 依此良知, 忍耐做去, 不管毀譽榮辱, 久久自然有得力處. 【以上俱黃修易記】

| 10-98 | 뜻을 세우는 것에 관하여 말했다. (선생께서) 말씀하셨다. "참으로 성인이 되려는 뜻이 있다면 양지상에서 다시 다하지 않음이 없을 것이다. 양지상에 조금이라도 다른 생각이

| 10-98 | 言立志. 曰: "眞有聖人之志, 良知上更無不盡. 良知上留得些子別

---

236 세상을 피해 … 근심이 없는: 『易經』 「乾卦・文言傳」. "初九曰: '潛龍勿用', 何謂也?" 子曰: "龍德而隱者也. 不易乎世, 不成乎名, 遯世无悶, 不見是而无悶, 樂則行之, 憂則違之, 確乎其不可拔, '潛龍'也."

237 제군들은 공부할 … 될 것이다: 『傳習錄』 「黃修易錄」, 제243조.

걸린 채 남아 있다면 반드시 성인이 되겠다는 뜻(을 세운 것)이 아니다."[238]

念挂帶, 便非必爲聖人之志矣."

| 10-99 | 내가 예전에 저주滁州에 머물 때[239] 학생들이 대부분 지적인 이해에 힘쓰는데 아무런 소득도 없는 것을 보고는 잠시 그들에게 정좌靜坐를 가르쳤었다. 한때 광경을 얼핏 보고 자못 그럴듯한 효험을 거두는 듯했다. (그런데) 시간이 지나자 점차 고요함을 좋아하고 움직임을 싫어하여 (마음이) 마른 나무처럼 (생기를 잃어 어떤 감응도 일으키지 않는) 데로 흘러 들어가는 병폐가 있었다. 그래서 요즘에는 다만 치양지를 말할 뿐이다. 양지만 명백하다면 그대가 고요한 곳에 가서 체득하고 싶다면 그렇게 해도 좋고, 구체적인 일에서 연마하고 싶다면 그렇게 해도 좋다. 양지 본체는 원래 움직임도 없고 고요함도 없다. 이것이 바로 학문의 핵심이다.[240]

| 10-99 | 吾昔居滁時, 見諸生多務知解, 無益於得, 姑教之靜坐, 一時窺見光景, 頗收近效. 久之, 漸有喜靜厭動流入枯槁之病, 故邇來只說致良知. 良知明白, 隨你去靜處體悟也好, 隨你去事上磨鍊也好, 良知本體原是無動無靜的, 此便是學問頭腦.

| 10-100 | (황면지가) 물었다. "(『중용』의) '보이지도 않고 들리지도 않는다'[241]는 것은 본체를

| 10-100 | 問: "不睹不聞是說本體, 戒愼

---

238 뜻을 세우는 … 뜻(을 세운 것)이 아니다: 『傳習錄』「黃省曾錄」, 제260조.

239 내가 예전에 저주(滁州)에 머물 때: 滁州는 지금의 安徽 滁縣이다. 「陽明年譜」에 따르면 양명은 正德 8년(1513, 양명 42세) 10월에 滁州에 이르러 馬政을 살폈다.

240 내가 예전에 … 학문의 핵심이다: 『傳習錄』「黃省曾錄」, 제262조.

241 보이지도 않고 들리지도 않는다: 『中庸章句』 제1장. "道也者, 不可須臾離也, 可離, 非道也. 是故君子戒愼乎其所不睹, 恐懼乎其所不聞."

말한 것이고, '경계하고 삼가며 두려워한다'는 것은 공부를 말한 것이 아닙니까?"

恐懼是說工夫否?"

(선생께서) 말씀하셨다. "반드시 본체란 원래 보이지도 않고 들리지도 않는 것이며, 또 원래 경계하고 삼가며 두려워하는 것임을 믿어야 한다. 경계하고 삼가며 두려워하는 것은 보이지도 않고 들리지도 않는 것에 무엇을 조금이라도 보태는 것이 아니다. (본체를) 제대로 터득했을 때는 경계하고 삼가며 두려워하는 것이 본체이고, 보이지도 않고 들리지도 않는 것이 공부라고 말해도 괜찮다."[242]

曰: "須信得本體原是不睹不聞的, 亦原是戒愼恐懼的, 戒愼恐懼不曾在不睹不聞上加得些子. 見得眞時, 便謂戒愼恐懼是本體, 不睹不聞是工夫, 亦得."

[유종주평어] 이것은 현묘한 말이 아니다. 『중용』에서 "천하 사람들로 하여금 재계하고 깨끗이 하며 의복을 성대하게 차려입고서 제사를 받들게 한다."[243]라고 했는데, 또 누가 그들을 그렇게 하도록 시키는 것인가? 단지 요즘 사람들은 『중용』의 '귀신' 두 글자를 조화의 귀신으로 풀이하기 때문에 선생의 말을 믿지 않는 것일 뿐이다. 교묘한 자들은 또 여기에서 (귀신의) 신통력을 희롱하여 현묘한 견해로 빠져 들어간다.

此非玄語. 『中庸』使天下人齊明盛服以承祭祀, 又是誰使他? 只爲今人解『中庸』鬼神二字, 是造化之鬼神, 所以信先生語不及. 而巧者又于此播弄神通, 入玄妙觀去.

| 10-101 | 양지가 밤기운[夜氣]에서 발현하는 것

| 10-101 | 良知在夜

---

242 (황면지가) 물었다 … 말해도 괜찮다: 『傳習錄』 「黃省曾錄」, 제266조.

243 천하 사람들로 … 받들게 한다: 『中庸章句』 제16장: "鬼神之爲德, 其盛矣乎! 視之而弗見, 聽之而弗聞, 體物而不可遺. 使天下之人齊明盛服, 以承祭祀. 洋洋乎! 如在其上, 如在其左右."

이 바로 본모습이니, 물욕에 섞이지 않았기 때문이다. 배우는 자는 사물이 어지러운 때에도 항상 밤기운과 똑같이 (물욕에 섞이지 않게) 해야 하니, 이것이 바로 "낮과 밤의 도에 통하여 아는 것"[244]이다.[245]

氣發的, 方是本體, 以其無物欲之雜也. 學者要使事物紛擾之時常如夜氣一般, 就是通乎晝夜之道而知.

[유종주평어] 이 말은 정확하다. 양지가 항상 발현하고 항상 수렴하는 것이 바로 독체(獨體)의 참된 소식이다. 만약 줄곧 발용처에서 양지를 구한다면 감정과 지식[情識]의 소굴에 빠질 것이다. 그러나 선생이 사람들에게 지적하여 알려 준 것은 모두 발용상에서 말한 것이다. 이것은 오직 사람들을 옳고 그름을 아는 것으로부터 선을 행하고 악을 제거하는 것으로 길을 바꾸게 만들려고 했던 것이니, 이는 참으로 양공(良工)의 고심(古心)에서 나온 것이다.

此語端的. 良知常發而常斂, 便是獨體眞消息. 若一向在發用處求良知, 便入情識窠臼去. 然先生指點人處, 都在發用上說, 只要人知是知非上轉個爲善去惡路頭, 正是良工苦心.

| 10-102 | 선가仙家에서는 허虛를 말하는데, 성인이 어찌 허虛에 한 터럭의 실實이라도 첨가할 수 있겠는가? 불가佛家에서는 무無를 말하는데, 성인이 어찌 무無에 한 터럭의 유有라도 첨가할 수 있겠는가? 다만 선가에서 말하는 허虛는 양생養生하려는 데서 나온 것이며, 불가에서 말하

| 10-102 | 仙家說到虛, 聖人豈能虛上加得一毫實? 佛氏說到無, 聖人豈能無上加得一毫有? 但仙家說虛, 從養生上

244 낮과 밤의 … 아는 것: 『周易』 「繫辭傳上」. "範圍天地之化而不過, 曲成萬物而不遺, 通乎晝夜之道而知, 故神无方而易无體."

245 양지가 밤기운 … 것"이다: 『傳習錄』 「黃省曾錄」, 제268조.

는 무無는 생사에서 벗어나려는 데에서 나온 것이다. 이것은 도리어 본체에 이러한 (양생이나 생사로부터 벗어나려는) 자기의 생각을 첨가한 것이니, 본체의 '허'하고 '무'한 본색이 아니며, 본체에 장애가 있는 것이다. 성인은 단지 그 양지의 본색으로 되돌아갈 뿐이며, 자기의 생각을 조금도 보태지 않는다. 양지의 허虛는 곧 하늘의 태허太虛[246]이며, 양지의 무無는 곧 태허의 무형이다. 태양과 달, 바람과 우뢰, 산과 강, 인간과 사물 등 무릇 모양과 형색을 가지고 있는 것은 모두 무형한 태허에서 발용하여 유행하며, 하늘의 장애가 된 적이 없다. 성인은 단지 그 양지의 발용에 순응할 뿐이다. 천지 만물이 모두 내 양지가 발용하여 유행하는 가운데 있으니, 어찌 또 양지의 밖에 초월해 있으면서 장애를 만들어 낼 수 있는 것이 있겠는가?[247]

來; 佛氏說無, 從出離生死上來, 却于本體上加却這些子意思在, 便不是虛無的本色, 便于本體有障礙. 聖人只是還他良知的本色, 便不著些子意在. 良知之虛, 便是天之太虛, 良知之無, 便是太虛之無形. 日月風雷, 山川民物, 凡有象貌形色, 皆在太虛無形中發用流行, 未嘗作得天的障礙. 聖人只是順其良知之發用, 天地萬物俱在我良知發用流行中, 何嘗又有一物超于良知之外, 能作得障礙?

[유종주평어] 이것은 유가·도가·불가 삼교의 같고 다름을 분별하는 중대한 핵심이다. (여기에서) 오직 우리 유가만이 허(虛)와 무(無)의 두 글자를 감당할 수 있으며, 도가와 불가는 (그렇게

是辨三教異同大頭腦處, 可見惟吾儒方擔得虛無二字起, 二氏不與也.

---

246 태허(太虛): 張載, 『正蒙』「太和」. "太虛無形, 氣之本體."

247 선가(仙家)에서는 허(虛)를 … 수 있겠는가: 『傳習錄』「黃省曾錄」, 제269조.

하는 데) 참여할 수 없음을 알 수 있다.

|10-103| 물었다. "불교도 역시 마음을 기르는 데 힘씁니다. 그러나 천하를 다스릴 수 없는 것은 무엇 때문입니까?"

(선생께서) 말씀하셨다. "우리 유가는 마음을 기르되[248] 일찍이 사물을 떠난 적이 없으며, 다만 그 하늘의 법칙의 스스로 그러함을 따를 뿐이니, 이것이 바로 공부이다. 불교는 도리어 사물을 모두 끊고자 하고, 마음을 거짓된 형상[幻相]으로 보아서 세간과 아무런 교섭도 없다. 이 때문에 천하를 다스릴 수 없다."[249]

[유종주평어] 세상에 어찌 일을 떠난 마음이 있겠는가? 불교는 하나가 잘못되었기 때문에 모든 것이 잘못된 것이다. 이제 불교는 마음은 잘못되지 않았는데 일이 잘못되었다고 말한다면 이것은 바로 조정하는 설이요, 도를 어지럽히는 말이다.

|10-103| 問: "釋氏亦務養心, 然不可以治天下, 何也?"

曰: "吾儒養心, 未嘗離却事物, 只順其天則自然, 就是工夫. 釋氏却要盡絕事物, 把心看做幻相, 與世間無些子交涉, 所以不可治天下."

世間豈有離事之心? 佛氏一差故百差. 今謂佛氏心不差而事差, 便是調停之說, 亂道之言.

|10-104| 이단異端에 대해 물었다.

(선생께서) 말씀하셨다. "보통 사람과 같은 것을 '동덕同德'이라 하고, 보통 사람과 다른 것을 '이단異端'이라 한다.[250]

|10-104| 問異端.

曰: "與愚夫愚婦同的是謂同德, 與愚夫愚婦異的是謂異端."

---

248 마음을 기르되: 『孟子』「盡心下」. "養心莫善于寡欲."

249 물었다. "불교도 … 다스릴 수 없다: 『傳習錄』「黃省曾錄」, 제270조.

250 이단(異端)에 대해 … '이단(異端)'이라 한다: 『傳習錄』「黃省曾錄」, 제271조.

| 10-105 | 맹자의 동요하지 않는 마음[不動心][251]과 고자의 동요하지 않는 마음은 단지 미세한 차이가 있을 뿐이다. 고자는 다만 마음을 동요하지 않도록 하는 데서 공부를 했으나, 맹자는 직접 이 마음이 원래 동요하지 않는 곳으로부터 분명히 이해하였다. 마음의 본체는 원래 동요하지 않는 것이다. 단지 행하는 것이 의로움에 합치되지 않기 때문에 동요하게 된다. 맹자는 마음이 움직이는지 움직이지 않는지를 따지지 않고, 다만 의로움을 쌓았을 뿐이다.[252] 행하는 것이 의롭지 않은 것이 없다면, 이 마음은 자연히 동요할 수 있는 곳이 없다. 고자는 단지 이 마음이 동요하지 않게 하려고만 하였으니, (이것은) 바로 이 마음을 붙잡아서 장차 그침 없이 낳고 낳는 마음의 뿌리까지도 막아 버린 것이다.[253]

| 10-105 | 孟子不動心與告子不動心, 所異只在毫釐間. 告子只在不動心上著功, 孟子便直從此心原不動處分曉. 心之本體原是不動的, 只爲所行有不合義, 便動了. 孟子不論心之動與不動, 只是集義, 所行無不是義, 此心自然無可動處. 告子只要此心不動, 便是把捉此心, 將他生生不息之根反阻撓了.

| 10-106 | [주본사(朱本思)[254]가] 물었다. "사람에게는 텅비고 영명함[虛靈]이 있기 때문에 비로소 양지가 있습니다. 풀, 나무, 기와, 돌 같은

| 10-106 | 問: "人有虛靈, 方有良知, 若草木瓦石之類, 亦

---

251 동요하지 않는 마음[不動心]: 『孟子』「公孫丑上」. 曰: "敢問夫子之不動心與告子之不動心, 可得聞與?" "告子曰 '不得於言, 勿求於心, 不得於心, 勿求於氣.' 不得於心, 勿求於氣, 可. 不得於言, 勿求於心, 不可. 夫志, 氣之帥也 氣, 體之充也. 夫志至焉, 氣次焉. 故曰 '持其志, 無暴其氣.'"

252 다만 의로움을 쌓았을 뿐이다: 『孟子』「公孫丑上」.

253 맹자의 동요하지 … 막아 버리는 것이다: 『傳習錄』「黃省曾錄」, 제272조.

254 주본사(朱本思): 『明儒學案』 권25, 「南中王門學案1」.

것도 양지가 있습니까?"

(선생께서) 대답하셨다. "사람의 양지가 바로 풀, 나무, 기와, 돌의 양지이다. 만약 풀, 나무, 기와, 돌에 사람의 양지가 없다면 풀, 나무, 기와, 돌이 될 수 없다. 어찌 풀, 나무, 기와, 돌만이 그러하겠는가? 천지도 사람의 양지가 없다면 역시 천지가 될 수 없다. 생각건대 천지 만물은 사람과 원래 일체이며, 그것이 발하는 가장 정밀한 통로가 바로 사람 마음의 한 점 영명이다. 그러므로 오곡과 금수와 같은 것이 모두 사람을 기를 수 있고, 약과 침과 같은 것이 모두 질병을 치료할 수 있는 것이다. 단지 이 하나의 기운을 공유하기 때문에 서로 통할 수 있다."[255]

有良知否?"

曰: "人的良知就是草木瓦石的良知, 若草木瓦石無人的良知, 不可以爲草木瓦石矣. 豈惟草木瓦石爲然, 天地無人的良知, 亦不可爲天地矣. 蓋天地萬物與人原是一體, 其發竅之最精處, 是人心一點靈明, 故五穀禽獸之類皆可以養人, 藥石之類皆可以療疾, 只爲同此一氣, 故能相通耳."

[유종주평어] 단지 성체(性體)는 원래 만물일원(萬物一源)이기 때문에, 예를 들어 인삼의 따뜻함이 (사람의 기력을) 도울 수 있는 것은 바로 (성체가) 부자 관계를 만나면 친해야 함을 아는 것(과 같은 것)이고, 대황(大黃)의 쓴맛이 사람을 설사하게 만들 수 있는 것은 바로 (성체가) 군신 관계를 만나면 의로워야 함을 아는 것(과 같은 것)이다. 그런데 어떻게 양지가 없겠는가? 또 인삼

只爲性體原是萬物一源，故如人參溫，能補人，便是遇父子而知親；大黃苦，能瀉人，便是遇君臣而知義，如何無良知？又如人參能退邪火，便是遇君臣而知義；

255 [주본사(朱本思)가] 물었다 … 수 있다: 『傳習錄』「黃省曾錄」, 제274조.

이 사악한 화기(火氣)를 물리칠 수 있는 것은 바로 (성체가) 군신 관계를 만나면 의로워야 함을 아는 것(과 같은 것)이고, 대황(大黃)이 음기(陰氣)를 따를 수 있는 것은 바로 (성체가) 부자 관계를 만나면 친해야 함을 아는 것(과 같은 것)이다. 어찌 사람은 양지를 온전하게 얻었고, 사물은 치우치게 얻었다고 말할 수 있겠는가?

大黃能順陰氣, 便是遇父子而知親, 如何說此良知又是人得其全, 物得其偏者?

| 10-107 | (황면지가) 물었다. "사람은 사물과 하나의 몸인데,[256] 어떻게 『대학』에서는 또 후하고 박한 것을 말했습니까?"[257]

(선생께서) 말씀하셨다. "도리에 저절로 후하고 박함이 있다.[258] 비유하면 몸은 일체이지만 손과 발로 머리와 눈을 막아서 지키는데, 어찌 이것이 손과 발을 박하게 대하는 것이겠는가? 그 도리가 본래 이와 같기 때문이다. 금수와 초목을 다 같이 사랑하지만 초목으로 금수를 기르는 것은 마음으로 또 참을 수 있다. 사람과 금수를 다 같이 사랑하지만 금수를 잡아 부

| 10-107 | 問: "人與物同體, 如何『大學』又說個厚薄?"

曰: "道理自有厚薄, 比如身是一體, 把手足捍頭目, 豈是薄手足? 其道理合如此. 禽獸與草木同是愛的, 把草木去養禽獸, 又忍得⑱? 人與禽獸同是愛的,

256 사람은 사물과 하나의 몸인데: 『二程全書』 권2, "仁者渾然與物同體."

257 『대학』에서는 또 … 것을 말했습니까: 『大學章句』 경1장. "其所厚者薄, 而其所薄者厚, 未之有也."

258 도리에 저절로 … 박함이 있다: 『傳習錄』「陸澄錄」, 제44조. "天理本體自有分限, 不可過也."

⑱ 又忍得: 『명유학안』의 교감주에서는 아래에 2번 '心又忍得'이 나오는 것을 근거로 여기에서도 '心又忍得'이 되어야 한다고 하였으나, 『傳習錄』『劉宗周全集』에는 모두 '又忍得'으로 되어 있다.

모를 봉양하고, 제사에 제물로 바치고, 손님을 대접하는 것은 마음이 또 참을 수 있다. 육친과 길 가는 사람을 다 같이 사랑하지만 위급한 환란을 만나서 양쪽을 다 온전히 구제할 수 없을 경우에는 차라리 육친을 구제하고 길 가는 사람을 구제하지 않는 것은 마음이 또 참을 수 있다. 이것은 도리가 본래 이와 같아야 하기 때문이다. 내 몸과 육친의 경우는 더 이상 이쪽과 저쪽, 후함과 박함을 분별할 수 없다. 생각건대 백성을 어질게 대하고 사물을 아끼는 것[259]이 모두 여기에서 나오기 때문이다. 이곳에서 참을 수 있다면 참지 못하는 일이 없을 것이다. 『대학』에서 말한 후함과 박함은 양지의 자연적인 조리이니, 바로 그것을 의로움[義]이라고 한다. 이 조리를 따르는 것을 예禮라고 하고, 이 조리를 아는 것을 지智라고 하며, 처음부터 끝까지 이 조리를 지키는 것을 믿음[信]이라고 한다."[260]

宰禽獸以養親, 供祭祀, 燕賓客, 心又忍得? 至親與路人同是愛的, 顚沛患難之際不能兩全. 寧救至親, 不救路人, 心又忍得? 這是道理合該如此. 及至吾身與至親, 更不得分彼此厚薄, 蓋以仁民愛物皆從此出, 此處可忍, 更無所不忍矣. 『大學』所謂厚薄, 是良知上自然的條理, 便謂之義; 順這個條理, 便謂之禮; 知此條理, 便謂之智; 終始這條理, 便謂之信."

[유종주평어] [불교에서는 유교의 양지(良知)에 대해] '자연적인 조리'라고 하지만, 그렇게 되지 않았다면 힘써 노력해야 하는데 (그런 것이) 또 무슨 조리인가? (라고 비판한다.) 그래서 불교에서는 일체를 제멋대로 어지럽히고, 그저 (일체를)

既是自然的條理, 則不如此便是勉然的, 更何條理? 所以佛氏一切胡亂, 只得粉碎虛空, 歸之儱侗.

---

259 백성을 어질게 … 아끼는 것: 『孟子』「盡心上」. "親親而仁民, 仁民而愛物."

260 (황면지가) 물었다 … 믿음[信]이라고 한다: 『傳習錄』「黃省曾錄」, 제276조.

깨뜨려 허공(虛空)으로 만들고 흐리멍덩한 곳으로 귀결되게 할 뿐이다.

| 10-108 | 눈에는 일정한 본체가 없으니 만물의 색깔을 본체로 삼는다. 귀에는 일정한 본체가 없으니 만물의 소리를 본체로 삼는다. 코에는 일정한 본체가 없으니 만물의 냄새를 본체로 삼는다. 입에는 일정한 본체가 없으니 만물의 맛을 본체로 삼는다. 마음에는 일정한 본체가 없으니 천지 만물이 감응하는 시비를 본체로 삼는다.[261]

| 10-108 | 目無體, 以萬物之色爲體; 耳無體, 以萬物之聲爲體; 鼻無體, 以萬物之臭爲體; 口無體, 以萬物之味爲體; 心無體, 以天地萬物感應之是非爲體.

| 10-109 | 아는 것(=알려는 마음)이 없으나 알지 못하는 것이 없으니, 본체는 원래 이와 같은 것이다. 비유하면 태양이 일찍이 사물을 비추려는 마음을 지닌 적이 없으나 저절로 비추지 않는 사물이 없는 것과 같다. 비추는 것(=비추려는 마음)이 없으나 비추지 않는 것이 없으니, 이것이 원래 태양의 본체이다. 양지는 본래 아는 것(=알려는 마음)이 없는데 이제 도리어 앎이 있기를 바라고, 본래 알지 못하는 것이 없는데도 이제 도리어 알지 못하는 것이 있지 않을까 의심하는 것은 단지 믿음이 부족하기 때문이다.[262]

| 10-109 | 無知無不知, 本體原是如此. 譬如日未嘗有心照物而自無物不照. 無照無不照, 原是日之本體. 良知本無知, 今却要有知, 本無不知, 今却疑有不知, 只是信不及耳.

---

261 눈에는 일정한 … 본체로 삼는다: 『傳習錄』「黃省曾錄」, 제277조.

[유종주평어] 독지(獨知)가 원래 이와 같다.

獨知原是如此.

|10-110| (황면지가) 물었다. "공자의 이른바 '먼 앞일에 대한 생각'[263]과 주공周公이 '(하늘을 우러러보며 생각하다가) 밤을 새웠다'[264]는 것은 (정명도가 말한) '보내고 맞이하는 것'[265]과는 다를 것입니다. (이들은) 어떻게 다릅니까?"

(선생께서) 말씀하셨다. "먼 앞일에 대한 생각은 그저 끝없이 멀리 사려하는 것이 아니라, 단지 이 천리를 보존하려는 것이다. 천리는 예로부터 지금까지 언제나 사람의 마음에 있으며 시작도 끝도 없이 영원하다. 천리는 곧 양지이니, 온갖 사려는 다만 양지를 실현하고자 하는 것이다. 양지는 생각하면 할수록 더욱 정밀하고 밝아진다. 만약 정밀하게 생각하지 않으면서 덮어놓고 일에 따라 응한다면, 양지는 곧 거칠어진다. 만약 단지 일을 좇아가면서 그저 끝없이 멀리 생각하는 것을 먼 앞일에 대한 생각이라고 간주한다면 곧 비방과 칭찬, 얻음과 잃음, 인욕이 그 사이에 섞여 들어감을 면하지 못할 것이다. 이것이 바로 (일을 좇아다니

|10-110| 問: "孔子所謂遠慮, 周公夜以繼日, 與將迎不同, 何如?"

曰: "遠慮不是茫茫蕩蕩去思慮, 只是要存這天理. 天理在人心, 亙古亙今, 無有終始. 天理卽是良知, 千思萬慮, 只是要致良知. 良知愈思愈精明, 若不精思, 漫然隨事應去, 良知便粗了. 若只著在事上, 茫茫蕩蕩去思, 教做遠慮, 便不免有毁譽得喪, 人欲攙入其中, 就是

262 아는 것(=알려는 마음)이 없으나 … 부족하기 때문이다: 『傳習錄』「黃省曾錄」, 제282조.
263 먼 앞일에 대한 생각: 『論語』「衛靈公」. "人無遠慮, 必有近憂."
264 (하늘을 우러러보며 생각하다가) 밤을 새웠다: 『孟子』「離婁下」. "周公思兼三王, 以施四事, 其有不合者, 仰而思之, 夜以繼日, 幸而得之, 坐以待旦."
265 보내고 맞이하는 것: 『莊子』「知北游」. "無有所將送, 無有所迎."; 『二程全書』 권3, 「明道文集」. "所謂定者, 動亦定, 靜亦定, 無將迎, 無內外."

면서) 보내고 맞이하는 것이다. 주공이 밤새도록 생각한 것은 다만 보이지 않는 곳에서도 경계하고 삼가며, 들리지 않는 곳에서도 두려워하는 공부이다."[266]

將迎了. 周公終夜以思, 只是戒愼不睹・恐懼不聞的工夫."

[유종주평어] 또 천리 두 글자 안에 포섭하였다. 천리가 곧 양지라는 것은 선생의 전후에 일관된 요결이다. 또 "양지는 생각하면 할수록 더욱 정밀하고 밝아진다."고 했는데, 이것은 대개 천리가 더욱 정밀하고 밝아짐을 말한 것이다. 생각[思]은 곧 양지의 권능[柄]이므로, 양지를 생각한다고 말할 수는 없다. 무릇 생각[思]을 말하면 양지를 말할 필요가 없으며, 양지를 말하면 또 생각을 말할 필요가 없다. 사람의 마음에 수많은 명목을 수용할 수는 없다.

又攝在天理二字內. 天理卽良知, 是先生前後打合指訣. 又曰: 「良知愈思愈精明.」 蓋言天理愈精明也. 思卽是良知之柄, 說不得個思良知. 凡言思不必言良知, 言良知不必言思, 人心中容不得許多名目.

| 10-111 | (『주역』의) "하늘보다 앞서 해도 하늘이 어기지 않는다."[267]라는 말은 하늘이 곧 양지라는 것이며, "하늘보다 뒤에 해도 천시天時를 받든다."[268]라는 말은 양지가 곧 하늘이라는 것이다.[269]

| 10-111 | "先天而天弗違", 天卽良知也; "後天而奉天時", 良知卽天也.

[유종주평어] 크고 철저하게 깨달은 것이다. 나는

大徹大悟, 蒙又爲先

266 (황면지가) 물었다 … 두려워하는 공부이다: 『傳習錄』「黃省曾錄」, 제284조.

267 하늘보다 앞서 … 어기지 않는다: 『周易』「乾卦·文言」. "夫大人者與天地合其德, 與日月合其明, 與四時合其序, 與鬼神合其吉凶, 先天而天不違, 後天而奉天時. 天且不違, 而況于人乎? 況于鬼神乎?"

268 하늘보다 뒤에 … 천시(天時)를 받든다: 위의 주석 참조.

269 (『주역』의) "하늘보다 … 하늘이라는 것이다: 『傳習錄』「黃省曾錄」, 제287조.

또 선생을 위해 한마디 말을 바꾸어서 말하겠다. "선생이 양지를 실현하여 사물을 바로잡는다고 말한 것이 바로 '하늘보다 앞서 해도 하늘이 어기지 않는다'는 것이며, 선생이 사물을 바로잡아 그 양지를 실현한다고 말한 것이 바로 '하늘보다 뒤에 해도 천시(天時)를 받든다'는 것이다."

生轉一語曰: "先生言致良知以格物, 便是先天而天弗違; 先生言格物以致其良知, 便是後天而奉天時."

| 10-112 | "양지는 다만 옳고 그름을 분별하는 마음이다. 옳고 그름을 분별하는 것은 다만 (옳음을) 좋아하고 (그름을) 싫어하는 것이다. 단지 (옳음을) 좋아하고 (그름을) 싫어하기만 한다면 곧 옳고 그름의 분별을 다하게 된다. 단지 옳고 그름을 분별하기만 한다면 곧 온갖 일의 모든 변화를 다하게 된다." 또 말씀하셨다. "시비是非 두 글자가 하나의 커다란 표준이다. 그것을 능숙하게 사용하는 것은 그 사람에게 달려 있다."[270]

[유종주평어] 내가 일찍이 "선을 알고 악을 아는 하나의 마음만이 있을 뿐이지, 선을 좋아하고 악을 미워하는 마음이 따로 있는 것은 아니다."라고 한 것이 바로 이 말과 같은 것이다.

| 10-112 | "良知只是個是非之心, 是非只是個好惡, 只好惡就盡了是非, 只是非就盡了萬事萬變." 又曰: "是非兩字是個大規矩, 巧處則存乎其人."

蒙嘗謂: "只有個知善知惡之心, 更別無個好善惡惡之心." 正如此說.

| 10-113 | (황면지가) 물었다. "양지는 해에 비유되고, 인욕은 구름에 비유됩니다. 구름이 비록

| 10-113 | 問: "知譬日, 欲譬雲, 雲雖能

270 "양지는 다만 … 달려 있다: 『傳習錄』「黃省曾錄」, 제288조.

해를 가릴 수 있을지라도 역시 하늘의 기운 가운데 본래 있는 것처럼, 인욕도 사람의 마음에 본래 있는 것이 아닙니까?"

(선생께서) 말씀하셨다. "기뻐하고 성내고 슬퍼하고 두려워하고 사랑하고 미워하고 욕구하는 것을 일곱 가지 정감[七情]이라고 한다. 이 일곱 가지는 모두 사람의 마음에 본래 있는 것이다. 그러나 양지를 분명하게 인식해야 한다. (양지는) 비유하자면 햇빛과 같아서 비록 구름과 안개가 사방에 가득 차 있을지라도 태허太虛 속에 있는 (만물의) 색깔과 형상을 구분할 수 있는데, 이는 또한 햇빛이 없어지지 않았기 때문이다. 구름이 해를 가릴 수 있다고 해서 하늘더러 구름을 만들지 말라고 할 수는 없다. 칠정이 그 자연의 운행을 따르는 것은 모두 양지의 작용이다. 그러나 집착하는 것이 있으면 안 된다. 칠정에 집착이 있으면 모두 인욕이라고 한다. 그러나 집착하자마자 양지는 또한 저절로 깨달을 수 있다. 깨달으면 곧 가린 것이 제거되어 그 본체를 회복하게 된다. 이 점을 분명하게 파악할 수 있어야 비로소 간단하고 쉬우며 투철한 공부이다."[271]

蔽日, 亦是天之一氣合有的, 欲亦莫非人心合有否?"

曰: "喜怒哀懼愛惡欲謂之七情, 七者俱是人心合有的, 但要認得良知明白. 比如日光, 雖雲霧四塞, 太虛中色象可辨, 亦是日光不滅處, 不可以雲能蔽日, 教天不要生雲. 七情順其自然之流行, 皆是良知之用, 但不可有所著. 七情有著, 俱謂之欲, 然纔有著時, 良知亦自會覺, 覺卽蔽去, 復其體矣. 此處能看得破, 方是簡易透徹工夫."

[유종주평어] 사람은 살면서 잠시도 칠정을 떠날 수 없다. 칠정은 곧 양지의 기백(氣魄)이다. 만약

人生一時離不得七情, 七情卽良知之

271 (황면지가) 물었다 … 투철한 공부이다: 『傳習錄』「黃省曾錄」, 제290조.

양지가 칠정의 밖에 있다고 한다면, 칠정은 또 어디에서 오겠는가?

魄, 若謂良知在七情之外, 則七情又從何處來?

| 10-114 | 사람들은 잘못이 있으면 대부분 잘못한 데서 공부를 한다. 이것은 바로 이미 깨진 시루를 보수하는 것과 같아서 그 유폐는 반드시 잘못을 꾸미는 데로 돌아간다.[272]

[유종주평어] 정직은 모름지기 곧게 앞을 향해 한 걸음 나아가야 한다.

| 10-114 | 人有過, 多於過上用功, 就是補甑, 其流必歸於文過.

直須向前一步.

| 10-115 | 거문고와 비파, 서적은 배우는 자에게 없어서는 안 된다. 생각건대 그것을 업業으로 삼고 지낸다면[273] 마음을 잃어버리지는 않을 것이다.[274]

| 10-115 | 琴瑟簡編, 學者不可無, 蓋有業以居之, 心就不放.

| 10-116 | 물었다. "양지는 원래 중화中和인데, 어째서 도리어 (사람에게) 지나치거나 미치지 못함이 있는 것입니까?"

(선생께서) 말씀하셨다. "지나치거나 미치지 못하는 점을 알아내는 것이 바로 중화이다."[275]

[유종주평어] 양지는 지나치거나 미치지 못함이 없다. 지나치거나 미치지 못함을 알아내는 것이

| 10-116 | 問: "良知原是中和的, 如何却有過不及?"

曰: "知得過不及處, 就是中和."

良知無過不及, 知得過不及的是良知.

---

272 사람들은 잘못이 … 데로 돌아간다: 『傳習錄』「黃省曾錄」, 제300조.

273 그것을 업(業)으로 삼고 지낸다면: 『周易』「乾卦·文言傳」. "修辭立其誠, 所以居業也."

274 거문고와 비파 … 않을 것이다: 『傳習錄』「黃省曾錄」, 제302조.

275 물었다. "양지는 … 바로 중화이다: 『傳習錄』「黃省曾錄」, 제304조.

양지이다.

| 10-117 | 양자호楊慈湖[276]는 본 것이 없지 않지만, 또 '소리도 없고 냄새도 없다'[277]는 데 집착하여 (도를) 보았다.[278]

| 10-117 | 慈湖不爲無見, 又著在無聲無臭見上了.⑲

| 10-118 | 문인들이 선생께서 영왕寧王 신호宸濠의 번국藩國을 정벌한[279] 이래로 세상에 (선생을) 비난하는 사람이 더욱 많아졌음을 탄식하였다.

(선생께서) 말씀하셨다. "나는 남경에 오기 이전에는 여전히 향원鄕愿[280]의 마음이 조금 있었다. 이제 이 양지를 믿게 되어 참으로 옳은 것과 참으로 그른 것을 손길이 닿는 대로 (양지에

| 10-118 | 門人歎先生自征寧藩以來, 天下謗議益衆.

先生曰: "我在南都以前, 尙有些子鄕愿意思在. 今信得這良知, 眞是眞非,

---

276 양자호(楊慈湖): 楊簡. 1140-1226. 자는 敬仲, 호는 慈湖, 시호는 文元으로, 慈湖(지금의 浙江 慈溪) 사람이다. 孝宗 乾道 5년(1169) 進士가 되고, 富陽主簿·樂平知縣·寶謨閣 學士를 지냈다. 陸九淵을 스승으로 섬겨 陸氏心學派의 대표적 인물이 되었다. 저서로는 『慈湖詩傳』·『楊氏易傳』·『啓蔽』·『慈湖遺書』 등이 있다. 『宋元學案』 권74 참조.

277 소리도 없고 냄새도 없다: 『詩經』 「大雅·文王」에 나오는 말로 『중용』에서 인용하고 있다. 뒤에 道의 본체의 성격을 기술하는 말로 사용되고 있다.

278 양자호(楊慈湖)는 본 … (도를) 보았다: 『傳習錄』 「黃省曾錄」, 제310조.

279 영왕(寧王) 신호(宸濠)의 번국(藩國)을 정벌한: 「양명연보」 정덕 14년(1519, 48세) 6월의 기재에 따르면, 양명은 福建의 반란군을 조사하여 처리하라는 명을 받들고 가다가 중도에서 영왕 신호가 반란을 일으켰음을 듣고는 15일에 江西로 돌아가 의병을 일으켰으며, 20일에 南昌을 치고, 26일에 신호를 사로잡았다.

280 향원(鄕愿): 그 지방 인심에 영합하면서 점잖은 체하는 사람을 가리키는 것으로, 『論語』 「陽貨」에 "鄕愿, 德之棄也."라는 말이 나온다.

⑲ 又著在無聲無臭見上了: 『劉宗周全集』에는 '又著在無聲無臭上見了'로 되어 있다.

따라) 실천하고 다시 조금이라도 덮어 감추지 않게 되었으니, 나는 이제 겨우 광자狂者[281]의 심경을 지니게 되었다. 그러므로 사람들이 모두 나의 행위가 말과 일치하지 않는다고 말하게 된 것이다."[282] 【이상은 모두 전덕홍의 기록이다.】

信手行去, 更不著些覆藏, 纔做得個狂者胸次, 故人都說我行不掩言也." 【以上俱錢德洪記】

[유종주평어] 이 글을 읽어야 비로소 선생의 만년 진면목을 알게 된다. 우리가 어찌 긴요한 곳을 쉽게 깨뜨릴 수 있겠는가? 그러나 뒤에는 바로 크게 그런 일이 있을 것이다.

讀此, 方知先生晚年眞面目. 我輩如何容易打過關捩子也? 然向後正大有事在.

| 10-119 | 이른바 "다른 사람은 알지 못하더라도 자기 홀로 안다."[283]라는 것, 이것이 바로 내 마음의 양지이다.[284]

| 10-119 | 所謂人所不知而己獨知者, 此正是吾心良知處.

[유종주평어] 양지는 다만 홀로 아는 때이다. 그러나 여간(餘干, 胡居仁)은 신독(愼獨)을 위주로 하였고, 선생은 치지를 말했으니 수법이 크게 다르다. 선생의 견해는 여간에게서 나왔지만 그보다 뛰어나다.

良知只是獨知時, 然餘干主愼獨, 先生言致知, 手勢大不同, 先生是出藍之見.

---

281 광자(狂者): 큰소리는 잘 치는데 실천이 뒤따르지 않는 사람을 말한다. 『論語』「子路」에 "중도를 행하는 사람을 얻어서 함께하지 못할 바에는 반드시 광자나 견자와 함께할 것이다. 광자는 진취적이고 견자는 하지 않는 바가 있다.[不得中行而與之 必也狂狷乎 狂者進取 狷者有所不爲也.]"라는 공자(孔子)의 말에서 유래한 것이다.

282 문인들이 선생께서 … 된 것이다: 『傳習錄』「黃省曾錄」, 제312조.

283 다른 사람은 … 홀로 안다: 『大學章句』 전6장, '愼獨'에 대한 주희주. "獨者, 人所不知而己所獨知之地也."

284 이른바 "다른 … 마음의 양지이다: 『傳習錄』「黃以方錄」, 제317조.

| 10-120 | "어린아이는 사물을 궁구할 수 없으니, 다만 청소하고 응대하는 것으로 가르쳐야 한다."라고 말하는 사람이 있었다.

(선생께서) 말씀하셨다. "청소하고 응대하는 것이 바로 하나의 사물이다. 어린아이의 양지가 단지 그 정도에 도달한 상태라면 청소하고 응대하는 것을 가르치는 것이 바로 그의 한 점 양지를 실현하게 하는 것이다. 또 만약 어린아이가 선생과 어른을 경외할 줄 안다면, 이것도 역시 그의 양지가 (아는) 것이다. 그러므로 비록 놀고 있는 중이라도 선생과 어른을 보면 곧 읍하고 공경한다면 이것은 그가 격물하여 선생과 어른을 공경하는 양지를 실현할 수 있는 것이다. 내가 여기서 말하는 격물은 어린아이로부터 성인에 이르기까지 모두 똑같은 공부이다. 다만 성인의 격물은 더욱 숙련되어 있기 때문에 그다지 힘들일 필요가 없을 뿐이다."[285]

| 10-120 | 有言"童子不能格物, 只教以灑掃應對".

曰: "灑掃應對就是物, 童子良知只到此, 只教去灑掃應對, 便是致他這一點良知. 又如童子之[20]畏先生長者, 此亦是他良知處, 故雖遨嬉, 見了先生長者, 便去作揖恭敬, 是他能格物以致敬師長之良知. 我這裏格物, 自童子以至聖人, 皆是此等工夫. 但聖人格物, 便更熟得些子, 不消費力."

| 10-121 | 물었다. "정자는 '사물에 있는 것이 리理이다'[286]라고 했는데, 어떻게 '마음이 곧 리理'라고 말씀하십니까?"

(선생께서) 말씀하셨다. "'사물에 있는 것이

| 10-121 | 問: "程子云'在物爲理', 如何云'心卽理'?"

曰: "'在物爲理',

---

285 어린아이는 사물을 … 없을 뿐이다: 『傳習錄』「黃以方錄」, 제319조.

286 사물에 있는 것이 리(理)이다: 『伊川易傳』 권4, "在物爲理, 處物爲義."

⑳ 之: 『劉宗周全集』에는 '知'로 되어 있다.

리이다[在物爲理]'에서 '재在' 자 앞에 하나의 '심心' 자를 첨가해야 한다. 이 마음이 사물에 있으면 리理가 된다. 예를 들면 이 마음이 아비를 섬기는 데 있으면 효도가 되고, 임금을 섬기는 데 있으면 충성이 되는 것과 같은 종류이다. 제군들은 내 말의 근본 취지를 알아야 한다. 내가 지금 마음이 곧 리라고 말하는 것은 단지 세상 사람들이 마음과 리를 둘로 나누어 수많은 병통이 생겼기 때문이다. 예를 들면 오패五霸가 오랑캐를 물리치고 주나라 왕실을 받든 것은 모두 사사로운 마음으로서 이치에 합당하지 않다. 그러나 사람들은 도리어 그들의 행동은 이치에 합당하나, 다만 마음이 아직 순수하지 못했을 뿐이라고 말하면서 왕왕 그들의 소행을 기쁜 마음으로 흠모하여 (자신도) 겉모양을 보기 좋게 꾸미기만 하고 도리어 마음에 대해서는 전혀 상관하지 않으려고 한다. 마음과 리를 둘로 나누어 (그 결과) 패도의 거짓됨으로 흘러가면서도 스스로 알지 못하는 것이다. 그러므로 나는 '심즉리心卽理'를 말하여 마음과 리가 하나임을 알게 해서 곧 마음에서 공부를 하고, 밖에서 의로움을 거두어들이지 않도록 하려고 했으니, 이것이 바로 진정한 왕도이다."[287]

在字上當添一心字, 此心在物則爲理. 如此心在事父則爲孝, 在事君則爲忠之類是也. 諸君要識得我立言宗旨. 我如今說個心卽理, 只爲世人分心與理爲二, 便有許多病痛. 如五霸攘夷狄, 尊周室, 都是一個私心, 便不當理. 人却說他做得當理, 只心有未純, 往往慕悅其所爲, 要來外面做得好看, 却與心全不相干. 分心與理爲二, 其流至于霸道之僞而不自知, 故我說個心卽理, 要使知心理是一個, 便來心上做工夫, 不去襲取于義, 便是王道之眞."

287 물었다. "정자는 … 진정한 왕도이다: 『傳習錄』「黃以方錄」, 제321조.

| 10-122 | 공자가 "본성은 서로 가깝다"[288]고 말한 것은 곧 맹자가 "본성이 선하다"고 말한 것이니, 전적으로 기질의 측면에서만 말해서는 안 된다. 만약 기질을 말한 것이라면 강한 기질과 부드러운 기질처럼 상대하게 되는데, 어떻게 서로 가까울 수 있겠는가? 오직 본성이 선한 것이 같을 따름이다. 사람이 태어났을 때는 선함이 원래 같은 것이다. 그러나 (기질이) 강한 사람이 선에 익숙해지면 강한 선이 되고, 악에 익숙해지면 강한 악이 된다. (기질이) 부드러운 사람이 선에 익숙해지면 부드러운 선이 되고, 악에 익숙해지면 부드러운 악이 된다.[289] 이리하여 (습성이) 날마다 서로 멀어지게 된 것이다.[290] 【이상은 모두 황이방의 기록이다.】

[유종주평어] 이것은 선생이 본성이 선함을 말한 곳이다.

| 10-122 | 夫子說"性相近", 卽孟子說"性善", 不可專在氣質上說. 若說氣質, 如剛與柔對, 如何相近得? 惟性善則同耳. 人生初時, 善原是同的, 但剛者習于善則爲剛善, 習於惡則爲剛惡, 柔者習於善則爲柔善, 習于惡則爲柔惡. 便日相遠了. 【以上俱黃以方記】

此是先生道性善處.

| 10-123 | 정해년(丁亥年, 1527) 9월 선생께서 군사를 일으켜 [광서성(廣西省)] 사현思縣과 전주田州의 (도적들을) 다시 정벌하게 되었다. (선생이 떠나려 하실 때) 나[전덕홍(錢德洪)]는 여중[汝中, 왕기(王畿)]과 학문을 논하였는데, 내가 선생의 가

| 10-123 | 丁亥年九月, 先生起征思·田. 德洪與汝中論學, 德洪擧先生教言曰: "無善無惡心之

---

288 본성은 서로 가깝다: 『論語』「陽貨」. 子曰: "性相近也, 習相遠也."

289 (기질이) 강한 … 악이 된다: 周敦頤, 『通書』, 제7장. "剛善爲義, 爲直, 爲斷, 爲嚴毅, 爲幹固. 惡爲猛, 爲隘, 爲强梁. 柔善爲慈, 爲順, 爲巽. 惡爲懦弱, 爲無斷, 爲邪佞."

290 공자가 "본성은 … 된 것이다: 『傳習錄』「黃以方錄」, 제334조.

르침을 들어 말했다. "선도 없고 악도 없는 것은 마음의 본체이고, 선도 있고 악도 있는 것은 의념의 발동이며, 선을 알고 악을 아는 것은 양지이고, 선을 행하고 악을 제거하는 것은 격물이다."

體, 有善有惡意之動, 知善知惡是良知, 爲善去惡是格物."

여중이 말했다. "이것은 아마도 궁극적인 화두는 아닐 것이다. 만약 심체는 선도 없고 악도 없다고 말한다면, 의념[意] 역시 선도 없고 악도 없으며, 앎[知]도 역시 선도 없고 악도 없으며, 사물[物]도 선도 없고 악도 없을 것이다. 만약 의념에 선악이 있다고 말한다면 필경 심체에도 여전히 선악이 있을 것이다."

汝中曰: "此恐未是究竟話頭. 若說心體是無善無惡, 意亦是無善無惡, 知亦是無善無惡, 物亦是無善無惡矣. 若說意有善惡, 畢竟心體還有善惡在."

내가 말했다. "심체는 하늘이 명한 본성[天命之性]으로서 원래 선악이 없다. 그러나 사람에게는 습관화된 마음[習心]이 있어서 의념에 선악이 있음을 보게 된다. 격물·치지·성의·정심·수신, 이것은 성체性體를 회복하는 공부이다. 만약 원래 선악이 없다면 공부 또한 말할 필요가 없을 것이다."

德洪曰: "心體是天命之性, 原無善惡, 但人有習心, 意念上見有善惡在. 格致誠正修, 此是復性體工夫, 若原無善惡, 工夫亦不消說矣."

이날 저녁 천천교天泉橋에 앉아서 각각 (자기 주장을) (선생께서) 바로잡아 주기를 청했다. 선생께서 말씀하셨다. "두 사람의 견해는 그야말로 서로 도움이 되기에 알맞으니, 각기 한쪽에 집착해서는 안 된다. 내가 여기서 사람을 접하는 데는 원래 두 가지 종류가 있다. 근기가 뛰

是夕, 坐天泉橋, 各擧請正. 先生曰: "二君之見正好相資, 不可各執一邊. 我這裏接人原有二種, 利根之人, 直從

어난 사람은 곧바로 본원本源[291]으로부터 깨우쳐 들어간다. 사람 마음의 본체는 원래 밝고 맑아서 막힘이 없으며, 원래 (정감이) 아직 발현하지 않은 중[未發之中]이다. 근기가 뛰어난 사람은 단번에 본체를 깨달으니 그것이 바로 공부이며, 타인과 자기, 안과 밖이 한꺼번에 모두 통하게 된다.[292] 그 다음의 (근기를 가진) 사람은 습관화된 마음[習心]이 있음을 면하지 못하여 본체가 가려지게 된다. 그러므로 우선 의념상에서 착실하게 선을 행하고 악을 제거하도록 가르친다. 공부가 무르익은 뒤에 찌꺼기가 다 제거되면 본체도 밝아지게 된다. 여중의 견해는 내가 근기가 뛰어난 사람을 접할 때 사용하는 것이고, 덕홍의 견해는 내가 그다음의 근기를 가진 사람을 위해 교법을 세운 것이다. (그대들 두 사람이 상대방의 견해를) 서로 취하여 사용한다면, 보통 사람 이상이나 이하의 사람들을 모두 도道로 인도해 들어갈 수 있을 것이다."

조금 뒤에 말씀하셨다. "이후에 학문을 강론

本源上悟入. 人心本體原是明瑩無滯, 原是個未發之中. 利根之人一悟本體, 卽是工夫, 人己內外一齊俱透. 其次不免有習心在, 本體受蔽, 故且教在意念上實落爲善去惡, 工夫熟後, 渣滓去盡, 本體亦明淨了. 汝中之見是我接利根人的, 德洪之見是我爲其次立法的, 相取爲用, 則中人上下皆可引入于道."

既而曰: "已後講

291 본원(本源): 心性의 本源을 의미한다. 양명은 심성을 여러 층차, 즉 本體上 · 發用上 · 源頭上 · 流弊處 등의 여러 층차에서 언급하고 있다.(『傳習錄』「黃省曾錄」, 제308조 참조.) 본원은 하늘로부터 부여받은 성을 일체 작용의 근원으로 삼는 층차에서 언급한 것이다.

292 근기가 뛰어난 … 통하게 된다: 미발지중의 본체는 본래 허령명각한 양지이며, 이 양지의 허령성에 의하여 자타, 내외의 대립이 해소된다. 따라서 미발지중의 본체는 무대(無對)를 실현하는 근거가 된다.

할 때는 나의 근본 취지를 잃어버려서는 안 된다. 선도 없고 악도 없는 것은 마음의 본체이고, 선도 있고 악도 있는 것은 의념의 발동이며, 선을 알고 악을 아는 것은 양지이고, 선을 행하고 악을 제거하는 것은 격물이다. 이 화두는 사람에 따라 적절히 가르친다면 저절로 병통이 없을 것이니, 원래 위부터 아래까지 전부 꿰뚫는 공부이다. 근기가 뛰어난 사람은 세상에서 만나기 어렵다. (일반) 사람에게는 습관화된 마음이 있는 법인데 그에게 양지상에서 착실하게 선을 행하고 악을 제거하는 공부를 가르치지 않고 다만 추상적으로 본체를 생각하게 한다면, 일체의 행위가 모두 착실하지 않아서 공허하고 적막한 것만을 길러내는 데 불과할 것이다. 이러한 병통은 작은 것이 아니므로 조기에 밝히지 않으면 안 된다."[293] 【왕기(王畿)의 「천천증도기(天泉證道記)」】[294]

學, 不可失了我的宗旨. 無善無惡心之體, 有善有惡意之動, 知善知惡是良知, 爲善去惡是格物, 這話頭隨人指點, 自沒病痛, 原是徹上徹下工夫. 利根之人, 世亦難遇; 人有習心, 不教他在良知上實用爲善去惡工夫, 只去懸空想個本體, 一切事爲俱不著實, 不過養成一個虛寂, 病痛不是小小, 不可不早說破." 【王畿「天泉證道記」】

[유종주평어] 선생은 매번 "지선(至善)은 마음의 본체이다."라고 말하고, 또 "지선은 다만 천리의 지극함을 다하여 털끝만큼의 인욕의 사사로움도 없는 것이다."라고 했으며, 또 "양지는 곧 천리이다."라고 하였다. 『전습록』 가운데 '천리' 두 글

先生每言, "至善是心之本體." 又曰: "至善只是盡乎天理之極, 而無一毫人欲之私." 又曰: "良知

293 정해년(丁亥年, 1527) 9월 … 안 된다: 『傳習錄』 「黃以方錄」, 제315조.

294 왕기(王畿)의 「천천증도기(天泉證道記)」: 『劉宗周全集』에도 「王畿記」로 되어 있다. 그러나 이 글의 필자는 전덕홍이다. 또한 이 글은 『王龍溪前集』 권1, 「天泉證道紀」도 아니다. 무언가 착오가 있는 듯하다.

자를 말한 것은 적지 않다. 어떤 때는 "선도 없고 악도 없는 것이 리(理)의 고요함이다."[295]라고 말했으나, 또한 곧바로 "선도 없고 악도 없는 것은 심체(心體)이다."라고 말한 적은 없다. 만약 심체가 과연 선도 없고 악도 없는 것이라면, 선이 있고 악이 있는 의(意)는 또 어디서 나온 것인가? 선을 알고 악을 아는 지(知)는 또 어디서 나온 것인가? 선을 행하고 악을 제거하는 공부는 또 어디서부터 시작해야 하는가? 어찌 말마다 흐름이 끊긴 도랑이나 지류처럼 되는 것이 아닌가? 통쾌하도다, 사무론(四無論)이여! 선생은 어디서 답해야 하는가? 도리어 또 상근기와 하근기의 설이 있어서 상근기의 사람에게는 다만 마음에서 공부하는 것을 가르치고, 하근기의 사람에게는 의(意)에서 공부하는 것을 가르친다고 하는데, 이것이 또 어찌 『대학』의 팔조목을 일관하는 취지이겠는가? 또 "그다음의 (근기를 가진 사람에게는) 우선 의념에서 착실하게 선을 행하고 악을 제거하는 공부를 하도록 가르친다. 그렇게 오랫동안 공부한다면 심체가 저절로 밝아질 것이다."라고 하는데, 내가 생각하기에, 조금이라도 의념[念]에 집착한다면 그때는 본체가 아니다. 사람이 만약 단지 의념이 일어나고 의념이 소멸하는 데서 공부한다면 평생 본체에 합하지 못할 것이다.

即天理." 『錄』中言'天理'二字, 不一而足, 有時說"無善無惡者理之靜", 亦未嘗徑說"無善無惡是心體", 若心體果是無善無惡, 則有善有惡之意又從何處來? 知善知惡之知又從何處來? 爲善去惡之功又從何處起? 無乃語語斷流絕港乎! 快哉, 四無之論! 先生當於何處作答? 却又有'上根下根'之說, 謂"教上根人只在心上用工夫, 下根人只在意上用工夫", 又豈『大學』八目一貫之旨? 又曰: "其次且教在意念上著實用爲善去惡工夫, 久之心體自明." 蒙謂纔著念時, 便非本

295 선도 없고 … 리(理)의 고요함이다: 『傳習錄』「薛侃錄」, 제101조.

이것이 이른바 '남쪽으로 가려는 사람이 북쪽으로 수레를 몬다'는 것이다. 선생의 『대학』 해석은 '의(意)' 자에 대한 해석이 원래 분명하지 않다. 그래서 (위의) 네 가지 조목에서 이 지경에 이르도록 집 위에 집을 짓고, 침상 위에 침상을 놓는 일에서 벗어나지 못했던 것이다. 문하의 선비들은 한두 번 그것을 본뜨다가 더욱 본색을 잃어버리게 되었다. 선생이 다른 날 "심(心)·의(意)·지(知)·물(物)은 하나의 일이다."[296]라고 말했는데, 이것이 정론이다. 이미 하나의 일이므로 결코 하나의 일이 모두 '무(無)'일 수는 없다. 내가 용계를 위하여 글자 하나를 바꾸어 "마음이 유선무악(有善無惡)의 마음이라면 의(意)도 역시 유선무악의 의이고, 지(知)도 또한 유선무악의 지이며, 물(物)도 또한 유선무악의 물이다."라고 말한다면 선생께서 수긍하실지 모르겠다. 어떤 사람이 "어찌하여 굳이 유선무악을 말하고자 하는가."라고 물었을 때, "『대학』에서는 다만 치지(致知)를 말했는데, 선생은 어찌하여 굳이 치양지(致良知)를 말하여 '양(良)' 자를 덧보탰는가?"라고 답하자, 그 사람은 아무 말도 못 했다. 학술에 관계된 것은 감히 변론하지 않을 수 없다.

體, 人若只在念起念滅上用工夫, 一世合不上本體, 所謂南轅而北轍也. 先生解『大學』, 于'意'字原看不清楚, '所以于四條目處未免架屋疊牀至此. 及門之士一再摹之, 益失本色矣. 先生他日有言曰: "心意知物只是一事." 此是定論. 既是一事, 決不是一事皆無. 蒙因爲龍溪易一字曰: "心是有善無惡之心, 則意亦是有善無惡之意, 知亦是有善無惡之知, 物亦是有善無惡之物." 不知先生首肯否? 或曰: "如何定要說個有善無惡?" 曰: "『大學』只說致知, 如何先生定要說

---

296 심(心)·의(意)·지(知)·물(物)은 하나의 일이다: 『傳習錄』「徐愛錄」, 제6조.

個致良知， 多這良字?” 其人默然，學術所關，不敢不辯.

명유학안 권11,
절중왕문학안1

明儒學案 卷十一,
浙中王門學案一

|11-1| 왕양명의 가르침은 가까운 곳으로부터 시작하여 먼 곳으로 확산되었는데, 제일 처음 양명에게 배웠던 사람들은 절강浙江 군읍의 선비들에 불과하였으나, 용장龍場 이후로 사방의 제자들이 비로소 점점 늘어났다. 군읍 출신 중에 학문으로 이름을 날린 사람도 겨우 전서산(錢緖山, 1496-1574)[1]과 왕용계(王龍溪, 1498-1583)[2]였으며, 이들 이외에는 추륜椎輪[3] 적수積水[4]와 같은 초보자들이었다. 그러나 일시에 홍성하여 우리 월(越, 浙江) 지역에서 경전 강송을 숭상하고 예악을 익히고 비파를 뜯으며 노래

|11-1| 姚江之教, 自近而遠, 其最初學者, 不過郡邑之士耳. 龍場而後, 四方弟子始益進焉. 郡邑之以學鳴者, 亦僅僅緖山·龍溪, 此外則椎輪積水耳. 然一時之盛, 吾越尚講誦·習禮樂, 絃歌之音不絕, 其儒者不能

---

1 전서산(錢緖山): 錢德洪. 『明儒學案』 권11, 「浙中王門學案1」.

2 왕용계(王龍溪): 王畿. 『明儒學案』 권12, 「浙中王門學案2」.

3 추륜(椎輪): 바퀴살이 없는 원시적인 수레이다. 임금이 타는 큰 수레인 대로(大輅)도 추륜(椎輪)이 점차적으로 발전하여 이루어진 것이다. 여기서의 추륜은 서산과 용계 이외의 사람들은 아직 학문이 초보 단계에 있음을 의미한다.

4 적수(積水): 물을 모으는 것이다. 물을 모아야 바다가 된다.

부르는 소리가 그치지 않았으니, 그 유자들은 한두 사람이 아니었다.

一二數.

가령 산음山陰의 범관范瓘은 자가 정윤廷潤이고 호가 율재栗齋인데, 처음에 왕사여王司輿[5]와 허반규許半圭[6]를 스승으로 섬겼고, 그 뒤에 양명에게서 학업을 마쳤다. 여러 경전을 두루 고찰하다 홀연히 깨달은 점이 있어서, "공자와 맹자의 적전嫡傳은 오직 주렴계周濂溪와 정자程子가 얻었으며, 주자朱子와 육상산陸象山 이후로는 모두 그에 미치지 못한다."라고 하였다. 집안이 가난해도 개의치 않으면서 "천하에 지극한 보배가 있으니, 그것을 얻어서 완미하면 가난함을 잊을 수 있다."라고 하였다. 고시古詩 20장을 지어 도통道統과 태극에 관한 설을 두루 서술하였는데, 그 오묘한 의리를 헤아리기가 쉽지 않았다.

若山陰范瓘, 字廷潤, 號栗齋, 初師王司輿·許半圭, 其後卒業於陽明. 博考羣經, 恍然有悟, 以爲"孔·孟的傳, 惟周·程得之, 朱·陸而下, 皆弗及也". 家貧不以關懷, 曰: "天下有至寶, 得而玩之, 可以忘貧." 作古詩二十章, 歷敍道統及太極之說, 其奧義未易測也.

여요餘姚의 관주管州는 자가 자행子行이요, 호는 석병石屛으로 병부사무兵部司務를 지냈다. 매번 입직할 때마다 시가를 읊조렸는데 사마司馬가 그것을 괴이하게 여겼다. 변방에서 경보警報가 왔을 때 사마가 당황하자 석병이 "옛사람은 자신의 덕행과 능력을 헤아릴 줄 알았는데, 공은 스스로 능력에 한계가 있음을 알면서 어

餘姚管州, 字子行, 號石屛, 官兵部司務. 每當入直, 諷詠抑揚, 司馬怪之. 邊警至, 司馬章皇, 石屛曰: "古人度德量力, 公自料才力有

5 왕사여(王司輿): 王文轅. ?-?. 자는 司輿로, 浙江 山陰 사람이다. 왕양명의 막역한 친구다. 『明儒學案』 권10, 「姚江學案」.

6 허반규(許半圭): 許璋 『明儒學案』 권10, 「姚江學案」.

찌하여 물러나 현자에게 길을 터 주지 않으십니까?"라고 말했다. 사마는 거짓으로 좋은 말로 사과했지만 경찰京察[7]로 인해 고향으로 돌아갔다. 대주大洲[8]의 〈사조산에 하룻밤 머물다[宿四祖山]〉라는 시에 "네 선생이 당당하게 특별히 찾아왔네."라는 말이 있는데, 이 네 선생은 채백석蔡白石,[9] 심고림沈古林,[10] 용계龍溪, 석병石屛이다.

限, 何不引退以空賢路." 司馬謾爲好語謝之, 以京察歸. 大洲有〈宿四祖山〉詩: "四子堂堂特地來", 謂蔡白石·沈古林·龍溪·石屛也.

범인년范引年은 호가 반야半野이고, 청전靑田에서 강학했는데, 종유從遊한 이들이 자못 많았다.

范引年號半野, 講學於靑田, 從遊者頗衆.

하순夏淳은 자가 유초惟初, 호는 복오復吾이며, 향시에 합격하여 벼슬하였는데 죽을 때의 벼슬은 사명부동지思明府同知였다. 위장거魏莊渠[11]가 천근천기天根天機의 설을 주장하자 복오가 말하기를 "그 고요함을 가리켜 천근이라고 하고 움직임을 가리켜 천기라고 한다면 괜찮지만, 만약 고요함으로써 천근을 기르고 움직임으로써 천기를 살핀다고 한다면 이것은 움직임과 고요함을 둘로 나누는 것이기에 본성을 말한 것이 아니다."라고 하였다.

夏淳字惟初, 號復吾, 以鄕擧卒官思明府同知. 魏莊渠主天根天機之說, 復吾曰: "指其靜爲天根, 動爲天機, 則可; 若以靜養天根, 動察天機, 是歧動靜而二之, 非所以語性也."

---

7 경찰(京察): 명청(明淸) 시대에 정기적으로 경관(京官)을 고핵(考核)하던 제도.

8 대주(大洲): 趙貞吉. 『明儒學案』 권33, 「泰州學案2」.

9 채백석(蔡白石): 蔡汝楠. 『明儒學案』 권40, 「甘泉學案4」.

10 심고림(沈古林): 沈寵. 『明儒學案』 권25, 「南中王門學案1」 小序.

11 위장거(魏莊渠): 魏校. 『明儒學案』 권3, 「崇仁學案3」 小序.

시봉柴鳳은 자가 후우後愚이고, 천진天眞서원의 주교를 지냈으며, 구주(衢州: 지금의 浙江省西部)와 엄주(嚴州: 지금의 浙江省西部)의 선비들 가운데 그를 따르는 이가 많았다.

柴鳳字後愚, 主教天眞書院, 衢・嚴之士多從之.

손응규孫應奎는 자가 문경文卿이고, 호는 몽천蒙泉이며, 여러 관직을 역임하여 우부도어사右副都御史에 이르렀는데, 『전습록』을 규범으로 삼았고, 천진天眞의 역사役事를 감독했다.

孫應奎字文卿, 號蒙泉, 歷官右副都御史, 以『傳習錄』爲規範, 董天眞之役.

문인전聞人銓은 자가 방정邦正이고, 호가 북강北江으로, 전서산과 함께 (『양명전집』의) 문록文錄을 정하고 판각하여 세상에 유포시켰다.

聞人銓字邦正, 號北江, 與緖山定『文錄』, 刻之行世.

가령 근본이 한미한 제자들에 대해 논하자면, 황기黃驥는 자가 덕량德良인데, 우서천尤西川[12]은 그가 양명에 관해 언급한 일을 기록하였다.

卽以寒宗而論, 黃驥字德良, 尤西川紀其言陽明事.

황문환黃文煥은 호가 오남吳南으로 개주開州)의 학정學正을 지냈는데, 양명은 자기 아들로 하여금 그에게 수업을 받게 했다. (그가 지은 책으로) 『동각사초東閣私抄』가 있는데 들은 바를 기록한 것이다.

黃文煥號吳南, 開州學正, 陽明使其子受業. 有『東閣私抄』記其所聞.

황가애黃嘉愛는 자가 무인懋仁이고, 호는 학계鶴溪로 정덕正德 무진(戊辰, 1508)년에 진사가 되었으며, 관직은 흠주수欽州守에 이르렀다. 황원부黃元釜는 호가 정산丁山이고, 황기黃夔는 자가

黃嘉愛字懋仁, 號鶴溪, 正德戊辰進士, 官至欽州守. 黃元釜號丁山, 黃夔字

12 우서천(尤西川): 尤熙. 『明儒學案』 권29, 「北方王門學案」.

자소子韶요, 호는 후천後川인데, 모두 독실하고 광명하여 스승의 설을 묵수하였다. 이것으로 미루어 보면 당시에 수행하기를 좋아했지만 한 세대에 사라진 이들을 이루 다 말할 수 있겠는가!

子韶, 號後川, 皆篤實光明, 墨守師說. 以此推之, 當時好修一世湮沒者, 可勝道哉!

낭중 횡산 서애 선생

郎中徐橫山先生愛

|11-2| 서애(徐愛, 1487-1517)는 자가 왈인曰仁이고, 호는 횡산橫山이며, 여요餘姚 마언馬堰 사람이다. 정덕 3년(1508)에 진사에 급제하였다. 기주祁州의 지주知州로 나갔다가 남경병부원외랑南京兵部員外郎으로 승진하고 남경공부랑중南京工部郎中으로 옮겼다. 정덕 11년(1516)에 귀향하여 부모님을 찾아뵙고 이듬해 5월 17일에 세상을 떠났으니, 나이 31세였다. 【서산(緖山)의 전기에서 '병부(兵部)'라고 한 것과 '병으로 사직하고 돌아왔다'고 한 것은 모두 잘못이다.】

|11-2| 徐愛字曰仁, 號橫山, 餘姚之馬堰人. 正德三年進士. 出知祁州, 陞南京兵部員外郎, 轉南京工部郎中. 十一年歸而省親, 明年五月十七日卒, 年三十一. 【『緖山傳』云: '兵部'及'告病歸', 皆非.】

|11-3| 선생은 해일공海日公[1]의 사위였으니, 양명에게는 매제妹弟였다. (1507년) 양명이 감옥

|11-3| 先生爲海日公之婿, 於陽明,

---

1 해일공(海日公): 왕양명의 아버지 王華(1446-1522)를 가리킨다. 왕화의 자는 덕휘(德輝), 호는 실암(實庵), 해일옹(海日翁), 용산공(龍山公)이다. 진사 시험에 장원 급제하고 명대 무종 때 南京 吏部尙書를 지냈다. 저서로 『龍山稿』, 『禮經大義』 등이 있다.

에서 나와 고향으로 돌아왔을 때, 선생은 곧 북면을 하고 제자로 칭하였으니 그보다 먼저 문하생이 된 사람이 없었다. 【등원석(鄧元錫)[2]의 『황명서(皇明書)』에 "용장(龍場)에서 돌아왔을 때부터 가르침을 받았다."라고 한 것은 잘못이다.】 그 뒤에 양명과 남중南中[3]에서 같이 관직 생활을 하면서 조석으로 떨어지지 않았다. 배우는 사람들이 반신반의할 때 선생이 중간에서 전달자가 되어 양자를 소통시키자, 이에 문인들이 더욱 가까워졌다. 양명은 "왈인은 나의 안연顔淵이다."라고 하였다. 선생이 일찍이 형산衡山에 놀러 간 적이 있었는데, 꿈속에서 노승이 그의 등을 어루만지면서 탄식하기를 "그대는 안자顔子와 덕이 같고, 또 안자와 수명도 같다."라고 하였다. 꿈에서 깨어나서도 이상하게 여겼다. 양명이 감주贛州에서 부고를 듣고는 매우 애통하게 곡하였다. 선생이 비록 세상을 떠났지만 양명은 매번 강석講席에서 그를 생각하지 않은 적이 없었다. 질문에 대답할 때 기연機緣이 맞지 않으면 "이 뜻에 대해서 내 일찍이 왈인과 말한 적이 있는데, 근년에는 말하기가 쉽지 않다."라고 하였다. 하루는 강의를 마치고 기둥을 돌면서 달려가다가 탄식하며 말하기를 "어

內兄弟也. 陽明出獄而歸, 先生卽北面稱弟子, 及門莫有先之者. 【鄧元錫『皇明書』云: "自龍場歸受學."非.】 其後與陽明同官南中, 朝夕不離. 學者在疑信之間, 先生爲之騎郵以通彼我, 於是門人益親. 陽明曰: "曰仁, 吾之顔淵也." 先生嘗遊衡山, 夢老僧撫其背而歎曰: "子與顔子同德, 亦與顔子同壽." 覺而異之. 陽明在贛州聞訃, 哭之慟. 先生雖死, 陽明每在講席, 未嘗不念之. 酬答之頃, 機緣未契, 則曰: "是意也, 吾嘗與曰仁言之, 年來未易及也."

2 등원석(鄧元錫): 『明儒學案』 권24, 「江右王門學案9」.

3 남중(南中): 남직예(南直隸)를 말하는데, 여기서는 남직예 중에서도 남경(南京)을 가리킨다.

떻게 왈인을 구천에서 일으켜 이 말을 듣게 할 수 있을까?"라고 하였다. 그리고는 여러 제자들을 이끌고 그의 묘소에 가서 술을 붓고 고하였다. 선생은 처음 양명의 가르침을 들었을 때는 선유와 다른 점이 있었으므로 깜짝 놀라서 마음이 안정되지 않아 어디에서부터 공부를 시작해야 할지 알지 못했다. (하지만) 들은 바의 가르침에 이미 익숙해지고, 자신에게 돌이켜 실천하고 나서야 비로소 양명의 가르침이 공맹의 적전嫡傳이요, 이것을 버리고서는 모두 곁길이요 작은 길이며, 흐름이 끊긴 지류나 하천에 불과함을 믿게 되었다.[4]

一日講畢, 環柱而走, 歎曰: "安得起日仁於泉下, 而聞斯言乎!" 乃率諸弟子之其墓所, 酹酒而告之. 先生始聞陽明之教, 與先儒相出入, 駭愕不定, 無入頭處. 聞之既熟, 反身實踐, 始信爲孔門嫡傳, 舍是皆旁蹊小徑, 斷港絕河矣.

|11-4| 양명은 용장 이후로 그 가르침이 두 번 변했다. 남중南中에 있을 때는 대체로 수렴을 위주로 하고 발산은 부득이한 것이라고 여겼기 때문에 묵좌하여 마음을 맑게 하는 것을 학문의 목적으로 삼았다. 강우(江右, 江西) 이후로는 오로지 '치양지' 세 글자를 제시하였다. 『전습록』 상권에 실린 선생의 기록은 모두 남중에서 들은 것이므로, '치양지'설에 대해서는 본래 듣지 못했었다. 그러나 「서애록」 가운데 "지知는 마음의 본체이고, 마음은 자연히 알 수 있다. 아버지를 보면 저절로 효도할 줄 알고,

|11-4| 陽明自龍場以後, 其教再變. 南中之時, 大率以收斂爲主, 發散是不得已, 故以默坐澄心爲學的. 江右以後, 則專提'致良知'三字. 先生記『傳習』初卷, 皆是南中所聞, 其於'致良知'之說, 固未之知也. 然「錄」中

---

4 선생은 처음 … 되었다: 『傳習錄』 권상, 「徐愛跋」.

형을 보면 저절로 공손할 줄 알며, 어린아이가 우물에 빠지는 것을 보면 저절로 측은하게 여길 줄 안다. 이것이 바로 양지이다. 이 마음의 양지를 충만하게 가득차서 유행하게 하는 것이 바로 그 앎을 이루는 것이다.”[5]고 말한 것이 있다. 그러므로 ‘치양지’ 세 글자를 제시한 것이 강우에서 시작되지 않았음은 분명하다. 다만 강우 이후로 이것을 종지로 삼았을 뿐이다. 이 때문에 양명의 학문은 선생이 그 참됨을 얻게 된 것이다. 섭쌍강聶雙江[6]은 말하기를 “지금 양지의 학문을 하는 사람들은 『전습록』 전편에 기록된 참되고 절실한 곳에 대해서는 모두 소략하게 여긴다. 그리고는 근거도 없이 총론總論을 말하니 절실하고 가까운 듯하지만 실제로는 아득하며, 종일토록 밖을 좇으면서 스스로는 마음먹은 대로 된다고 여긴다.”[7]라고 하였다. 이것은 선생에 대해서 깊이 탄식하지 않은 적이 없음을 말한 것이다.

有云: “知是心之本體, 心自然會知. 見父自然知孝, 見兄自然知弟, 見孺子入井自然知惻隱. 此便是良知. 使此心之良知充塞流行, 便是致其知.”則三字之提, 不始於江右明矣. 但江右以後, 以此爲宗旨耳. 是故陽明之學, 先生爲得其眞. 聶雙江云: “今之爲良知之學者, 於『傳習錄』前編所記眞切處, 俱略之. 乃駕空立籠罩語, 似切近而實渺茫, 終日逐外而自以爲得手也.” 蓋未嘗不太息於先生云.

---

5 지(知)는 마음의 … 이루는 것이다: 『傳習錄』「徐愛錄」, 제8조.

6 섭쌍강(聶雙江): 聶豹. 『明儒學案』 권17, 「江右王門學案2」.

7 지금 양지의 … 된다고 여긴다: 『明儒學案』 권17, 「江右王門學案二」, 375쪽; 『聶豹集』 권8, 「寄劉兩峯」, 269쪽.

문집

|11-5| 우리 스승의 가르침에서 다음과 같이 말한다. 사람의 마음에 본체[體]가 있고 작용[用]이 있는 것은 마치 물에 근원과 지류가 있고, 나무에 뿌리와 지엽이 있는 것과 같다. 배움이란 뿌리를 북돋아 주고 물을 대 주며, 샘의 바닥을 깊이 파서 쳐내고 물길을 소통시키는 것과 같은 일이다. 그러므로 나무가 잘 자라는 것은 뿌리를 북돋아 주고 물을 대 주는 데 달려 있으며, 물이 잘 흘러가는 것은 샘의 바닥을 깊이 파서 쳐내고 물길을 소통시켜 주는 데 달려 있다. 그리하여 뿌리가 무성해지고 샘이 깊어지면 자연히 가지는 무성해지고, 지류는 길어질 것이다. 그러므로 배움은 잃어버린 마음을 거두어들이는 것보다 중요한 것이 없으니, 함양하고 성찰하며 극치克治하는 것이 이것인데, 이는 바로 그 뿌리를 북돋아 주고 샘의 바닥을 깊이 파는 것이다. 글을 읽고 이치를 음미하는 것은 모두 뿌리에 물을 대 주고, 샘의 물길을 소통시켜 주는 것이다. 그러므로 마음의 덕은 사람의 뿌리이고 샘이기에

文集

|11-5| 吾師之教, 謂人之心有體有用, 猶之水木有根源有枝葉流派, 學則如培濬溉疏, 故木水在培溉其根, 濬疏其源, 根盛源深, 則枝流自然茂且長. 故學莫要於收放心, 涵養省察克治是也, 即培濬其根源也. 讀書玩理皆所以溉疏之也. 故心德者, 人之根源也, 而不可少緩; 文章名業者, 人之枝流❶也, 而非所汲汲. 學者先須辨此, 即是辨義利❷之分. 既能知所決擇, 則在立志堅定以趨之而已.

---

❶ 流: 底本에는 '葉'으로 되어 있으나 『徐愛錢德洪董澐集』(鳳凰出版社, 2007. 이하 '『徐愛集』')에 근거하여 고쳤다.

❷ 利: 底本에는 '理'로 되어 있으나, 교감주에는 "賈本, 備要本에는 '利'로 되어 있다"고 하였고, 『徐愛集』에도 '利'로 되어 있다. 교감주와 『徐愛集』에 근거하여 '利'로 고쳤다.

조금이라도 늦추어서는 안 되며, 문장과 명예와 공업은 사람의 가지이고 지류이기에 시급히 해야 할 것이 아니다. 배우는 이는 먼저 이것을 잘 변별해야 하니, 그것이 바로 의義와 리利를 분변分辨하는 것이다. 이미 결단하여 선택할 바를 알았다면 (이제 해야 할 일은) 뜻을 굳건하게 세워서 나아가는 데 달려 있을 따름이다.[8] 【「소사억(邵思抑)에게 답한 글」】

【「答邵思抑」】

|11-6| 배우는 이의 큰 근심거리는 명예를 좋아하는 데 있다. 지금 명예를 좋아한다고 일컫는 이들은 대개 부귀를 뽐내는 것을 사례로 들어 말하는데, 그것은 도리어 말단에 속하는 것이다. 무릇 무언가 의도를 가지고 행하는 것은 비록 그 자취가 효제·충신·예의에 있을지라도 여전히 그것은 명예를 좋아하는 것이요, 여전히 사적인 것이다. 옛날의 배우는 사람들은 처음 마음을 세울 때 곧장 이것을 제거하는 데 힘쓰고 내 성명性命의 리理를 온전히 하는 것을 마음으로 삼았다. 그리하여 일이 없을 때에는 잊지도 않고 조장하지도 않음으로써 나의 공평하고 정대正大한 본체를 기르고, 먼저 일삼다가 (명예를 좋아하는) 이 작고 좁은

|11-6| 學者大患在於好名, 今之稱好名者, 類舉富貴誇耀以爲言, 抑末矣. 凡其意有爲而爲, 雖其跡在孝弟忠信禮義, 猶其好名也, 猶其私也. 古之學者, 其立心之始, 卽務去此, 而以全吾性命之理爲心. 當其無事, 以勿忘勿助而養吾公平正大之體, 勿先事落此蹊徑, 故謂之存

---

8 우리 스승의 … 있을 따름이다: 『橫山遺集』(『徐愛錢德洪董澐集』, 鳳凰出版社, 2007), 「答邵思抑書」, 56쪽.

길에 빠지지 않았으므로 그것을 존양存養이라고 한다. 감응함에 이르러서는 명예를 좋아하는 마음이 있는지 없는지를 잘 살펴서 알았기 때문에 그것을 성찰이라고 한다. 이러한 마음이 있음을 살펴서 알고 그것을 제거하는 데 힘쓰고 그 어려움을 괴롭게 여기지 않았기 때문에 그것을 극치克治라고 한다. 오로지 이것을 일삼고 태만한 마음이 끼어들지 않았기 때문에 그것을 쉬지 않는다고 한다. 완전히 제거하여 순수하였기 때문에 그것을 천덕天德이라고 하고, 순수함을 미루어 어느 곳에서나 통했기 때문에 그것을 왕도王道라고 한다.[9] 【「송감흠채(送甘欽采)」】

養; 及其感應而察識其有無, 故謂之省察; 察知其有此而務決去之, 勿苦其難, 故謂之克治; 專事乎此, 而不以怠心間之, 故謂之不息; 去之盡而純, 故謂之天德; 推之純而達, 故謂之王道. 【「送甘欽采」】

|11-7| 대저 사람이 외물에 대응함이 마땅하지 않은 까닭은 사사로움이 그것을 해치기 때문이다. 이 때문에 나의 사사로움이 저 외물에 가해지면 기심(忮心: 시기하고 원망하는 마음)이 생긴다. 기심은 이기기를 좋아하는 것과 같은 부류로서, 천하의 계교計較, 시기, 교만하고 음난함, 사납고 오만함, 강제로 빼앗음, 난폭함과 같은 악이 모두 그것으로부터 나온다. 나의 사사로움이 저 외물에 의지하게 되면 구심(求心: 갈구하는 마음)이 생겨난다. 구심은 굽히기를

|11-7| 夫人之所以不宜於物者, 私害之也. 是故吾之私得以加諸彼, 則忮心生焉. 忮心, 好勝之類也, 凡天下計較・忌妒・驕淫・狠傲・攘奪・暴亂之惡皆從之矣. 吾之私得以藉諸彼, 則求

9 배우는 이의 … 왕도(王道)라고 한다: 『橫山遺集』「送甘欽采西還叙」, 57-58쪽.

좋아하는 것과 같은 부류로서, 천하의 아부, 아첨, 유약함, 편안히 여겨 지나치게 좋아함, 오욕, 저주와 같은 악이 모두 그것으로부터 나온다. 두 가지 사사로움이 마음속에서 엇갈려 일어난다면 내가 감응의 터전으로 삼는 것이 공평하고 정대한 본체가 아니게 된다. 이러한 기틀로 외물이 자극하는 데 응한다면 어찌 그것에 마땅함이 있을 수 있겠는가?[10] 【「의재서(宜齋序)」】

心生焉. 求心, 好屈之類也, 凡天下阿比·諂佞·柔懦·燕溺·污辱·咒詛之惡皆從之矣. 二私交於中, 則我所以爲感應之地者, 非公平正大之體矣. 以此之機而應物之感, 其有能宜乎否也? 【「宜齋序」】

|11-8| 옛사람이 말하기를 "아직 배움을 모른다면 힘을 쓸 곳을 구해야 하고, 이미 힘을 쓰게 되었다면 힘을 얻는 곳을 구해야 한다." 라고 하였다. 지금 오강재吳康齋[11]는 정성을 다하고 모진 고생을 감내하는 일을 70년 동안 바꾸지 않을 만큼 용맹했지만, 대성을 보지 못한 것은 아마도 힘을 얻는 곳에 이르지 못했던 것 같다. 진백사陳白沙[12]의 기풍은 사람들에게 '나는 증점曾點과 같이하겠다'[13]는 의지가 생기게는 하였지만 말류가 광달曠達한 데 빠졌으니 아마도 힘을 쓰는 곳에 결함이 있었던 것 같다.

|11-8| 古人謂: "未知學, 須求有個用力處, 既用力, 須求有個得力處." 今以康齋之勇, 殷勤辛苦不替七十年, 然未見其大成, 則疑其於得力處有未至. 白沙之風, 使人有'吾與點也'之意, 然末流涉曠達, 則疑其於

---

10 대저 사람이 … 수 있겠는가: 『横山遺集』「宜齋叙」, 59-60쪽.

11 오강재(吳康齋): 吳與弼. 『明儒學案』 권1, 「崇仁學案1」.

12 진백사(陳白沙): 陳獻章. 『明儒學案』 권5, 「白沙學案上」.

13 나는 증점과 같이하겠다: 『論語』「先進」.

무릇 본체가 있으면 작용이 있고, 마침이 있으면 반드시 시작이 있다. 장차 강재의 실천을 본체요 시작으로 여길 것인가? 장차 백사의 조예를 작용이요 마침으로 여길 것인가? 이것은 본체와 작용 및, 시작과 마침을 둘로 나눈 것이다. 세상에는 정말 아무개(=강재)는 본체는 있으나 작용은 없고, 아무개(=백사)는 작용은 있으나 본체는 없다고 말하는 이가 있는데, 나는 그렇지 않다고 생각한다. 반드시 강재와 백사 두 분이 가려진 것을 찾아서 (본체와 작용, 시작과 마침을) 모아서 하나로 귀결시켜야 하니, 이것이 바로 관건이 달려 있는 곳이다. 반드시 이것을 통과해야 비로소 착수처가 있게 된다.[14] 【「답왕승길(答王承吉)」】

用力處有缺. 夫有體斯有用, 有終必有始, 將以康齋之踐履爲體爲始耶? 將以白沙之造詣爲用爲終耶? 是體用終始歧爲二也. 世固有謂某有體無用・有用無體者, 僕竊不然. 必求二公之所以蔽者而會歸之, 此正關要所係, 必透此, 方有下手處也. 【「答王承吉」】

|11-9| 바위의 모양은 네모난데 바깥은 높이가 수백 장이다. 내부는 단단한 암석으로 되어 있으나 가운데가 텅 비어 있고, 둥근 동굴 같은 구멍이 하늘부터 땅까지 위아래로 훤하게 트여 있는데 단아하기가 마치 시루를 세워 둔 듯하다. 동굴의 문은 두 개이다. 동문으로 들어가면 먼저 서쪽에서 희미한 빛이 드러나는 것을 보게 되는데, 마치 초승달이 나오는 것을 보는 듯하다. 점점 안으로 들어가면 빛이 점점

|11-9| 岩形方, 外高幾百丈, 內石骨空虛, 圓洞徹天地, 端若立甑. 二洞門, 自東門入, 初見西露微光, 若觀月自朏生. 行漸入, 光漸長, 至門內限, 光半當上弦. 循至正中, 光乃

14 옛사람이 말하기를 … 있게 된다: 『橫山遺集』「答王承吉書」, 67쪽.

커지는데, 문의 안쪽 끝에 이르면 빛이 절반 정도 커져서 상현달 같았다. 그대로 정중앙에 이르면 빛은 이내 둥그렇게 되어 보름달 같았다. 서쪽으로 문을 나오면 빛이 희미해지다가 없어지는데, 마치 보름달이 그믐달이 된 듯했다. 바위를 월암月岩이라고 부른 것은 이것에 근본을 둔 것이다. 주렴계周濂溪는 어려서부터 매일 그 가운데서 노닐었으니, 그 때문에 태극의 이치를 깨달은 것이다.[15] 【「월암기(月岩記)」】

圓, 月在望. 西出門, 光微以隱, 若月自望至晦. 岩以月名本此. 濂溪自幼日遊其間, 因悟太極之理. 【「月岩記」】

|11-10| 내가 처음 양명 선생에게서 배울 때는 오로지 선생의 자취만 따라서 행했다. 오래되자 크게 의심스럽고 또 놀랐으나, 감히 갑자기 그르다고 하지 않고 반드시 돌이켜 생각해 보았다. 생각해 보자 조금 통하였고, 다시 몸과 마음에 증험해 보자 이내 어렴풋이 본 것이 있었고, 이윽고 크게 깨닫게 되었다. 그리하여 저도 모르게 손과 발이 춤추면서 말하기를 "이것이 도체道體요, 이것이 마음이요, 이것이 학문이다. 사람의 본성은 본래 선하고, 사악한 것은 일시적인 느낌[客感]이다. 느끼는 것도 한 생각에 달려 있고, 제거하는 것도 한 생각에 달려 있으니, 일을 어렵게 여길 것도 없고 기

|11-10| 予始學於先生, 惟循跡而行. 久而大疑且駭, 然不敢遽非, 必反而思之. 思之稍通, 復驗之身心, 既乃恍若有見, 已而大悟, 不知手之舞・足之蹈曰: "此道體也, 此心也, 此學也.❸ 人性本善也, 而邪惡者客感也, 感之在於一念, 去之在於一念, 無難

15 바위의 모양은 … 이치를 깨달은 것이다: 『橫山遺集』 「月巖記」, 74쪽.

❸ 『徐愛集』은 曰을 여기까지로 봄.

술이 많을 필요도 없다."라고 하였다. 또 스스로 타고난 성품이 부드러워 크게 나쁜 짓을 하지는 못할 것이라고 믿었더니, 그렇게 삶을 마칠 수 있겠다고 생각하게 되어 마음이 편안하여 쾌적하였으며, 여유로워 즐거웠다. 하지만 시간이 한참 지나자 사사로움과 근심이 다시 일어날 줄 누가 알았겠는가! 온 세상 사람들의 고질병에는 두 가지가 있으니, 문자文字와 공명功名이다. 나는 처음에는 잠시 그것을 공격하지 말자, 그것으로 마음을 얽매지 않으면 괜찮다, 그것을 끊고 없애는 것은 너무 심하다고 생각했다. 하지만 (문자와 공명) 이 두 가지 도적이 평소에 자기 집을 빼앗았는데, 잠시 그것을 공격하지 말자고 운운하는 것은 거짓으로 꾸미는 것임을 어찌 알았겠는가? 이 때문에 반드시 그것을 끊어 버리고 없앤 뒤에야 도에 나아갈 수 있으며, 그렇지 않으면 끝내 헛된 견해요 또 스스로를 속이는 것임을 면하지 못할 것이다.[16] 【「설상겸(薛尚謙)에게 보내다」】

事, 無多術." 且自恃稟性柔, 未能爲大惡, 則以爲如是可以終身矣, 而坦坦然適, 而蕩蕩然樂也. 孰知久則私與憂復作也! 通世之痼疾有二, 文字也, 功名也. 予始以爲姑毋攻焉, 不以累於心可矣, 絕之無之, 不已甚乎? 孰知二者之賊, 素奪其宮, 姑之云者, 是假之也. 是故必絕之無之, 而後可以進於道, 否則終不免於虛見且自誣也. 【「贈薛尚謙」】

16 내가 처음 … 못할 것이다: 『橫山遺集』「贈薛子尚謙序」, 77-78쪽.

독학 아재 채종연 선생·어사 백포 주절 선생

督學蔡我齋先生宗兗·御史朱白浦先生節

| 11-11 | 정덕 정묘년(1507) 횡산 서애, 아재 채종연, 백포 주절 세 선생이 향시에 합격하여 문성(文成, 왕수인)과 작별하고 [회시(會試)를 보러] 북경北京으로 갔다. 문성이 말했다. "서왈인徐曰仁의 온화하고 공손함과, 채희연蔡希淵의 깊이 침잠함, 주수중朱守中의 명민함은 모두 내가 미치지 못하는 것이다." 대개 세 선생은 모두 정묘년에 왕문성에게 와서 배웠는데, 문성의 제자 중에 이들보다 먼저 입문한 사람은 없었다. 계유년(1513)에 세 선생이 문성을 따라 사명산四明山에 놀러 갔는데, 아재는 영락사永樂寺로부터 돌아오고, 백포는 달계妲溪로부터 돌아오고, 횡산은 함께 설두산雪竇山으로 들어가 봄바람을 쐬고 기수沂水에서 목욕하고 돌아오는 즐거움을 누렸으니, 참으로 한때의 성대한 일이었다. 횡산이 양명의 제자 가운데 으뜸이 되니, 마침내 두 선생을 그다음에 두게 되었다.

| 11-11 | 正德丁卯, 徐橫山·蔡我齋·朱白浦三先生擧於鄉, 別文成而北. 文成言: "徐曰仁之溫恭, 蔡希淵之深潛, 朱守中之明敏, 皆予所不逮." 蓋三先生皆以丁卯來學, 文成之弟子未之或先者也. 癸酉, 三先生從文成遊四明山, 我齋自永樂寺返, 白浦自妲溪返, 橫山則同入雪竇, 春風沂水之樂, 眞一時之盛事也. 橫山爲弟子之

首, 遂以兩先生次之.

|11-12| 채종연蔡宗兗은 자가 희연希淵이고, 호는 아재我齋이며, 산음山陰의 백양白洋 사람이다. 향시에 합격한 지 10년 만(1517년)에 진사가 되었는데, 서길사庶吉士에 임명되어 북경에 머물게 되자 그럴 수 없다고 하여 교수敎授 벼슬을 받아 어머니를 봉양하였다. 고고孤高하고 절개가 굳세어 힘 있는 자가 좋아하지 않자, 곧바로 벼슬을 버리고 떠났다. 문성은 "돌아갈 생각을 한 것은 참으로 옳지만 급박하게 떠난 것은 잘못이다. 2-3개월을 더 보내고 병에 의탁하여 떠났다면 (그가 싫어서 떠났다는) 흔적이 남지 않았을 것이다. 자기 혼자만 군자요, 다른 사람은 소인이라고 한다면 역시 어진 사람의 충서忠恕의 마음이 아니다."라고 하였다. 얼마 뒤에 보전莆田의 교수가 되었으나 다시 집정자가 좋아하지 않았다. 문성이 그것을 경계하여 말했다. "내가 예전에 용장으로 좌천되었을 때 횡역橫逆이 날마다 이르렀지만, 지금 생각해보면 바로 분발하고 인내하면서 자신을 갈고닦을 기회였다. 하지만 그 당시에는 그저 적당히 일을 처리하고 한가하게 시간만 보내다가 결국 허송세월하고 말았으니, 애석하다. 희연은 자신을 성찰하여 사욕을 극복하고 정밀하고 절실하게 공부하는 데 있어서 기꺼이 스스로 충성스럽다고 여기는가?" 남강부학南康府學

|11-12| 蔡宗兗字希淵, 號我齋, 山陰之白洋人. 鄕書十年而取進士, 留爲庶吉士, 不可, 以教授奉母. 孤介不爲當道所喜, 輒棄去. 文成以爲"歸計良是, 而傷於急迫. 再過二三月, 托病行, 則形迹泯然. 獨爲君子, 而人爲小人, 亦非仁人忠恕之心也." 已教授莆田, 復不爲當道所喜. 文成戒之曰: "區區往謫龍場, 橫逆之加日至, 迄今思之, 正動心忍性砥礪切磋之地, 其時乃止搪塞排遣, 竟成空過, 惜也. 希淵省克精切, 其肯遂自以爲忠乎?" 移教南康, 入爲太學助教·南考

교수로 옮겼다가 조정에 들어가 태학조교太學助教, 남경南京의 고공考功이 되었으며, 사천四川의 독학첨사督學僉事로 승진했다. 임견소林見素[1]는 말하기를 "선생은 마음속에 수양하고도 남은 것이 있을 정도로 (충분히 수양하여) 마음 밖에 있는 것을 가볍게만 보았기 때문에 천 길 높이의 절벽처럼 우뚝 솟은 기상을 지닐 수 있었다."라고 하였다.

功, 陞四川督學僉事. 林見素謂: "先生中有餘養, 祇見外者之輕, 故能壁立千仞."

|11-13| 주절朱節은 자가 수중守中이고, 호는 백포白浦이며, 역시 백양白洋 사람이다. 진사에 급제하고, 어사가 되어 천하를 태평하게 만드는 일을 자신의 임무라고 생각하였다. 문성이 그에게 말하기를 "덕업德業 이외에 사공事功이 없으니, 천덕天德으로 말미암지 않고 사공을 추구한다면 높은 지위를 바라고 외물에 힘쓰는 것이지 덕업德業이 아니다."라고 하였다. (어사가 되어) 산동山東 지역을 순안巡按할 때 유적流賊의 난리를 해결하기 위해 열심히 일하다가 세상을 떠났으며,[2] 광록소경光祿少卿에 추증되었다. 선생은 일찍이 말하기를 "평생 '민중을 사랑함[愛衆]과, 어진 이를 가까이함[親仁]'[3]의 두

|11-13| 朱節字守中, 號白浦, 亦白洋人. 擧進士, 官御史, 以天下爲己任. 文成謂之曰: "德業外無事功, 不由天德而求騁事功, 則希高務外, 非業也." 巡按山東, 流賊之亂, 勤事而卒, 贈光祿少卿. 先生嘗言: "平生於'愛衆·親仁'二語得力, 然親仁必從

1 林俊(1452-1527): 字待用, 號見素·云庄, 莆田人.

2 (어사가 되어) … 세상을 떠났으며: 『明史』本傳. "爲御史, 巡按山東. 大盜起顔神鎭, 蔓州縣十數. 驅馳戎馬間, 以勞卒." 참고.

3 민중을 사랑함[愛衆] … 이를 가까이함[親仁]: 『論語』「學而」. "汎愛衆而親仁."

마디 말에서 힘을 얻었다. 그러나 어진 이를 가까이함은 반드시 민중을 사랑하는 데에서 온다."라고 하였다.

愛衆得來."

원외 서산 전덕홍 선생

員外錢緒山先生德洪

|11-14| 전덕홍(錢德洪, 1496-1574)은 자가 홍보洪甫이고, 호는 서산緒山이며, 절강성 여요餘姚 사람이다. (1521년) 왕문성이 신호宸濠의 반란을 평정하고 월越로 돌아오자, 선생은 동읍의 범인년范引年, 관주管州, 정인鄭寅, 시봉柴鳳, 서산徐珊, 오인吳仁 등 수십 인과 함께 중천각中天閣에 모여서 다 같이 가르침을 받았다. 이듬해(1522년) 향시에 합격하였다. 당시 사방에서 월(越, 浙江)로 배우러 온 선비들이 매우 많았는데, 선생은 왕용계王龍溪[1]와 함께 문성의 대지大旨를 소통시킨 뒤에 문성에게 학업을 마치게 했으니, 한때 교수사教授師로 불렸다. 가정 5년(1526)에 회시會試에 합격하였으나 정시廷試를 치르지 않고 돌아왔다. (1527년) 문성이 사은思恩과 전주田州를 정벌하러 가자 선생은 용계와

|11-14| 錢德洪字洪甫, 號緒山, 浙之餘姚人. 王文成平濠歸越, 先生與同邑范引年・管州・鄭寅・柴鳳・徐珊・吳仁數十人會於中天閣, 同稟學焉. 明年, 舉於鄉. 時四方之士來學於越者甚眾, 先生與龍溪疏通其大旨, 而後卒業於文成, 一時稱爲教授師. 嘉靖五年舉於南宮, 不廷試而歸.

---

1 왕용계(王龍溪): 王畿. 『明儒學案』 권12, 「浙中王門學案2」.

월에 머물면서 서원을 지켰다. 가정 7년(1528)에 문성의 부음을 듣고 달려갔는데 귀계貴溪에 이르러 상복喪服에 관하여 묻자 소죽봉邵竹峰이 말했다. "옛날에 공자가 돌아가시자 자공子貢이 마치 부친의 상을 치르듯이 하였으나 입지 않았는데, 이것이 예禮에 맞는다." 선생이 말했다. "우리 선생께서는 길에서 돌아가셔서 상을 주관하는 이가 없으니, 제자가 상복을 입지 않을 수 없다. 그러나 나는 또 부모가 살아계시니 삼베로 된 상복과 포질布絰을 감히 걸칠 수 없다."[2] 그리고는 마당에 집을 짓고 심상心喪을 마쳤다.

文成征思·田, 先生與龍溪居守越中書院. 七年, 奔文成之喪, 至於貴溪, 問喪服, 邵竹峰曰: "昔者孔子歿, 子貢若喪父而無服, 禮也." 先生曰: "吾夫子歿於道路, 無主喪者, 弟子不可以無服. 然某也有父母在, 麻衣布絰, 弗敢有加焉." 築室於場, 以終心制.

가정 11년(1532)에 비로소 정시廷試에 나아갔고, 출사하여 소주부학蘇州府學의 교수가 되었다. 모친상을 당했다. 삼년상을 마치자 국자감승國子監丞에 보임되고, 이어서 형부주사刑部主事로 승진했다가 조금 뒤에 원외랑員外郎으로 옮겼으며, 섬서사사陝西司事에 임명되었다. 주상主上이 밤에 서산西山에 놀러 갔다가 무정후武定侯 곽훈郭勳을 불렀으나 오지 않았다. 급사중給

十一年, 始赴廷試, 出爲蘇學教授. 丁內艱. 服闋, 補國子監丞, 尋陞刑部主事, 稍遷員外郎, 署陝西司事. 上夜遊西山, 召武定侯郭勳不至, 給事中高時劾

2 우리 선생께서는 … 걸칠 수 없다: 『喪禮四箋』卷十五 / 喪期別 十八, 師友 五【爲師有斬衰之人】『禮考』錢德洪師事王陽明, 陽明卒, 德洪與同門王畿議服制. 德洪以父母在, 麻衣布絰, 不敢加焉. 畿請服斬衰, 廬墓三年.【『邷聞錄』】○ 鏞案. 布絰何法也? 朋友尙麻, 况於師乎? 洪也已薄, 畿也已重, 皆非禮也.

事中 고시高時가 그것을 탄핵하자 곽훈을 금의옥錦衣獄에 하옥시켰다가 형부刑部로 이송하였다. 곽훈은 교만 방자하고 법도를 위배하기에 온 조정이 한스럽게 여겨서 모두 역적으로 엮고자 했다. 선생은 법에 근거하여 황제의 명령을 어기는 10가지 죄에 해당한다고 보아 사형으로 논죄하여 두 번이나 아뢰었으나 (주상이) 비답을 내리지 않았다. 온 조정은 주상(主上)이 비답을 내리지 않은 것을 법률 심사가 가벼웠기 때문이라고 생각하여 선생이 법률에 어둡다고 탄핵했다. 주상은 선생이 일부러 무거운 형벌을 내렸다고 생각하였기 때문에 비답을 내리지 않았던 것이었으니, 마침내 탄핵을 계기로 선생을 하옥시켰다. 곽훈에 대한 주상의 총애는 아직 약해지지 않았고 단지 그 일을 가지고 그의 기를 조금 꺾으려고 했을 뿐이었으므로, 조정 신하들의 의도와도 서로 어긋났던 것이다. 선생은 목과 손 및 발에 형틀을 찬 상태에서도 시어侍御 양곡산楊斛山,[3] 도독都督 조백루趙白樓와 함께 『주역』 강독을 그치지 않았다. 곽훈이 죽자 비로소 출옥할 수 있었다. 구묘九廟가 이루어지자 조서를 내려 관리의 자격을 회복시켰다. 목종穆宗 조에 조열朝列대부로 품계가 승진했으나, 벼슬을 사양하고 물러났다.

之, 下勳錦衣獄, 轉送刑部. 郭勳驕恣不法, 擧朝恨之, 皆欲坐以不軌. 先生據法以違敕十罪論死, 再上不報. 擧朝以上之不報, 因按輕也, 劾先生不明律法. 上以先生爲故入, 故不報, 遂因劾下先生於獄. 蓋上之寵勳未衰, 特因事稍折之, 與廷臣之意故相左也. 先生身嬰三木, 與侍御楊斛山・都督趙白樓講『易』不輟. 勳死, 始得出獄. 九廟成, 詔復冠帶. 穆宗朝, 進階朝列大夫, 致仕. 萬曆初, 復進階一級.

3 양곡산(楊斛山): 楊爵. 『明儒學案』 권9, 「三原學案」.

만력萬曆 초에 다시 품계가 한 등급 승진했다.

재야에 30년 동안 있으면서 하루라도 강학을 하지 않는 날이 없었다. 강(江: 江蘇), 절(浙: 浙江), 선(宣城, 지금의 安徽省 宣城市), 흡(歙: 歙縣으로 지금의 安徽省 黃山市), 초(楚: 지금의 湖南省과 湖北省), 광(廣: 廣州)의 이름난 고장과 오지奧地에 모두 강당이 있었다. 선생은 왕용계王龍溪와 번갈아 가며 강회를 주관하였다. 나이 70에 「이한소頤閒疏」를 지어 사방에 알리고는 비로소 타지로 강학하러 나가지 않았다. 만력 2년(1574) 10월 26일에 세상을 떠나니, 나이 79세였다.

在野三十年, 無日不講學. 江·浙·宣·歙·楚·廣名區奧地, 皆有講舍. 先生與龍溪迭捧珠盤. 年七十, 作「頤閒疏」告四方, 始不出遊. 二年十月二十六日卒, 年七十九.

|11-15| 왕양명의 '치양지학致良知學'은 만년에 제출된 것이다. 처음에는 정좌하여 마음을 맑게 하는 것으로 학생들을 가르쳤는데, 그들에게 고요함을 기뻐하고 움직임을 싫어하는 폐단이 많이 생겼다. 양지는 본래 유행하기 때문에 (정좌하여 마음을 맑게 하라는 가르침을) 제시한 것은 지나치게 무거움을 면할 수 없었다. 그러나 (왕양명은) "양지는 미발의 중未發之中이다."[4] 라고 하였고, 또 "근독謹獨이 바로 치양지이다."[5]라고 하였으니, 역시 수렴을 위주로 하지

|11-15| 陽明'致良知'之學, 發於晚年. 其初以靜坐澄心訓學者, 學者多有喜靜惡動之弊, 知本流行, 故提掇未免過重. 然曰: "良知是未發之中", 又曰"謹獨卽是致良知", 則亦未嘗不以收斂爲

4 양지는 미발의 중(未發之中)이다: 『傳習錄』「答陸原靜書(又)」, 제155조. "良知卽是未發之中, 卽是廓然大公, 寂然不動之本體, 人人之所同具者也."

5 근독이 바로 치양지이다: 『王陽明全集』 권5, 「與黃勉之(二)甲申」, 194쪽; 『明儒學案』

않은 적이 없다. 그러므로 추동곽(鄒東廓, 1491-1562)[6]의 계신공구戒愼恐懼와 나염암(羅念菴, 1504-1564)[7]의 주정主靜은 참으로 양명의 적전嫡傳이다.

主也. 故鄒東廓之戒懼, 羅念菴之主靜, 此眞陽明之的傳也.

선생은 용계와 더불어 친히 양명의 가르침을 받은 것이 가장 오래되었기에 양명의 지나치게 무거운 말을 익히 들었다. 용계는 말하기를 "적寂은 마음의 본체요, 적寂은 비춤을 작용으로 삼으니, 그 공허한 지知를 지키면서 비춤을 빠뜨린다면 이것은 그 작용을 어긋나게 하는 것이다."[8]라고 하였다. 선생은 말하기를 "미발未發을 궁극적으로 어디에서부터 찾을 것인가? 이발已發을 떠나서 미발을 구하면 반드시 얻을 수 없을 것이다."[9]라고 하였다. 이 두 선생의 '양지'는 모두 현재 지각하는 것을 가지고 말한 것으로, 성현의 응취처에 대해서는 다 제거해 버렸으니, 사문師門의 취지에서 볼 때 조금의 차이가 없을 수 없다. 용계는 현재見在로

先生與龍溪親炙陽明最久, 習聞其過重之言. 龍溪謂: "寂者心之本體, 寂以照爲用, 守其空知而遺照, 是乖其用也." 先生謂: "未發竟從何處覓? 離已發而求未發, 必不可得." 是兩先生之'良知', 俱以見在知覺而言, 於聖賢凝聚處, 盡與掃除, 在師門之旨, 不能無毫釐

권10, 「姚江學案」, 192쪽; 彭定求, 『南畇集』, 光緖七年, 1881年本, 附密證錄, 2上: 鄒東廓問於陽明先生曰: "子思受學曾子者, 大學先格致, 中庸首揭愼獨, 何也?" 陽明先生曰: "獨卽所謂良知也. 愼獨者, 所以致其良知也. 戒愼恐懼, 所以愼其獨也. 『大學』『中庸』之旨一也." 于是言下了然.

6 추동곽(鄒東廓, 1491-1562): 『明儒學案』 권16, 「江右王門學案1」.

7 나염암(羅念菴, 1504-1564): 『明儒學案』 권18, 「江右王門學案3」.

8 적(寂)은 마음의 … 하는 것이다: 『王龍溪先生全集』 권1, 撫州擬峴臺會語」, 39쪽; 『明儒學案』 권12, 「浙中王門學案二」, 241쪽.

9 미발(未發)을 궁극적으로 … 없을 것이다: 『錢德洪集』 「復何吉陽」, 155쪽; 『明儒學案』 권11, 「浙中王門學案一」, 235쪽.

부터 그 변동하여 머물지 않는 본체를 깨달았으나, 선생은 단지 사물상의 실심實心에서 연마하였다. 그러므로 선생은 투철하게 깨달은 점에서 용계만 못하고, 용계는 닦고 견지하는 점에서 선생만 못하다. 그런데 용계는 마침내 선禪으로 빠졌으나, 선생은 유자儒者의 법도를 잃지 않은 것은 왜인가? 용계는 벼랑 끝에서 손을 놓았으니[懸崖撒手], 사문의 종지로 속박할 수 있는 것이 아니었으나, 선생은 닻줄을 잡고서 배를 놓아주었으니, 비록 크게 얻은 것은 없을지라도 역시 크게 잃은 것도 없었다.

之差. 龍溪從見在悟其變動不居之體, 先生只於事物上實心磨鍊, 故先生之徹悟不如龍溪, 龍溪之修持不如先生. 乃龍溪竟入於禪, 而先生不失儒者之矩矱, 何也? 龍溪懸崖撒手, 非師門宗旨所可繫縛, 先生則把纜放船, 雖無大得亦無大失耳.

나염암羅念菴은 말했다. "전서산의 학문은 몇 차례 변화했다. 처음에는 선을 실천하고 악을 제거하는 것에 대해 본 것이 있어서, 그것을 양지를 다 실현하는 것[致良知]으로 생각했다. 얼마 뒤에는 '양지란 선도 없고 악도 없는 것이다. 내가 어떻게 양지에 선과 악이 있다고 집착하여 선을 행하고 또 악을 제거하겠는가?'라고 하였다. 얼마 뒤에는 또 말하기를 '나는 저 양지를 말하는 사람들이 뒤섞어 버리는 것을 미워한다. 선도 없고 악도 없다는 것은 견見이지 양지가 아니다. 나는 오직 내가 아는 바에 나아가 선이라고 여기는 것은 행하고, 악이라고 여기는 것은 제거하니, 이것이 내가 능히 할 수 있는 것이다. 여기에서 나오지 않는 것

念菴曰: "緖山之學數變, 其始也, 有見於爲善去惡者, 以爲致良知也. 已而曰: '良知者, 無善無惡者也, 吾安得執以爲有而爲之而又去之?' 已又曰: '吾惡夫言之者之淆也, 無善無惡者見也, 非良知也. 吾惟卽吾所知以爲善者而行之, 以爲惡者而去之, 此吾可能爲者也. 其

은 내가 할 수 있는 것이 아니다.'고 하였다. 또 말하기를 '예전의 내 말은 여전히 둘이지 하나가 아니었다. 양명 선생께서 일찍이 말씀하시기를 지선至善은 마음의 본체요, 움직인 뒤에 불선이 있다고 하셨다. 내가 반드시 불선이 없게 할 수는 없으니, 나는 움직이지 않을 뿐이다. 저 이른바 의意라는 것은 움직이는데, (나는) 이것을 움직인다고 말하는 것이 아니다. 내가 말하는 바의 움직임은 움직이는 데에서 동요하는 것이다. 내가 동요되지 않는다면 나에게 있는 것은 늘 한결같다'고 하였다."[10] 생각건대 선생의 동요됨이 없다는 것은 곧 양자호楊慈湖[11]가 의意를 일으키지 않은 것이다. 의를 일으키지 않은 것은 미발이 아니겠는가? 그렇다면 "이발을 떠나서 미발을 구하면 반드시 얻을 수 없을 것이다."라고 한 것은 선생이 최후에 한 말이 아니다.

不出於此者, 非吾所得爲也.' 又曰: '向吾之言猶二也, 非一也. 夫子嘗有言矣, 曰至善者心之本體, 動而後有不善也. 吾不能必其無不善, 吾無動焉而已. 彼所謂意者動也, 非是之謂動也; 吾所謂動, 動於動焉者也. 吾惟無動, 則在吾者常一矣.'" 按先生之無動, 卽慈湖之不起意也. 不起意非未發乎? 然則謂"離已發而求未發, 必不可得"者, 非先生之末後語矣.

---

10 전서산의 학문은 … 하였다: 羅洪先, 『石蓮洞羅先生文集』 권10, 「贈錢緖山序」(『徐愛 錢德洪 董澐集』 434쪽).

11 양자호(楊慈湖, 1141-1226년): 남송의 유학자로, 이름은 楊簡, 자는 敬仲, 호는 慈湖이며, 明州 慈溪 출신이다. 효종 건도(乾道) 5년(1169년) 진사에 급제했으며, 富陽主簿, 寶謨閣 학사를 지냈다. 육구연의 제자로 상산학의 핵심을 계승 발전시켰다. 악의 기원을 意에서 찾았으며, 의를 일으키지 않는 것[不起意]을 공부의 중심으로 삼았다. 저서로는 『慈湖詩傳』, 『楊氏易傳』, 『慈湖遺書』 등이 있다.

회어

|11-16| 천지 사이에 단지 이 영규靈竅가 있다. 조화작용 전체에서 말하면 그것을 귀신이라고 하고, 사람의 몸에서 말하면 그것을 양지라고 한다. 오직 이 영규靈竅는 지극히 은미하여 볼 수 없고, 지극히 현저하여 가릴 수 없다. 이 마음을 정순精純하게 엉기고 굳게 응취시켜서 항상 신명神明을 대하는 때처럼 만든다면 참된 기틀이 활발하고 위아래로 밝게 이를 것이니 어떻게 가릴 수 있겠는가? 만약 조금이라도 싫어하고 꺼리는 생각이 있다면 황홀하고 산만하게 될 것이다.

|11-17| 경계하고 두려워하는 것[戒懼]은 바로 양지이며, 이 경계하고 두려워함을 많이 느끼는 것은 단지 공부가 낳은 것이다. (공부가) 오래되면 본체와 공부가 저절로 서로를 잊게 되니, 생각하지 않고도 얻으며 힘쓰지 않고도 적중하는 것도[12] 역시 단지 한번 익숙해지는 것일 뿐이다.

|11-18| 사려는 사람 마음의 살아 있는 기틀

會語

|11-16| 天地間只此靈竅, 在造化統體而言, 謂之鬼神; 在人身而言, 謂之良知. 惟是靈竅至微不可見, 至著不可掩, 使此心精凝純固, 常如對越神明之時, 則眞機活潑, 上下昭格, 何可掩得? 若一念厭斁, 則恍惚散漫矣.

|11-17| 戒懼卽是良知, 覺得多此戒懼, 只是工夫生; 久則本體工夫自能相忘, 不思而得, 不勉而中, 亦只一熟耳.

|11-18| 思慮是人

---

12 생각하지 않고도 … 적중하는 것도: 『中庸章句』, 제20장. "誠者不勉而中, 不思而得, 從容中道, 聖人也."

[生機]로서 잠시도 멈출 수 없다. 다만 이 마음의 주재가 늘 안정되면 사려가 발하는 것에 저절로 조리가 있게 된다. 조화는 단지 주재가 늘 안정된 것이므로 사계절과 일월의 왕래가 저절로 어지럽지 않게 된다.

心生機, 無一息可停. 但此心主宰常定, 思慮所發, 自有條理. 造化只是主宰常定, 故四時日月往來, 自不紛亂.

|11-19| 하늘과 땅 사이에 가득 찬 것으로는 단지 이 지知가 있을 뿐이다. 하늘은 단지 이 지의 허명(虛明, 텅 비고 밝음)이요, 땅은 단지 이 지가 응취凝聚한 것이요, 귀신은 단지 이 지의 묘용妙用이요, 사계절과 일월은 단지 이 지의 유행流行이요, 사람과 만물은 단지 이 지의 합산合散인데, 사람은 단지 이 지의 정화精華이다. 이 지가 만고토록 운행하는 데 정체定體가 있기 때문에 태극이라고 하고, 원래 감각할 수 있는 소리와 냄새가 없기 때문에 무극이라고 한다. 태극의 운행은 자취가 없으나 음양의 유행은 점진적이기 때문에 하나가 둘을 낳고 (둘이) 넷을 낳고 (넷이) 여덟을 낳은 것으로부터 뭇 생물이 소생[露生]하는 데 이르기까지 아무리 헤아려 봐도 끝이 없다. 이것은 그 지나간 것을 따라서 헤아린 것이기 때문에 '지나간 것을 헤아리는 것은 순順이다'[13]라고 한다. 만물로부터 태극으로 근본을 미루어 올라가다 보면 무극

|11-19| 充塞天地間只有此知. 天只此知之虛明, 地只此知之凝聚, 鬼神只此知之妙用, 四時日月只此知之流行, 人與萬物只此知之合散, 而人只此知之精粹也. 此知運行萬古, 有定體, 故曰太極; 原無聲臭可卽, 故曰無極. 太極之運無迹, 而陰陽之行有漸, 故自一生二, 生四, 生八, 以至庶物露生, 極其萬而無窮焉. 是順其往而數之, 故曰'數往者順'.

13 지나간 것을 … 것을 순(順)이다: 『周易』「說卦傳」.

에 이른다. (이것은) 그 좇아 나온 바를 거슬러 안 것이기 때문에 '앞으로 올 것을 아는 것은 역逆이다'[14]라고 한다. 이 때문에 『주역』에서 거슬러 헤아리는 것은 대개 그렇게 함으로써 사람들에게 소리도 없고 냄새도 없는 근원을 드러내 보여 주려는 것이다.

自萬物推本太極, 以至於無極, 逆其所從來而知之, 故曰'知來者逆'. 是故『易』逆數也, 蓋示人以無聲無臭之源也.

|11-20| 고자告子가 성性에는 선도 없고 불선도 없다[15]고 말한 것은 맹자가 성은 선하다[16]고 말한 것과 역시 그 거리가 아주 멀지는 않다. 고자는 단지 안정된 하나의 성체性體가 원래 움직이지 않고, 움직임이 있는 곳은 단지 물物이 감촉하는 데 있음을 먼저 보아냈다. 그래서 저가 나이가 많으면 내가 어른으로 대우하고, 저것이 희면 내가 희다고 하듯이 손이 가는 대로 응하여 그 마땅함을 잃지 않기만 하면 될 뿐이라고 하여 나의 성체에 대해서는 무심하여 간섭하는 바가 없었다. 스스로 생각하기를 이미 안을 잃지 않고 또 밖을 잃지 않았으니 이미 성인 문하의 전체全體의 학學이라고 하였다. 그러나 성체를 본 것에 먼저 집착한 줄을 전혀 몰라서 장차 마음[心]과 말[言]과 기氣를 세 가지의 길로 나누어 마침내 안과 밖이 둘로 단절되

|11-20| 告子言性無善無不善, 與孟子言性善, 亦不甚遠. 告子只先見定一個性體, 原來不動, 有動處只在物感上, 彼長我長, 彼白我白, 隨手應去, 不失其宜便了, 於吾性體, 澹然無所關涉. 自謂既不失內, 又不失外, 已是聖門全體之學. 殊不知先著性體之見, 將心與言氣分作三路, 遂成內外二截, 微顯兩用, 而

---

14 앞으로 올 … 것을 역(逆)이다: 『周易』「說卦傳」.

15 성(性)에는 선도 … 불선도 없다: 『孟子』「告子上」.

16 성은 선하다: 『孟子』「告子上」.

고 은미함[微]과 드러남[顯]이 두 가지 작용이 되어 일체 감응에 대해 모두 아무런 감정이 없는 데로 들어가게 되었으니, 한갓 무익할 뿐만 아니라 도리어 그 근원을 해치게 되었다. 맹자의 공부는 마음의 움직임과 움직이지 않음을 막론하고 생각 생각마다 의로움을 정밀하게 살펴서 반드시 의로움으로 움직이게 하고 마음에 만족스럽지 않음이 없게 하여, 자연히 땅을 굽어보고 하늘을 우러러보아도 어그러짐이 없으며 틈이 없이 (천지에) 가득 차니, 이것을 일러 호연지기浩然之氣라고 한다. 고자는 성이 안에 있음을 보고 외부에 의해 일절 움직이지 않게 하였으니 효과를 거둠이 빠른 듯하지만, 이것은 견見[17]을 위주로 삼은 것으로 끝내 움직이지 않는 근본은 아닌 것이다. 맹자는 오랫동안 의로움을 축적한 뒤에 행하여 얻지 못함이 없으니, 효과를 거둠은 느린 듯하지만, 곧바로 근원의 움직이지 않는 곳으로부터 힘을 쓰기에 움직이지 않기를 구하지 않더라도 저절로 움직이지 않음이 없다.

於一切感應俱入無情, 非徒無益, 反鑿其原矣. 孟子工夫, 不論心之動不動, 念念精義, 使動必以義, 無歉於心, 自然俯仰無虧, 充塞無間, 是之謂浩然之氣. 告子見性在內, 一切無動於外, 取效若速, 是以見爲主, 終非不動之根. 孟子集義之久, 而後行無不得, 取效若遲, 乃直從原不動處用功, 不求不動, 而自無不動矣.

|11-21| 이 마음은 시작이 없는[無始] 데로부터 왔으니 원래 (지선에) 그친[止] 것이다. 비록

|11-21| 此心從無始中來, 原是止的,

---

17 견(見): 견해, 의견, 주장을 말함. 이것이 정견(正見)과 사견(邪見)에도 통하나 흔히는 편벽된 견해나 주장에 쓰임. [동국대학교 불교사전]

수천 가지 생각을 할지라도 단지 타고난 기틀[天機]이 저절로 그러한 것이고, 온갖 자극에 반응하더라도 원래 본체는 항상 적연[常寂]하다. 단지 우리에게 본래 지식이 있어서 곧 공리功利와 기호嗜好, 기능과 견문, 일체의 의필고아意必固我가 저절로 지견知見을 일으키고 저절로 동요를 일으켜 지선한 본체를 잃어버렸기 때문에 비로소 그치지 못한 것이다. 모름지기 이러한 습심習心을 전부 내려놓아야만 비로소 본래 자성自性이 원래 이와 같음을 믿을 수 있게 된다.[18]

雖千思百慮, 只是天機自然, 萬感萬應, 原來本體常寂. 只爲吾人自有知識, 便功利嗜好, 技能聞見, 一切意必固我, 自作知見, 自作憧擾, 失却至善本體, 始不得止. 須將此等習心一切放下, 始信得本來自性原是如此.

|11-22| 성인께서 (온갖 감정과 욕망 등이) 어지럽게 교착하는 가운데 그 움직이지 않는 진체眞體를 가리켰으니, 양지가 이것이다. 이 지知는 비록 만감이 어지럽더라도 시비에 어둡지 않으며, 뭇 욕망이 교착하더라도 맑고 밝음[淸明]이 몸에 있다. 지극히 변화하여 일정한 장소가 없고, 지극히 신묘하여 자취가 없는 것이 양지의 체體이다. 태허太虛 속에는 있지 않은 것이 없으나 머물러 있는 것이 없으니, 머무름이 있으면 곧 태허에 장애가 된다. 사람 마음의 감응은 있지 않은 때가 없으나 머물러 있는

|11-22| 聖人於紛紜交錯之中, 而指其不動之眞體, 良知是也. 是知也, 雖萬感紛紜而是非不昧, 雖衆欲交錯而淸明在躬. 至變而無方, 至神而無迹者, 良知之體也. 太虛之中, 無物不有, 而無一物之住, 其有住則卽爲太

---

18 이 마음은 … 있게 된다: 『錢德洪語錄詩文輯佚』「語錄」의 이 조는 『聖學宗傳』에서 가져온 것이다. 『명유학안』보다 상세하다고 하여 『성학종전』을 실은 듯하다.

때가 없으니, 머묾이 있으면 곧 태허에 장애가 된다. 그러므로 성내고, 좋아하고, 두려워하고, 근심하는 것[19]이 하나라도 마음에 머물러 있다면, 마음은 곧 그 바름을 얻지 못하게 된다. 그러므로 마음을 바르게 하는 공부는 다른 데서 구할 것이 아니라, 단지 의意를 성실하게 하는 중에 본체를 분명하고 투철하게 체인하여 지선에 그칠 따름이다.

虛之礙矣. 人心感應, 無時不有, 而無一時之住, 其有住則卽爲太虛之障矣. 故忿懥·好樂·恐懼·憂患一著於有, 心卽不得其正矣. 故正心之功不在他求, 只在誠意之中, 體當本體明徹, 止於至善而已矣.

|11-23| 호오를 제외하고 다시 무슨 심체가 있겠는가? 원형이정元亨利貞을 제외하고 다시 어디에서 태극을 찾겠는가? 새벽의 맑은 기운에는 좋아하고 미워하는 것이 다른 사람들과 서로 가까우니, 이것이 바로 양심이 아직 없어지지 않은 것이다. 그러나 그 단서는 매우 미세하기 때문에 그것을 '아주 적다[幾希]'고 한다.[20] 요즘 사람은 새벽의 맑은 기운을 단지 허명虛明한 광경光景으로만 알기 때문에 공부할 곳이 없어지게 되었다. (새벽의 맑은 기운이 양심

|11-23| 除却好惡, 更有甚心體? 除却元亨利貞, 更於何處覓太極? 平旦之氣, 好惡與人相近, 此便是良心未泯. 然其端甚微, 故謂之幾希. 今人認平旦之氣, 只認虛明光景, 所以無用功處. 認

---

19 성내고, 좋아하고 … 근심하는 것: 『大學章句』, 제7장. "所謂脩身在正其心者, 身有所忿懥, 則不得其正; 有所恐懼, 則不得其正; 有所好樂, 則不得其正; 有所憂患, 則不得其正."

20 새벽의 맑은 기운에는 … '아주 적다[幾希]'고 한다: 『孟子』「告子上」. "平旦之氣, 其好惡與人相近也者幾希, 則其旦晝之所爲, 有梏亡之矣."

이 아직 없어지지 않은 것임을) 알았을 때에는 온갖 (좋아하고 싫어하는 감정)이 모두 (허명한 것이 아니라) 실제적인 것이 된다.

得時, 種種皆實際矣.

|11-24| 춘하추동은 천도에 있는 것으로 한순간도 멈춤이 없으며, 희로애락은 사람의 마음에 있는 것으로 역시 한때라도 그친 적이 없다. 온갖 자극에 수만 가지로 반응하더라도 그 단예端倪를 알지 못하며, 이 본체는 적연하여 외물에 물든 적이 없으니, 비록 발하더라도 실제로 발한 바가 없다. 따라서 이미 그것을 중中이라고도 하고 화和라고도 하니, 실제로 두 가지 일이 있는 것이 아니다. 치중화致中和의 공부는 전적으로 신독愼獨에 있다. 이른바 은미한 것이 드러난다[21]는 것은 중화의 본체를 지적해 낸 것이다. 그러므로 신독이 바로 치중화이다.

|11-24| 春夏秋冬, 在天道者無一刻停, 喜怒哀樂, 在人心者亦無一時息. 千感萬應, 莫知端倪, 此體寂然, 未嘗染著於物, 雖曰發而實無所發也. 所以既謂之中, 又謂之和, 實非有兩截事. 致中和工夫, 全在愼獨, 所謂隱微顯見, 已是指出中和本體, 故愼獨卽是致中和.

|11-25| 단지 양지를 어기지 않기를 구하기만 한다면 인정人情에 자연히 통하게 된다. 만약 단지 인정을 어기지 않기를 구한다면 곧 남을 따르다가 자기를 잃어버리게 될 것이다.

|11-25| 只求不拂良知, 於人情自然通得. 若只求不拂人情, 便是徇人忘己.

|11-26| 물었다. "다른 사람을 자극해도 움직

|11-26| 問: "感人

---

21 은미한 것이 드러난다: 『中庸章句』, 首章. "莫見乎隱, 莫顯乎微, 故君子愼其獨也."

이지 않는데, 어떻게 해야 합니까?"

대답하였다. "다른 사람을 자극한다고 말하자마자 곧 옳지 않은 것이다. 성현은 단지 자기를 바르게 하지만 외물이 저절로 바르게 된다. 비유하자면 태양은 가린 것이 없이 빛을 허용하기만 하면 저절로 사물을 비추는 것이지, 자잘하게 사물을 찾아다니며 비추는 것은 아닌 것과 같다."

不動如何?"

曰: "纔說感人便不是了, 聖賢❶只是正己而物自正. 譬如太陽無蔽, 容光自能照物, 非是屑屑尋物來照."

11-27 물었다. "경계하고 두려워하는 공부에 일이 있을 때[有事]와 일이 없을 때[無事]의 구분이 없을 수 없습니다."

대답하였다. "양지가 하나의 두뇌임을 안다면 비록 수많은 사람들 가운데 있더라도 공부는 단지 한 생각의 은미한 곳에 달려 있으며, 비록 홀로 그윽한 곳에 앉아 있더라도 공부는 역시 한 생각의 은미한 곳에 달려 있을 뿐이다."

11-27 問: "戒懼之功, 不能無有事無事之分."

曰: "知得良知是一個頭腦, 雖在千百人中, 工夫只在一念微處; 雖獨居冥坐, 工夫亦只在一念微處."

11-28 진성眞性이 유행하여 드러나는 것은 자연이 아님이 없지만 조금이라도 뜻[意]을 한 번 일으키는 것은 바로 태허 가운데서 홀연히 구름이 일어나는 것과 같다. 뜻을 일으키지 않는다는 이 [자호(慈湖, 楊簡)의] 가르침이 극진하

11-28 眞性流形, 莫非自然, 稍一起意, 卽如太虛中忽作雲翳. 此不起意之教, 不爲不盡, 但質

❶ 賢: 『錢德洪語錄詩文輯佚』에는 '學'으로 되어 있다.

지 않은 것은 아니다. 그러나 자질이 아름다운 사람은 습관에 깊이 얽매이지 않아서 한번 가리켜 보여 주기만 하면 전체가 확 트이지만, 습관에 이미 깊이 얽매인 사람은 뜻을 성실하게 하는 실질적인 공부를 가르치지 않고 그 뜻을 일으키는 것을 일절 금지시킨다면 이것은 또 사람으로 하여금 의견意見을 가지고 받들게 하는 것이다. (이러한 의견을) 오래도록 빌리고 돌려주지 않으면 곧 의견을 본체로 간주하고, 욕심의 뿌리가 저도 모르게 싹트면 다시 의견으로 그것을 덮어 버리니, 종일토록 우뚝하게 이 헛된 견해를 지키지만 인정과 물리가 하나가 되지 못하고 서로 분리되어 장차 유행하는 활발한 진기眞機를 가지고 도리어 일종의 지혜롭지도 못하고 민첩하지도 못한 마음을 기를 뿐이다. 양자호楊慈湖는 너무 성급하게 사람들이 깨닫기를 바라서 드디어 세심洗心, 정심正心, 징분질욕懲忿窒慾 등의 말을 모두 성인의 말이 아니라고 하였으니, 이것은 단지 종묘의 아름다움과 백관의 풍부함[22]을 집에 도착한 사람(→도를 깨달은 사람 = 양자호)이 가리켜서 해설해

美者習累未深, 一與指示, 全體廓然; 習累既深之人, 不指誠意實功, 而一切禁其起意, 是又使人以意見承也. 久假不歸, 卽認意見作本體, 欲根竊發, 復以意見蓋之, 終日兀兀守此虛見, 而於人情物理常若有二, 將流行活潑之眞機, 反養成一種不伶不俐之心也. 慈湖欲人領悟太速, 遂將洗心・正心・懲忿・窒慾等語俱謂非聖人之言, 是特以宗廟百官爲到家之人指說, 而不知在道之人尙涉程途也.

---

22 종묘의 아름다움과 백관의 풍부함: 원문은 "宗廟百官". 이것은 "宗廟之美, 百官之富"을 줄여서 말한 것인 듯하다. 이 부분은 다음에 근거한 비유인 듯하다. 『論語』「子張」: 23. 叔孫武叔語大夫於朝, 曰: "子貢賢於仲尼." 子服景伯以告子貢. 子貢曰: "譬之宮牆, 賜之牆也及肩, 窺見室家之好. 夫子之牆數仞, 不得其門而入, 不見宗廟之美, 百官之富. 得其門者或寡矣. 夫子之云, 不亦宜乎!"

준 것일 뿐, 길에 있는 사람(→배우는 과정에 있는 사람)이 여전히 (집이라는 배움의 목적지를 향해) 걷고 있음을 알지 못한 것이다.

|11-29| 악을 제거할 경우에는 반드시 그 뿌리까지 제거해야 하고, 선을 실천할 경우에는 그 유위有爲에 머물지 않는 것이 격물의 법칙이다. 그러나 이것은 끝까지 본체를 추구하여 지선至善에 머무는 배움이 아니다. 선악의 기틀은 제멋대로 생멸하게 내버려 두면 무궁하게 서로 이어지는데, 이것은 그 (선악의) 뿌리를 간직하면서 (선악의) 싹이 생기는 것을 미워하는 것이요, 그 (선악의) 근원을 흐리게 하면서 말류가 깨끗한지를 따지는 것이다. 이 때문에 선을 알고 악을 아는 것을 지知의 극치로 여기고 양지 본체에 본래 선악이 없음을 알지 못하며, 선을 실천하고 악을 제거하는 것을 공부로 여기고 끝까지 본체를 추구하여 무위無爲에서 공부를 베푸는 것이 참된 공부임을 알지 못한다. 바른 생각[正念]은 어떤 생각도 없는 것[無念]이니, 정념正念의 념念은 본체가 늘 적연하지만, 사사롭거나 사특함에 관련되자마자 마음이 불안정하여 어지럽게 된다.

|11-29| 去惡必窮其根, 爲善不居其有, 格物之則也, 然非究極本體, 止於至善之學也. 善惡之機, 縱其生滅相尋於無窮, 是藏其根而惡其萌蘖之生, 濁其源而辨其末流之清也; 是以知善・知惡爲知之極, 而不知良知之體本無善惡也; 有爲・有去之爲功, 而不知究極本體, 施功於無爲, 乃眞功也. 正念無念, 正念之念, 本體常寂, 纔涉私邪, 憧憧紛擾矣.

|11-30| 물었다. "가슴 속이 어지러운 경우에는 반드시 맑게 안정시키는 공부를 용맹하게 해야 비로소 점점 맑아지게 됩니다."

|11-30| 問: "胸中擾擾, 必猛加澄定, 方得漸清."

대답했다. "이것은 견해 상에서 (어지러움에서 맑음으로) 바뀐 것이므로, 일이 있을 때 이 지知는 일에 붙어 있고, 일이 지나가면 이 지는 또 허虛에 붙어 있어서, 움직임과 고요함에 두 가지로 드러나 한 덩어리가 되지 못한다. 만약 이 마음이 철저하게 무욕하다는 것을 꿰뚫어 볼 수 있다면 비록 종일토록 온갖 사무에 대응할지라도 본체에 어떻게 조금이라도 보탤 수가 있겠는가? 일이 끝나면 쉬고, 한번 지나가면 흔적이 남지 않으니 본체에 또 어떻게 조금이라도 덜어 낼 수가 있겠는가?"

曰: "此是見上轉, 有事時, 此知著在事上; 事過, 此知又著在虛上, 動靜二見, 不得成片. 若透得此心徹底無欲, 雖終日應酬百務, 本體上如何加得一毫? 事了卽休, 一過無迹, 本體上又何減得一毫?"

|11-31| 물었다. "치지致知는 마음의 깨달음[心悟]을 보존하는 것입니까?"

대답했다. "영명하게 통하고 오묘하게 지각하는 것은 인륜 사물의 세계를 떠나지 않고 사람이 실제로 체험하여 터득하는 데 달려 있을 뿐이니, 이것을 마음의 깨달음이라고 한다. 세상의 배우는 이들은 이 도가 신기하고 비밀스럽다고 말하여 기틀을 간직하고 통로를 숨겨서 사람들로 하여금 아득하고 황홀하여 들어갈 곳이 없게 하였으니, 참으로 진성眞性을 깨달은 것은 아니다. 만약 양지에 대해 한번 듣자마자 마침내 그림자나 메아리처럼 떠받들기만 하고, 심오한 것과 은미한 기미를 지극하게 연구하여 투철하게 진체眞體를 궁구할 생각을 하지 않는다면, 이것이 또 마음의 깨달음이 될

|11-31| 問: "致知存乎心悟?"

曰: "靈通妙覺, 不離於人倫事物之中, 在人實體而得之耳, 是之謂心悟. 世之學者, 謂斯道神奇祕密, 藏機隱竅, 使人渺茫恍惚, 無入頭處, 固非眞性之悟. 若一聞良知, 遂影響承受, 不思極深研幾, 以究透眞體, 是又得爲心悟乎?"

수 있겠는가?"

|11-32| 양지는 견문을 빌리지 아니하므로 치지의 공부는 보이지도 않고 들리지도 않는 것으로부터 들어간다. 다만 보이지도 않고 들리지도 않는다고 말하자마자, 곧바로 보이지도 않고 들리지도 않는다는 견해에 집착하게 된다. 지금은 단지 생각 생각마다 양지에서 정밀히 살펴서 시시비비是是非非에 조금의 기만이나 은폐를 허용하지 않을 뿐이다.

|11-32| 良知不假於見聞, 故致知之功從不睹不聞而入. 但纔說不睹不聞, 卽著不睹不聞之見矣. 今只念念在良知上精察, 使是是非非無容毫髮欺蔽.

|11-33| 치지의 공부는 전체를 궁구하여 꿰뚫는 데 있지, 오로지 한 가지 생각과 한 가지 일을 궁구하여 꿰뚫는 데 있는 것은 아니다. 그러나 한 가지 생각과 한 가지 일을 제외하고, 또 다시 전체를 꿰뚫을 수는 없다.

|11-33| 致知之功, 在究透全體, 不專在一念一事之間. 但除却一念一事, 又更無全體可透耳.

|11-34| 양지는 광대하고 고명하여 원래 제거해야 할 망령된 생각이란 없다. 조금이라도 제거해야 할 망령된 생각이 있다면 그것은 이미 저절로 광대하고 고명한 본체를 잃어버린 것이다. 이제 단지 본체를 각성하기만 하면 뭇 망령된 생각들은 저절로 사라지게 된다.

|11-34| 良知廣大高明, 原無妄念可去, 纔有妄念可去, 已自失却廣大高明之體矣. 今只提醒本體, 羣妄自消.

|11-35| 선사께서 월越에 계실 때 감천甘泉[23]은 남경南京에서 벼슬을 하고 있었는데, 편지를 보내 양지良知와 천리天理가 같은지, 다른지에 대

|11-35| 先師在越, 甘泉官留都, 移書辨正良知天理同異.

해 변정辨正하였다. 선사께서는 답을 하지 않으시고, 말씀하시기를 "이 문제는 모름지기 몇 달을 함께 지내면서 아무런 의도도 없는 가운데 구체적인 일을 가지고 가리켜서 설명해야만 패연沛然하게 의심이 깨끗이 풀릴 것이다. 만약 서찰에만 의지한다면 헛되이 다툼의 단초만 일으킬 것이다."라고 하셨다. 선사께서 사은思恩과 전주田州를 정벌하러 가시고, 남안南安에서 돌아가시자 끝내 직접 만나서 토론하여 대동大同의 의미(→양지와 천리에 대한 공통의 인식)를 추구하지 못하였으니, 이것도 천고의 유한遺恨이다.

先師不答, 曰: "此須合併數月, 無意中因事指發, 必有沛然融釋處耳. 若恃筆札, 徒起爭端." 先師起征思·田, 歿於南安, 終不得對語以究大同之旨, 此亦千古遺恨也.

내가 무신년(1548) 겨울에 돌아가신 아버님의 묘지명을 부탁하려고 증성增城에 감천공을 뵈러 갔었는데, 공이 말했다. "양지는 배우거나 사려하지 않고도 능하니, 천연적으로 본래 지닌 앎[知]이다. 이제 양명 선생의 문하에서 배운 이들은 모두 '양지는 배우거나 사려를 일삼을 것이 없다'고 말하며 자신의 뜻과 지혜에 맡겨서 행한다. 그러나 그 앎은 이미 선천적이지 않은 데 들어가는데도 자각하지 못하니, 여전히 그것을 양지라고 말할 수 있겠는가? 이른바 치지致知란 본연의 앎[知]을 지극한 데까지 미루어 가는 것이니 공부가 지극히 촘촘하다.

予於戊申年冬, 乞先君墓銘, 往見公於增城. 公曰: "良知不由學慮而能, 天然自有之知也. 今遊先生之門者, 皆曰良知無事學慮, 任其意智而爲之. 其知已入不良, 莫之覺矣, 猶可謂之良知乎? 所謂致知者, 推極本然之知, 功至密也.

23 감천(甘泉): 湛若水. 『明儒學案』 권37, 「甘泉學案1」.

이제 양명 선생의 문하에서 배운 이들은 바로 단지 양지에 의거하기만 하면 지극한 도가 아님이 없다고 말하고, 양지를 지극한 데까지 미루어 가는 공부에 대해서는 전혀 언급하지 않는다. 심지어는 감정에 맡겨 제멋대로 하면서도 여전히 양지를 행하는 것이라고 자신하는 자들도 있다. 가르침을 세운 본지가 과연 이와 같은가?"

今遊先生門者, 乃云只依良知, 無非至道, 而致之之功, 全不言及. 至有縱情恣肆, 尚自信爲良知者. 立教本旨, 果如是乎?"

내가 일어나 고마움을 표하고 말했다. "공의 가르침이 옳습니다."

予起而謝曰: "公之教是也."

공이 나의 말을 청하기에 내가 말했다. "공의 조장하지도 말고 잊지도 말라는 가르침은 고심苦心(에서 나온 것)이라고 할 수 있겠습니다."

公請予言, 予曰: "公勿助勿忘之訓, 可謂苦心."

(감천공이) 말했다. "어찌하여 고심(에서 나온 것)이라고 말하는가?"

曰: "云何苦心?"

내가 말했다. "도체道體는 저절로 그러한 것인지라 억지로 탐색하는 것을 허용하지 않습니다. 지금 엄숙한 태도로 잡아 지켜서 반드시 (도체를) 얻고자 하는데, 본체에는 어떤 것도 더 보탤 수 없는데도 이 하나의 생각을 보태는 것은 조장하는 병이 있는 것입니다. 그리고 전체를 내려놓고 마치 저절로 그러함을 보는 것처럼 하고자 하지만 오래되면 또 잊어버리지 않았는지 의심하게 될 것입니다. 이제 공부를 할 때 조장하지도 않고 잊지도 않아서, 이 본체가 (서 있을 때는) 눈앞에 펼쳐져 있고 (수레에 있을

曰: "道體自然, 無容強索, 今欲矜持操執以必得, 則本體之上無容有加, 加此一念, 病於助矣. 然欲全體放下, 若見自然, 久之則又疑於忘焉. 今之工夫, 既不助又不忘, 常見此體參前倚衡, 活潑呈露. 此正天然自得

때는) 멍에에 기대고 있는 것처럼 (어딜 가더라도) 항상 활발하게 드러나는 것을 봅니다. 이것이 바로 천연적으로 자득한 기틀입니다. 이 본체를 들어 올려 사람들에게 보여 주려고 할 경우 참으로 말로 표현하기가 어렵습니다. 그러므로 (공의 조장하지도 말고 잊지도 말라는 가르침을) '고심'(에서 나온 것)이라고 한 것입니다."

감천공은 이에 깜짝 놀라 나를 돌아보고 말했다. "그대와 헤어진 지 10년이나 되었는데도 마치 늘 한 집에 함께 있었던 것 같습니다."

나는 또 말했다. "옛날에 선사께서 감천공과 헤어질 때 쓴 시에 '욕심이 없어야 진체眞體를 볼 수 있으니, 잊음과 조장은 모두 공부가 아니다'[24]는 구절이 있습니다. 당시에는 그 말에 대해 '조장은 공부를 말할 수 있지만, 잊음도 공부를 말할 수 있는가?'라고 의심하였습니다. 이 본체를 보려고 하였으나 보지 못하자, 보는 것에 주목하고 듣는 것에 귀 기울이면서 마음마다 서로 견지하였더니 속박을 견디지 못하였습니다. 가끔 마음을 조금 풀어놓았더니 도리어 보고 듣는 것이 밝아지고 마음에 걸림이 없음을 느꼈습니다. 그리하여 잊는 것으로도 도를 얻을 수 있지 않을까 생각하였습니다.

之機也. 蓋欲揭此體以示人, 誠難著辭, 故曰苦心."

公乃矍然顧予曰: "吾子相別十年, 猶如常聚一堂."

予又曰: "昔先師別公詩有'無欲見眞體, 忘助皆非功'之句, 當時疑之, 助可言功, 忘亦可言功乎? 及求見此體不得, 注目所視, 傾耳所聽, 心心相持, 不勝束縛. 或時少舒, 反覺視明聽聰, 中無罣礙, 乃疑忘可以得道. 及久之, 散漫無歸, 漸淪於不知矣.

24 욕심이 없어야 진체(眞體)를 … 공부가 아니다: 『王陽明全集』 권19, 「陽明子之南也其友湛元明歌九章以贈崔子鐘和之以五詩於是陽明子作八詠以答之」: "靜虛非虛寂, 中有未發中. 中有亦何有? 天之卽成空. 無慾見眞體, 忘助皆非功. 至哉玄化機, 非子孰與窮!"

(하지만) 그렇게 한 지 오래되자 산만하여 돌아갈 곳이 없어지고 점점 알지 못하는 데 빠져들게 되었습니다. 이것으로 보면 조장은 진실로 공부가 아니요, 잊음도 역시 공부가 아니었습니다. (그리하여) 비로소 욕심이 없어야만 진체眞體를 보고, '솔개가 하늘에서 날고 물고기가 연못에서 뛰어오른다'와 '반드시 일삼음이 있다'가 똑같이 활발발活潑潑한 곳임을 알았습니다. 참으로 욕심이 없지 않다면 어떻게 이런 경지에 이르겠습니까?"

是助固非功, 忘亦非功也. 始知只一無欲, 眞體乃見, 鳶飛魚躍, 與必有事焉, 同活潑潑地, 非眞無欲, 何以臻此?"

감천공은 감탄하면서 여러 벗들에게 말했다. "우리 벗들 가운데 누가 기꺼이 마음을 궁구하여 여기에까지 이르렀겠는가?"

公慨然謂諸友曰: "我輩朋友, 誰肯究心及此."

장도림蔣道林[25]이 『시습강의時習講義』를 제시하자, 공께서 말씀하셨다. "후세의 학문은 성정性情에서 구하지 않아서 종신토록 수고해도 배우는 것이 무슨 일인지를 모른다. 비유하자면, 한 편의 시를 지을 때는 성정을 드러내고 시를 드러내지 않아야 좋은 시가 되고, 한 편의 문장을 지을 때는 성정을 드러내고 문장을 드러내지 않아야 좋은 문장이 되는 것과 마찬가지이다. 만약 성정에서 배우지 않는다면 정신을 피로하게 하고 생각을 지치게 해도 종신토록 얻는 것이 없을 것이니, 어떻게 즐겁고

蔣道林示『時習講義』. 公曰: "後世學問, 不在性情上求, 終身勞苦, 不知所學何事. 比如作一詩, 只見性情不見詩, 是爲好詩; 作一文字, 只見性情不見文字, 是爲好文字. 若不是性情上學, 疲神瘁思, 終身無得, 安得

---

25 장도림(蔣道林): 『明儒學案』 권28, 「楚中王門學案」.

기쁠 수 있으며, 어떻게 성내지 않을 수 있겠는가?[26]"

悅樂, 又安得無慍?"

|11-36| 사람은 단지 하나의 도심道心을 지니고 있는데, 천명이 유행함에 소리와 냄새의 감각적 욕망을 터럭만큼이라도 일으키지 않으니, 이것을 일러 '은미함[微]'이라고 한다.[27] 소리와 냄새의 감각적 욕망을 일으키자마자 곧 인욕이 섞이게 된다. 그러나 그 가운데는 다소 불안한 것이 있기 때문에 '위태롭다[危]'고 한다. 사람이 악을 행하고자 하는 것은 단지 스스로를 속이는 것이라고 말할 수 있으니, 양지는 본래 악함이 없다.

|11-36| 人只有一道心, 天命流行, 不動纖毫聲臭, 是之謂微. 纔動聲臭, 便雜以人矣. 然其中有多少不安處, 故曰危. 人要爲惡, 只可言自欺, 良知本來無惡.

|11-37| 배우는 사람의 공부가 영리하고 직절하지 못한 것은 단지 하나의 '우(虞, 염려함)'가 빌미가 되었기 때문이다. 양지가 시비是非와 종위從違의 판단에 어찌 일찍이 밝지 않은 적이 있었겠는가? 다만 일시에 결단하지 못하고 스스로 염려하고 헤아리는 듯이 하면서 말하기를 "이것이 혹 리에 해가 됨은 없는가? 혹시 구차하게 세속에 동화되는 것은 아닌가? 혹시 저

|11-37| 學者工夫, 不得伶俐直截, 只爲一虞字作祟耳. 良知是非從違, 何嘗不明, 但不能一時決斷, 如自虞度曰: "此或無害於理否? 或可苟同於俗否? 或

---

26 어떻게 즐겁고 기쁠 수 있으며, 어떻게 성내지 않을 수 있겠는가: 『論語』「學而」:1, "學而時習之, 不亦說乎? 有朋自遠方來, 不亦樂乎? 人不知而不慍, 不亦君子乎?"

27 이것을 일러 … 이라고 한다: 『書經』「虞書」,「大禹謨」. "人心惟危, 道心惟微. 惟精惟一, 允執厥中."

도 모르게 남을 속이는 것은 아닌가? 혹시 한 때의 관습을 그대로 따라서 개과천선을 도모하는 것은 아닌가?"라고 한다. 단지 이 하나의 염려는 인색함을 초래하는 단초일 뿐이다.[28]

可欺人於不知否? 或可因循一時以圖遷改否?" 只此一虞, 便是致吝之端.

|11-38| 옛날 우리 스승께서 가르침을 세울 적에 '성의誠意'를 높이 제시하여 『대학』의 요지로 삼고, 치지致知 · 격물格物을 가리켜 성의의 공부로 삼았는데, 문하의 제자들은 이 말씀을 듣자마자 모두 공부에 들어가고 힘쓸 곳을 얻었다. 부지런히 공부하는 사람은 이 앎[知]의 체體를 끝까지 추구하여 천칙天則이 유행하게 해서 (지의 체를) 가리는 것이 조금도 일어나지 않게 하고 수천수만 번 감응할지라도 진체眞體는 언제나 적연寂然하게 했다. 이것이 성의의 지극함이다. 그러므로 성의의 공부는 처음 배우는 사람이 하면 곧 공부의 착수처를 얻게 될 것이고, 성인이 하면 정밀한 조예造詣가 다함이 없게 된다.

|11-38| 昔者吾師之立教也, 揭誠意爲『大學』之要, 指致知格物爲誠意之功, 門弟子聞言之下, 皆得入門用力之地. 用功勤者, 究極此知之體, 使天則流行, 纖翳無作, 千感萬應, 而眞體常寂. 此誠意之極也. 故誠意之功, 自初學用之卽得入手, 自聖人用之精詣無盡.

우리 스승께서 이미 돌아가시고 나자 우리 당黨에서는 배우는 사람들의 선악의 기틀이 그

吾師既歿, 吾黨病學者善惡之機生滅

---

28 배우는 사람의 … 단초일 뿐이다: 『錢德洪語錄詩文輯佚』「語錄」, 132쪽: 先生講『易』, 至'悔吝者, 憂虞之象也', 乃慨然示衆曰: "學者功夫, 不得伶俐直截, 只爲一虞字作祟耳." (曙) 問曰: "良知是非從違, 何嘗不明? 但不能一時決斷, 故自虞度, 此或無害於理否?" 曰: "只此一虞, 便是致吝之端. 良知明時, 本是吉之先見, 一虞便自吉而向凶矣, 誠可懼也!"

치지 않고 생멸하는 것을 병폐로 여겨서, 이에 본체를 제시하는 데 지나치게 치중하였다. 그래서 이 말을 들은 사람들은 마침내 성의는 도를 다하기에 부족하므로 먼저 깨달음[悟]이 있어야만 뜻[意]이 멋대로 생기지 않을 것이요, 격물은 공부를 말한 것이 아니므로 반드시 먼저 (마음이) 적연한 상태[寂]로 돌아가야 사물이 저절로 변화할 것이라고 생각하였다. 그래서 서로 헛된 억측을 가지고 깨달음을 추구하다가 백성들이 지켜야 할 떳떳한 도리와 사물의 법칙과 같은 일상적인 도리[常道]에 절실하지 않거나, 본체를 붙잡아 (마음의) 적연한 상태를 추구하다가 막힘없이 신묘하게 운행하는 활발한 기틀이 없어지게 되었다. (전자는) 높은 것을 바라다가 절도[=民彝物則之常]를 무시하고, (후자는) 그림자와 메아리처럼 (실체가 없는 것에) 집착하다가 기틀[=圓神活潑之機]과 어긋나 버리게 되어 우리 스승의 평이하고 절실한 종지宗旨가 막혀서 널리 알려지지 못하고 있다.

不已, 乃於本體提揭過重, 聞者遂謂誠意不足以盡道, 必先有悟而意自不生, 格物非所以言功, 必先歸寂而物自化. 遂相與虛憶以求悟, 而不切乎民彝物則之常; 執體以求寂, 而無有乎圓神活潑之機. 希高淩節, 影響謬戾, 而吾師平易切實之旨, 壅而弗宣.

스승께서는 '성의의 지극함은 지선에 머무는 것일 뿐이다'[29]고 하셨다. 이 지선에 머무는 것은 성의를 떠나서 이루어진 적이 없다. (지선

師云: "誠意之極, 止至善而已矣." 是止至善也者, 未嘗離

29 『王陽明全集』 권7, 「大學古本序」. "대학의 요체는 뜻을 성실하게 하는 데 불과하다. 뜻을 성실하게 하는 공부는 物을 바로잡는 데 불과하다. 뜻을 성실하게 하는 것의 지극함은 至善에 머무는 것일 따름이다.(大學之要, 誠意而已矣. 誠意之功, 格物而已矣. 誠意之極, 止至善而已矣.)"

에) '머묾[止]'을 말하면 굳이 '적연함[寂]'을 말하지 않아도 '적연함'이 그 속에 있고, '지선'을 말하면 굳이 '깨달음[悟]'을 말하지 않아도 '깨달음'이 그 속에 있다. 그러나 모든 공부는 반드시 성의에 근본을 두어야 한다. 왜인가? 대개 마음은 고정된 본체가 없으니 마음에서는 공부를 말할 수가 없다. 자극[感]에 응應하여 물(物, 의념)을 일으키면 좋아함과 싫어함이 나타나니, 여기에서 정밀히 살피고 사욕을 이겨 내는 공부가 있게 된다. 성의의 공부가 지극하면 본체가 저절로 적연해지고, 사물에 응함도 저절로 순조로워질 것이다. 공부를 처음 시작하는 사람으로부터 덕을 이룬 사람에 이르기까지 시종일관 두 가지 공부란 없다. 이 때문에 성의 공부를 하지 않고 적연함[寂]과 깨달음[悟]을 구한다면, 이것은 문에 들어가지 않고 종묘와 백관[30]을 볼 생각을 하는 것과 같고, 적연함과 깨달음을 알면서도 사람들에게 성의 공부를 보여 주지 않는다면, 이것은 사람들이 종묘와 백관을 보기를 바라면서도 문을 닫는 것과 같다. 이것들 모두 도를 환하게 이해한 것은 아니다.

誠意而得也. 言止則不必言寂, 而寂在其中; 言至善則不必言悟, 而悟在其中, 然皆必本於誠意焉. 何也? 蓋心無體, 心之上不可以言功也. 應感起物而好惡形焉, 於是乎有精察克治之功. 誠意之功極, 則體自寂而應自順. 初學以至成德, 徹始徹終無二功也. 是故不事誠意而求寂與悟, 是不入門而思見宗廟百官也; 知寂與悟而不示人以誠意之功, 是欲人見宗廟百官而閉之門也, 皆非融釋於道者也.

30 종묘와 백관: 『論語』「子張」:23 叔孫武叔語大夫於朝, 曰: "子貢賢於仲尼." 子服景伯以告子貢. 子貢曰: "譬之宮牆, 賜之牆也及肩, 窺見室家之好. 夫子之牆數仞, 不得其門而入, 不見宗廟之美, 百官之富. 得其門者或寡矣. 夫子之云, 不亦宜乎!" 참고.

|11-39| 지극히 순수하여 섞임이 없는 것은 성性의 본체이다. 전전긍긍하며 일삼음이 있고 잊지 않는 것은 성性을 회복시키는 공부이다. 일삼음이 있고 잊지 않았지만 진체眞體가 활발함을 보지 못한다면 억지로 하는 고생이다. 어렴풋이 본체를 보았지만 일삼음이 있는 공부를 하지 않는다면 헛되고 미친 견해이다. 그러므로 일삼음이 있음은 억지 공부[強制之勞]가 아니라 성性이 스스로 그침을 허용하지 않는 것이며, 활발함은 그릇된 견해[=虛狂之見]가 아니라 성性에 아무것도 보태지 않는 것이다.

|11-39| 至純而無雜者, 性之本體也. 兢兢恐恐有事勿忘者, 復性之功也. 有事勿忘而不見眞體之活潑焉, 強制之勞也; 悅見本體而不加有事之功焉, 虛狂之見也. 故有事非功也, 性之不容自已也; 活潑非見也, 性之不加一物也.

|11-40| 마음의 본체는 순수하여 섞임이 없으니 지선至善이다. 양지란 지선이 밝게 드러난 것이다. 양지가 곧 지선이다. 마음은 일정한 체體가 없고 지知를 체로 삼으니, 지가 없으면 마음도 없다. 지는 일정한 체가 없고 감응의 시비를 체로 삼으니, 시비가 없으면 곧 지도 없다. 뜻[意]이란 그 감응을 말하는 것이고, 물物이란 그 감응하는 일을 말하는 것이며, 지란 사물의 시비를 주재하는 법칙이다. 뜻에 동정이 있지만 이 지의 본체는 뜻의 동정에 따라 밝거나 어둡지 않다. 물物에 오고 감이 있지만 이 지의 본체는 물의 오고 감에 따라 있거나 없거나 하지 않는다. 성체性體는 유행하여 저절로 그침이 없으며 주야의 도에 관통하여 주재한다. 마음의 신명은 본래 일정한 장소와 형

|11-40| 心之本體, 純粹無雜, 至善也. 良知者, 至善之著察也. 良知卽至善也. 心無體, 以知爲體, 無知卽無心也. 知無體, 以感應之是非爲體, 無是非卽無知也. 意也者, 以言乎其感應也; 物也者, 以言乎其感應之事也, 而知則主宰乎事物是非之則也. 意有動靜, 此知之體不因意之動靜有明暗

태가 없으며, 놓아 버리고자 하면 놓게 되고, 그치고자 하면 그치게 된다. 놓아 버리는 것도 가능하고, 그치는 것도 역시 가능하지만, 모두 본체의 자연은 아니다. 왜인가? 의견이 그렇게 시키기 때문이다. 군자의 학은 반드시 무욕을 일삼아야 하니, 무욕하면 굳이 그침을 말하지 않아도 마음은 움직이지 않는다.

也; 物有去來, 此知之體不因物之去來爲有無也. 性體流行, 自然無息, 通晝夜之道而知也. 心之神明, 本無方體, 欲放則放, 欲止則止. 放可能也, 止亦可能也, 然皆非本體之自然也. 何也? 意見使之也. 君子之學, 必事於無欲, 無欲則不必言止而心不動.

|11-41| 이미 잃어버린 마음에서 구하지 말고, 아직 잃어버리지 않은 마음에서 구할 따름이다. 대저 마음의 본체는 성이요, 성은 떨어질 수 없는데 또 어떻게 잃어버릴 수 있겠는가? 잃어버린다고 말하는 것은 외물로 치달리는 것일 뿐이다.

|11-41| 毋求諸已放之心, 求諸心之未放焉爾已. 夫心之體, 性也, 性不可離, 又惡得而放也? 放之云者, 馳於物焉已爾.

논학서

論學書

|11-42| 양지와 천리는 원래 (서로 다른) 두 가지 뜻이 있는 것이 아닙니다. 마음이 영명하고 텅 비어 밝게 살피는 것을 가지고 말하면 지知

|11-42| 良知天理原非二義, 以心之靈虛昭察而言謂之知,

라고 하고, 마음의 문리文理가 조목조목 나누어져 있는 것을 가지고 말하면 리理라고 합니다. 영명하고 텅 비어 밝게 살피는 것이 배우거나 사려하지 않아도 자연적으로 그러하기 때문에 그것을 양良이라고 합니다. 문리文理가 조목조목 나누어져 있는 것은 배우거나 사려하지 않아도 자연적으로 그러하기 때문에 그것을 천연天然이라고 합니다. '영명하고 텅 비어 밝게 살핀다'고 하였는데, 이른바 밝게 살피는 것은 조목조목 나누어져 있는 문리文理를 말합니다. 영명하고 텅 비어 밝게 살피는 가운데 조리가 드러나지 않는다면 이는 본래 양지가 되는 것이 아닙니다. 영명하고 텅 비어 밝게 살피는 가운데 이른바 조리를 다시 구한다면 이 역시 이른바 천리가 아닙니다. 이제 양지를 말하면서 천리를 말하지 않는다면 지는 공허한 지[空知]가 될 것입니다. 이것은 허무(虛無)와 공적空寂을 양지로 보는 것과 유사하고, 또 엄습하여 취하여 밖에서 찾는 것을 천리로 여기는 것과 유사하니, 양가 입언의 취지는 아닐 것입니다. 【「감천(甘泉)에게 올림」】

以心之文理條析而言謂之理. 靈虛昭察, 無事學慮, 自然而然, 故謂之良; 文理條析, 無事學慮, 自然而然, 故謂之天然. 曰靈虛昭察, 則所謂昭察者卽文理條析之謂也. 靈虛昭察之中, 而條理不著, 固非所以爲良知; 而靈虛昭察之中, 復求所謂條理, 則亦非所謂天理矣. 今曰良知, 不用天理, 則知爲空知, 是疑以虛無空寂視良知, 而又似以襲取外索爲天理矣, 恐非兩家立言之旨也. 【「上甘泉」】

|11-43| 구암久菴[31]은 우리 당의 학문은 공허함에 떨어짐을 면하지 못하고 있다고 말했습

|11-43| 久菴謂吾黨於學, 未免落空.

---

31 구암(久菴): 황관(黃綰). 『明儒學案』 권13, 「浙中王門學案3」.

니다. 처음에 만약 그렇다고 생각하지 않더라도 자세하게 살펴보면 비로소 스스로 두려워해야 함을 알 것입니다. 근래 본체를 논한 것은 말이 아주 깔끔하여 군더더기가 없지만, 행사에서 징험해 보면 소략한 곳이 매우 많습니다. 이것이 바로 학문이 공허함에 떨어진 것입니다. 초목에 비유하자면 생의가 속에 있지만 가지와 줄기에서 나타나 저절로 볼 수 있는 것과 같습니다. 【「왕용계(王龍溪)에게 다시 쓰다」】

初若未以爲然, 細自磨勘, 始知自懼. 日來論本體處, 說得十分清脫, 及徵之行事, 疏略處甚多. 此便是學問落空處. 譬之草木, 生意在中, 發在枝幹上, 自是可見. 【「復王龍溪」】

|11–44| 사람이 살아가면서 세상 인정人情과 서로 감응하는 것은 마치 물고기가 물속에 살면서 가는 곳마다 물이 가득 차서 다시 빈틈이 없는 것과 같습니다. 물결도 마음에서 일어나니, 이 마음에 끌려다니거나 얽매이는 것이 없다면 비록 하루 종일 인정이나 사변事變과 서로 접하더라도 참으로 자재롭고, 막힘없이 순리대로 응하니, 다시 움직일 만한 물결이 없습니다. 이것이 이른바 "움직일 때도 안정되고, 고요할 때도 안정된다."[32]는 것입니다. 만약 이 마음이 물정物情에 미련을 남겨 둔다면 비록 종일토록 앉아서 마음을 비우고 재계하여 바람의 모습[風線]을 드러내지 않을지라도 백 가지 생각이 저절로 일어나 들볶아서 달아나 피할

|11–44| 人生與世情相感, 如魚遊於水, 隨處逼塞, 更無空隙處. 波蕩亦從自心起, 此心無所牽累, 雖日與人情事變相接, 眞如自在, 順應無滯, 更無波蕩可動. 所謂"動亦定, 靜亦定"也. 若此心不免留戀物情, 雖日坐虛齋, 不露風線, 而百念自來熬煎, 無容逃避. 今之學者,

32 움직일 때도 … 때도 안정된다: 『二程文集』 권2, 「答橫渠張子厚書」.

데가 없을 것입니다. 지금의 배우는 이는 일을 만나자마자 곧 소요가 일어난 것처럼 여겨 곧 조용한 곳을 생각하지만, 조용한 곳에 이르러도 마음속의 소요는 예전 그대로입니다. 이것은 바로 움직임과 움직이지 않음은 단지 자신의 마음에 달려 있는 것이지, 일에서 분간하여 선택하는 데 달려 있지 않음을 생각하지 않은 것입니다. 치지 격물의 공부는 모름지기 구체적인 일에서 변별해야만 본심이 이에 드러납니다. 마음과 일은 둘이 아니므로 안과 밖을 둘 다 잊어야 합니다. 사물을 떠나서 또 말할 만한 학문이 있는 것은 아닙니다. 【「부소암(傅少岩)에게 답함」】

纔遇事來, 便若攪擾, 便思靜處, 及到靜處, 胸中攪擾猶昔. 此正不思動與不動, 只在自心, 不在事上揀擇. 致知格物工夫, 只須於事上識取, 本心乃見. 心事非二, 內外兩忘, 非離却事物又有學問可言也. 【「答傅少岩」】

|11-45| 내 마음은 본래 백성 · 만물과 동체同體요, 이것은 천지가 제 자리를 잡게 하고 만물을 육성시키는 뿌리이므로, 응수應酬를 제거하면 다시 본체가 없으며, 본체를 잃어버리면 곧 응수가 아닙니다. 진실로 응수하는 가운데 어떤 일을 하건 어디에 있건 이 본체를 잃지 않는다면, 눈앞의 대지가 어느 곳인들 황금이 아니겠습니까? 만약 응수를 싫어하여 기필코 산속을 찾아가서 말라 버리고 적막한 마음을 기르려 한다면, 황금을 도리어 (불순물을) 집어넣어 쓸모없는 쇳조각으로 만들까 두렵습니다. 【「다시 용계에게 보냄」】

|11-45| 吾心本與民物同體, 此是位育之根, 除却應酬更無本體, 失却本體便非應酬. 苟於應酬之中, 隨事隨地不失此體, 眼前大地何處非黃金. 若厭却應酬, 必欲去覓山中, 養成一個枯寂, 恐以黃金反混作頑鐵矣. 【「復龍溪」】

|11-46| 왕용계의 견해는 영리하고 단순명쾌하여 (마음의) 생멸로 인해 공부가 지체된 자가 그 말을 들으면 저절로 성찰하게 됩니다. 다만 그는 견해 상에서 집착하는 바가 있는 것 같습니다. (그래서) 입을 열어 논설할 때 수천수백 번 (화제를) 전환하더라도 자기의 뜻을 벗어나지 않으니, 다른 사람의 말에 대해 여전히 빠뜨리는 점이 있는 것 같습니다.

당신의 집착은 많은 경우 지나치게 생각하는 데 있습니다. 지나치게 생각하면 (상상하게 되는데) 상상하는 것 또한 충분히 도를 가릴 수 있습니다. 【「계팽산(季彭山)[33]에게 주다」】

|11-46| 龍溪之見, 伶俐直截, 泥工夫於生滅者, 聞其言自當省發. 但渠於見上覺有著處, 開口論說, 千轉百折, 不出己意, 便覺於人言尚有漏落耳.

執事之著, 多在過思; 過思, 則想像亦足以蔽道. 【「與季彭山〉」】

|11-47| 삶과 죽음의 참된 지경을 몸소 밟아보면 자신과 인간 세상이 다 공空이 되고, 한 생각 빛나는 혼魂만 남습니다. 깊은 밤까지 잊지 못하고 생각하다가 활연히 깨달은 듯하니, 이에 하늘이 나를 위해 이러한 법상法象을 차려주시고, 나에게 본래의 진성眞性을 보여 주셔서 조금이라도 마음에 걸리는 것을 용납하지 않게 해 주셨음을 알게 되었습니다. 평소에 고식적으로 용납하고 옛것을 그대로 따르는 종류의 생각에 대해 '도를 실천하는 데 문제가 될 것이 없다'고 늘 스스로 생각하였는데, 이제 와

|11-47| 親蹈生死眞境, 身世盡空, 獨留一念熒魂. 耿耿中夜, 豁然若省, 乃知上天爲我設此法象, 示我以本來眞性, 不容絲髮掛帶. 平時一種姑容因循之念, 常自以爲不足害道, 由今觀之, 一塵可以矇目, 一指可

---

33 계팽산(季彭山): 『明儒學案』 권13, 「浙中王門學案3」.

서 보니 티끌 하나가 눈을 덮을 수 있고 손가락 하나가 하늘을 가릴 수 있으니, 참으로 두렵습니다. 아! 옛사람은 마음을 움직이고 본성을 참음으로써 (부족한 바를) 보충하였다고 하는데, 나는 보충한 것이 무엇인지는 알지 못하겠고, 그저 덜어 내고 깎아 내는 것만 다하고 말았습니다. 【「옥중에서 용계(龍溪)에게 부치다」】

以障天, 誠可懼也. 噫! 古人處動忍而獲增益, 吾不知增益者何物, 減削則已盡矣. 【「獄中寄龍溪」】

|11-48| 대저 거울은 물건이기 때문에 얼룩진 때와 잡박한 것이 위에 쌓일 수 있으므로 먼저 그것들을 닦아서 제거하는 공을 들일 수 있습니다. 내 마음의 양지良知는 허령虛靈한데, 허령은 물건이 아닙니다. 물건이 아니라면 얼룩진 때와 잡박한 것이 내 마음의 어디에 머물겠으며, 그것을 닦아 내는 공부는 또 어디에서 하겠습니까? 지금 가리키는 바의 내 마음의 얼룩진 때와 잡박한 것이란 기질에 구애되고 물욕에 가린 것을 가지고 말하는 것이 아니겠습니까? 이미 기질에 구애된다고 하고, 물욕에 가린다고 말한다면 내 마음의 얼룩진 때와 잡박한 것은 인정과 사물에 감촉한 뒤에 있는 것입니다. 이미 인정과 사물에 감촉한 뒤에 있다면, 지금 (말씀하시는) 치지致知는 장차 인정과 사물에 감촉하기 이전과는 관련이 없을 것입니다. 그런데, 먼저 그것을 다 이루는 공부를 한다면 저 이른바 그것을 다 이루는 공부란 또 장차 어디에서 하는 것입니까? 【「섭쌍강(聶雙

|11-48| 夫鏡, 物也, 故斑垢駁雜得積於上, 而可以先加磨去之功. 吾心良知, 虛靈也, 虛靈非物也, 非物則斑垢駁雜停於吾心何所? 而磨之之功又於何所乎? 今所指吾心之斑垢駁雜, 非以氣拘物蔽而言乎? 既曰氣拘, 曰物蔽, 則吾心之斑垢駁雜, 由人情事物之感而後有也. 既由人情事物之感而後有, 而今之致知也, 則將於未涉人情事物之感之前, 而先加致之之功, 則

江)[34]에게 답함」】

夫所謂致之之功者, 又將何所施耶? 【「答聶雙江」】

|11-49| 사람의 심체心體는 하나이지만 그것을 가리켜 '선善'이라고 해도 괜찮고, '지선무악至善無惡'이라고 해도 괜찮으며, '무선무악無善無惡'이라고 해도 괜찮습니다. '선'이라고 하고, '지선'이라고 하면 사람들이 모두 믿고 의심하지 않는데, 또 '무선무악'이라고 말하는 까닭은 무엇입니까? 지선한 본체에 악은 본래 있는 것이 아니지만, 선도 역시 있을 수 없습니다. 지선한 본체는 허령虛靈한데 이는 마치 눈이 밝고 귀가 밝은 것과 같습니다. 허령한 본체에 선이 먼저 있을 수 없는 것은 마치 눈의 밝음에 색깔이 먼저 있을 수 없고, 귀의 밝음에 소리가 먼저 있을 수 없는 것과 같습니다. 눈은 어떤 색깔도 없기 때문에 만물의 색깔을 다 볼 수 있고, 귀는 어떤 소리도 없기 때문에 만물의 소리를 다 들을 수 있으며, 마음은 어떤 선도 없기 때문에 세상 온갖 일의 선을 다 실천할 수 있습니다. 지금 지선을 논하는 사람이 사사물물에서 탐색하여 이른바 정리定理를 먼저 구하고서 그것을 일에 응하고 물을 주재하는 법칙으로 삼는데, 이것은 허령한 마음 안에 선이

|11-49| 人之心體一也, 指名曰善可也, 曰至善無惡亦可也, 曰無善無惡亦可也. 曰善·曰至善, 人皆信而無疑矣, 又爲無善無惡之說者, 何也? 至善之體, 惡固非其所有, 善亦不得而有也. 至善之體, 虛靈也, 猶目之明·耳之聰也. 虛靈之體不可先有乎善, 猶明之不可先有乎色, 聰之不可先有乎聲也. 目無一色, 故能盡萬物之色; 耳無一聲, 故能盡萬物之聲; 心無一善; 故能盡天下萬事之善. 今之論至善者, 乃索

34 섭쌍강(聶雙江): 『明儒學案』 권17, 「江右王門學案2」.

먼저 있다고 (생각하는 것입니다). 허령한 마음 안에 선이 먼저 있다면 이것은 귀가 아직 듣지도 않았는데 소리가 먼저 있다는 것이고, 눈이 아직 보지도 않았는데 색깔이 먼저 있다는 것입니다. (이것은) 그 눈과 귀의 총명한 작용을 막고, 그 허령한 본체를 막는 것이지 지선을 말하는 것이 아닙니다.

之於事事物物之中, 先求其所謂定理者, 以爲應事宰物之則, 是虛靈之內先有乎善也. 虛靈之內先有乎善, 是耳未聽而先有乎聲, 目未視而先有乎色也. 塞其聰明之用, 而窒其虛靈之體, 非至善之謂矣.

지금 어린아이가 우물에 빠지는 것을 문득 본 사람은 모두 깜짝 놀라 측은하게 여기는 마음이 생깁니다. 깜짝 놀라 측은하게 여기는 것은 선입니다. 그러나 어린아이를 보기 전에 모두가 (선을) 강구하는 공부를 하여 미리 이 선을 지니고서 그것의 법칙으로 삼는 것입니까? 아니면 허령이 그 기틀에 촉발되어 저절로 그치지 않는 것입니까? 어린아이가 막 우물에 빠지려는 것을 성인과 일반인이 함께 볼 경우에 그 이른바 깜짝 놀라 측은하게 여기는 마음은 성인이라고 해서 더 보탤 수 없으며 일반인이라고 해서 덜어 낸 적이 없습니다. 다만 일반인이 문득 본 뒤에 헤아리고 의논하는 것은 이미 은밀히 아이의 부모와 사귀거나 주변 사람들의 칭찬을 구하려는 사사로움으로 흘러 들어간 것입니다. 그렇다면 일반인이 성인을 배우는 것은 과연 깜짝 놀라 측은하게 여기는 마

今人乍見孺子入井, 皆有怵惕惻隱之心. 怵惕惻隱是謂善矣, 然未見孺子之前, 皆加講求之功, 預有此善以爲之則耶? 抑虛靈觸發其機, 自不容已耶? 赤子將入井, 自聖人與塗人並而視之, 其所謂怵惕惻隱者, 聖人不能加而塗人未嘗減也. 但塗人擬議於乍見之後, 已洊入於內交要譽之私矣. 然則塗人之學聖人也, 果憂怵惕惻隱之

음이 부족함을 근심해서입니까? 아니면 그 가려진 것을 제거하여 문득 보았을 때 (일어났던) 처음 마음으로 돌아가려는 것입니까? 허령한 마음을 가리는 것은 비단 사특한 생각이나 악한 의념만이 아닙니다. 비록 지극히 아름다운 의념일지라도 그것이 먼저 마음에 가로놓여 있고 쌓여서 변화하지 않는다면 그것은 이미 보내고 맞이하고 의도하고 기필하는 사사로움에 떨어진 것으로 때에 맞추어 그치고 때에 맞추어 실행하는 작용은 아닙니다. 그러므로 양명 선생께서 "선도 없고 악도 없는 것은 마음의 본체이다."[35]라고 하셨으니, 이것은 먼저 선이 있다고 하는 후세의 격물궁리학에 대해 말씀하신 것입니다. 상황에 따라 가르침을 베푼 것이고, 부득이하여 그렇게 말한 것일 뿐입니다. 【「양곡산(楊斛山)[36]에게 다시 쓰다」】

不足耶? 抑去其蔽, 以還乍見之初心也. 虛靈之蔽, 不但邪思惡念, 雖至美之念, 先橫於中, 積而不化, 已落將迎意必之私, 而非時止・時行之用矣. 故先師曰"無善無惡者心之體", 是對後世格物窮理之學, 先有乎善者立言也. 因時設法, 不得已之辭焉耳. 【「復楊斛山」】

|11-50| 용계의 학문은 날마다 평실平實해져서 매번 비방과 칭찬이 번다한 가운데 분발하기도 하고 두려워하기도 하는 모습을 더욱 보게 됩니다. 저는 예전에 용계와 의견이 달라서 비록 선사의 유언을 받들어 서로 장점을 취하여 보탬으로 삼으려 했으나 끝내 들어가는 곳

|11-50| 龍溪學日平實, 每於毁譽紛冗中, 益見奮惕. 弟向與意見不同, 雖承先師遺命, 相取爲益, 終與入處異路, 未見

35 선도 없고 … 마음의 본체이다: 『傳習錄』, 제315조.
36 양곡산(楊斛山): 『明儒學案』 권9, 「三原學案」.

에서 길을 달리하여 아직 혼연히 일체로 이어질 수 있음을 보지 못했습니다. 돌아와서 여러 일을 누차 거치고 나서야 저는 비로소 순수하게 본심을 믿을 수 있었고, 용계도 구체적인 일에서 기꺼이 스스로 연마하고 깨끗하게 씻어 내고자 했으니, 이때부터 바로 서로 마땅하게 되었습니다. 얼굴을 드러내지 않고 도를 자임하게 되자 비방과 칭찬의 말도 역시 이로부터 들어왔습니다. (용계는) 구습이 아직 다 없어지지는 아니하여 때로는 나오기도 하고 때로는 들어가기도 하는 경우가 간혹 남아 있기는 합니다만, 많은 사람들이 의심하는 것처럼 주요한 부분이 거꾸로 되어 있는지 아닌지는, 이 마음이 천고에 둘이 아님을 참으로 믿는 이가 아니라면 그 누구와 더불어 그것을 변별하겠습니까? 【「장부봉(張浮峰)에게 보냄」】

能渾接一體. 歸來屢經多故, 不肖始能純信本心, 龍溪亦於事上肯自磨滌, 自此正相當. 能不出露頭面, 以道自任, 而毀譽之言, 亦從此入. 舊習未化, 時出時入, 容或有之, 然其大頭放倒, 如羣情所疑, 非眞信此心千古不二, 其誰與辨之. 【「與張浮峰」】

|11-51| 격물의 학문은 실제로 양지의 현재에서 공부하는 것이고, 선유들이 말하는 바의 과거와 미래는 한갓 마음을 잃어버린 것일 따름입니다. 현재에서 공부한다는 것은 때에 맞추어 행하고 때에 맞추어 멈추며, 때에 맞추어 침묵하고 때에 맞추어 말하여 생각마다 순수하고 밝아서 조금이라도 잃어버리지 않는 것입니다. 이것이 곧 행하면서 밝게 알고 익숙하면서도 정밀하게 살피며[37] 실제 상황에서 생각을 바르게 하는[格物] 공부입니다. 여기에서 절

|11-51| 格物之學, 實良知見在工夫, 先儒所謂過去未來, 徒放心耳. 見在工夫, 時行時止, 時默時語, 念念精明, 毫釐不放, 此卽行著習察·實地格物之功也. 於此體當切實, 著衣吃飯, 卽是盡心

실하게 체득한다면 옷을 입고 밥을 먹는 일상 생활이 바로 마음을 다하여 명命에 이르는 공부인 것입니다. 【「진양호(陳兩湖)에게 보냄」】

至命之功. 【「與陳兩湖」】

|11-52| 양명 선생께서 말씀하시기를 "선도 없고 악도 없는 것은 마음의 본체이다."[38]라고 하셨습니다. 이에 대해 쌍강은 다음과 같이 말했습니다. "양지는 본래 선악이 없으니 미발未發의 적연한 본체이다. 이것을 기르면 물은 저절로 바르게[格] 된다. 이제 외물에 감촉하는 때를 따라다니면서 (감촉한) 뒤에 격물의 공부를 뒤에서 보탠다면, 이것은 그 본체를 잃어버리고 작용을 찾는 것이며, 그 근원을 혼탁하게 하면서 말단의 흐름을 맑게 하려는 것이니, 공부가 이미 부차적인 것에 떨어진다."

그 주장은 좋습니다. 그러나 이는 미발의 적연한 본체가 가정과 나라 및 천하와의 감응에서 떨어져 별도로 하나의 물건처럼 마음속에 있었던 적이 없음을 전혀 알지 못하는 것입니다. 곧 가정과 나라 및 천하와 감응하는 가운데 미발의 적연한 것이 거기에 있을 뿐입니다. 여기에서 격물은 치지의 실질적인 공부이자 적연과 감응 그리고 본체와 작용을 빈틈없이

|11-52| 先師曰: "無善無惡心之體." 雙江卽謂"良知本無善惡, 未發寂然之體也. 養此, 則物自格矣. 今隨其感物之際, 而後加格物之功, 是迷其體以索用, 濁其源以澄流, 工夫已落第二義."

論則善矣, 殊不知未發寂然之體, 未嘗離家國天下之感, 而別有一物在其中也. 卽家國天下之感之中, 而未發寂然者在焉耳. 此格物爲致知之實功, 通寂感體

37 행하면서 밝게 … 정밀하게 살피며: 『孟子』「盡心上」. "行之而不著焉, 習矣而不察焉, 終身由之而不知其道者衆也."

38 선도 없고 … 마음의 본체이다: 『傳習錄』, 제315조.

관통하여, 본성을 다 실현하는 학문이 되는 것입니다."【「주라산(周羅山)에게 다시 쓰다」】

用而無間, 盡性之學也.【「復周羅山」】

|11-53| "사람에게 미발의 중이 있은 뒤에 발하여 절도에 맞는 화가 있다."[39] 이것은 선사의 말로서 『중용』을 주석하는 이를 위하여 말씀하신 것입니다. 『중용』을 주석하는 이는 "미발지중未發之中은 사람마다 모두 지니고 있으며, 발한 뒤에 절도에 맞지 않음이 있다."라고 하였습니다. (이에 대해) 선사께서 말씀하셨습니다. "이것은 미발지중을 아직 모르는 것이다. 미발지중은 비유하면 마치 거울 자체가 밝은 것과 같다. 어찌 거울 자체가 이미 밝은데 또 사물을 비추는 데 마땅하지 않은 것이 있겠는가?" 이 말은 정확하지 않은 것은 아니지만, 실제로 배우는 이에게 미발지중을 먼저 구하여 기르게 한 적은 없습니다. 미발지중을 궁극적으로 어디에서 찾을 수 있겠습니까? 이발을 떠나서 미발을 구한다면, 얻을 수 없을 것이며, 오래되면 일종의 생기 없는 적막함을 기르는 병통이 생기고, 헛된 광경을 실제로 얻은 것으로 인식하고 지견知見을 성진性眞으로 여기게 될 것이니, 참으로 안타깝습니다. 그러므로 배

|11-53| "人有未發之中, 而後有發而中節之和." 此先師之言, 爲註『中庸』者說也. 註『中庸』者, 謂"未發之中, 人皆有之, 至發時而後有不中節." 曰: "此未知未發之中也. 未發之中, 譬若鏡體之明, 豈有鏡體既明而又有照物不當者乎?" 此言未爲不確, 然實未嘗使學者先求未發之中而養之也. 未發之中, 竟從何處覓耶? 離已發而求未發, 必不可得, 久之則養成一種枯寂之病, 認虛景爲

---

39 사람에게 미발의 … 화가 있다: 『傳習錄』「陸澄錄」, 제67조. "人只要成就自家心體, 則用在其中. 如養得心體, 果有未發之中, 自然有發而中節之和."

우는 이는 처음 공부에 착수할 때 양지가 틈이 없을 수 없어서 선념과 악념이 잡다하게 일어나 제어하기 어려우니, 혹은 발하기 이전에 막고, 혹은 발할 즈음에 제어하며, 혹은 이미 발한 뒤에 후회하여 고치는 것이 모두 실질적인 공부입니다. 이로부터 은미한 데 들어가면 비록 성인이 기미를 아는 것이라도 역시 단지 이 공부일 뿐입니다. 【「하길양(何吉陽)[40]에게 다시 쓰다」】

實得, 擬知見爲性眞, 誠可慨也. 故學者初入手時, 良知不能無間, 善惡念頭雜發難制, 或防之於未發之前, 或制之於臨發之際, 或悔改於既發之後, 皆實功也. 由是而入微, 雖聖人之知幾, 亦只此工夫耳. 【「復何吉陽」】

|11-54| 깨달으면 곧 선善이요, 깨닫지 못하면 곧 이利입니다. 닭이 울면 일어나서 눈으로는 사물을 보고, 귀로는 사물의 소리를 듣고 마음으로는 사물을 생각하니 그렇지 않은 사람은 없습니다. 다만 주재가 정밀하지 않아서 황홀하게 외물에 따라 반응하여 있는 듯 없는 듯하기 때문에, 외물에 부딪히면 곧 동요되고 외물이 지나가면 곧 그 흔적을 남겨 두어, 비록 이미 깨어났다고 할지라도 여전히 꿈속에서 낮을 보내는 것과 같습니다. 본성을 깨달은 사람은 참된 기틀을 분명하게 살피고, 한번 깨어나면 곧바로 깨달아서 지나침과 미치지 못하는 경우가 적고, 깨닫는 것이 이르고 돌이켜 반성

|11-54| 覺卽是善, 不覺卽是利. 雞鳴而醒, 目卽見物, 耳卽聽物, 心思卽思物, 無人不然. 但主宰不精, 恍惚因應, 若有若無, 故遇觸卽動, 物過卽留, 雖已覺醒, 猶爲夢晝. 見性之人, 眞機明察, 一醒卽覺, 少過不及, 覺早反亟. 明透之人, 無醒無覺, 天

40 하길양(何吉陽): 何遷. 『明儒學案』 권38, 「甘泉學案2」.

하는 것이 빠릅니다. 밝고 투철한 사람은 깨어나는 것도 없고 깨닫는 것도 없이 천칙天則이 저절로 밝게 드러나므로 귀와 눈이 총명하고 마음이 생각하는 것도 밝고 지혜로워서 만나는 상황에 부딪침이 없고 외물에도 막힘이 없습니다. 선과 이利의 변별은 아직 학문을 모르는 이를 위하여 경계를 분변한 것이니, 양지를 이미 얻었다면 또 뜻[意]과 형상[像] 사이에서 무엇을 헤아리겠습니까? 【「영국(寧國)의 여러 벗들에게 보냄」】

則自著, 故耳目聰明, 心思睿智, 於遇無觸, 於物無滯. 善利之辨, 此爲未知學者分辨界頭, 良知既得, 又何擬議於意像之間乎? 【「與寧國諸友」】

|11-55| 옛사람은 무욕無欲으로 은미함을 말했습니다. 도심道心이란 욕심이 없는 마음입니다. 기미를 연구하는 공부에서는 단지 한결같이 욕심이 없게 하여 진체眞體가 저절로 밝게 드러나니, 다시 의념상에서 (진체가) 있다고 하거나 없다고 하거나 하는 견해[見]를 일으키지 않습니다.

|11-55| 古人以無欲言微. 道心者, 無欲之心也. 研幾之功, 只一無欲而眞體自著, 更不於念上作有無之見也.

|11-56| 무릇 보통 사람들을 위하여 법을 세운 것은 다 성인의 말이요, 성인을 위하여 도의 오묘함을 말하고 본성의 참됨을 밝힌 것은 모두 현인의 말입니다.

|11-56| 凡爲愚夫愚婦立法者, 皆聖人之言也. 爲聖人說道妙, 發性眞者, 非聖人之言也.❷

---

❷ 非聖: 賈本에는 '皆聖'으로 되어 있고, 備要本에는 '皆賢'으로 되어 있다.

|11-57| 스승께서 월越에 계실 때 동문 가운데 공부를 간절하게 하지만 옛 견해에 물들어 꽉 막혀서 변화되지 않는 이들이 있었습니다. 스승께서, 마치 뜨거운 화염 속에 수석水石을 던져 넣듯이, 때맞추어 한마디 험악한 말을 하여 격발시키자 단번에 막혔던 것이 풀려서 조그마한 앙금도 남겨 두지 않았으니, 이것 역시 천고에 아주 통쾌한 일입니다. 듣는 이들은 이러한 일을 대부분 입에서 입으로 전파하기를 좋아하는 경우가 많았지만, 그 발언의 단서를 궁구하지 않습니다. 그러므로 성인께서 가르침을 펼 때 단지 학문의 큰 단서만 제시하여 사람들이 스스로 증험하고 스스로 깨닫게 하였을 뿐이요, 부드러운 목소리를 숨기고 준엄한 말이나 (의미를 알 수 없는) 은미한 시로 (한 가지 병만을 치료할 수 있는) 치우친 처방을 세움으로써 일시적으로 듣는 사람을 통쾌하게 만들기를 바라지 않았으니, (이렇게 함으로써) 그 뒤에 그것이 사람을 죽일 수 있는 경우를 방지하였던 것입니다. 【「이상은 모두 나염암(羅念菴)에게 답한 편지이다.」】

|11-57| 師在越時, 同門有用功懇切, 而泥於舊見, 鬱而不化. 師時出一險語以激之, 如投水石於烈焰之中, 一時解化, 纖滓不留, 此亦千古之大快也. 聽者於此等處, 多好傳誦, 而不究其發言之端. 故聖人立教, 只指揭學問大端, 使人自證自悟, 不欲以峻言隱韻立偏勝之劑, 以快一時聽聞, 防其後之足以殺人也. 【「以上俱答念菴」】

명유학안 권12, 절중왕문학안2

明儒學案 卷十二, 浙中王門學案二

낭중 용계 왕기 선생

郎中王龍溪先生畿

|12-1| 왕기王畿는 자가 여중汝中이고 별호가 용계龍溪로 절강浙江 산음山陰 사람이다. 약관의 나이에 향시에 합격하였으나 가정嘉靖 계미년(癸未年, 1523년) 회시會試에서 낙방하자 고향에 돌아와서 문성[文成, 왕수인(王守仁)]에게 배웠다. 병술년(丙戌年, 1526)은 회시가 있는 해인데 끝내 가려고 하지 않았다. 그러자 문성이 말했다. "나는 합격하는 것이 그대의 영예라고 생각하지는 않는다. 다만 우리의 학문에 대해 의심하는 자와 믿는 자가 반반인데, 그대가 서울에 간다면 (우리의 학문을) 드러내 밝힐 수 있다고 (생각할) 뿐이다." 이에 선생이 서울에 가서 그해의 회시에 합격하였다. (그런데) 당시의 권력자가 학문을 좋아하지 않았으므로 선생이 전서산錢緒山[1]에게 말했다. "지금이 어찌 나와

|12-1| 王畿字汝中, 別號龍溪, 浙之山陰人. 弱冠擧於鄕, 嘉靖癸未下第, 歸而受業於文成. 丙戌試期, 遂不欲往. 文成曰: "吾非以一第爲子榮也. 顧吾之學, 疑信者半, 子之京師, 可以發明耳." 先生乃行, 中是年會試. 時當國者不說學, 先生謂錢緒山曰: "此豈吾與子仕之時也?" 皆

1 전서산(錢緒山): 전덕홍(錢德洪). 『명유학안』 권11, 「浙中王門學案一」, 員外錢緒山先

그대가 벼슬할 때이겠는가?" (그리하여 두 사람이) 모두 정시廷試를 보지 않고 돌아왔다.

不廷試而歸.

문성은 찾아오는 문인이 점점 더 많아져서 (직접) 모든 사람을 가르칠 수 없게 되자 그들을 선생과 서산에게 (먼저) 만나게 하는 경우가 많았다. 선생은 온화하고 원만하여 문인들이 나날이 가깝게 여겼다.

文成門人益進, 不能偏授, 多使之見先生與緖山. 先生和易宛轉, 門人日親.

문성이 (1527년) 사은思恩과 전주田州로 정벌하러 갈 때 선생은 엄탄嚴灘까지 배웅하고 작별하였다. 다음 해(1528년)에 문성이 남안南安에서 별세하였다. 선생은 막 정시를 보러 가려던 참이었는데 그 소식을 듣자 광신廣信으로 가서 상을 치렀다. 참최斬衰[2]의 예로 장례를 마치고, 그 뒤에는 심상(心喪)[3]을 하였다.

文成征思・田, 先生送至嚴灘而別. 明年, 文成卒於南安. 先生方赴廷試, 聞之, 奔喪至廣信, 斬衰以畢葬事, 而後心喪.

임진년(壬辰年, 1532)에 비로소 정시를 보았다. 남경직방주사南京職方主事를 제수받았으나 얼마 뒤에 병을 이유로 고향으로 돌아갔다. (뒤에) 원래의 관직에 기용되고, 조금 있다가 무선낭중武選郞中으로 옮겼다.

壬辰, 始廷對, 授南京職方主事, 尋以病歸. 起原官, 稍遷至武選郞中.

당시 재상이던 하귀계[夏貴溪, 하언(夏言)]가 선생을 미워하였다. 삼전三殿에 불이 나자 이과도급사중吏科都給事中 척현戚賢[4]이 상소하여,

時相夏貴溪惡之. 三殿災, 吏科都給事中戚賢上疏, 言先生

生德洪 참고.

2 참최(斬衰): 부친상을 당했을 때, 혹은 아버지가 안 계시는 아들이 할아버지의 상을 당했을 때 3년 동안 입는 상복.

3 심상(心喪): 상복을 입지는 않지만 부친상과 똑같이 삼년상을 치르는 일.

선생은 학문에 연원淵源이 있으니 고문顧問에 대비하는 자리를 맡길 만하다고 말했다. 그러자 귀계가 조서詔書의 초안을 작성하면서 "위학僞學을 하는 소인들이 당黨이 같다고 함부로 천거한다."라고 하였다. 그리고는 척현을 외임(外任, 지방관)으로 좌천시켰다. 이로 인해 선생이 재차 상소하여 휴가를 청하고서 고향으로 돌아갔다. 다음 해에 (선생은) 고찰(考察, 근무 성적 평가)의 대상이었다. 남고공南考功 설방산薛方山[5]은 선생과 학술이 달랐는데, 선생의 일을 빌려 학술을 바르게 하려고 마침내 (선생을) 찰전察典에 넣었다.[6]

學有淵源, 可備顧問. 貴溪草制: "僞學小人, 黨同妄薦." 謫賢外任. 先生因再疏乞休而歸. 踰年, 當考察, 南考功薛方山與先生學術不同, 欲借先生以正學術, 遂塡察典.

선생은 산림에서 40여 년을 보냈는데 하루도 강학하지 않은 날이 없었다. 양도(兩都, 북경·남경)로부터 오吳·초楚·민閩·월越·강江·절浙에 이르기까지 모든 곳에 강당이 있었고, [강회(講會)를 열면] 선생을 맹주盟主로 모시지 않는 경우가 없었다. 나이 여든이 되어서도 여전히 사방으로 돌아다니는 일을 게을리하지 않았다. 만력萬曆 계미년(癸未年, 1583) 6월 7일에 별세하였는데 향년 86세였다.

先生林下四十餘年, 無日不講學, 自兩都及吳·楚·閩·越·江·浙, 皆有講舍, 莫不以先生爲宗盟. 年八十, 猶周流不倦. 萬曆癸未六月七日卒, 年八十六.

---

4 척현(戚賢): 『명유학안』 권25, 「南中王門學案一」, 小序 참고.

5 설방산(薛方山): 설응기(薛應旂). 『명유학안』 권25, 「南中王門學案一」, 提學薛方山先生應旂 참고.

6 찰전(察典)에 넣었다: 찰전(察典)은 6년에 1번 시행하는 관리 성적 평가의 대전(大典)이다. 여기서는 그러한 직무 감찰의 대상에 왕기를 포함시켰다는 의미인 듯하다.

|12-2| 「천천증도기天泉證道記」[7]에서는 다음과 같이 말하고 있다.

"사문師門에서는 매번 다음의 네 구를 교법教法으로 제시하였다. '선도 없고 악도 없는 것이 마음의 본체이고, 선도 있고 악도 있는 것이 의意의 움직임이며, 선을 알고 악을 아는 것이 양지良知이고, 선을 행하고 악을 없애는 것이 격물格物이다.'

서산緖山은 이것이 정본定本이므로 바꿀 수 없다고 하였다. 그러나 선생은 이것을 권법權法이라고 말하면서 '본체와 작용, 드러난 것[顯]과 은미한 것[微]은 하나의 기機(의 다른 모습)이고, 마음心과 의意, 지知와 물物은 하나의 (마음이 하는) 일事이다. 만약 마음이 선도 없고 악도 없는 마음임을 깨닫는다면 의意·지知·물物도 모두 선도 없고 악도 없다.'라고 하였다.

두 사람이 함께 양명(陽明, 왕수인)에게 가서 질정質正하자 양명이 말했다. '나의 교법에는 원래 이 두 가지가 있다. 사무설四無說은 상근(上根, 뛰어난 능력)을 가진 사람을 위해 세운 가르침이고, 사유설四有說은 중근(中根, 중간 정도의 능력) 이하의 사람을 위해 세운 가르침이다. 상근을 가진 사람은 본체本體가 곧 공부工夫이므로 (그에게 필요한 것은) 돈오頓悟의 학문이고, 중

|12-2| 「天泉證道記」謂師門教法, 每提四句: "無善無惡心之體, 有善有惡意之動, 知善知惡是良知, 爲善去惡是格物."

緖山以爲定本, 不可移易. 先生謂之權法, 體用顯微只是一機, 心意知物只是一事, 若悟得心是無善無惡之心, 則意知物俱是無善無惡.

相與質之陽明, 陽明曰: "吾教法原有此兩種, 四無之說爲上根人立教, 四有之說爲中根以下人立教. 上根者, 卽本體便是工夫, 頓悟之學也. 中根以下者, 須

7 천천증도기(天泉證道記): 『王畿集』(南京: 鳳凰出版社, 2007) 권1.

근 이하의 사람은 선을 행하고 악을 없애는 공부를 하여 점차 본체를 회복해야 한다.'" (이상, 「천천증도기」)

用爲善去惡工夫以漸復其本體也."

이렇게 (양명의) 인가印可를 얻고부터 선생의 논의는 대체로 사무四無로 귀결되었다. '정심正心은 선천先天의 학문이고, 성의誠意는 후천後天의 학문이다. 마음에서 근본을 세운다면 선도 없고 악도 없는 마음이 곧 선도 없고 악도 없는 의意이니, 이는 선천으로 후천을 통합하는 것이다. 의意에서 근본을 세운다면 선과 악의 양단兩端 중에서 하나를 선택하는 데서 벗어나지 못하고 마음에도 불순함이 없을 수 없으니, 이는 후천으로 선천을 회복하는 것이다.'

自此印正, 而先生之論大抵歸於四無. 以正心爲先天之學, 誠意爲後天之學. 從心上立根, 無善無惡之心卽是無善無惡之意, 是先天統後天; 從意上立根, 不免有善惡兩端之決擇, 而心亦不能無雜, 是後天復先天.

이것이 선생이 학문을 논하는 데 가장 중요한 대목이다. 이것이 세상에 전해지자 배우는 사람에게 의문이 없을 수 없었다.

此先生論學大節目, 傳之海內, 而學者不能無疑.

사유四有를 가지고 논해 보자. 선善은 마음이 본래 가지고 있는 것이다. 그러므로 의意·지知·물物의 선은 마음속에서 나오지만 악惡은 밖에서 온다. 만약 심체心體에 이미 선악이 없다면 의·지·물의 악은 물론 허망한 것이지만 선 역시 허망한 것이다. (그렇다면) 공부가 이미 허망할 것인데 어떻게 본체를 회복하라고 말할 수가 있겠는가?

以四有論之, 惟善是心所固有, 故意知物之善從中而發, 惡從外而來. 若心體旣無善惡, 則意知物之惡固妄也, 善亦妄也. 工夫旣妄, 安得謂之復還本體?

이 말은 양명이 평소에 한 말에서는 찾아볼 수 없고, 유독 선생만이 그렇게 말했을 뿐이

斯言也, 於陽明平日之言無所考見, 獨

다. 그러나 선생은 훗날 오오재吳悟齋에게 답하는 편지에서 "지극히 선하고 악이 없는 것이 마음의 본체이고, 선도 있고 악도 있는 것이 의意의 움직임이며, 선을 알고 악을 아는 것이 양지이고, 선을 행하고 악을 없애는 것이 격물格物이다."[8]라고 말했다. 이에서 보면 그의 설은 이미 하나의 결론으로 귀결되지 못한 것이다.

先生言之耳. 然先生他日答吳悟齋云: "至善無惡者心之體也, 有善有惡者意之動也, 知善知惡者良知也, 爲善去惡者格物也." 此其說已不能歸一矣.

사무四無를 가지고 논해 보자. 『대학大學』의 정심正心 공부는 성의誠意로부터 들어간다. 이제 (선생은) "마음에서 근본을 세운다"라고 말했는데, 그렇다면 의意에 대해서는 아무 일(=공부)도 하지 않아도 될 것이다. (또 선생은) "의에서 근본을 세우는 것은 중간 이하의 능력을 가진 사람을 위해서 (가르침을) 베푼 것이다"라고 하였는데, 그렇다면 『대학』에 이 두 가지 공부[=상근(上根)을 위한 공부와 중근(中根) 이하를 위한 공부]가 있다는 말인가? 아니면 (『대학』은) 단지 중간 이하의 능력을 가진 사람을 위해서만 가르침을 세웠다는 말인가?

以四無論之, 『大學』正心之功, 從誠意入手, 今曰"從心上立根", 是可以無事乎意矣. 而"意上立根者, 爲中下人而設", 將『大學』有此兩樣工夫歟? 抑止爲中下人立教乎?

선생은 다음과 같이 말했다. "양지는 원래 무無에서 유有를 낳는다. (양지는) 곧 미발未發의 중中이니 이 지知의 앞에 다시 미발이 없고, (양지는) 곧 중절中節의 화和이니 이 지의 뒤에 다

先生謂"良知原是無中生有, 卽是未發之中, 此知之前, 更無未發; 卽是中節之

8 지극히 … 격물(格物)이다: 『왕기집』 권10, 「答吳悟齋」.

시 이발已發이 없다. (양지는) 스스로 수렴할 수 있으니 다시 수렴을 위주로 할 필요가 없고, 스스로 발산할 수 있으니 다시 기필코 발산하려 할 필요도 없다."[9] "(양지는) 지금 이 자리에 현성現成하고 있으니 공부하거나 수증修證한 뒤에야 얻어지는 것이 아니다."[10] "치양지致良知는 원래 아직 깨닫지 못한 사람을 위해서 (가르침을) 베푼 것이다."[11] "양지를 확고하게 믿을 때는 (외물에 구애받지 않고 자유롭게) 홀로 왔다, 홀로 갔다 해도[12] 마치 구슬이 쟁반 위를 구를 때처럼 통제하지 않아도 저절로 법도를 넘어서지 않는다."[13]

(선생은) 독실하게 믿고 삼가 지키는 일, 명예를 자랑으로 삼거나 행실을 꾸미는 일체의 일을 모두 다 (인위적으로) 손을 대고 작위作爲적으로 하는 것이라고 생각하였다. 당형천唐荊川[14]은 "선생은 자신을 독실하게 믿어 행동거지를 (점검하여 사전에) 막는 일을 하지 않았고, 거친

和. 此知之後, 更無已發. 自能收斂, 不須更主於收斂; 自能發散, 不須更期於發散." "當下現成, 不假工夫修整❶而後得." "致良知原爲未悟者設", "信得良知過時, 獨往獨來, 如珠之走盤, 不待拘管, 而自不過其則也."

以篤信謹守・一切矜名飾行之事, 皆是犯手做作. 唐荊川謂"先生篤於自信, 不爲形迹之防, 包荒爲大, 無淨穢之

---

9 양지는 … 없다: 『왕기집』 권2, 「滁陽會語」.

10 지금 … 아니다: 미상. 다만 『왕기집』 권2, 「松原晤語」 및 권14, 「松原晤語壽念菴羅丈」에 유사한 구절이 보인다.

11 치양지(致良知)는 … 것이다: 『왕기집』 권2, 「滁陽會語」.

12 홀로 왔다, 홀로 갔다 하여도: 원문은 '獨往獨來'. 『莊子』 「在宥」, "出入六合, 遊乎九州, 獨往獨來, 是謂獨有."

13 양지를 … 않는다: 『왕기집』 권4, 「過豐城答問」.

14 당형천(唐荊川): 당순지(唐順之). 『명유학안』 권26, 「南中王門學案二」, 襄文唐荊川先生順之 참고.

❶ 整: [원주] 備要本에는 '證'으로 되어 있다.

것을 포용하는 것을 위대하다고 여겨 깨끗한 것과 더러운 것을 가리지 않았다."[15]라고 말했다. 그렇기 때문에 세상에 선생을 비판하는 사람이 한둘이 아니었다.

擇", 故世之議先生者不一而足.

대저 양지가 이미 지각知覺의 유행流行이라면 일정한 방향이나 장소에 떨어지지도 않고, 고정불변의 법칙으로 규정할 수도 없으며, 조금이라도 공부를 하면 허무虛無한 본체를 가로막을 수밖에 없을 것이다. 그렇다면 선禪에 가까워지지 않을 수가 없다. (또한) 유행이 곧 주재主宰라면 벼랑 끝에서 손을 놓는 것처럼 망막하여 잡을 곳이 없다. (그래서 선생은) 마음과 호흡이 서로 의지하는 조식술調息術을 권법權法으로 삼았던 것이다.[16] 그렇다면 도교에 가까워지지 않을 수가 없다. (이처럼 선에 가깝고 도교에 가까우므로) 아무리 진성眞性이 유행하여 스스로 천칙天則을 드러낸다고 말해도 유자儒者의 법도에서 보면 벗어나는 점이 있을 수밖에 없는 것이다.

夫良知既爲知覺之流行, 不落方所, 不可典要, 一著工夫, 則未免有礙虛無之體, 是不得不近於禪. 流行卽是主宰, 懸崖撒手, 茫無把柄, 以心息相依爲權法, 是不得不近於老. 雖云眞性流行, 自見天則, 而於儒者之矩矱, 未免有出入矣.

그러나 선생은 친히 양명의 유명遺命을 받았고 종종 심오하고 미묘한 말[微言]을 하기도 하였다. 상산[象山, 육구연(陸九淵)]의 뒤에는 자호[慈湖, 양간(楊簡)]가 없을 수 없고, 문성文成의 뒤

然先生親承陽明末命, 其微言往往而在. 象山之後不能無慈湖, 文成之後不

15 자신을 … 않았다: 『荊川集』 권4, 「與王龍溪主事書」.
16 마음과 … 것이다: 아래의 12-48 참고.

에는 용계가 없을 수 없으니, 그들로 인해 학술이 성하기도 하고 쇠퇴하기도 하였다. 자호는 둑을 터뜨린 것처럼 상산의 학문으로 파란을 일으켰으나, 선생은 황하를 소통시키고 근원을 잘 흘러가도록 인도하는 것처럼 문성의 학문에 대해 진실로 드러내 밝힌 바가 많았다.

能無龍溪, 以爲學術之盛衰因之. 慈湖決象山之瀾, 而先生疏河導源, 於文成之學, 固多所發明也.

어록

語錄

|12-3| 선사(先師, 왕수인)께서는 사람들에게 "'경계하고 두려워한다[戒愼恐懼]'[17]는 본체이고, '보이지 않고 들리지 않는다[不覩不聞]'[18]는 공부이다."라고 말씀하신 적이 있다. "경계하고 두려워하는 것"이 본체가 아니라면 본체에 장애가 생길 것이고, "보이지 않고 들리지 않는 것"이 공부가 아니라면 모든 곳이 다 지리支離하게 될 것이다.

|12-3| 先師嘗謂人曰: "戒愼恐懼是本體, 不覩不聞是工夫." 戒愼恐懼若非本體, 於本體上便生障礙; 不覩不聞若非工夫, 於一切處盡成支離.

|12-4| 지금 사람들이 강학講學할 때, 신비한 리[神理]를 지극히 정밀한 것이라고 생각하여 입만 열면 성性을 말하고 명命을 말한다. 반면에 일상日常의 음식, 음악과 여색, 재물과 이익을 지극히 거친 것이라고 생각하여 남들 앞에

|12-4| 今人講學, 以神明❷爲極精, 開口便說性說命; 以日用飮食聲色貨利爲極粗, 人面前不肯出

---

17 경계하고 두려워한다: 『中庸章句』 1장, "君子戒愼乎其所不睹, 恐懼乎其所不聞."

18 보이지 않고 들리지 않는다: 위의 주석 참고.

❷ 明: 『왕기집』에는 '理'로 되어 있다.

서는 입 밖에 내려고도 하지 않는다. 성性·명命을 강해講解하여 정미精微한 단계로 들어갈 줄 모른다면, 의견意見을 결정하지 못하여 머뭇거리면서 그저 비교하거나 추측하기만 할 뿐 본래의 생기生機와는 아무 관계도 없을 것이니, 결국 속학俗學이 되어 버릴 것이다. 만약 일상의 재물이나 여색 등에서 일을 잘 처리하여 그때그때 천칙天則에 따라 응대하여 (재물이나 여색 등에) 초탈하고 (얽매임이) 깨끗이 없어진다면 곧 정력(定力, 어지러운 생각을 없애고 마음을 한 곳에만 쏟는 힘)을 볼 것이다.

口. 不知講解得性命到入微處, 意見盤桓, 只是比擬卜度, 於本來生機了不相干, 終成俗學. 若能於日用貨色上料理, 時時以天則應之, 超脫淨盡, 乃見定力.

|12-5| 붕우朋友 중에 일념一念의 영명靈明한 곳을 지키는 것을 '경계하고 두려워하는[戒懼] 공부'라고 생각하고, 조금이라도 (다른 사람과) 말하거나 (다른 사람을) 응접하기만 하면 (영명한 곳을) 지키는 공부가 산만하고 해이해진다고 느끼는 사람이 있는데, 이는 안과 밖을 나누는 것이다. 영명에는 안과 밖(의 구별)이 없고 일정한 방향과 장소도 없으며, 경계하고 두려워하는 데도 안과 밖(의 구별)이 없고 일정한 방향과 장소도 없다. 본체가 원래 가만히 있지 않고 늘 변동함을 안다면, 하루 종일 변화하고 말하고 행동하더라도 본체의 주류周流가 아님이 없을 것이다. 【이상 『왕기집』 권1, 「충원회기(冲元會紀)」】

|12-5| 朋友有守一念靈明處, 認爲戒懼工夫, 纔涉言語應接, 所守工夫便覺散緩, 此是分了內外. 靈明無內外, 無方所; 戒懼亦無內外, 無方所. 識得本體原是變動不居, 雖終日變化云爲, 莫非本體之周流矣. 【以上「冲元會紀」】

|12-6| 성인聖人이 성인이 되는 까닭은 정신精神의 명맥 전체를 내면에 쓰고, 남이 알아주기를 바라지 않는 데 있다. 그러므로 늘 스스로 자기의 허물을 보고, 스스로 자만하거나 잘났다고 여기지 않아서 매일매일 끝없이 진보하는 것이다. 향원鄕愿은 오직 세상에 아부하는 데만 마음을 써서 전체 정신을 외면으로부터 자신을 비춰보고 돌보는 데 다 써 버린다. 그러므로 스스로 옳다고 생각하지만 함께 요·순堯舜의 도에는 들어갈 수가 없는 것이다. 『왕기집』 권1, 「여매순보문답(與梅純甫問答)」】

|12-6| 聖人所以爲聖, 精神命脈全體內用, 不求知於人, 故常常自見己過, 不自滿假, 日進於無疆. 鄕愿惟以媚世爲心, 全體精神盡從外面照管, 故自以爲是而不可與入堯·舜之道. 【「梅純甫問答」】

|12-7| 치양지致良知는 단지 마음을 비우고 외물에 반응하여 사람들마다 각자 진정을 다하게 하는 것이다. (마음은) 강하게 반응할 수도 있고 부드럽게 반응할 수도 있으니, 기機를 자극하는 데 따라 반응한다면 애를 쓰지 않아도 일이 순조롭게 해결될 것이다. 마치 밝은 거울이 받침대 위에 있으면 아름다움과 추함이 저절로 구별되는 것처럼 일을 해야 비로소 경륜經綸의 수단이 될 수 있다. 조금이라도 재지才智나 기량伎倆이 함께 드러난다면 자신의 광명은 도리어 가려질 것이다. 【『왕기집』 권1, 「유양오어(維揚晤語)」】

|12-7| 致良知只是虛心應物, 使人人各得盡其情, 能剛能柔, 觸機而應, 迎刃而解. 如明鏡當空,❸ 姸媸自辨, 方是經綸手段. 纔有些子才智伎倆與之相形, 自己光明反爲所蔽. 【「維揚晤語」】

---

❸ 空: 『왕기집』에는 '臺'로 되어 있다.

|12-8| 하지 말아야 하고, 바라지 말아야 할 바가 있음(을 아는 것)이 양지良知이고, (하지 말아야 할 일을) 하지 않고, (바라지 말아야 할 것을) 바라지 않는 것이 치지致知이다.[19] 【『왕기집』 권1, 「복양당회어(復陽堂會語)」】

|12-8| 有所不爲不欲者, 良知也; 無爲無欲者, 致知也. 【「復陽堂會語」】

|12-9| 우리가 가지고 있는 일체의 세속적인 감정과 욕망은 모두 의意에서 생긴다. 마음은 본래 지극히 선하나 의에 의해 움직이게 되면 비로소 불선이 있게 된다. 만약 선천先天의 심체心體에서 근본을 세울 수 있다면 의意의 움직임에 저절로 불선이 없어져 세속적인 감정과 욕망이 저절로 용납되지 않을 것이다. 그렇다면 치지致知 공부는 자연히 쉽고 간단하며 힘이 덜 들게 될 것이다. 만약 후천後天의 움직이는 의에서 근본을 세운다면 세속적인 감정과 욕망이 섞여 들어갈 수밖에 없을 것이다. 그렇다면 치지 공부가 갈수록 번잡하고 어렵게 느껴질 것이다. 안자顏子가 한 것은 선천의 학문이고, 원헌原憲이 한 것은 후천의 학문이다.[20]

|12-9| 吾人一切世情嗜欲皆從意生. 心本至善, 動於意, 始有不善. 若能在先天心體上立根, 則意所動自無不善, 世情嗜欲自無所容, 致知工夫自然易簡省力. 若在後天動意上立根, 未免有世情嗜欲之雜, 致知工夫轉覺煩❹難. 顏子, 先天之學也; 原憲, 後天之學也.

---

19 하지 … 치지(致知)이다: 이는 『孟子』 「盡心上」:17, "無爲其所不爲, 無欲其所不欲, 如此而已矣."에 근거한 논의.

20 안자(顏子)가 … 학문이다: 안자의 선천의 학문은 "克己復禮"(『論語』 顏淵:1)를, 원헌의 후천의 학문은 "克伐怨慾不行焉"(『論語』 憲問:2)를 가리키는 듯하다. 양자의 구별에 관해서는 『論語集註』(憲問:2)에서도 다음과 같이 논하고 있다. "或曰: '四者(=克伐怨慾)不行, 固不得爲仁矣. 然亦豈非所謂克己之事, 求仁之方乎?' 曰: '克去己私以復乎禮, 則私欲不留, 而天理之本然者得矣. 若但制而不行, 則是未有拔去病根之意, 而容其

|12-10| 옛날에 사람들을 가르칠 때는 단지 "배운 것을 마음에 담아 두고 부단히 익히며, 놀 때도 쉴 때도 배움을 잊지 않는다."[21]라고 말했지, 전적으로 문을 닫아걸고 정좌하라고 말한 적이 없다. 만약 매일매일 느끼는 바에 따라 응하되 그때그때 (마음을) 거두어들인다면 정신이 화창和暢하고 사방에 두루 충만하여 욕망에 움직이지 않을 것이니, 그렇다면 정좌하는 것과 마찬가지이다. 만약 현재 느끼는 바에 따라 응하는 데서 힘을 얻지 못했다고 하여 반드시 문을 닫아걸고 정좌하면서 무욕無欲의 본체를 길러내야 비로소 (공부를) 했다고 여긴다면, 현재의 공부에 차질을 초래할 뿐만 아니라 고요함을 좋아하고 움직임을 싫어하여 세상과 아무 교섭도 하지 않게 될 수밖에 없을 것이다. 그렇다면 어떻게 다시 세상을 경영할 수 있겠는가?

|12-10| 古者教人, 只言藏修游息, 未嘗專說閉關靜坐. 若日日應感, 時時收攝, 精神和暢充周, 不動於欲, 便與靜坐一般. 若以見在感應不得力, 必待閉關靜坐, 養成無欲之體, 始爲了手, 不惟蹉却見在工夫, 未免喜靜厭動, 與世間已無交涉, 如何復經得世?

|12-11| [『주역(周易)』 건괘(乾卦)의] 건원乾元의 용구用九[22]는 화답하되 주창하지 않는 뜻을 보

|12-11| 乾元用九, 是和而不倡之義.

潛藏隱伏於胸中也, 豈克己求仁之謂哉? 學者察於二者之間, 則其所以求仁之功, 益親切而無滲漏矣.'"

❹ 煩: [원주] 賈本, 備要本에는 '繁'으로 되어 있다.
* 『왕기집』에도 '繁'으로 되어 있다.

21 배운 … 않는다: 『禮記』「學記」, "君子之於學也, 藏焉, 修焉, 息焉, 遊焉."

22 건원(乾元)의 용구(用九): 『周易』「乾卦」, "用九, 見群龍, 无首, 吉."; 同上, 文言傳, "乾元用九, 乃見天則."

여 준다. 우리의 학문에서는 자기의 견해를 세우는 일을 매우 꺼린다. (건원의 용구는) 오직 화답하되 주창하지 않고 기機에 응하여 움직일 줄 알기 때문에 "이에 천칙天則을 드러낸다."[23] 라고 말한 것이다. 흉함이 있고 허물이 있는 일은 모두 주창하는 데서 생겨난다.【이상 『왕기집』 권1, 「삼산리택록(三山麗澤錄)」】

吾人之學, 切忌起爐作竈. 惟知和而不倡, 應機而動, 故曰"乃見天則". 有凶有咎, 皆起於倡.【以上「三山麗澤錄」】

|12-12| 양지의 종설(宗說, 근본 교설)에 대해서는 동문들이 감히 어기지 못하였다. 그러나 각각 자신의 천성에 가까운 바를 가지고 헤아리고 의논하여 (각자의 개성이) 섞여 들어갈 수밖에 없었다.

어떤 사람은 '양지는 깨달아 비추지[覺照] 않으니, 적으로 돌아가는 것[歸寂]을 근본으로 삼아야 비로소 (깨달아 비출) 수가 있다. 이는 마치 거울이 사물을 비출 때 (거울의) 밝은 본체가 고요하여 (사물의) 아름답고 추함이 저절로 구별되는 것과 같다. (사물을) 비추는 데 집착한다면 (본체의) 밝음은 도리어 흐려질 것이다.'라고 말한다.

어떤 사람은 '양지에는 현성現成이 없고, 수행修行하여 증득證得하는 과정을 거쳐야 비로소 완전해진다. 이는 마치 광석鑛石 속에 있는 금

|12-12| 良知宗說, 同門雖不敢有違, 然未免各以其性之所近擬議攙和.

有謂良知非覺照, 須本於歸寂而始得. 如鏡之照物, 明體寂然, 而妍媸自辨. 滯於照, 則明反眩矣.

有謂良知無見成, 由於修證而始全. 如金之在礦, 非火齊❺

23 이에 천칙(天則)을 드러낸다: 위의 주석 참고.

은 불로 제련하지 않으면 금으로 만들 수 없는 것과 같다.'라고 말한다.

鍛鍊, 則金不可得而成也.

어떤 사람은 '양지는 이발已發에서 가르침을 세운 것이니, 미발未發의 무지(無知, 아는 것이 없음)는 (양지의) 본지本旨가 아니다.'라고 말한다.

有謂良知是從已發立教, 非未發無知之本旨.

어떤 사람은 '양지는 본래 무욕無欲하다. 마음을 곧게 하여 행동하면 도道가 아닌 것이 없으니, 다시 욕심을 없애는 공부를 보탤 필요가 없다.'라고 말한다.

有謂良知本來無欲, 直心以動, 無不是道, 不待復加銷欲之功.

어떤 사람은 '배움에는 주재主宰가 있고 유행流行이 있다. 주재는 성性을 세우는 것이고, 유행은 명命을 세우는 것이다.'라고 하여 양지를 본체와 작용으로 나눈다.

有謂學有主宰, 有流行, 主宰所以立性, 流行所以立命, 而以良知分體用.

어떤 사람은 '배움에서는 순서를 따르는 것을 귀하게 여긴다. 구하는 데는 본과 말(의 구별)이 있으나 얻는 데는 안과 밖(의 구별)이 없다.'라고 하여 치지致知에서 처음과 끝을 구별한다.

有謂學貴循序, 求之有本末, 得之無內外, 而以致知別始終.

이상은 모두 학문을 논하는 다른 견해들이니 논변하지 않을 수가 없다.

此皆論學同異之見, 不容以不辨者也.

고요함[寂]은 마음의 본체이나 고요함은 비춤을 작용[用]으로 삼는다. 공허한 지知를 지키면서 비춤을 빠뜨린다면 이는 그 작용을 (본체

寂者心之本體, 寂以照爲用, 守其空知而遺照, 是乖其用

❺ 火齊: [원주] 賈本에는 '武火'로 되어 있고, 備要本에는 '火符'로 되어 있는데, 朱鴻林, 『明儒學案點校釋誤』에서는 『王龍溪全集』을 근거로 '火符'가 옳다고 하였다.

에서) 괴리시키는 것이다.

(사람은 누구나) 우물에 빠지려고 하는 어린아이를 보면 측은하게 여기고, 꾸짖거나 발로 차면서 먹을 것을 주면 부끄러워하고 미워한다. (이러한) 인의仁義의 마음은 본래 완전하게 갖추어져 있어서 감촉되면 신묘하게 반응하니, 이는 배우지 않아도 능히 할 수 있는 것이다. 만약 양지가 수행을 거친 뒤에야 완전해진다고 말한다면, 이는 그 본체를 왜곡하는 것이다.

양지는 원래 미발未發의 중中이니 아는 것이 없으나 알지 못하는 것도 없다. 만약 양지의 앞에서 다시 미발을 찾는다면 이는 곧 공空에 빠진 견해이다.

옛사람들이 가르침을 세울 때는 원래 욕심이 있는 사람들을 위해서 (가르침을) 베풀었다. 욕심을 없애는 것은 바로 무욕의 본체로 돌아가는 방법이지 무언가를 보태는 것이 아니다.

주재는 곧 유행의 본체이고, 유행은 곧 주재의 용이다. 본체와 작용은 근원이 하나이니 나눌 수가 없다. 나눈다면 분리될 것이다.

구함은 곧 얻음의 원인이며, 얻음은 곧 구함의 증험證驗이다. 처음과 끝은 일관되어 있으니 구별할 수 없다. 구별한다면 지리支離하게 될 것이다.

우리가 양지의 가르침을 가슴에 새기면서

也.

見入井孺子而惻隱, 見嘑蹴之食而羞惡, 仁義之心, 本來完具, 感觸神應, 不學而能也. 若謂良知由修而後全, 撓其體也.

良知原是未發之中, 無知而無不知, 若良知之前, 復求未發, 卽爲沉空之見矣.

古人立教, 原爲有欲設, 銷欲, 正所以復還無欲之體, 非有所加也.

主宰卽流行之體, 流行卽主宰之用, 體用一原, 不可得而分, 分則離矣.

所求卽得之之因, 所得卽求之之證, 始終一貫, 不可得而別, 別則支矣.

吾人服膺良知之

서로 묵묵히 증득證得하기를 바라고 그 종지宗旨를 잃어버리지 않으려고 노력한다면 잘 배우는 사람이 될 것이다.

訓, 幸相默證, 務求不失其宗, 庶爲善學也已.

|12-13| [상산(象山, 육구연(陸九淵))은] "시냇물 쌓여 바다에 이르고, 주먹 돌 모여 태산泰山 화산華山 봉우리 이뤘네."[24]라고 하였다. 선사(先師, 왕수인)께서는 "상산의 학문은 힘을 얻은 곳이 전부 적루(積累, 쌓음)에 있었다. (하지만) 시냇물이 곧 바다이고, 주먹 돌이 곧 태산임을 알아야 한다."라고 말씀하셨다. 이것은 가장 높은 기[機, 근기(根機)]이니 적루를 통해서 이루어지는 것이 아니다. 【이상, 『왕기집』 권1, 「무주의현대회어(撫州擬峴臺會語)」】

|12-13| "涓流積至滄溟水, 拳石崇成太華岑." 先師謂象山之學, 得力處全在積累. 須知涓流卽是滄海, 拳石卽是泰山. 此是最上一機, 不由積累而成者也. 【「擬峴臺會語」】

|12-14| 뜻을 세우는 것이 참되지 않기 때문에 힘을 쓰는 데 간단間斷이 있을 수밖에 없는 것이다. 본원에서 철저하게 이해하여 갖가지 기호, 갖가지 탐욕과 집착, 갖가지 신기한 기술, 갖가지 범부凡夫의 마음과 구태를 전부 끊어 버려 완전히 깨끗하게 만들고서, 혼돈混沌에서 토대를 세워야 비로소 본래의 생생生生하는 참된 명맥命脈이 된다. 이 뜻이 참되어야 공부

|12-14| 立志不眞, 故用力未免間斷. 須從本原上徹底理會, 種種嗜好, 種種貪著, 種種奇特技能, 種種凡心習態, 全體斬斷, 令乾乾淨淨, 從混沌中立根

24 시냇물 쌓여 … 봉우리 이뤘네: 『陸九淵集』 권25, 「鵝湖和敎授兄韻」. 참고로 이것은 鵝湖에서 주희와 만났을 때 읊은 시이다.

에도 비로소 생각할 곳이 있다. 【『왕기집』 권2, 「두산회어(斗山會語)」】

基, 始爲本來生生眞命脈. 此志旣眞, 工夫方有商量處. 【「斗山會語」】

|12-15| 선사께서 산속에서 강학할 때, 한 사람은 자질이 총명했는데 선생님은 그저 바라보기만 하고 누차 질문해도 대답하지 않으셨다. 다른 한 사람은 남들의 비난을 돌아보지 않아 마을에서 미움을 받고 있었는데 선사께서는 종일토록 지치지도 않고 그와 이야기를 하셨다. 내가 의문이 들어 여쭤보았더니 선사께서는 이렇게 말씀하셨다. "아무개는 자질은 총명하지만 세속적인 감정과 교묘하게 남을 속이려는 마음을 버리려고 하지 않았다. 배움에 대해 듣지 못한다면 그래도 (그런 마음이) 들통이 나서 회개할 날이 오겠지만, 만약 배움에 대해서도 들려준다면 견해가 많아질수록 이익을 추구하고 손해를 피하는 것은 더욱더 교묘해지고 덮고 감추는 것은 더욱더 은밀해질 것이다. (그리하여) 일체의 원융한 지려智慮로 인해 (오히려) 악을 행하는 것을 고치지 못할 것이다. 아무개는 원래 역량이 있는 사람인데 일시적인 광심狂心을 없애고 막지 못했을 뿐이다. 이제 후회할 줄 알았으니 이 역량을 선을 행하는 데로 옮긴다면 무슨 일인들 하지 못하겠느냐? 이것이 두 사람을 다르게 대한 이유이다." 【『왕기집』 권2, 「서휴녕회약(書休寧會約)」】

|12-15| 先師講學山中, 一人資性警敏, 先生漫然視之, 屢問而不答; 一人不顧非毁, 見惡於鄕黨, 先師與之語, 竟日忘倦. 某疑而問焉, 先師曰: "某也資雖警敏, 世情機心不肯放捨, 使不聞學, 猶有敗露悔改之時, 若又使之有聞, 見解愈多, 趨避愈巧, 覆藏愈密, 一切圓融智慮, 爲惡不可復悛矣. 某也原是有力量之人, 一時狂心銷遏不下, 今旣知悔, 移此力量爲善, 何事不辦? 此待兩人所以異也." 【「休寧會語」】

|12-16| 염암念菴[25]은 "세상에 현성양지現成良知는 없다. 만 번 죽을 각오로 공부하지 않는 한 절대로 (양지를) 생겨나게 할 수 없다."[26]라고 말했다. 이것을 가지고 허망한 견해에 빠져 부화뇌동하는 무리를 바로잡는다면 안 될 것도 없다. 그러나 기필코 현재現在 양지良知는 요순과 다르므로 반드시 공부와 수증修證을 거친 뒤에야 얻을 수 있다고 주장한다면, 잘못을 바로잡으려다 지나쳐서 오히려 일을 그르치는 과오를 면할 수 없다. 어찌 밝고 밝은 하늘[=선천적으로 타고난 양지]과 넓고 큰 하늘[=후천적인 공부를 통해 얻은 양지]에 차별이 있다고 말하는가? 【『왕기집』 권2, 「송원오어(松原晤語)」】

|12-16| 念菴謂: "世間無有見成良知, 非萬死工夫, 斷不能生." 以此較勘虛見附和之輩, 未爲不可. 若必以見在良知與堯・舜不同, 必待工夫修證而後可得, 則未免矯枉之過. 曾謂昭昭之天與廣大之天有差別否? 【「松原晤語」】

|12-17| 대저 (만물과) 한 몸인 것을 인仁이라고 한다. "만물이 모두 나에게 갖추어져 있다"[27]라는 말은 그렇게 생각하는 것이 아니라 (실제로 그런 것이다). 내 눈은 색깔을 만나면 저절로 파란지 노란지 구분할 줄 아니, 이는 만물의 색깔이 눈에 갖추어져 있어서 그런 것이다. 내 귀는 소리를 만나면 저절로 맑은지 탁한지 구분할 줄 안다. 이는 만물의 소리가 귀

|12-17| 夫一體之謂仁, "萬物皆備於我", 非意之也. 吾之目, 遇色自能辨青黃, 是萬物之色備於目也; 吾之耳, 遇聲自能辨淸濁, 是萬物之聲備於耳也. 吾

---

25 염암(念菴): 나홍선(羅洪先). 『명유학안』 권18, 「江右王門學案三」, 文恭羅念菴先生洪先 참고.

26 세상에 … 할 수 없다: 『羅念菴全集』 권16, 「松原志晤」.

27 만물이 … 있다: 『孟子』 「盡心上」:4, "萬物皆備於我矣."

에 갖추어져 있어서 그런 것이다. 내 마음의 양지는 아버지를 만나면 저절로 효도할 줄 알고, 형을 만나면 저절로 공손할 줄 알고, 임금을 만나면 저절로 공경할 줄 알며, 어린아이가 우물에 빠지려고 하는 것을 보면 저절로 깜짝 놀랄 줄 알고, 당堂 아래의 (도살장으로 끌려가는) 소를 보면 저절로 두려워 벌벌 떨고 있는 줄 안다. (이러한 앎을) 미루어 나가면 오상五常이 되고, 확충하면 온갖 행실이 된다. 만물의 변화가 이루 다 헤아릴 수가 없을 정도로 많지만 응대하지 못하는 경우가 없으니, 이는 만물의 변화가 나의 양지에 갖추어져 있어서 그런 것이다.

心之良知, 遇父自能知孝, 遇兄自能知弟, 遇君上自能知敬, 遇孺子入井自能知怵惕, 遇堂下之牛自能知觳觫, 推之爲五常, 擴之爲百行, 萬物之變不可勝窮, 無不有以應之, 是萬物之變備於吾之良知也.

대저 눈이 오색五色을 갖출 수 있고, 귀가 오성五聲을 갖출 수 있으며, 양지가 만물의 변화를 갖출 수 있는 것은 허虛하기 때문이다. 지극히 허虛하게 하면 저절로 물욕이 끼어드는 일이 없어서 나의 양지가 저절로 만물과 서로 유통하여 막히는 일이 없을 것이다.

夫目之能備五色, 耳之能備五聲, 良知之能備萬物之變, 以其虛也. 致虛, 則自無物欲之間, 吾之良知自與萬物相爲流通而無所凝滯.

후세의 유자儒者는 (만물과) 한 몸이라는 의미를 분명하게 알지 못하여 자기의 마음을 믿지 못하고, 도리어 양지가 허虛하게 되면 만물을 갖추기에 부족하지 않을까 의심하였다. 그리하여 먼저 옛사람들의 효도와 공손, 사랑과 공경, 오상五常과 백행百行의 자취를 가져와서는 그것을 가리켜 전요(典要, 고정불변의 법칙)라고

後之儒者不明一體之義, 不能自信其心, 反疑良知涉虛, 不足以備萬物. 先取古人孝弟愛敬五常百行之迹, 指爲典要, 揣摩依彷, 執之

하였다. 그것을 추측하고 흉내 내며 외물을 응대하는 법칙이라고 집착하면서 다시 변동變動하고 주류周流하는 의미가 있는 줄을 알지 못하였다. 이는 눈이 오색을 구분할 줄 모르지 않을까 의심하여 먼저 빨간 물감을 (눈에) 바르고, 귀가 오성을 구분할 줄 모르지 않을까 의심하여 먼저 궁음宮音, 우음羽音을 요란하게 울리는 것이니, 어찌 보고 듣는 작용만 잃어버리겠는가? 분명하게 보고 똑똑하게 듣는 본체마저 어지럽힐 것이니, 소경과 장님이 되지 않는 경우가 드물다! 【『왕기집』 권2, 「완릉회어(宛陵會語)」】

以爲應物之則, 而不復知有變動周流之義, 是疑目之不能辨五色而先塗之以丹雘, 耳之不能辨五聲而先聒之以宮羽, 豈惟失却視聽之用? 而且汩其聰明之體, 其不至聾且瞶者幾希! 【「宛陵會語」】

|12-18| 천기天機에는 안배安排함이 없다. 적寂도 있고, 감感도 있다고 한다면 이는 곧 안배한 것이다.

|12-18| 天機無安排, 有寂有感, 卽是安排.

|12-19| 천고의 학술은 단지 은미한 일념一念에서 구할 뿐이다. "살든 죽든 떠나지 않는다"라는 말은 이를 떠나지 않는다는 것이며, "하루에 한 번, 한 달에 한 번 이른다"[28]라는 말은 이에 이른다는 것이다. 은미한 일념(을 구하는 길)은 다만 신독愼獨에 있을 뿐이다.

|12-19| 千古學術, 只在一念之微上求. 生死不違, 不違此也; 日月至, 至此也. 一念之微, 只在愼獨.

---

28 하루에 … 이른다: 『論語』 「雍也」:5, "子曰: '回也, 其心三月不違仁, 其餘則日月至焉而已矣.'"

|12-20| 사람의 마음에는 단지 옳음과 그름이 있을 뿐인데 옳음과 그름은 좋아함과 미워함의 양단兩端에서 벗어나지 않는다. 분노와 욕심은 단지 좋아함과 미워함에서 조금 더 나간 것인데 그 조짐은 매우 은미하다. "분노를 억누르고 욕심은 막는다."[29]라는 말은 옳음과 그름을 가릴 줄 아는 본심으로 돌아가라는 것이니, 이는 본체에 합일하는 공부이다.

|12-20| 人心只有是非, 是非不出好惡兩端. 忿與慾, 只好惡上略過些子, 其幾甚微. "懲忿窒慾", 復其是非之本心, 是合本體的工夫.

|12-21| 공부를 논한다면, 성인도 애를 써서 알고 노력해서 행해야 하니,[30] 그래야 비로소 조심하고, 이어서 밝히는 것이다.[31] 본체를 논한다면, 보통 사람도 태어날 때부터 알고 편안하게 행하니,[32] 그래야 비로소 참된 기[眞機]이고 곧바로 도달함[直達]이다.

|12-21| 論工夫, 聖人亦須困勉, 方是小心緝熙; 論本體, 衆人亦是生知安行, 方是眞機直達.

|12-22| "마음의 기능은 생각하는 것"[33]인데, (생각이) 자신의 지위를 벗어났다면 이는 마음의 직무를 폐기한 것이다. 배우는 사람은 (자신의) 지위가 어디에 있는지 확신할 수 있어야 비

|12-22| "心之官則思", 出其位便是廢心職. 學者須信得位之所在, 始有用力

---

29 분노를 … 막는다: 『周易』「損卦」, 大象傳, "山下有澤, 損, 君子以懲忿窒欲."

30 애를 … 하니: 『中庸章句』 20장, "或生而知之, 或學而知之, 或困而知之, 及其知之一也; 或安而行之, 或利而行之, 或勉强而行之, 及其成功一也."

31 조심하고 … 것이다: 『詩經』「大雅」, 大明, "維此文王, 小心翼翼."; 同上, 文王, "穆穆文王, 於緝熙敬止."

32 태어날 … 행하니: 『中庸章句』 20장. 위의 주석 참고.

33 마음의 … 것: 『孟子』「告子上」:15, "心之官則思, 思則得之, 不思則不得也."

로소 힘을 쓸 곳이 있게 된다.

處.

|12-23| 옛사람들은 "명을 모은다[凝命]", "도를 모은다[凝道]"[34]라고 말했는데, 진기眞機가 드러나는 것이 곧 모으는 것이다. 만약 진기가 드러나기 전에 모으는 공부를 한다면, 이는 공空에 빠지고 적寂을 지키는 것이다.

|12-23| 古人說凝命凝道, 眞機透露卽是凝. 若眞心❻透露前, 有個凝的工夫, 便是沉空守寂.

|12-24| 선사께서는 스스로 말씀하셨다. "내가 용장龍場[35]에 가기 전에는 나를 칭찬하는 사람이 열에 아홉이었고, 홍려시경鴻臚寺卿[36]이 되기 전에는 칭찬하는 사람이 열에 다섯, 비판하는 사람이 열에 다섯이었으며, 홍려시경이 된 뒤에는 비판하는 사람이 열에 아홉이었다. 배움이 참되고 절실해질수록 사람들은 더욱더 나의 허물을 보았다. 전에 칭찬했던 것은 바로 내가 숨기고 꾸민 모습이었다. 그래서 사람들이 (참모습을) 보지 못했던 것이다."

|12-24| 先師自云: "吾龍場以前, 稱之者十之九; 鴻臚以前, 稱之者十之五, 議之者十之五; 鴻臚以後, 議之者十之九矣. 學愈眞切, 則人愈見其有過. 前之稱者, 乃其包藏掩飾, 人故不得而見也."

|12-25| 치양지致良知할 때는 생기生機에서 착수해야 본성을 깨닫는 학문[見性之學]이 되어 선

|12-25| 致良知是從生機入手, 乃是見

---

34 도를 모은다: 『中庸章句』 27장, "至道不凝焉." 朱熹註, "凝, 聚也, 成也."

35 용장(龍場): 『年譜』에 의하면 왕수인이 용장(龍場)에 간 것은 37세이다.

36 홍려시경(鴻臚寺卿): 『年譜』에 의하면 왕수인이 남경 홍려시경(南京鴻臚寺卿)이 된 것은 43세이다.

❻ 若眞心: [원주] 원래는 '眞若心'으로 되어 있으나 賈本, 備要本에 근거하여 고쳤다.
* 『왕기집』에는 '若眞機'로 되어 있다.

정禪定에 떨어지지 않는다.

性之學, 不落禪定.

|12-26| 어떤 사람이 물었다. "쓸데없는 생각이나 잡념은 어떻게 해야 없앨 수 있습니까?"

대답하였다. "보이지 않을 때도 경계하고, 들리지 않을 때도 두려워하십시오.[37] (이렇게) 진기眞機에서 힘써 공부하면 저절로 그러한 문제가 없어질 것입니다."

|12-26| 問: "閒思雜慮如何克去?"

曰: "須是戒愼不覩, 恐懼不聞, 從眞機上用功, 自無此病."

|12-27| 항상 천하에는 시비是非가 없다고 생각한다면 얼마나 많은 분노를 줄일 수 있겠는가![38]

|12-27| 常念天下無非,❼ 省多少忿戾!

|12-28| 부자, 형제간에는 선善을 행하라고 권하지 않아야 은혜와 의리가 그 안에서 온전하게 행해지도록 할 수 있다. 이렇게 해야 비로소 곡진하게 이루는 학문이다.

|12-28| 父子兄弟不責善, 全得恩義行其中, 如此方是曲成之學.

|12-29| 한 친구가 힘써 공부하면 조장助長하게 되어 제이의第二義에 떨어지는 것이 아닐까 걱정하였다.

(선생이) 대답하였다. "진실하게 힘써 공부한다면 제이의에 떨어져도 괜찮습니다."

|12-29| 一友用功, 恐助長, 落第二義. 答云: "眞實用功, 落第二義亦不妨."

---

37 보이지 … 두려워하십시오: 『中庸章句』 1장, "君子戒愼乎其所不睹, 恐懼乎其所不聞."

38 항상 … 있겠는가: 『왕기집』에 의하면 이는 周潭의 말.

❼ 非: 『왕기집』에는 '是非'로 되어 있다.

|12-30| 사람의 마음은 텅 비게 만들어야 하니, 비어야만 도道가 모인다. 항상 가슴속을 시원하게 확 트여 조금의 적체積滯도 없게 만들어야 비로소 배울 수 있다.

|12-30| 人心要虛, 惟虛集道. 常使胸中豁豁, 無些子積滯, 方是學.

|12-31| 장자[張子, 장재(張載)]의 [『정몽(正蒙)』] 「태화편太和篇」은 여전히 기氣를 도道로 간주하는 잘못에서 벗어나지 못하였다. 만약 "청허일대(淸虛一大, 맑고 비어 있으며, 하나이고 큰 기)"를 도라고 한다면 탁濁한 것, 실實한 것, 흩어져서 따로따로 있는 것은 도가 아니란 말인가?

|12-31| 張子「太和篇」尙未免認氣爲道. 若以淸虛一大爲道, 則濁者·實者·散殊者, 獨非道乎?

|12-32| 어떤 사람이 물었다. "외물에 응대하고 나서 곧바로 돌이켜서 (자신을) 비춰 본다면 어떻습니까?"

(선생이) 말했다. "응대할 때 진기眞機가 드러나는 것이 곧 비추는 것인데, 어찌 다시 비추기를 구하겠습니까?"

|12-32| 問: "應物了, 卽一返照, 何如?"

曰: "當其應時, 眞機之發卽照, 何更索照?"

|12-33| 해가 지면 달이 뜨고, 달이 지면 해가 뜬다. (해와 달처럼) 자연스럽게 왕래하며 영원한 법도를 잃어버리지 않는 것이 바로 (마음을) 보존하는 방법이다. 【이상 『왕기집』 권3, 「수서경사회어(水西經舍會語)」】

|12-33| 日往月來, 月往日來, 自然往來, 不失常度, 便是存之之法. 【以上「水西會語」】

|12-34| 즐거움은 마음의 본체이다. (마음의 본체는) 본래 활발하고, 본래 소탈하고, 본래 걸

|12-34| 樂是心之本體, 本是活潑, 本

림도 속박도 없다. 요堯임금과 순舜임금, 문왕文王과 주공周公이 삼가고 두려워하며, 공경하고 부지런히 노력한 것은 단지 이 본체를 잘 보존하고 온전하게 간직하여 이 활발하고 소탈한 기機를 잃어버리지 않으려고 한 것이지, 무언가를 덧보탠 것이 아니다. 【『왕기집』 권3, 「답남명왕자문(答南明汪子問)」】

是脫灑, 本無罣礙繫縛. 堯舜文周之兢兢業業・翼翼乾乾, 只是保任得此體, 不失此活潑脫灑之機, 非有加也. 【「答汪南明」】

|12-35| 고요함[靜]은 마음의 본체이다. 염계[濂溪, 주돈이(周敦頤)]의 '주정(主靜: 고요함을 위주로 함)'은 무욕無欲을 핵심으로 삼는다.[39] "하나란 무욕이다. (무욕하면) 고요할 때는 (마음이) 텅 비고, 움직일 때는 (마음이) 곧다."[40] '주정主靜'의 정(靜, 고요함)은 실제로는 움직임과 고요함 두 가지 뜻을 겸하여 가지고 있다. 움직임과 고요함은 (마음이 외물과) 만나는 때이다.[41] 사람의 마음이 외물을 좇아다니는 데서 벗어나지 못하는 것은 욕심이 있기 때문이다. 욕심이 없다면 아무리 만감萬感이 어지럽게 교차하더라도 (마음은) 움직이지 않으며, 욕심을 좇는

|12-35| 靜者, 心之本體. 濂溪主靜, 以無欲爲要. "一者, 無欲也, 則靜虛動直." 主靜之靜, 實兼動靜之義. 動靜, 所遇之時也. 人心未免逐物, 以其有欲也. 無欲, 則雖萬感紛擾而未嘗動也; 從欲, 則雖一念枯寂而未嘗靜也. 【「答吳中

---

39 '주정(主靜)'은 … 삼는다: 周敦頤, 『太極圖說』, "聖人定之以中正仁義, 而主靜(原註: 無欲故靜), 立人極焉."

40 하나란 … 곧다: 周敦頤, 『通書』 「聖學第二十」, "'聖可學乎? 曰: '可.' 曰: '有要乎?' 曰: '有.' '請聞焉.' 曰: '一爲要. 一者無欲也. 無欲則靜虛・動直. 靜虛則明, 明則通; 動直則公, 公則溥. 明通公溥, 庶矣乎!'"

41 움직임과 … 때이다: 마음은 외물과 만날 때는 움직이고, 외물과 만나지 않을 때는 고요하다는 의미.

다면 아무리 일념一念이 마르고 적막하더라도 (마음은) 고요하지 않다. 【『왕기집』 권3, 「답중회오자문(答中淮吳子問)」】

淮」】

|12-36| 양지는 천연의 신령한 구멍이니 그때 그때 천기天機에 따라 움직이고 바뀌며 (온갖) 변화와 언행에서 스스로 천칙天則을 드러낸다. 막거나 점검할 필요도 없고 궁구하여 찾을 필요도 없는데[42] 어떻게 (양지를) 돌볼 수 있겠는가? 또 어떻게 돌보지 않을 수가 있겠는가? 【『왕기집』 권4, 「과풍성답문(過豐城答問)」】

|12-36| 良知是天然之靈竅, 時時從天機運轉, 變化云爲, 自見天則. 不須防檢, 不須窮索, 何嘗照管得? 又何嘗不照管得? 【「豐城問答」】

|12-37| 유사천劉師泉[43]이 말했다. "사람이 태어나면 성性도 있고 명命도 있습니다. 내 마음의 주재主宰를 성이라고 하는데, 성은 작위하지 않는 것이므로 단서를 드러나게 해야 합니다. 내 마음의 유행流行을 명이라고 하는데, 명은 질質이 있는 것이므로 움직이고 변화하게 해야 합니다. 항상 (성의 단서를) 알아서 염(念, 생각)에 떨어지지 않는 것이 본체를 세우는 방법이고, 항상 (명을) 움직여서 염念을 이루지 않는 것이 작용을 다하는 방법입니다. 두 가지 방법은 서로 떨어질 수 없으니, 반드시 함께 닦은

|12-37| 劉師泉曰: "人之生, 有性有命. 吾心主宰謂之性, 性無爲者也, 故須出頭; 吾心流行謂之命, 命有質者也, 故須運化. 常知不落念, 所以立體也; 常運不成念, 所以致用也. 二者不可相離, 必兼修而後可爲

42 막거나 … 없는데: 『二程遺書』 2上:28(이른바 識仁篇).

43 유사천(劉師泉): 유방채(劉邦采). 『명유학안』 권19, 「江右王門學案四」, 同知劉師泉先生邦采 참고. '師泉'은 『왕기집』에는 '獅泉'으로 되어 있다.

뒤에야 배울 수 있습니다."

선생이 말했다. "양지는 원래 성과 명이 합일되어 있는 근본입니다. (양지가) 곧 주재이고, 곧 유행입니다. 그러므로 치지致知 공부는 단지 한 곳에서 해야 합니다. '(성의) 단서를 드러나게 하고 (명을) 움직이고 변화하게 해야 하며, 염念에 떨어지지 않고 염을 이루지 말아야 한다.'라고 말씀하셨는데, 이렇게 나눈다면 곧 두 곳에서 (공부를) 하는 것이고, 두 곳에서 (공부를 한다면) 곧 지리[支離, 분산(分散)]하는 것입니다. (지리한다면) 끝끝내 하나로 돌아갈 수 없습니다."【『왕기집』 권4, 「여사천유자문답(與獅泉劉子問答)」】

學."

先生曰: "良知原是性命合一之宗, 卽是主宰, 卽是流行, 故致知工夫, 只有一處用. 若說要出頭·運化, 要不落念·不成念, 如此分疏, 卽是二用. 二卽支離, 到底不能歸一."

|12-38| 지知는 마음의 본체이니, (맹자가) 말한 "시비지심(是非之心, 옳고 그름을 구별할 줄 아는 마음)은 모든 사람이 가지고 있다."[44](의 시비지심이다). 옳고 그름은 본래 분명하니 (밖에서) 빌려 올 필요가 없다. 느끼는 바에 따라 반응하면 자연스럽지 않은 경우가 없다. 성현의 학문은 오직 스스로를 믿는 것이니, 옳은 것을 옳다고 하고 그른 것을 그르다고 하는 일은 밖에서 오지 않는다. 그러므로 스스로를 믿으면서 옳다고 판단한다면 단연코 행하려 할 것이니,

|12-38| 知者, 心之本體, 所謂"是非之心, 人皆有之". 是非本明, 不須假借, 隨感而應, 莫非自然. 聖賢之學, 惟自信得及, 是是非非不從外來. 故自信而是, 斷然必行, 雖遯世不見是而無悶;

---

44 시비지심(是非之心)은 … 있다: 『孟子』 「告子上」:6, "是非之心, 人皆有之."

세상을 피해 은둔하거나 옳다고 인정받지 못하더라도 근심하지 않을 것이다.[45] 스스로를 믿으면서 그르다고 판단한다면 단연코 행하지 않을 것이니, 한 가지라도 의롭지 않은 일을 하거나 한 사람이라도 죄 없는 이를 죽이고서 천하를 얻을 수 있다고 하더라도 하지 않을 것이다.[46] 이렇게 해야 비로소 "자신을 속이지 않는 것"[47]이고, 비로소 왕도王道라고 할 수 있으니, 얼마나 간단하고 평이하며 직접적인가!

自信而非, 斷然必不行, 雖行一不義・殺一不辜而得天下不爲. 如此方是毋自欺, 方謂之王道, 何等簡易直截!

후세의 배우는 자들은 스스로를 믿지 못하니, 밖에 의지할 수밖에 없다. 영예와 치욕에 따라 움직이는 경우는 비난과 칭찬을 옳음과 그름[是非]으로 삼고, 이익과 손해를 걱정하는 경우는 얻음과 잃음을 옳음과 그름으로 삼는다. (자기의 생각을) 끼워 넣거나 밖에서 빌려 오고, 방향을 바꾸거나 인위적으로 안배하여 갈수록 번잡하고 어려워진다. (그리하여) 결국에는 단지 패자霸者의 기량만 성취할 뿐, 성현의 평이하고 간단한 학문을 다시 볼 수 없을 것이다.【『왕기집』 권4, 「답퇴재임자문(答退齋林子問)」】

後世學者, 不能自信, 未免倚靠於外. 動於榮辱, 則以毀譽爲是非; 惕於利害, 則以得失爲是非. 攙和假借, 轉摺安排, 益見繁難, 到底只成就得霸者伎倆, 而聖賢易簡之學不復可見.【以上❽「答林退齋」】

|12-39| 경초동(耿楚侗)[48]이 말했다. "양명이

|12-39| 耿楚侗曰:

---

45 세상을 … 것이다: 『周易』「乾卦」, 文言傳, "遯世無悶, 不見是而無悶."
46 한 가지라도 … 것이다: 『孟子』「公孫丑上」:2, "行一不義・殺一不辜而得天下, 皆不爲也."
47 자신을 속이지 않는 것: 『大學章句』傳6章, "所謂誠其意者, 毋自欺也."
48 경초동(耿楚侗): 경정향(耿定向). 『명유학안』 권35, 「泰州學案四」, 恭簡耿天臺先生定

'양지良知' 두 글자를 끄집어낸 것은 본래 천고의 학맥(을 이은 것)이지만, 거기에도 역시 시절의 인연因緣(이 있습니다).	"陽明拈出良知二字, 固是千古學脈, 亦是時節因緣.
춘추시대에는 공리功利를 추구하는 풍습이 치성熾盛하여 천하가 사분오열되고 인심이 크게 무너져 (사람들이) 다시 만물일체의 뜻이 있음을 알지 못하였습니다. 그래서 공자孔子가 '인仁' 자字를 제출하여 인심을 일깨운 것이니, '인을 구하는 것[求仁]'은 공씨(孔氏, 공자)의 학맥입니다.	春秋之時, 功利習熾, 天下四分五裂, 人心大壞, 不復知有一體之義. 故孔子提出仁字, 喚醒人心, 求仁便是孔氏學脈.
맹자孟子의 시대가 되면 양주楊朱와 묵적墨翟의 도가 천하에 가득 차서 인심이 해를 입었으므로 엄하게 막지 않을 수가 없었습니다. 그래서 맹자가 다시 '의義'를 제출하여 의가 아니면 인에 도달할 방법이 없다고 한 것이니, '의를 모으는 것[集義]'은 맹씨(孟氏, 맹자)의 학맥입니다.	到孟子時, 楊・墨之道塞天下, 人心戕賊, 不得不嚴爲之防. 故孟子復提出義, 非義則仁無由達, 集義便是孟氏學脈.
진晉나라, 양梁나라 이후에는 부처와 노자의 가르침이 중국을 미혹시켜 예법이 씻은 듯이 사라졌습니다. 그래서 염계[濂溪, 주돈이(周敦頤)]가 고례古禮를 다시 회복시키려 하였고, 횡거[橫渠, 장재(張載)]가 예를 가르침으로 삼는 데 급급했던 것이니, 예를 집행하는 것은 송유宋儒의	晉・梁而下, 佛・老之敎淫於中國, 禮法蕩然. 故濂溪欲追復古禮, 橫渠汲汲以禮爲敎, 執禮便是宋儒學脈.

向 참고.

❽ 以上: 『왕기집』에 의하면 두 글자는 삭제해야 한다.

학맥입니다.

예는 겉을 꾸미는 것이 아니라 인심의 조리인데, (예의 가르침이) 전파된 지가 이미 오래되자 점점 지리支離해져 마음과 리理가 둘로 나누어졌습니다. 그래서 양명이 양지를 제출해서 천하를 깨우쳐 외물의 리가 내 마음을 벗어나지 않는다는 사실을 알게 한 것이니, 치지致知는 오늘날의 학맥입니다.

(이처럼 공자, 맹자, 염계·장재, 양명은) 모두 시대에 따라 가르침을 세운 것입니다."

선생이 말했다. "양지는 사람 몸의 신령한 기氣입니다. 의가醫家에서는 팔다리가 마비된 것을 불인不仁이라고 하는데, 이는 대개 신령한 기가 통하지 않는 곳이 있음을 말합니다. 그러므로 지知가 충만한 곳이 곧 인仁이고, 지가 판단하는 곳이 곧 의義이고, 지가 절제하고 수식하는 곳이 곧 예禮입니다. '인仁' 자를 말하면 이미 오랫동안 익숙하게 써왔기 때문에 한 번에 깨닫게 하기가 쉽지 않지만, '양지'를 말하면 한번 스스로 돌이켜 보아 생각하기만 해도 바로 그 자리에서 귀착할 곳이 있으니, 더욱 간단하고 쉽습니다."

| 12-40 | 양지는 조화造化의 정령精靈이니 우리는 조화를 배워야 한다. '조造'란 무無에서 유有로 나타나는 것이고, '화化'란 유에서 무로 돌아가는 것이다. 나의 정령(=양지)은 하늘을 낳고

禮非外飾, 人心之條理也. 流傳旣久, 漸入支離, 心理分爲兩事. 故陽明提出良知以覺天下, 使知物理不外於吾心, 致知便是今日學脈.

皆是因時立教."

先生曰: "良知是人身靈氣, 醫家以手足痿痺爲不仁, 蓋言靈氣有所不貫也. 故知之充滿處卽是仁, 知之斷制處卽是義, 知之節文處卽是禮. 說個仁字, 沿習旣久, 一時未易覺悟; 說個良知, 一念自反, 當下便有歸著, 尤爲簡易."

| 12-40 | 良知是造化之精靈, 吾人當以造化爲學. 造者, 自無而顯於有; 化者,

땅을 낳고 만물을 낳으며, 하늘과 땅, 만물은 다시 무로 돌아간다. 언제나 무에서 유로 나타나고[造], 언제나 유에서 무로 돌아가서[化] 한순간도 멈추지 않는다. 원元 · 회會 · 운運 · 세世[49]와 같은 장구한 시간으로부터 밥 먹고 숨 쉬는 아주 짧은 순간에 이르기까지 모두 그러하다. 이것을 알면 조화造化가 내 손에 있을 것이요, 나의 치지致知 공부는 저절로 그만둘 수가 없을 것이다.

自有而歸於無. 吾之精靈生天生地生萬物, 而天地萬物復歸於無, 無時不造, 無時不化, 未嘗有一息之停. 自元會運世, 以至於食息微渺, 莫不皆然. 如❾此則造化在吾手, 而吾致知之功, 自不容已矣.

|12-41| 양지의 본체는 원래 움직임도 없고 고요함도 없으며, 원래 변하고 움직이며 두루 유행한다. 이것이 바로 학문의 두뇌(頭腦, 근본)이다. 만약 양지의 본체를 보지 못하고 단지 움직임과 고요함이라는 두 가지 경계境界에서 취사선택한다면, 함부로 움직이거나 그렇지 않으면 고요함에 집착할 것이다. (함부로 움직이는 것과 고요함에 집착하는 것은) 똑같이 잘 기르지 못한 것이다. 【이상 『왕기집』 권4, 「동유회어(東遊會語)」】

|12-41| 良知本體原是無動無靜, 原是變動周流, 此便是學問頭腦. 若不見得良知本體, 只在動靜二境上揀擇取舍, 不是妄動便是著靜, 均之爲不得所養. 【以上「東遊會語」】

---

49 원(元) · 회(會) · 운(運) · 세(世): 소옹(邵雍)의 『황극경세서(皇極經世書)』에서 말하는 일종의 우주의 시간적 사이클로 1世는 30년, 1運은 12世(360년), 1會는 30運(10,800년), 1元은 12會(129,600년)이다.

❾ 如: 『왕기집』에는 '知'로 되어 있다.

| 12-42 | 지금 이 자리에 있는 본체[當體]는 공중을 나는 새의 자취나 물속의 달그림자처럼 있는 듯하기도 하고 없는 듯하기도 하며, 가라앉은 것 같기도 하고 떠 있는 것 같기도 하여 헤아리거나 의논하면 곧 어긋나 버린다. (그것은) 앞을 향해 좇아가기도 하고 방향을 돌려 등지기도 하면서 신비한 기機가 오묘하게 반응한다. 지금 이 자리에 있는 본체는 본래 공空한데 어디에서 그것을 인식할 것인가? 여기에서 깨달을 수 있어야 비로소 아무 형상 없는 가운데 있는 진면목眞面目이고, 털끝만큼의 힘도 쓰지 않는 가운데 크게 힘을 붙이는 곳(에 이를 수 있다.)

| 12-42 | 當下本體, 如空中鳥跡, 水中月影, 若有若無, 若沉若浮, 擬議卽乖. 趨向轉背, 神機妙應, 當體本空, 從何處識他? 於此得個悟入, 方是無形象中眞面目, 不著纖毫力中大著力處也.

| 12-43 | 근계近溪[50]의 학문은 이미 대체를 얻었고 심기일전心機一轉하는 것 역시 원만하다. (그러나) 스스로 걸림이 없다고 말하지만 여전히 현재現在에서 벗어나지 못하였고, 비록 전체를 내려놓았다고 말하지만 이 역시 견해상에서 (그런 일을) 감당해 낼 수 있다고 한 것일 뿐, 비난과 칭찬, 이익과 손해가 진경眞境에 닥쳐오면 여전히 (마음이) 움직일 수밖에 없었다. 그는 또한 움직이는 것을 가지고 진성眞性을 포괄

| 12-43 | 近溪之學, 已得其大, 轉機亦圓. 自謂無所滯矣, 然尙未離見在. 雖云全體放下, 亦從見上承當過來, 到毁譽利害眞境相逼, 尙未免有動. 他却將動處亦把作眞性籠罩

---

50 근계(近溪): 나여방(羅汝芳). 『명유학안』 권34, 「泰州學案三」, 參政羅近溪先生汝芳 참고.

하여 번뇌가 곧 보리라고 여겼으니, 우리 유학의 정미精微함을 다하고,[51] 그때그때 이어서 밝히는[52] 공부와는 여전히 조금 거리가 있다.

過去, 認做煩惱卽菩提, 與吾儒盡精微·時時緝熙工夫尙隔一塵.

| 12-44 | 양지라는 한 점의 허명虛明함은 성인으로 들어가는 기機이다. 시시때때로 이 한 점의 허명함을 잘 보존하고 온전하게 간직하여[保任] 낮에 하는 좋지 못한 행동으로 그것을 속박하여 없애지 않는 것이 바로 치지致知이다.

대개 성학聖學은 원래 무無에서 유有를 낳는다. 안자顔子는 내면의 아무것도 없는 곳[無處]에서 (공부를) 하였고, 자공子貢과 자장子張은 외면의 무언가 있는 곳[有處]에서 (공부하여) 나아갔다. 무는 찾기 어렵고 유는 보기 쉽기 때문에 자공, 자장 일파의 학술이 후세에 널리 전파되고, 안자의 학문은 마침내 없어진 것이다. 후세의 배우는 자들은 (자공과 자장의) 많이 배우고[多學] 많이 듣고[多聞] 많이 본다[多見]는 설[53]을 답습하여 마침내 처음에 많이 배워야 뒤에 가서 하나로 꿰뚫을[一貫] 수 있고, 처음에

| 12-44 | 良知一點虛明, 便是入聖之機. 時時保任此一點虛明, 不爲旦晝牿亡, 便是致知.

蓋聖學原是無中生有, 顔子從裏面無處做出來, 子貢·子張從外面有處做進去. 無者難尋, 有者易見, 故子貢·子張一派學術流傳後世, 而顔子之學遂亡. 後之學者沿習多學多聞多見之說, 乃謂初須多學, 到後方能

---

51 정미(精微)함을 다하고: 『中庸章句』 27장, "致廣大而盡精微."

52 그때그때 이어서 밝히는: 『詩經』 「大雅」, 文王, "詩云 穆穆文王, 於緝熙敬止." ; 『大學章句』 傳3章, 同上.

53 많이 배우고 … 설: 『論語』 「衛靈公」:2, "子曰: '賜(=子貢)也, 女以予爲多學而識之者與?' 對曰: '然, 非與?' 曰: '非也, 予一以貫之.'" ; 동상, 「爲政」:18, "子張學干祿. 子曰: '多聞闕疑, 愼言其餘, 則寡尤; 多見闕殆, 愼行其餘, 則寡悔. 言寡尤, 行寡悔, 祿在其中矣."

많이 듣고 많이 봐야 뒤에 가서 듣고 보는 데 의지하지 않고도 알 수 있다고 말하는데, 이는 (자공과 자장의 설을) 답습한 데서 나온 폐해이다.

一貫; 初須多聞多見, 到後方能不藉聞見而知, 此相沿之弊也.

처음 배우는 사람과 성인의 배움에는 단지 생소함과 익숙함의 차이만 있을 뿐, (배움의) 전후에 다시 (서로 다른) 두 개의 길이 없다. 가령 예를 들어 (도살장으로 끌려가는 소가) 두려워 벌벌 떠는 것을 차마 두고 보지 못하고,[54] 우물에 빠지려고 하는 어린아이를 보면 깜짝 놀라고,[55] 꾸짖거나 발로 차면서 주면 달가워하지 않는 것[56]은 진기眞機가 신비하게 반응하여 사람의 힘으로 관여할 수 없는 것인데, 어떻게 평소에 많이 배워야 비로소 그렇게 할 수 있겠는가? 차마 두고 보지 못하는 일념一念을 확충하면 천하의 왕이 될 수 있고, 깜짝 놀라는 일념을 확충하면 사해四海를 보전할 수 있고, 달가워하지 않고 받지 않는 일념을 확충하면 의義가 이루 다 쓰지 못할 정도로 많아질 것이다. 여기에서 공맹孔孟이 전한 핵심적인 뜻을 엿볼 수 있다.

初學與聖人之學, 只有生熟不同, 前後更無兩路. 假如不忍觳觫, 怵惕入井, 不屑嘑蹴, 眞機神應, 人力不得而與, 豈待平時多學而始能? 充不忍一念, 便可以王天下; 充怵惕一念, 便可以保四海; 充不屑不受一念, 便義不可勝用. 此可以窺孔·孟宗傳之旨矣.

|12-45| ['징분(懲忿)'의] '분忿'[57]은 단지 분노에

|12-45| 忿不止於

54 두려워 … 못하고: 『孟子』「梁惠王上」:7.

55 우물에 … 놀라고: 『孟子』「公孫丑上」:6.

56 꾸짖거나 … 것: 『孟子』「告子上」:10.

만 그치는 것이 아니다. 무릇 시기하고 질투하며 편협하고 천박하여 외물을 포용하지 못하고 생각 속에서 성냄을 조금도 놓아 버리지 못하는 것이 모두 분忿이다. [‘질욕(窒慾)’의] ‘욕慾’[58]은 단지 방탕함과 부정함에 그치는 것이 아니다. 무릇 (무언가에) 물들고 빠지며 가리고 얽매여 생각 속에서 오락가락하는 탐욕과 미련을 버리려 하지 않는 것이 모두 욕慾이다.

憤怒, 凡嫉妒褊淺, 不能容物, 念中悻悻, 一些子放不過, 皆忿也. 慾不止於淫邪, 凡染溺蔽累, 念中轉轉貪戀, 不肯舍却, 皆慾也.

분노를 억누르고 욕심을 막는 공부에는 어려운 것과 쉬운 것이 있으니, 일에서 힘써 공부하는 경우가 있고, 생각에서 힘써 공부하는 경우가 있고, 마음에서 힘써 공부하는 경우가 있다. 일에서 하는 공부는 이미 그렇게 되고 난 다음에 막는 것이고, 생각에서 하는 공부는 장차 그렇게 하려고 할 때 제어하는 것이고, 마음에서 하는 공부는 아직 그렇게 되기 전에 막는 것이다. 마음의 분노를 억누르고, 마음의 욕심을 막아야 비로소 본원의 쉽고 간단한 공부이다. 생각과 일에서 막고 제어한다면 아무리 힘을 써서 없애려고 해도 끝내 깨끗하게 없어질 기약이 없다.

懲窒之功有難易, 有在事上用功者, 有在念上用功者, 有在心上用功者. 事上是遏於已然, 念上是制於將然, 心上是防於未然. 懲心忿, 窒心慾, 方是本原易簡功夫. 在意與事上遏制, 雖極力掃除, 終無廓淸之期.

|12-46| 물었다. “이천[伊川, 정이(程頤)]의 중

|12-46| 問: “伊川

57 [‘징분(懲忿)’의] ‘분(忿)’: 『周易』「損卦」, 大象傳, “山下有澤, 損, 君子以懲忿窒欲.”

58 [‘질욕(窒慾)’의] ‘욕(慾)’: 위와 같음.

(中, 마음)을 보존하여 외(外, 외물)에 응대하고, 외를 제어하여 중을 기르는 학문[59]에서는 안과 밖을 번갈아 기른다고 하는데, 이는 어떻습니까?"

存中應外·制外養中之學, 以爲內外交養, 何如?"

(선생이) 말했다. "옛사람의 학문은 하나의 방향, 하나의 길이었으니, 단지 한 곳에서만 길렀습니다. 나무를 심는 일에 비유하자면 단지 그 뿌리만을 길렀습니다. 뿌리가 잘 자라면 가지와 잎은 자연히 번성합니다. 흙을 북돋우거나 물을 대 주고, 가지를 치고 잎을 따내며, 쓸데없이 번잡한 것을 제거하는 등등의 일은 모두 뿌리를 기르는 방법일 뿐입니다. 만약 뿌리도 기르고 또 가지와 잎도 기르려고 한다면 이는 바로 근본을 둘로 여기는 지리支離한 학문입니다.

曰: "古人之學, 一頭一路, 只從一處養. 譬之種樹, 只養其根, 根得其養, 枝葉自然暢茂. 種種培壅灌漑·修枝⑩剔葉·刪去繁冗, 皆只是養根之法. 若既養其根, 又從枝葉養將來, 便是二本支離之學.

회암[晦菴, 주희(朱熹)]은 존덕성尊德性을 존심(存心, 마음을 보존함)으로 보고, 도문학道問學을 치지(致知, 지를 다함)로 보았습니다. [그는 이천(伊川)의] '함양涵養할 때는 경敬을 해야 하고, 배움을 진전시키는 일[進學]은 치지에 달려 있다.' 라는 말에서 그 근거를 찾고, 이것을 안과 밖을 번갈아 기르는 것이라고 하였습니다. 지知

晦菴以尊德性爲存心, 以道問學爲致知, 取證於'涵養須用敬, 進學在致知'之說, 以此爲內外交養. 知是心之虛靈, 以主宰謂之心, 以虛

59 중(中)을 … 학문: 『二程文集』 권8, 「四箴」, 序, "由乎中而應乎外, 制於外, 所以養其中也."

⑩ 修枝: [원주] 원래는 '條枝'로 되어 있으나 備要本에 근거하여 고쳤다.
* 『왕기집』에도 '修枝'로 되어 있다.

는 마음의 허령虛靈함인데, 주재主宰의 측면에서는 그것을 마음이라고 하고, 허령함의 측면에서는 그것을 지知라고 하는 것이니, (마음과 지는) 원래 둘이 아닙니다. 마음을 버리고서 다시 지가 있다고 하고, 존심存心을 버려두고서 다시 치지致知 공부가 있다고 하는 것은 모두 이천伊川의 설이 그르친 것입니다.

'함양 공부에서는 마치 닭이 알을 품듯이 순수하고 전일하게 하며 계속해서 이어가는 것을 귀하게 여긴다'라는 말을 선정(先正, 선대의 현인)께서 일찍이 한 적이 있습니다. 그러나 반드시 알 속에 본래 참된 양陽의 씨앗이 있어야 (=유정란이어야) 비로소 품어서 (병아리를) 얻을 수가 있습니다. 만약 양이 없는 알(=무정란)이라면 아무리 열심히 품어도 결국 곯은 알이 될 뿐입니다. 배우는 사람은 참된 씨앗을 알아야 비로소 공부를 헛되게 하지 않을 수 있습니다. 명도[明道, 정호(程顥)]는 '배우는 사람은 먼저 인(仁)을 알아야 한다.'[60]라고 말했습니다. 우리 마음속의 영명함이 바로 참된 씨앗이니, 이는 원래 끊임없이 낳고 낳는 기機입니다. 씨앗은 전부 알에 있으니, 전체 정신精神은 단지 그것을 보호할 수 있을 뿐입니다. 정신을 가지고 그것을 돕거나 더할 수 있는 것이 아닙니다."

靈謂之知, 原非二物. 舍心更有知, 舍存心更有致知之功, 皆伊川之說誤之也.

涵養工夫貴在精專接續, 如雞抱卵, 先正嘗有是言. 然必卵中原有一點眞陽種子, 方抱得成. 若是無陽之卵, 抱之雖勤, 終成毈卵. 學者須識得眞種子, 方不枉費工夫, 明道云: '學者須先識仁.' 吾人心中一點靈明, 便是眞種子, 原是生生不息之機. 種子全在卵上, 全體精神只是保護得, 非能以其精神助益之也."

【以上「留都會記」⑪】

60 배우는 … 한다: 『二程遺書』 2上:28(이른바 識仁篇).

【이상 『왕기집』 권4, 「유도회기(留都會紀)」】

|12-47| 경초동耿楚侗[61]이 말했다. "일념一念이 움직일 때는 생각함도 없고 작위함도 없으며 그 기機가 (움직임을) 멈출 수 없으니, 이것을 천근天根[62]이라고 합니다. 일념이 끝날 때는 소리도 없고 냄새도 없으며 물러나 은밀한 곳에 감추어지니, 이것을 월굴月窟[63]이라고 합니다. 문득 어린아이가 우물을 빠지려고 하는 것을 보면 깜짝 놀라 불쌍하게 생각하는 마음이 움직이는 곳이[64] 바로 천근이고, (그 마음이) 근원으로 돌아간 곳이 바로 월굴입니다. 조금이라도 어린아이의 부모와 친분을 맺으려 하거나, 칭찬을 들으려 하거나, 비난을 싫어하는 생각이 끼어들었다면[65] 인근人根이지 천근이 아니며, 귀굴鬼窟이지 월굴이 아닙니다."

선생이 말했다. "양지가 깨닫는 곳을 천근이라고 하고, 양지가 수렴하는 곳을 월굴이라고 합니다. 구姤가 되었다, 복復이 되었다 하니[66]

|12-47| 耿楚侗曰: "一念之動, 無思無爲, 機不容已, 是曰天根; 一念之了, 無聲無臭, 退藏於密, 是曰月窟. 乍見孺子入井, 怵惕惻隱之心動處卽是天根, 歸原處卽是月窟. 纔攙和納交要譽惡聲意思, 便人根非天根, 鬼窟非月窟矣."

先生曰: "良知覺悟處謂之天根, 良知翕聚處謂之月窟.

⑪ 記: 『왕기집』에는 '紀'로 되어 있다.

61 경초동(耿楚侗): 경정향(耿定向). 『명유학안』 권35, 「泰州學案四」, 恭簡耿天臺先生定向 참고.

62 천근(天根): 『伊川擊壤集』 卷16, 「觀物吟」(→『易本義』 「易本義圖」, 伏義六十四卦方位之圖, 附錄), "因[『易本義』에는 '須']探月窟方知物, 未躡天根豈識人?"

63 월굴(月窟): 위의 주석 참고.

64 문득 … 곳이: 『孟子』 公孫丑上:6.

65 조금이라도 … 끼어들었다면: 위와 같음.

66 구(姤)가 되었다, 복(復)이 되었다 하니: 구(姤)는 『주역』 구괘(姤卦, ䷫)로 월굴(月窟)

(천근과 월굴은) 마치 고리처럼 끝없이 (순환합니다)."

一姤一復, 如環無端."

| 12-48 | [경초동(耿楚侗)이 말했다.] "어떤 사람이 근계近溪[67]에게 중中을 지키는 비결을 묻자, 나자(羅子, 근계)가 말했습니다. '아닙니다, 아닙니다. 우리에게 목구멍 아래는 귀굴鬼窟입니다. 하늘과 우리의 이 심신心神이 이토록 광대廣大하고, 이토록 고명高明하여 천지 사이를 꽉 채우고, 상하 사방을 가득 메웠는데 어찌하여 귀굴 속에 가두겠습니까?'

| 12-48 | "有問近溪守中之訣者, 羅子曰: '否否. 吾人自咽喉以下是爲鬼窟. 天與吾此心神, 如此廣大, 如此高明, 塞兩間, 彌六合, 奈何拘囚於鬼窟中乎?'

'조식술(調息術, 호흡을 조절하는 기술)은 어떻습니까?'라고 묻자, 나자가 말했습니다. '아닙니다, 아닙니다. 마음이 조화로우면 기氣가 조화롭고, 기가 조화로우면 몸이 조화로운데, 어찌하여 호흡을 조절하겠습니까?'

問: '調息之術如何?' 羅子曰: '否否. 心和則氣和, 氣和則形和, 息安用調?'

'어떻게 닦아야 마음이 조화로울 수 있습니까?'라고 묻자 나자가 말했습니다. '처자妻子에게 온화하게 대하고, 형제에게 마땅하게 행동하며, 부모에게 순종하면 마음이 조화로울 것입니다.'"

問: '何修而得心和?' 羅子曰: '和妻子, 宜兄弟, 順父母, 心斯和矣.'"

선생이 말했다. "중中을 지키라는 것은 원래

先生曰: "守中原

을 가리키고, 복(復)은 복괘(復卦, ䷗)로 천근(天根)을 가리킨다. 『朱子語類』 115:11, "天根·月窟, 指復·姤二卦而言."

67 근계(近溪): 나여방(羅汝芳). 『명유학안』 권34, 「泰州學案三」, 參政羅近溪先生汝芳 참고.

성학聖學(에서 말하는 것)입니다. [‘중(中)’은] 우虞나라 조정에서 [순(舜)임금이] 말한 ‘은미한 도심道心’이니, ‘정밀하게 하라’는 것은 이것을 정밀하게 살피라는 말이고, ‘한결같이 하라’는 것은 이것을 한결같이 지키라는 말입니다. 그래서 이것을 ‘진실로 그 중을 잡아라’라고 말한 것입니다.[68]

是聖學, 虞廷所謂道心之微, 精者精此, 一者一此, 是謂‘允執厥中’.

정情이 성性으로 돌아가는 것을 환단還丹이라고 합니다. 학문이란 단지 성과 정을 이해하는 것입니다. 우리의 이 몸에는 머리끝부터 발끝까지 모두 도체道體가 깃들어 있으니, 진아眞我는 육체를 떠나지 않습니다. 만약 ‘목구멍 아래는 귀굴’이라고 말한다면 억지로 분별하는 것이니, 지극한 도에 맞는 말이 아닙니다.

情反於性, 謂之還丹. 學問只是理會性情, 吾人此身, 自頂至踵, 皆道體之所寓, 眞我不離軀殼. 若謂咽喉以下是鬼窟, 是强生分別, 非至道之言也.

호흡을 조절하는 기술 역시 옛사람이 가르침을 세울 때 권법權法(으로 사용한 것)입니다. 고요한 가운데 정신을 거두어들이고 마음과 호흡이 서로 의지하면서 점차 (배움에) 들어가게 하였으니, 이 역시 소학小學을 보조하는 하나의 공부입니다. 호흡할 때마다 뿌리로 돌아가는 것을 단모丹母라고 합니다. 만약 단지 마음의 조화, 기氣의 조화, 몸의 조화 같은 세속적인 유자儒者의 상투적인 말을 가지고 뭉뚱그려서

調息之術, 亦是古人立敎權法, 從靜中收攝精神, 心息相依, 以漸而入, 亦補小學一段工夫. 息息歸根, 謂之丹母. 若只以心和·氣和·形和世儒常談, 儱統承當, 無入悟之

68 우(虞)나라 … 것입니다: 『書經』「大禹謨」, “人心惟危, 道心惟微, 惟精惟一, 允執厥中.”

받아들인다면 깨달음에 들어갈 기機가 없을 것입니다."【이상 『왕기집』 권4, 「답초동경자문(答楚侗耿子問)」】

[황종희의 안어(按語)] 여기에서 이계[二溪, 용계(龍溪)와 근계(近溪)]의 학문적 차이를 볼 수 있다. 근계(近溪, 나여방)는 선(禪)에 들어갔으나 용계(龍溪)는 [선(禪)과] 노자(老子)를 겸했다. 그러므로 (용계에게) 조식법이 있는 것이다.

機."【以上「答楚侗」】

此可見二溪學問不同處. 近溪入於禪, 龍溪則兼乎老, 故有調息法.

|12-49| 양지良知란 성性의 신령한 뿌리이니, 이른바 본체이다. 알고 있는데[知] 지극하게 하라[致][=치지(致知)하라]고 하였으니, (양지를) 수렴하고 이어서 밝힘으로써 무욕無欲인 하나[一][69]를 완전하게 하는 것이 이른바 공부工夫이다.

양지는 사람에게 있으니, 배우지 않고 생각하지 않아도 시원스럽게 본래 가지고 있는 바에 말미암고, 신묘하게 느끼고 신묘하게 반응하여 천연天然으로 이루어진 곳에서 넘쳐 흘러나온다. (양지는) 본래의 참모습이니 본디 수행하여 증득證得한 뒤에 완전해지는 것이 아니다. (그렇지만) 부질없이 작용作用에 내맡기면서 성性을 따른다고 하고, 정식情識에 의지하면서 은미한 곳까지 통한다고 한다면, 수시로 수렴

|12-49| 良知者, 性之靈根, 所謂本體也. 知而曰致, 翕聚緝熙, 以完無欲之一, 所謂工夫也.

良知在人, 不學不慮, 爽然由於固有; 神感神應, 盎然出於天成. 本來眞頭面, 固不待修證而後全. 若徒任作用爲率性, 倚情識爲通微, 不能隨時翕聚以爲之主, 倏忽變化, 將至於蕩

69 무욕(無欲)인 하나[一]: 『通書』「聖學第二十」, "'聖可學乎? 曰: '可.' 曰: '有要乎?' 曰: '有.' '請聞焉.' 曰: '一爲要. 一者無欲也.'"

하여 (양지를) 주인으로 삼지 못할 것이다. 그리하여 홀연히 변화하는 때가 오면 전혀 돌아갈 곳이 없을 것이니, 치지 공부는 이렇게 소략한 것이 아니다.【『왕기집』 권5, 「서동심책(書同心冊)」】

無所歸, 致知之功不如是之疎也.【「書同心冊」】

| 12-50 | '양지'라는 두 글자는 아래부터 위까지 전부 통하는 말이다. 양지는 옳음도 알고 그름도 알지만, 양지에는 옳음도 없고 그름도 없다. 옳음을 알고 그름을 아는 것이 곧 이른바 규구(規矩, 법도)이고, 옳음과 그름을 잊고서 그 (옳음과 그름을 아는) 교묘함을 얻는 것이 곧 이른바 깨달음이다.

| 12-50 | 良知二字, 是徹上徹下語. 良知知是知非, 良知無是無非. 知是知非, 卽所謂規矩; 忘是非而得其巧, 卽所謂悟也.

| 12-51 | 시골의 자중자애하는 사람과 현자賢者가 하는 일[70]은 분명히 두 갈래의 다른 길이다. 현자는 자신의 본심을 믿고서 옳은 것을 옳다고 하고 그른 것을 그르다고 하여 조금도 남들을 따라서 바꾸지 않는다. 시골의 자중자애하는 사람은 곧 향원鄕愿이다. 자신을 믿지 못하고 (남들의) 비난을 그름으로, 칭찬을 옳음으로 간주하는 데서 벗어나지 못하여 처음부터 마음을 어기는 행동, 세속을 따라가는 감정이 있는 것이다.

| 12-51 | 鄕黨自好與賢者所爲, 分明是兩條路徑. 賢者自信本心, 是是非非, 一毫不從人轉換. 鄕黨自好, 卽鄕愿也, 不能自信, 未免以毁譽爲是非, 始有違心之行·徇俗之情.

---

70 시골의 … 일: 『孟子』 「萬章上」:9, "自鬻以成其君, 鄕黨自好者不爲, 而謂賢者爲之乎?"

(순임금이 다스리던) 우虞나라 조정에서는 사람을 관찰할 때 먼저 아홉 가지 덕九德을 논하고, 그런 뒤에 일을 언급하여 "이에 '무슨 일 무슨 일을 했다'고 말했으니,"[71] 이는 (일이) 덕德에 부합한 것이다. 사람을 잘 관찰한다는 것은 공적, 명분, 격식에 있지 않다. 오직 심술心術의 은미한 곳을 정밀하게 들여다보아야 알 수 있다.【이상 『왕기집』 권5, 「여양화장자문답(與陽和張子問答)」[72]】

虞廷觀人, 先論九德, 後及於事, "乃言曰載采采", 所以符德也. 善觀人者, 不在事功名義格套上, 惟於心術微處密窺而得之.【以上「雲門問答」】

|12-52| 양지는 배우지 않아도 (잘하고) 생각하지 않아도 (안다). 하루 종일 배우는 것은 단지 저 배우지 않고도 (잘하는) 본체를 회복하는 것이며, 하루 종일 생각하는 것은 단지 저 생각하지 않아도 (아는) 본체를 회복하는 것이다.

공부가 없는 가운데 참 공부가 있는 것이지 무언가를 덧보태는 것이 (공부가) 아니다. 공부는 단지 매일매일 줄여 가려고 하지 매일매일 늘려 가려고 하지 않는다. 줄여 가다가 다 없어지면 성인이다. 후세의 학술은 바로 첨가하는 일이다. 그러므로 하루 종일 열심히 노력해도 그 병통을 더 키우기만 한다. 정말로 일념一

|12-52| 良知不學不慮. 終日學, 只是復他不學之體; 終日慮, 只是復他不慮之體.

無工夫中眞工夫, 非有所加也. 工夫只求日減, 不求日增. 減得盡, 便是聖人. 後世學術, 正是添的勾當, 所以終日勤勞, 更益其病. 果

71 우(虞)나라 … 말했으니: 『書經』「虞書」, 皐陶謨, "皐陶曰: '都! 亦行有九德; 亦言其人有德, 乃言曰載采采.'"

72 「여양화장자문답(與陽和張子問答)」: 『왕기집』의 교감주에 따르면 丁賓本에는 이 글의 제목이 「雲門問答(答陽和張子)」으로 되어 있다고 한다.

念이 깨어 있으며 차갑고 자연스러울 수 있다면 아무리 다 써서 없애려 해도 끝내 그럴 수 없을 것이다. 이는 궁극적인 경지에 관한 말이다. 【『왕기집』 권6, 「여존재서자문답(與存齋徐子問答)」】

能一念惺惺, 冷然自會,⑫ 窮其用處, 了不可得, 此便是究竟話. 【「答徐存齋」】

|12-53| 윤동산尹洞山이 양명陽明이 장거莊渠[73]에게 말한 "마음은 항상 움직인다"는 설을 거론하였다.

선생이 말했다. "그렇습니다. 장거가 영남학헌[嶺南學憲, 광동제학부사(廣東提學副使)]이 되었을 때, 공贛에 들렀습니다. 선사(先師, 왕수인)께서 '자재[子才, 위교(魏校)]가 보기에 본심은 어떠한 것입니까?'라고 묻자, 장거가 '마음은 항상 고요한 것입니다.'라고 말했습니다. 선사께서 '나는 마음이 항상 움직이는 것이라고 말하겠습니다.'라고 말하자 장거는 (화가 나서) 옷을 뿌리치며 떠났습니다.

그의 말년에 내가 형천荊川[74]과 함께 장거에게 가르침을 청했는데, 장거는 제일 먼저 전에 있었던 그 이야기를 꺼내면서 당시에 재차 묻지 못했음을 후회하였습니다. 나는 '그것은 비

|12-53| 尹洞山舉陽明語莊渠"心常動"之說.

先生曰: "然. 莊渠爲嶺南學憲時, 過贛, 先師問: '子才, 如何是本心?' 莊渠云: '心是常靜的.' 先師曰: '我道心是常動的.' 莊渠遂拂衣而行.

末年, 予與荊川請教於莊渠, 莊渠首舉前語, 悔當時不及再問. 予曰: '是雖有矯

---

73 장거(莊渠): 위교(魏校). 『명유학안』 권3, 「崇仁學案三」, 恭簡魏莊渠先生校 참고.

74 형천(荊川): 당순지(唐順之). 『명유학안』 권26, 「南中王門學案二」, 襄文唐荊川先生順之 참고.

⑫ 自會: 『왕기집』에는 '自然'으로 되어 있다.

록 (선사께서 당신의 지나친 생각을) 교정하려고 그렇게 말씀하신 것이지만 사실 심체心體도 원래 그와 같습니다. 하늘은 항상 쉬지 않고 운행하며, 마음은 항상 죽지 않고 살아 있습니다. 움직인다는 것은 곧 살아서 움직인다는 뜻이지 (움직일) 때를 가리켜서 말하는 것이 아닙니다.' 라고 말했습니다.

而然, 其實心體亦原如此. 天常運而不息, 心常活而不死. 動卽活動之義, 非以時言.'

이어서 '마음이 항상 고요하다'는 설에 대해 물었더니, 장거가 말했습니다. '성학聖學은 전적으로 주정(主靜, 고요함을 주로 삼음)에 있습니다. 전에 있던 생각이 지나가고 뒤의 생각이 아직 생겨나지 않았을 때 생각이 공적空寂해지는 것을 봅니다. (생각을) 잡아 지키지도 않고 막연하지도 않은 것이 고요함 속에서 나타나는 광경입니다.'

因問'心常靜'之說. 莊渠曰: '聖學全在主靜, 前念已往, 後念未生, 見念空寂, 旣不執持, 亦不茫昧, 靜中光景也.'

또 (장거가) 말했습니다. '배움에는 천근天根이 있고, 천기天機가 있습니다. 천근으로 근본을 세우고, 천기로 생각을 연마합니다.'

又曰: '學有天根, 有天機, 天根所以立本, 天機所以研慮.'

그래서 내가 물었습니다. '(공께서 말씀하신) 천근은 소자[邵子, 소옹(邵雍)]가 말한 것과 같습니까?'[75]

予因問: '天根與邵子同否?'

장거가 말했습니다. '역시 그 뜻입니다.'

莊渠曰: '亦是此意.'

---

75 천근은 … 같습니까: 『伊川擊壤集』 卷16, 「觀物吟」(→『易本義』 「易本義圖」, 伏羲六十四卦方位之圖, 附錄), "因[『易本義』에는 '須']探月窟方知物, 未躡天根豈識人?"

내가 말했습니다. '소자는 양陽이 처음으로 움직이는 것을 천근이라고 했는데, 천근은 곧 천기입니다. 천근과 천기는 나란히 거론해서는 안 됩니다. 만약 공처럼 (천근과 천기를) 나누어서 말한다면 그 역시 '고요할 때는 보존하고 움직일 때는 성찰한다'는 설의 유풍(을 계승한 것)입니다. 깨달았을 때는 '마음은 항상 고요하다'라고 말해도 괜찮고, '마음은 항상 움직인다'라고 말해도 괜찮으며, 천근이라고 말해도 괜찮고, 천기라고 말해도 괜찮습니다. 마음에는 움직임도 고요함도 없으니, 움직임과 고요함은 (마음이 외물과) 만나는 때입니다.'" 【『왕기집』 권7, 「남유회기(南遊會紀)」】

予謂: '邵子以一陽初動爲天根, 天根卽天機也. 天根天機不可並擧而言. 若如公分疏, 亦是靜存動察之遺意, 悟得時, 謂心是常靜亦可, 謂心是常動亦可, 謂之天根亦可, 謂之天機亦可. 心無動靜; 動靜, 所遇之時也.'" 【「南遊會記」⑬】

|12-54| "지행합일知行合一"에 대해 묻자 선생이 말했다. "천하에는 단지 지知가 있을 뿐이니, 행行하지 않았다면 안다[知]라고 말하기에 부족합니다. 지행知行에는 본체가 있고, 공부가 있습니다. 예를 들어 눈이 보는 것은 지知이지만 이미 보았다면 그것은 곧 행行이고, 귀가 듣는 것은 지이지만 이미 들었다면 그것은 곧 행입니다. 요컨대 단지 이 하나의 지知가 이미 스스로 (지와 행을) 다 포괄합니다. 맹자는 '두 세 살 먹은 어린아이라도 자기 부모를 사랑할 줄 모르는 사람은 없으며, 커서는 자기 형을 공경할 줄 모르는 사람이 없다.'[76]라고 말했는데, 단지 (사랑하고 공경할 줄) '안다'[知]고 말했을

|12-54| 問: "知行合一". 曰: "天下只有個知, 不行不足謂之知. 知行有本體, 有工夫. 如眼見得是知, 然已是見了, 卽是行; 耳聞得是知, 然已是聞了, 卽是行. 要之, 只此一個知, 已自盡了. 孟子說'孩提之童, 無不知愛其親, 及其長, 無不知敬其兄',

뿐입니다. 알면 (사랑하고 공경)할 수 있는 것이니 다시 사랑할 수 있다, 공경할 수 있다고 말할 필요가 없습니다. 본체는 원래 합일되어 있으나 후세의 유자儒者들이 둘로 나눴기 때문에 선사께서 부득이 합일되어 있다고 말했던 것입니다.

止曰'知'而已. 知便能了, 更不消說能愛·能敬. 本體原是合一, 先師因後儒分爲兩事, 不得已說個合一.

지知는 견해를 말하는 것이 아니고, 행行은 실행을 말하는 것이 아닙니다. 일념一念에서 증거를 찾아보면, '지知를 진절하고 독실하게 하는 것이 곧 행行이고, 행을 분명하게 깨닫고 정밀하게 살피는 것이 곧 지입니다.'[77] (여기에서) '지행' 두 글자는 모두 공부를 가리켜 말한 것이지만, (지행은) 또한 원래 합일되어 있습니다. 이는 일부러 설說을 세워서 사람들에게 믿으라고 강요하는 것이 아닙니다."

知非見解之謂, 行非履蹈之謂, 只從一念上取證, '知之眞切篤實卽是行, 行之明覺精察卽是知.' 知行兩字皆指工夫而言, 亦原是合一的, 非故爲立說, 以强人之信也."

|12-55| 사람의 마음은 허명虛明하고 깨끗하며, 그 본체는 원래 활발한데 어떻게 잡아서 고정시킬 수가 있겠는가? 오직 때에 따라 익힐 뿐이다. 변동變動하고 주류周流하여 따르기도 하고 거스르기도 하며, 세로로 가기도 하고 가로로 가기도 한다. 마음이 하는 바에 따라서 저 활발한 본체로 돌아가고 여러 가지 경(境, 대

|12-55| 人心虛明湛然, 其體原是活潑, 豈容執得定? 惟隨時練習. 變動周流, 或順或逆, 或縱或橫, 隨其所爲, 還他活潑之體, 不爲諸

76 두세 … 없다: 『孟子』「盡心上」:15.

⑬ 記: 『왕기집』에는 '紀'로 되어 있다.

77 지(知)를 … 지입니다: 『傳習錄』 卷中, 「答顧東橋書」.

상)에 의해 막히지 않게 하는 것, 이것을 보존한다고 말한다. 【이상 『왕기집』 권7, 「화양명륜당회어(華陽明倫堂會語)」】

境所礙, 斯謂之存.
【以上「華陽會語」】

12-56 [『시경(詩經)』에서는] "하늘이 많은 백성을 내셨는데 물物이 있으면 법칙이 있다."[78]라고 하였다. 양지는 천연의 법칙이고, 물物은 인륜과 물리가 감응하는 바의 자취이다. 예를 들어 아버지와 아들이라는 물物이 있다면 자애와 효도라고 하는 법칙이 있고, 보고 듣는 바의 물이 있으면 똑똑하게 듣고 분명하게 본다는 법칙이 있다. 감응의 자취에서 천칙天則의 자연自然을 따른 뒤에 물이 자신의 리理를 얻는 것을 격물格物이라고 하는 것이지, 곧바로 물物을 리理라고 하는 것이 아니다.

[『예기(禮記)』에서는] "사람이 태어나서 고요한 것은 하늘의 성性이다."[79]라고 하였다. 물物은 감感으로 인해 있고, 의意가 작용하는 대상이 물이다. 의意가 움직이게 되면 욕심으로 흐르기 쉽다. 그러므로 자취에 응하는 곳에서 욕심을 줄이는 공부를 해야 한다. 줄이고 또 줄여서 아무 욕심도 없는 상태에 이르는 것을 격물이라고 하는 것이지, 곧바로 물物을 욕심이라

12-56 "天生蒸民, 有物有則." 良知是天然之則, 物是倫物所感應之跡. 如有父子之物, 斯有慈孝之則; 有視聽之物, 斯有聰明之則. 感應跡上循其天則之自然, 而後物得其理, 是之謂格物, 非卽以物爲理也.

"人生而靜, 天之性也." 物者因感而有, 意之所用爲物. 意到動處, 易流於欲, 故須在應跡上用寡欲工夫. 寡之又寡, 以至於無, 是之謂格物, 非卽以物爲

78 하늘이 … 있다: 『詩經』「大雅」, 烝民.
79 사람이 … 성(性)이다: 『禮記』「樂記」.

고 하는 것이 아니다.

물物은 의意에서 생기니, 의가 바르면 물이 바르고, 의가 바르지 않으면 물이 바르지 않게 된다. 물을 리理라고 생각한다면 지나친 것이고, 물을 욕심이라고 풀이한다면 미치지 못한 것이다. (둘은) 모두 격물의 원의가 아니다. 【『왕기집』 권7, 「신안두산서원회어(新安斗山書院會語)」】

欲也.

物從意生,⓮ 意正則物正, 意邪則物邪. 認物爲理, 則爲太過; 訓物爲欲, 則爲不及, 皆非格物之原旨. 【「斗山會語」】

| 12-57 | 등정우鄧定宇[80]가 말했다. "양지는 혼연한 허명虛明함으로 아는 것이 없으나 알지 못하는 것도 없습니다. 옳음을 알고 그름을 아는 것은 양지의 자연스러운 작용이나 그 또한 권법權法입니다. 옳다고 하고 그르다고 하는 것을 지(知, 양지)라고 고집한다면 근본을 잃어버린 것입니다."

(등정우가) 또 말했다. "배움은 스스로 믿고 스스로 서는 것을 귀하게 여기니, 세상에 의지해서 할 수 있는 것이 아닙니다. 하늘이 하는 것도 아니고, 땅이 하는 것이 아니고, 성인이 하는 것도 아니니, 스스로 터득하기를 구할 뿐입니다."

선생이 말했다. "직접 뵙고 가르침을 받으니

| 12-57 | 鄧定宇曰: "良知渾然虛明, 無知而無不知. 知是知非者, 良知自然之用, 亦是權法, 執以是非爲知, 失其本矣."

又曰: "學貴自信自立, 不是倚傍世界做得的. 天也不做他, 地也不做他, 聖人也不做他, 求自得而已."

先生曰: "面承教

80 등정우(鄧定宇): 등이찬(鄧以讚). 『명유학안』 권21, 「江右王門學案六」, 文潔鄧定宇先生以讚 참고.

⓮ 生: [원주] 원래는 '上'으로 되어 있으나 備要本에 근거하여 고쳤다.
* 『왕기집』에도 '生'으로 되어 있다.

고요한 가운데서 터득한 바가 매우 깊고, 본 바가 매우 큼을 알겠습니다. 그러나 아직 견해에서 전환하는 단계를 벗어나지 못했습니다. 이 일은 말했다고 해서 그만둘 수 있는 것이 아닙니다. 시시때때로 힘을 써야 할 곳이 있고, 시시때때로 고쳐야 할 잘못이 있습니다. 습기習氣를 일소하여 광명에 이르러야 비로소 이어서 밝히는[緝熙] 배움입니다. 이 배움에는 작은 것도 없고 큰 것도 없으며, 안도 없고 밖도 없으나 말과 몸가짐은 도를 모으는 바입니다. 형께서 느끼고 반응하며 행하고 지키는 바를 가만히 들여다보니 여전히 작위적으로 하고 소루疏漏한 점이 있습니다. 견성(見性, 성을 깨달음)한 사람이라면 진성眞性이 유행하여 가는 곳마다 충만하고, 천기天機가 항상 살아 있어 남음도 모자람도 없으니 저절로 안배하는 일이 없습니다. 이렇게 되어야 비로소 스스로 믿는 것입니다."

議, 知靜中所得甚深, 所見甚大, 然未免從見上轉換. 此件事不是說了便休, 須時時有用力處, 時時有過可改, 消除習氣, 抵於光明, 方是緝熙之學. 此學無小無大, 無內無外, 言語威儀, 所以凝道. 密窺吾兄感應行持, 尙涉做作, 有疏漏. 若是見性之人, 眞性流行, 隨處平滿, 天機常活, 無有剩欠, 自無安排, 方爲自信也."

정우가 말했다. "선생의 생각은 단지 이 기機가 항상 머물지 않고 운행하며 항상 죽지 않고 살아 있어서, 생각해도 상상像想에 떨어지지 않고 움직여도 안배에 속하지 않기를 바라는 것입니다. 이것이야말로 참된 씨앗인데, (그것이) 습기習氣에 얽매인다면 제이의第二義에 떨어질 수밖에 없을 것입니다."【『왕기집』 권7, 「용남산거회어(龍南山居會語)」】

定宇曰: "先生之意, 但欲此機常行而不住, 常活而不死, 思而不落想像, 動而不屬安排, 卽此便是眞種子, 而習氣所牽, 未免落在第二義."【「龍南會語」】

|12-58| 사람이 세상을 살아갈 때 온갖 다양한 변화를 만나지만 그에 응대하는 바는 희로애락喜怒哀樂 네 가지를 벗어나지 않는다. 사람의 희로애락은 마치 하늘의 사계절에서 따뜻함과 시원함, 추위와 더위가 멈추지 않는 것과 같다. 즐거움[樂]은 마음의 본체인데, 그것을 따르면 기쁘고[喜], 그것에 거스르면 화나고[怒], 그것을 잃어버리면 슬프고[哀], 그것을 얻으면 즐겁다[樂]. 화和[81]는 즐거움으로 인해서 생겨난다. 옛사람은 슬픔에서도 화를 말했는데, (아무리 슬프더라도) 생을 해치지 않고 생명을 잃지 않는 것이 바로 슬픈 감정의 중절中節함[=화(和)]이다.【『왕기집』 권7, 「백운산방문답(白雲山房問答)」】

|12-58| 人生在世, 雖萬變不齊, 所以應之, 不出喜怒哀樂四者. 人之喜怒哀樂, 如天之四時, 溫涼寒熱, 無有停機. 樂是心之本體, 順之則喜, 逆之則怒, 失之則哀, 得之則樂. 和者, 樂之所由生也. 古人謂哀亦是和, 不傷生, 不滅性, 便是哀情之中節也.【「白雲山房問答」】

|12-59| 양지의 주재함이 곧 이른바 신神이고, 양지의 유행함이 곧 이른바 기氣인데, 그 (양지의) 기機는 은미한 일념一念을 벗어나지 않는다.【『왕기집』 권15, 「역측수장숙학(易測授張叔學)」】

|12-59| 良知之主宰, 卽所謂神; 良知之流行, 卽所謂氣, 其機不出於一念之微.⑮【「易測」】

|12-60| 양지는 본래 따르는 것[順]인데, 그것을 지극하게 하는 것[=치양지(致良知)]은 거스르

|12-60| 良知本順, 致之則逆. 目之視,

---

81 화(和): 희로애락이 발하되 모두 중절(中節), 즉 절도에 맞는 상태가 화이다. 『中庸章句』 1장, "喜怒哀樂之未發謂之中, 發而皆中節謂之和."

⑮ 良知之主宰 … 其機不出於一念之微: 『왕기집』에는 "不學不慮, 天然靈竅, 其究也範圍天地, 發育萬物, 其機不出於一念之微. 良知之主宰, 卽所謂神; 良知之流行, 卽所謂氣."로 되어 있다.

는 것[逆]이다. 눈이 보고, 귀가 듣는 것은 생기生機의 자연스러움이니, 이것을 따른다고 말한다. 볼 때는 분명하게 볼 것을 생각하고, 들을 때는 똑똑하게 들을 것을 생각한다면[82] 천칙天則이 빽빽하게 늘어설 것이니, 이것을 거스른다고 말한다. 【『왕기집』 권15, 「도서선후천발어(圖書先後天跋語)」】

耳之聽, 生機自然, 是之謂順. 視而思明, 聽而思聰, 天則森然, 是之謂逆.
【「跋圖書」】

|12-61| 우리 유학儒學이 선학禪學, 속학俗學과 다른 점은 단지 지나침과 모자람 사이에 있다.

저 (선학은) 세계를 허망하다고 여기고, 생사를 번개나 거품처럼 (순식간에 사라진다고) 여긴다. (만물은) 스스로 이루어지고 스스로 머물며 스스로 무너지고 스스로 공空하게 되며, 하늘은 스스로 하늘을 믿고 땅은 스스로 땅을 믿으며, (만물은) 온갖 모습으로 변하고 윤회하다가 태허太虛로 돌아간다고 생각하여 막연하게 관심을 두지 않음으로써 마음을 동요시키는 않는 것이 불교의 초탈함이다.

세계를 감옥으로 여기고, 생사를 질곡으로 여겨 몸을 가지고 외물을 따르고, 가는 것을 애도하고 오는 것을 슬퍼하며 마치 몸 둘 곳이 없는 것처럼 근심하는 것이 세속의 (학문이) 마

|12-61| 吾儒之學與禪學·俗學, 只在過與不及之間.

彼視世界爲虛妄, 等生死爲電泡, 自成自住, 自壞自空, 天自信天, 地自信地, 萬變輪迴, 歸之太虛, 漠然不以動心, 佛氏之超脫也.

牢籠世界, 桎梏生死, 以身徇物, 悼往悲來, 戚戚然若無所容, 世俗之芥蔕也.

82 볼 때는 … 생각한다면: 『論語』 「季氏」:10, "孔子曰: '君子有九思, 視思明, 聽思聰, … ."

음을 쓰는 바이다.

자신의 악을 다스리고 허물을 반성하여 두려워하는 마음이 있으나 근심하는 모습은 없으며, 본디 운수의 성패에 자신을 맡기지도 않고 외물의 득실로 자신을 해치지도 않으며, 내면을 보는 것을 위대하게 여기고 외부에서 변하는 것을 똑같이 보아서 가슴속이 평탄하고 경(境, 대상)에 따라 바뀌지 않는 것이 우리 도의 (지나침도 모자람도 없는) 중행中行이다. 【『왕기집』 권15, 「자송장어시아배(自訟長語示兒輩)」】

修慝省愆, 有懼心而無慼容, 固不以數之成虧自委, 亦不以物之得失自傷, 內見者大而外化者齊, 平懷坦坦, 不爲境遷, 吾道之中行也.

|12-62| 마음과 자취는 나뉜 적이 없다. 자취에 의심스러운 점이 있다면 필경 그 마음에 아직 완전히 믿지 못하는 구석이 있기 때문이다. 스스로 이번 생生에는 결코 도적질하려는 마음이 없음을 믿는다면, 아무리 편협한 마음을 가진 사람이라도 도적질로 자신을 의심하지 않을 것이다. 만약 (스스로) 결코 도적질하려는 마음이 없음을 (믿는 것처럼) 스스로 공명과 부귀를 바라는 마음이 없음을 믿는다면 남들도 믿을 것이니, 스스로 말하지 않아도 (그런 줄을) 알 것이다. 【『왕기집』 권15, 「자송장문답(自訟問答)」】

|12-62| 心迹未嘗判, 迹有可疑, 畢竟其心尚有不能盡信處. 自信此生決無盜賊之心, 雖有褊心之人, 亦不以此疑我. 若自信功名富貴之心與決無盜賊之心一般, 則人之相信, 自將不言而喻矣. 【以上「自訟」】

|12-63| 옛날에 어떤 사람이 배움을 논하면서 "하늘처럼 되기를 바라야 한다."[83]라고 말하자, 한 사인士人이 옆에서 말했다. "공公들은 고원한 것을 논하지 말고, 우선 선비답게 되기를

|12-63| 昔有人論學, 謂須希天. 一士人從旁謂曰: "諸公未須高論, 且須希

바라야 합니다. 지금 시장에서 장사하는 사람의 마음을 가지고 함부로 하늘처럼 되려고 생각한다면, 범부가 자기를 국왕이라고 하는 것과 무엇이 다르겠습니까? 이는 거의 부끄러움이 없는 것입니다! 바라건대, 우선 선비답게 되기를 바라고 나서 하늘처럼 되기를 바라십시오. 그러면 점차로 (바라는 경지에) 이를 수 있을 것입니다." 좌중이 이 말을 듣고 깜짝 놀라며 (반성하였다).

士. 今以市井之心妄意希天, 何異凡夫自稱國王, 幾於無恥矣! 願且希士而後希天, 可馴至也." 一座聞之惕然.

|12-64| 제유諸儒가 터득한 바에는 얕음과 깊음의 차이가 없지 않다. 처음 배우는 사람은 (그에 대해) 가볍게 논해서는 안 되고, 우선 그들이 힘을 얻은 곳에서부터 본받고 익히면서 자신이 아직 이르지 못한 바를 구해야 한다. 다만 '『대학』의 격물格物에는 내외內外가 없다', '『중용』의 신독愼獨에는 동정動靜이 없다'와 같은 여러 설은 중대한 문제와 관계가 있으므로 함께 지적해서 논파하지 않을 수가 없으니, 이는 부득이한 일이다. 만약 '위대한 말은 거리낌이 없다'라고 하면서 마치 저울을 가지고 무게를 비교하는 것처럼 입에서 나오는 대로 지적한다면 오만함을 키울 뿐만 아니라 덕도 해칠 것이다.

|12-64| 諸儒所得, 不無淺深. 初學不可輕議, 且從他得力處效法修習, 以求其所未至. 如『大學』格物無內外·『中庸』愼獨無動靜諸說, 關係大節目, 不得不與指破, 不得已也. 若大言無忌, 恣口指摘, 若執權衡以較輕重, 不惟長傲, 亦且損德.

---

83 하늘처럼 되기를 바라야 한다: 『通書』「志學第十」, "聖希天, 賢希聖, 士希賢."

12-65 현재의 일념一念에 보냄도 맞이함도 없고, 머묾도 집착도 없어서 천기天機가 항상 살아 있다면 천 년의 사업, 백 년의 사업을 완수하여 더 이상 남은 것도 모자란 것도 없을 것이다.

12-65 見在一念, 無將迎·無住著, 天機常活, 便是了當千百年事業, 更無剩欠.

12-66 천고의 성학聖學은 단지 일념一念의 영명靈明함에서 아는 것이다. 지금 이 자리에서 이 일념의 영명함을 보존하는 것이 배움이고, 이것(=일념의 영명함)을 가지고 촉발觸發하고 감통感通하는 것이 가르침이다. 하는 일마다 이 일념의 영명함을 어둡게 하지 않는 것을 격물格物이라고 하고, 이 일념의 영명함을 속이지 않는 것을 성의誠意라고 하고, 일념이 넓게 확트여 조금도 사적인 고집이나 기필함이 없는 것을 정심正心이라고 한다. 이것(=일념의 영명함)은 쉽고 간단하며 직접적인 근원이다. 【이상 『왕기집』 권16, 「수서별언(水西別言)」】

12-66 千古聖學, 只從一念靈明識取. 當下保此一念靈明便是學, 以此觸發感通便是教. 隨事不昧此一念靈明, 謂之格物; 不欺此一念靈明, 謂之誠意; 一念廓然無有一毫固必之私, 謂之正心. 此是易簡直截根源. 【以上「水西別言」】

12-67 양지의 영명함은 원래 비추지 않는 것이 없지만, 그 변화를 종잡을 수가 없기 때문에 외물을 따라다니기도 쉽다. 옛사람은 "도道를 모은다"라고 말하고, "명命을 모은다"라고 말했는데, 이 역시 고심에서 나온 화두話頭이다. 우리는 단지 양지가 영명하고 소탈하여 돌연히 나타나기도 하고 없어지기도 하는 것만 알고 (양지를) 기를 방법을 알지 못하여 이씨(二

12-67 良知靈明原是無物不照, 以其變化不可捉摸, 故亦易於隨物. 古人謂之凝道, 謂之凝命, 亦是苦心話頭. 吾人但知良知之靈明脫灑, 而倏忽存亡,

氏, 불교와 도교)를 빌려서 화두로 삼기도 한다. (그리하여) 인정人情과 사변事變에서 단련하고 초탈하는 것이 바로 양지를 기르는 방법임을 알지 못한다. 그래서 이학(二學, 불학과 도학)에서 벗어나지 못하는 것이다. 만약 정말로 양지를 믿는 때가 되면, 단지 이 지(知, 양지)가 본체이고, 단지 이 지가 공부이며, 양지 외에 다시 지극하게 하는[致] 법이 없고, 치양지致良知 외에 다시 기르는 법이 없을 것이다. 양지는 원래 아무것도 없어서 스스로 만물의 변화에 응할 수 있다. (그러나) 의意가 있고, 욕欲이 있다면 모두 물物이 되고, 모두 양지의 장애가 될 것이다. 【『왕기집』 권16, 「노강초당별언(魯江草堂別言)」】

不知所以養, 或借二氏作話頭, 而不知於人情事變, 煅煉超脫, 卽爲養之之法, 所以不免於有二學. 若果信得良知及時, 只此知是本體, 只此知是工夫, 良知之外, 更無致法, 致良知之外, 更無養法. 良知原無一物, 自能應萬物之變, 有意有欲, 皆爲有物, 皆爲良知之障. 【「魯江別言」】

| 12-68 | 홍치(弘治, 1488-1505), 정덕(正德, 1506-1521) 연간에 서울에서 사장학(詞章學, 문학)이 주창되었을 때 이몽양李夢陽·하경명何景明이 그 종주宗主의 지위를 차지하였다. 선사(先師, 왕수인)께서도 그들과 서로 창화倡和하였는데, 얼마 뒤에 버리고 떠나자 시사詩社를 함께하던 사람들이 아쉬워하였다. (그것을 듣고) 선사께서 웃으며 말씀하셨다. "가령 학문이 한유韓愈·유종원柳宗元과 같더라도 문인에 불과하고, 글이 이백李白·두보杜甫와 같더라도 시인에 불과하다. 정말로 심성心性의 학문에 뜻을 두었다면 안연顔淵·민자건閔子騫을 목표로 삼을 것

| 12-68 | 弘·正間, 京師倡爲詞章之學, 李·何擅其宗. 先師更相倡和, 旣而棄去, 社中人相與惜之. 先師笑曰: "使學如韓·柳, 不過爲文人; 辭如李·杜, 不過爲詩人. 果有志於心性之學, 以顔·閔爲期, 非第一等德業乎? 就論立

이니, 이것이 최고의 덕업德業이 아니겠는가? 입언(立言, 후세에 귀감이 될 만한 말을 함)을 논하더라도 또한 하나하나 원만하고 광명한 구멍에서 흘러나와서 하늘을 덮고 땅을 덮을 정도가 되어야 비로소 대장부가 할 일이다. 남에게 의지하면서 비교하고 추측하는 것은 모두 작은 기예이다." 【『왕기집』 권16, 「증순징별언(曾舜徵別言)」】

言, 亦須一一從圓明竅中流出, 蓋天蓋地, 始是大丈夫所爲, 傍人門戶, 比量揣擬, 皆小技也." 【「曾舜徵別言」】

|12-69| 사려가 아직 일어나지 않은 것은 (사려가) 이미 일어난 것과 상대되는 것이 아니다. (사려가) 막 일어났을 때 귀신에게 간파당했다면 물러나 은밀한 곳에 기機를 감춘 것이 아니다. 날마다 (외물을) 좇아다니며 느끼는 바에 응하되 그저 묵묵히 이해하고, 지금 이 자리의 일념一念이 진중하고 소탈하여 일어남도 없고 일어나지 않음도 없으며, 시시때때로 눈앞에 모습을 드러내기도 하고 시시때때로 전체를 내려놓기도 하며, 일체의 칭찬과 비난, 거역과 순종을 마음에 들이지 않고 마음을 곧게 하여 움직인다면 스스로 천칙天則을 드러낼 것이다. 【『왕기집』 권16, 「만리암만어(萬履庵漫語)」】

|12-69| 思慮未起, 不與已起相對, 纔有起時, 便爲鬼神覷破, 非退藏密機. 日逐應感, 只默默理會, 當下一念, 凝然灑然, 無起無不起, 時時覿面相呈, 時時全體放下, 一切稱譏逆順, 不入於心, 直心以動, 自見天則. 【「萬履庵漫語」】

|12-70| 백사白沙[84]와 사문(師門, 양명 문하)의

|12-70| 問白沙與

84 백사(白沙): 진헌장(陳獻章). 『명유학안』 권5, 「白沙學案上」, 文恭陳白沙先生獻章 참고.

같은 점과 다른 점을 묻자 (선생이) 말했다. "백사의 학문은 백원산百原山에서 전해지고 있는데, 그 역시 공문孔門의 별파別派입니다. 고리의 중앙을 얻어 끝없는 변화에 대응하는 것[85]이 바로 그들의 모습입니다. 세상 사람들은 정신이 산만하여 밖으로 뛰쳐나가서 찾아다니기 때문에 (내면의) 성정性情으로 돌아가려 해도 들어갈 곳이 없습니다. (그래서 백사는) 고요한 가운데서 행하는 일련의 수행과 지킴을 빌려서 본래 면목을 엿보고, 그로써 안신입명安身立命의 토대로 삼을 수밖에 없었던 것이니, 이는 이른바 권법權法입니다.

(사문에서 말하는) 치지致知의 종지宗旨는 말과 침묵, 움직임과 고요함에 상관없이 인정人情과 사변事變에서 철저하게 익혀서 근원으로 돌아가는 것입니다. 비유하자면 순금에 구리와 납이 섞여 있을 경우, 뜨거운 불로 달구지 않으면 순수하게 만들 수 없는 것과 같습니다.

사문에는 깨달음에 들어가게 하는 데 세 가지 교법敎法이 있습니다. 지적인 이해로부터 터득하는 것을 해오解悟라고 하는데, 이는 아직 말로 설명하는 단계에서 벗어나지 못한 것입니다. 고요한 가운데서 터득하는 것을 증오證

師門同異, 曰: "白沙是百原山中傳流, 亦是孔門別派, 得其環中, 以應無窮, 乃景象也. 緣世人精神撒潑, 向外馳求, 欲返其性情而無從入, 只得假靜中一段行持, 窺見本來面目, 以爲安身立命根基, 所謂權法也.

若致知宗旨, 不論語默動靜, 從人情事變徹底鍊習, 以歸於玄,⑯ 譬之眞金爲銅鉛所雜, 不遇烈火烹熬, 則不可得而精.

師門嘗有入悟三種敎法: 從知解而得者, 謂之解悟, 未離言詮; 從靜中而得者, 謂之證悟, 猶有

85 고리의 … 것: 『莊子』「齊物論」, "彼是莫得其偶, 謂之道樞. 樞始得其環中, 以應無窮."
⑯ 玄: 『왕기집』에는 '元'으로 되어 있다.

悟라고 하는데, 이는 여전히 경(境, 대상)에 의지하는 것입니다. 인사人事를 익히는 것으로부터 터득하는 것은 말도 잊고 경境도 잊으며, 접촉하는 곳마다 근원을 만나서 흔들리면 흔들릴수록 더욱더 진중하고 적막합니다. 이렇게 되어야 비로소 철오徹悟입니다." 【『왕기집』 권16, 「유별예천만어(留別霓川漫語)」】

待於境; 從人事鍊習而得者, 忘言忘境, 觸處逢源, 愈搖蕩愈凝寂, 始爲徹悟." 【「霓川別語」】

|12-71| 진성眞性을 따라 유행하여 (인위적으로) 안배하지 않고 가는 곳마다 평이하게 펼쳐야 비로소 천연의 참된 규구(規矩, 컴퍼스와 직각자=법도)이다. 만약 조금이라도 동그라미나 네모라고 하는 (컴퍼스와 직각자로 그린) 자취에 들어간다면 여전히 불변의 법칙을 가지고 (인위적으로) 안배하는 것이다. 그것은 변동變動하고 주류周流한다는 뜻과는 아직 몇 겹의 간격이 있는 공안公案이다. 【『왕기집』 권16, 「지양만어시정유인(池陽漫語示丁惟寅)」】

|12-71| 從眞性流行, 不涉安排, 處處平鋪, 方是天然眞規矩. 脫入些子方圓之迹, 尙是典要挨排, 與變動周流之旨, 還隔幾重公案. 【「示丁惟寅」】

|12-72| 인심의 한 점 신령한 기機는 변동變動하고 주류周流한다. 그 도道는 누차 변하지만 영원한 본체[常體]는 바뀌지 않는다. 비유하자면 해와 달의 밝음은 (해와 달이) 멈추는 때가 없이 가고 오지만 움직인 적이 없었던 것과 마찬가지이다.

|12-72| 人心一點靈機, 變動周流, 爲道屢遷而常體不易, 譬之日月之明, 往來無停機而未嘗有所動也.

|12-73| 만사묵萬思默[86]이 물었다. "어린아이

|12-73| 萬思默問:

가 우물에 빠지려고 하는 것을 보고서 깜짝 놀라서 불쌍하게 여긴다면[87] 반드시 미친 듯이 뛰어가서 온 기운을 다 쓰며, 머리를 짜내고 방법을 찾아서 구하려고 할 것입니다. 이는 분명히 이미 사려思慮를 일으킨 것인데, 어떻게 아직 사려를 일으키지 않았다고 말할 수 있습니까?"

"見孺子入井, 怵惕惻隱, 則必狂奔盡氣·運謀設法, 以拯救之, 分明已起思慮, 安得謂之未起?"

(선생이) 대답하였다. "만약 생각[念]으로 전환되지 않았다면 일체의 머리를 짜내고 방법을 모색하는 일은 모두 양지의 묘용妙用이고, 모두 사려를 일으킨 적이 없는 것입니다. 이것이 이른바 '생각은 백 가지로 다르지만 이르는 곳은 하나'라는 것입니다. 조금이라도 '어린아이의 부모와 친분을 맺으려 하거나, 칭찬을 바라거나, 비난을 싫어하는 마음이 있다면'[88] 곧 생각[念]으로 전환된 것입니다. 이렇게 되어야 비로소 (사려를) 일으킨 것입니다."

曰: "若不轉念, 一切運謀設法, 皆是良知之妙用, 皆未嘗有所起, 所謂百慮而一致也. 纔有一毫納交·要譽·惡聲之心, 卽爲轉念, 方是起了."

|12-74| 무릇 지친至親이나 육친肉親 사이에 있을 경우 경중과 완급에는 본래 천칙天則이 있어서 조금도 가감加減할 수가 없다. 조금이라도 의意를 덧붙인다면 사적으로 고집하고[固] 기필

|12-74| 凡處至親骨肉之間, 輕重緩急, 自有天則, 一毫不容加減. 纔著意

86 만사묵(萬思默): 만정언(萬廷言). 『명유학안』 권21, "江右王門學案六」, 督學萬思默先生廷言 참고.

87 어린아이이가 … 여긴다면: 『孟子』「公孫丑上」:6.

88 어린아이의 … 있다면: 『孟子』「公孫丑上」:6.

하는[必] 것이니[89] 진성眞性의 유행이 아니다. 진성이 유행해야 비로소 천칙을 드러낸다.

處, 便是固必之私, 不是眞性流行. 眞性流行, 始見天則.

| 12-75 | 사묵思黙이 자신의 (공부 과정에 관해) 말하였다. "초년에는 독서에 전심전력했습니다. 경서經書, 문학 · 사학 서적을 한 글자, 한 구 (빠짐없이) 탐구했으나 책을 읽으면서 얻는 의미가 천박하여 스스로 이 일을 끝마치기에는 부족하다고 생각하였습니다.

그리하여 처음으로 정좌를 배웠는데 분별하지 않고 묵묵히 적寂에 집착하지도 않고, 중中을 지키지도 않고, 호흡을 세지도 않으면서 그저 이 마음을 거두어들였습니다. 힘들었던 점은 이 생각이 어지럽게 날아다녀 종잡을 수 없이 변하고 사방으로 내달리는 것을 억누르지 못하는 것이었는데, (그것도) 점차로 가라앉았습니다. 그렇게 오랫동안 (정좌를) 했더니 문득 이 마음이 더 이상 변하지 않음을 깨달았습니다. 2, 3일 안에 마치 바보처럼 생각이 홀연히 멈추고 마치 무언가가 가슴속에서 어렴풋이 모습을 드러내는 듯하더니 점점 광명을 발했습니다. 이곳이 아마도 백사白沙[90]가 말한 '고요하게 (정좌하는) 가운데 단서를 길러낸다'[91]는

| 12-75 | 思黙自敍: "初年讀書, 用心專苦. 經書文史, 句字硏求, 展卷意味便淺, 自謂未足了此.

始學靜坐, 混混嘿嘿, 不著寂 · 不守中 · 不數息, 一味收攝此心. 所苦者此念紛飛, 變幻奔突, 降伏不下, 轉轉打疊. 久之, 忽覺此心推移不動, 兩三日內, 如癡一般, 念忽停息, 若有一物胸中隱隱呈露, 漸發光明. 自喜此處可是白沙所謂'靜中養出端倪'. 此處作得主

---

89 의(意)를 … 것이니: 『論語』「子罕」:4, "子絶四: 毋意, 毋必, 毋固, 毋我."

90 백사(白沙): 진헌장(陳獻章). 『명유학안』 권5, 「白沙學案上」, 文恭陳白沙先生獻章 참고.

91 고요하게 … 길러낸다: 『명유학안』 권5, 「白沙學案上」 5-22, 文恭陳白沙先生獻章, 論

곳인가 보다 하면서 스스로 기뻐하였습니다. 이곳에서 (마음의) 주인이 안정되자 허공虛空을 파악하였는데, 광명이 안에 있고 허공이 밖에 있음을 깨달았습니다. 안을 가지고 밖을 합하자 공간이 나타나는 듯하였습니다. 사면이 허공인데 모두 저 조그만 (광명을) 품어서 기르고 있는 것 같았으니, 이른바 '지덕至德으로 지도至道를 모은다'[92]라는 말을 인증한 듯하였습니다.

다만 항상 한 점 정기精氣를 흡수하는 데 막히는 곳이 있어서 장애가 됨을 깨달았습니다. 열심히 이것을 지키다가 나태해지면 붕우들과 만났는데, 사람들은 모두 소원하고 오만하다고 하였습니다. 근래에 그 의미를 깨달았습니다. (그것은) 조그마한 광명이 널리 세계에 흩어져야 비로소 천하에 명덕明德을 밝히는 것이고, 한 몸[一體, 만물일체(萬物一體)]이 낳고 또 낳는 것이므로 (내가) 만물과 원래 일관되고 유통하여 간격이 없다(는 것입니다). 그래서 때때로 와서 붕우들과 모임을 갖고 서로 보면서 좋은 점을 취하는 것을 기뻐하게 되었습니다. 앞장서서 일을 떠맡고 더 이상 몸을 피하거나 꺼리지 않자 사람들도 친하게 여겼습니다.

다만 항상 느끼는 바에 응할 때 영기靈氣가

定, 便是把握虛空, 覺得光明在內, 虛空在外, 以內合外, 似有區宇, 四面虛空, 都是含育這些子一般, 所謂'以至德凝至道', 似有印證.

但時常覺有一點吸精沉滯爲礙, 兀兀守此, 懶與朋友相接, 人皆以爲疏亢. 近來悟得這個意思, 些子光明須普散在世界上, 方是明明德於天下, 一體生生, 與萬物原是貫徹流通, 無有間隔. 故數時來, 喜與朋友聚會, 相觀相取, 出頭擔當, 更無躱閃畏忌, 人亦相親.

但時當⑰應感,

學書, 與賀克恭.

92 지덕(至德)으로 지도(至道)를 모은다: 『中庸章句』 27장, "苟不至德, 至道不凝焉."

⑰ 當: 『왕기집』에는 '常'으로 되어 있다.

욕심이나 생각[念]과 뒤섞여 나오는 데서 벗어나지 못하였습니다. 두세 살 먹은 어린아이의 직절直截하고 허명虛明한 모습에 비교해 보면, (영기와) 하나로 합해지지 못하였습니다. 속으로 옛사람들의 욕심을 줄이는 공부는 바로 여기에서 하는 것이라고 생각하여 그때그때 생각을 거두어서 허虛로 돌아가게 하였습니다. 염암念菴[93]의 이른바 '허虛를 돌보고 생각[念]을 돌보지 않는다'라는 말도 이런 뜻입니다. 다만 생각과 허를 상대하는 것으로 보는 데서 벗어나지 못하여 아직 전체 광명이 초탈하지 못합니다. 어떻게 해야 하겠습니까?"

未免靈氣與欲念一混出來, 較之孩提直截虛明景象, 打合不過. 竊意古人寡欲工夫, 正在此用, 時時攝念歸虛. 念菴所謂'管虛不管念', 亦此意也. 但念與虛未免作對法, 不⑱能全體光明超脫, 奈何?"

(선생이) 말했다. "이것은 사묵思默이 한 길로 '고요하게 (정좌하는) 가운데 (단서를 길러 내는)' 공부를 해 온 과정입니다. 생각이 멈추는 때를 깨달았다고 했는데, 이는 처음으로 세상의 인연에서 오는 번뇌를 사라지게 한 것입니다. 이와 같이 힘써 노력해야 비로소 미발未發의 기상을 볼 수 있으니, 이것이 바로 처음으로 칼자루(=키)를 손에 쥔 곳입니다.[94]

曰: "此是思默靜中一路功課, 當⑲念停息時, 是初息得世緣煩惱, 如此用力, 始可以觀未發氣象, 此便是把柄初在手處.

평소에 한 점의 막힘이 있다고 했는데, 이는 여전히 식온識蘊[95]의 영역에 머물러 있어서 아

居常一點沉滯, 猶是識陰區宇, 未曾斷

93 염암(念菴): 나홍선(羅洪先). 『명유학안』 권18, 「江右王門學案三」, 文恭羅念菴先生洪先 참고.

94 칼자루(=키)를 손에 쥔 곳입니다: 『명유학안』 권5, 「白沙學案上」 5-18, 文恭陳白沙先生獻章, 論學書, 與林緝熙, "得此霸柄入手, 更有何事?"

직 무명無明의 씨앗을 끊어 버리지 못한 것입니다. 옛사람은 그것을 생사生死의 뿌리라고 하였는데 일체의 욕심과 생각이 이로부터 나옵니다. 만약 능견(能見, 보는 주체)과 소견(所見, 보이는 대상)을 잊어버릴 수 있다면 저절로 전식前識이 없어져 안이 곧 밖이고, 생각이 곧 허虛일 것입니다. 그리하여 당체當體가 평안하게 펼쳐져 한 점의 막힘이 변하여 두루 비추는 광명이 되어야 비로소 위대한 초탈이 될 것입니다." 【이상 『왕기집』 권16, 「서견라권겸증사묵(書見羅卷兼贈思默)」】

得無明種子. 昔人謂之生死本, 一切欲念從此發. 若忘得能所二見, 自無前識, 卽內卽外, 卽念卽虛, 當體平鋪, 一點沉滯化爲光明普照, 方爲大超脫耳." 【以上「贈思默」】

|12-76| 공부는 단지 희로애락이 발하는 곳에서 체인해야 한다. 화和를 지극하게 하는 것이 바로 중中을 지극하게 하는 것이다.[96] 안과 밖이 합일되고, 움직임과 고요함에 단서가 없는 것이 원래 수많은 성인이 전한 학맥이다. 【이상 『왕기집』 권16, 「서진중각권(書陳中閣卷)」】

|12-76| 工夫只在喜怒哀樂發處體當, 致和正所以致中也. 內外合一, 動靜無端, 原是千聖學脈. 【「書陳中圖⑳卷」】

---

95 식온(識蘊): 원문은 '識陰'인데 이는 식온(識蘊)과 같다. 오온(五蘊)의 하나로 식별하고 판단하는 의식 작용.

⑱ 不: 『왕기집』에는 '未'로 되어 있다.

⑲ 當: 『왕기집』에는 '覺'으로 되어 있다.

96 화(和)를 … 것이다: 화(和)는 희로애락이 발하되 모두 절도에 맞는 상태이고, 중(中)은 희로애락이 아직 발하지 않은 상태를 말한다. 『中庸章句』 1장, "喜怒哀樂之未發, 謂之中; 發而皆中節, 謂之和."

⑳ 圖: 『왕기집』에는 '閣'으로 되어 있다.

|12-77| 양지는 옳음을 알고 그름을 아는 것이지만 사실 (양지에는) 옳음도 없고 그름도 없다. 무無는 만유萬有의 토대이고, 명권冥權과 밀운密運[97]은 하늘과 함께 노닌다. 만약 옳고 그름을 너무 지나치게 분별한다면 순백純白이 상처를 받을 것이니, 그것은 덕을 기르는 것이 아니다. 【『왕기집』 권16, 「서선사과조대유묵(書先師過釣臺遺墨)」】

|12-77| 良知知是知非, 其實無是無非. 無者, 萬有之基, 冥權密運, 與天同遊. 若是非分別太過, 純白受傷, 非所以畜德也. 【「先師遺墨」】

|12-78| "[도(道)를] 계승한 것이 선善이다."[98]라고 하였으니, 천명天命은 유행流行하는 것이다. "[도(道)를] 이룬 것이 성性이다."라고 하고,[99] "'사람이 태어나서 고요한 상태' 이전에 대해서는 말할 수가 없다."[100]라고 하였으니, 조금이라도 성性이라고 명명할 수 있는 것이 있다면 그것은 이미 기氣에 속하는 것이지 성의 본연本然이 아니다. 성은 마음의 생리生理이고, 성선性善의 단서는 발하는 데서 처음으로 볼 수 있다. 측은지심惻隱之心, 수오지심羞惡之心은 곧 기氣이니, 기가 없다면 성이라고 명명할 수 있는 것도 없다. 【『왕기집』 권8, 「성명합일설(性命合一說)」】

|12-78| "繼之者善", 是天命流行. "成之者性", "'人生而靜'以上不容說", 纔有性之可名, 卽已屬在氣, 非性之本然矣. 性是心之生理, 性善之端, 須從發上始見, 惻隱羞惡之心卽是氣, 無氣則亦無性之可名矣. 【「性命合一說」】

---

97 명권(冥權)과 밀운(密運): 명권(冥權)은 부처나 보살이 은연중에 베푸는 수단 · 방법이고, 밀운(密運)은 은밀한 시행을 말한다.

98 계승한 것이 선(善)이다: 『周易』 「繫辭上傳」:5.

99 이룬 것이 성(性)이다: 『周易』 「繫辭上傳」:5.

100 사람이 … 없다: 『二程遺書』 1:56. "사람이 태어나서 고요한 상태"[人生而靜]는 『禮記』 「樂記」에 보인다.

|12-79| 양지는 (모든) 사람에게 있는데, 백성들이 날마다 그것을 사용하면서 (살아가는 것은) 성인이 (그것으로) 자신의 능함[=공(功)]을 이루는 것[101]과 같으니, (양지는) 원래 인위人爲적으로 보태거나 덜어낸 뒤에 완전해질 수 있는 것이 아니다. 걸인이나 길을 지나가는 보통 사람에게도 깜짝 놀라는 (측은지심), 부끄러워하고 미워하는 수오지심이 나타나는 것이 바로 천기天機의 신비한 반응이니, (그러한 반응은) 원래 거두어들이고 보존한 뒤에 있는 것이 아니다. 이것이 성학聖學의 맥脈이다.

요堯임금, 순舜임금은 태어날 때부터 알고 편안하게 행하는[102] (성인이지만), 그들도 노심초사하였고 자신을 원망하고 부모를 사모하였으니,[103] 애를 써서 알고 힘을 써서 행하는[104] 공부를 하지 않은 적이 없었던 것이다. 다만 저절로 그렇게 하는 부분이 많았기 때문에 태어날 때부터 알고 편안하게 행했다고 말하는 것이다. 어리석은 보통 사람의 경우, 그들이 감촉을 받고서 신묘하게 반응하는 것도 역시 태어날 때부터 알고 편안하게 행하는 본체(에서

|12-79| 良知在人, 百姓之日用, 同於聖人之成能, 原不容人爲加損而後全. 乞人與行道之人, 怵惕羞惡之形, 乃天機之神應, 原無俟於收攝保聚而後有. 此聖學之脈也.

堯・舜之生知安行, 其焦勞怨慕, 未嘗不加困勉之功, 但自然分數多, 故謂之生安; 愚夫愚婦, 其感觸神應亦是生安之本體, 但勉然分數多, 故謂之困勉. 【「致知難易解」】

101 성인이 … 것: 『周易』「繫辭下傳」:12, "天地設位, 聖人成能."

102 태어날 … 행하는: 『中庸章句』 20장, "或生而知之, 或學而知之, 或困而知之, 及其知之, 一也. 或安而行之, 或利而行之, 或勉强而行之, 及其成功, 一也."

103 자신을 … 사모하였으니: 『孟子』「萬章上」:1, "萬章問曰: '舜往于田, 號泣于旻天, 何爲其號泣也?' 孟子曰: '怨慕也.'"

104 애를 … 행하는: 『中庸章句』 20장. 위의 주석 참고.

나온 것)이다. 다만 힘써 그렇게 하는 부분이 많기 때문에 애를 써서 알고 힘을 써서 행한다고 말하는 것이다. 【『왕기집』 권8, 「치지난이해(致知難易解)」】

| 12-80 | 생각[念]에는 두 가지 뜻이 있다. 지금의 마음을 생각이라고 할 경우, 이는 현재의 마음이니 이른바 정념(正念, 바른 생각)이다. 두 마음[二心]을 생각이라고 할 경우, 이는 보내거나 맞이하는 마음이니 이른바 사념(邪念, 그릇된 생각)이다. 바름과 그름은 본체의 밝음이 알지 못한 적이 없으니, 이것이 이른바 양지이다. 생각이 느끼는 바를 물物이라고 하니, 물은 밖이 아니다. 마음이 현재의 마음이라면 생각[念]은 현재의 생각이고, 지知는 현재의 지이며 물物은 현재의 물이다. (마음이) 현재하면 보냄도 맞이함도 없어 (생각 · 지 · 물을) 하나로 만든다. 【『왕기집』 권17, 「염당설(念堂說)」】

| 12-80 | 念有二義: 今心爲念, 是爲見在心, 所謂正念也: 二心爲念, 是爲將迎心, 所謂邪念也. 正與邪, 本體之明未嘗不知, 所謂良知也. 念之所感, 謂之物, 物非外也. 心爲見在之心, 則念爲見在之念, 知爲見在之知, 而物爲見在之物. 見在則無將迎而一之矣. 【「念堂說」】

| 12-81 | 사람이 사람이 되는 까닭은 신神과 기氣에 있을 뿐이다. 신은 기의 주재主宰이고, 기는 신의 유행流行이다. 신은 성性이고 기는 명命이다. 양지는 신과 기의 심오함이고, 성과 명의 신령한 지도리이다. 양지가 지극해지면 신과 기가 사귀고 성과 명이 온전해지는데, 그 기機는 은미한 일념一念을 벗어나지 않는다. 【『왕기집』 권17, 「동태백교설(同泰伯交說)」】

| 12-81 | 人之所以爲人, 神與氣而已. 神爲氣之主宰, 氣爲神之流行. 神爲性, 氣爲命. 良知者, 神氣之奥, 性命之靈樞也. 良知致, 則神氣交而性命全, 其機不

外於一念之微. 【「吳同泰說」】

|12-82| 문득 어린아이가 우물에 빠지려는 것을 보면 깜짝 놀라서 (측은지심이 생기고),[105] 세 가지 생각[106]이 끼어들지 않아야 욕심에 움직이지 않는 진심眞心이다. 이것이 이른바 양지이니, 이는 요순堯舜과 다른 점이 없다. 여기에서 스스로를 믿지 못한다면 이는 거의 스스로를 기만하는 것이다.

만일 치지致知 공부를 하지 않아서 그때그때 이 마음(=측은지심)을 잘 보존하여 온전하게 간직하지도 못하고, 그때그때 (어린아이의 부모와 친분을 맺으려고 하는 등의) 잡념을 없애지도 못하면서 부질없이 현성現成을 허견虛見으로 여기고 욕심의 뿌리에 휘둘리면서도 (자신은) 요순堯舜과 상대하더라도 (다를 것이 없다고) 말한다면,[107] 이는 거의 스스로를 속이는 것이다. 【『왕기집』 권14, 「송원오어수염암라장(松原晤語壽念菴羅丈)」】

|12-82| 乍見孺子入井怵惕, 未嘗有三念之雜, 乃不動於欲之眞心, 所謂良知也, 與堯・舜未嘗有異者也. 於此不能自信, 幾於自誣矣.

苟不用致知之功, 不能時時保任此心・時時無雜, 徒認見成虛見, 附合欲根, 而謂卽與堯・舜相對, 幾於自欺矣. 【「壽念菴」】

|12-83| 호흡에는 네 가지 상(相, 모습)이 있다.

|12-83| 息有四種

105 문득 … 생기고: 『孟子』 「公孫丑上」:6, "今人乍見孺子將入於井, 皆有怵惕惻隱之心. 非所以內交於孺子之父母也, 非所以要譽於鄕黨朋友也, 非惡其聲而然也."

106 세 가지 생각: 구해 주고서 어린아이의 부모와 친분을 맺으려고 하는 생각, 마을 사람들과 친구들에게 칭찬을 들으려는 생각, 또는 어린아이를 구하지 않았을 경우에 듣게 될 비난을 싫어하는 생각을 말한다. 위의 주석 참고.

107 요순(堯舜)과 … 말한다면: 원문은 "謂卽與堯・舜相對"인데, 『왕기집』에는 "謂卽與堯・舜相對, 未嘗不同者"로 되어 있다.

첫 번째는 바람의 상, 두 번째는 천식의 상, 세 번째는 기氣의 상, 네 번째는 호흡의 상이다. 앞의 세 가지는 고르지 않은 상이고, 마지막 하나는 고른 상이다.

相: 一風, 二喘, 三氣, 四息. 前三爲不調相, 後一爲調相.

앉아 있을 때 콧숨이 나가기도 하고 들어오기도 하는데 소리를 느낀다면 바람의 상이다. 호흡하는 데 소리가 없더라도 들숨과 날숨에 결체(結滯, 불규칙하거나 끊어짐)가 있어 잘 통하지 않는다면 천식의 상이다. 호흡하는 데 소리도 없고 결체도 없지만 들숨과 날숨이 섬세하지 않다면 기氣의 상이다. 앉아 있을 때 소리도 없고, 결체도 없고, 거칠지도 않으며, 들숨과 날숨이 끊어지지 않고 이어지며, 숨결이 있는 듯하기도 하고 없는 듯하기도 하여 신神이 그로 인해 조화롭고, 정情이 기쁨을 품고 있다면 호흡의 상이다.

坐時鼻息出入, 覺有聲, 是風相也. 息雖無聲, 而出入結滯不通, 是喘相也. 息雖無聲, 亦無結滯, 而出入不細, 是氣相也. 坐時無聲, 不結不粗, 出入綿綿, 若存若亡, 神資沖融, 情抱悅豫, 是息相也.

바람의 상을 지키고 있으면 (정신이) 흩어지고, 천식의 상을 지키고 있으면 어그러지고, 기의 상을 지키고 있으면 힘이 들고, 호흡의 상을 지키고 있으면 정밀하다. 전자(=앞의 세 가지)는 가짜 호흡이고, 후자가 참된 호흡이다.

守風則散, 守喘則戾, 守氣則勞, 守息則密. 前爲假息, 後爲眞息.

정좌를 익히려 한다면 호흡을 고르게 하는 일로부터 시작해야 한다. (호흡을 고르게 하면) 마음에 기댈 곳이 있게 하여 신神과 기氣가 서로 지켜 주니, 이 역시 하나의 권법權法이다.

欲習靜坐, 以調息爲入門, 使心有所寄, 神氣相守, 亦權法也.

호흡을 고르게 하는 것은 호흡을 세는 것과는 다르다. 호흡을 세는 데는 의식이 있으나

調息與數息不同, 數爲有意, 調爲無

(호흡을) 고르게 하는 데는 의식이 없다. 마음을 허무虛無에 맡기면 가라앉지도 않고 어지럽지도 않다. 호흡이 고르면 마음이 안정되고, 마음이 안정되면 호흡이 더욱 고르게 된다. 참된 호흡이 왕래하게 되면 호흡의 기機가 스스로 천지의 조화를 빼앗을 수 있다. (이처럼) 마음과 호흡이 서로 의지하는 것을 '호흡마다 뿌리로 돌아간다'라고 하는데, (돌아가는 곳은) 생명의 꼭지[命之蒂, 제대(臍帶)·탯줄]이다.

意. 委心虛無, 不沉不亂. 息調則心定, 心定則息愈調. 眞息往來, 呼吸之機自能奪天地之造化, 心息相依, 是謂息息歸根, 命之蒂也.

(그렇게 되면) 일념一念의 미명微明이 항상 깨어 있고 항상 고요하여 유·불·도 삼교三敎의 근본을 포괄한다. 우리 유교에서는 연식(燕息, 편안하게 호흡한다)이라고 말하고, 불교에서는 반식(反息, 호흡을 돌이킨다)이라고 말하고, 도교에서는 종식(踵息, 발뒤꿈치로 호흡한다)이라고 말하니, 이는 조화가 열리고 닫히는 현묘한 지도리이다. 이것을 가지고 배움을 검증하기도 하고, 이것을 가지고 생生을 지키기도 하니, (이에서) 이것이 곧 아래부터 위까지 전부 통하는 도道임을 안다. 【『왕기집』 권15, 「조식법(調息法)」】

一念微明, 常惺常寂, 範圍三教之宗, 吾儒謂之燕息, 佛氏謂之反息, 老氏謂之踵息, 造化闔闢之玄樞也. 以此徵學, 亦以此衛生, 了此便是徹上徹下之道. 【「調息法」】

논학서

論學書

| 12-84 | 양지는 이발已發, 미발未發로 나뉘지 않으니, 그것은 이른바 전과 후, 내와 외가 없는 혼연한 일체입니다. 조금이라도 (양지를) 규정한다면 규정에서 오는 문제가 있을 것입

| 12-84 | 良知無分於已發未發, 所謂無前後·內外而渾然一體者也. 纔認定

니다. 후세의 유자儒者는 적寂과 감感을 나누는데 그들이 다투는 바도 아주 작은 차이에 불과합니다.

些子, 便有認定之病. 後儒分寂·分感, 所爭亦只在毫釐間.

"치지致知는 격물格物에 있다."[108]라고 하였으니, 격물은 바로 치지에서 실제로 힘을 쓰는 곳입니다. (치지와 격물을) 내·외로 나눠서는 안 됩니다. 만약 공부는 단지 치지일 뿐이고 격물에는 공부가 없다고 말한다면 그 유폐는 외물을 끊어 버리는 데 이를 것이니, 이는 바로 이씨(二氏, 불교와 도교)의 학문입니다. 겨우 "치지는 격물에 있다."라는 것만 알고 격물이 바로 그 미발未發의 지知를 지극하게 하는[致] 것임을 깨닫지 못한다면, 그 유폐는 외물을 좇아다니는 데 이를 것이니, 이는 바로 지리支離한 학문입니다.

"致知在格物", 格物正是致知實用力之地, 不可以分內外者也. 若謂工夫只是致知, 而格物無工夫, 其流之弊便至於絶物, 便是二氏之學. 徒知"致知在格物", 而不悟格物正是致其未發之知, 其流之弊便至於逐物, 便是支離之學.

우리 일생의 학문은 단지 잘못을 고치는 데 있습니다. 모름지기 항상 아무 잘못도 없는 곳에 서 있어야 비로소 잘못을 깨닫고, (그래야) 비로소 잘못을 고치는 참된 공부를 할 수 있습니다. 이른바 '돌아간다[復]'는 말은 잘못이 없는 상태로 돌아간다는 뜻입니다. 양지의 참된 본체는 시시때때로 발용하고 유행하니, (이것

吾人一生學問只在改過, 須常立於無過之地, 不㉑覺有過, 方是改過眞工夫. 所謂復者, 復於無過者也. 良知眞體時時發用流行, 便

108 치지(致知) 격물(格物)에 있다: 『大學章句』 經1章.

㉑ 不: [원주] 賈本, 備要本에는 '方'으로 되어 있다.
*『왕기집』에도 '方'으로 되어 있다.

이) 바로 잘못이 없는 것이요, 바로 격물(格物, 물을 바르게 하는 것)입니다. 잘못은 아무 근거도 없이 생겨나니 본래 편안하게 머물 곳이 없습니다. 조금이라도 편안하게 머물러 있을 곳을 찾는다면 집착하는 것이니, 그렇다면 지리支離함에 떨어질 것입니다. 【『왕기집』 권9, 「답섭쌍강(答聶雙江)」[109]】

是無過, 便是格物. 過是妄生, 本無安頓處, 纔求個安頓所在, 便是認著, 便落支離矣.

| 12-85 | 무욕無欲은 힘을 쏟을 수 있는 일은 아니지만, 그야말로 배움의 참된 길이고, 그야말로 치지致知의 참된 공부입니다. 그러나 허공에 매달아 놓고 (추상적으로) 할 수는 없으니 격물格物이 실제로 치지에 착수하는 곳입니다. 격格은 천칙(天則, 하늘의 법칙)이고, 양지가 본래 가지고 있는 것이니 이른바 '천연天然의 격식格式'이라는 말과 같습니다. 【『왕기집』 권9, 「여섭쌍강(與聶雙江)」】

| 12-85 | 無欲不是效, 正是爲學眞路徑, 正是致知眞工夫. 然不是懸空做得, 故格物是致知下手實地. 格是天則, 良知所本有, 猶所謂天然格式也. 【「答聶雙江」】

| 12-86 | 선생[丈]께서는 "지금 마음을 논하는 사람들은 용龍을 가지고 논해야지 거울[境]을 가지고 논해서는 안 된다. 물도 역시 마찬가지다."라고 말씀하셨습니다.

생각건대, 물과 거울로 (마음을) 비유하는 것

| 12-86 | 丈云: "今之論心者, 當以龍而不以鏡, 惟水亦然."

按水鏡之喩, 未爲

---

109 섭쌍강(聶雙江): 섭표(聶豹). 『명유학안』 권17, 「江右王門學案二」, 貞襄聶雙江先生豹 참고.

이 다 틀린 것은 아닙니다. (물과 거울은) 감정을 개입하지 않고 비추니 그것은 외물에 따라서 그 모습을 드러내 주고, 반응하면 모두 실하고, 지나가면 (흔적을) 남겨두지 않습니다. (외물이) 스스로 아름답고 스스로 추하며, 스스로 가고 스스로 오지만 물과 거울은 거기에 관여하지 않습니다. 대개 자연이 하는 바에는 언제나 욕심이 없습니다. 성인이 욕심 없이 세상에 응하고 (세상을) 경륜하고 제재하는 도는 그 중화中和의 성정性情과 본원의 기관機關이 이 (거울·물과) 같은 데 지나지 않습니다.[110] 허虛에 집착하는 견해는 이 (성인의) 학문이 아닙니다. 이에 집착하는 것은 바로 욕심이니, 이는 이미 자연의 작용을 잃어버린 것입니다. 성인에게는 그런 것이 없습니다.

盡非. 無情之照, 因物顯象, 應而皆實, 過而不留, 自姸自醜, 自去自來, 水鏡無與焉. 蓋自然之所爲, 未嘗有欲. 聖人無欲應世·經綸裁制之道, 其中和性情·本原機括, 不過如此而已. 著虛之見, 本非是學, 只此著便是欲, 已失其自然之用, 聖人未嘗有此也.

(선생께서는) 또 "용龍은 경계하고 두려워함으로써 변화를 주관하는 것이다. 자연은 주재에 막힘이 없는 것인데, 어떻게 이것(=자연)을 앞세우겠는가? (자연은) 곤坤의 도이지 건乾의 도가 아니다."라고 말씀하셨습니다.

又云: "龍之爲物, 以警惕而主變化者也. 自然是主宰之無滯, 曷嘗以此爲先哉! 坤道也, 非乾道也."

이 말씀의 뜻은 '건乾은 경계하고 두려워함을 위주로 하고, 곤坤은 자연을 귀하게 여긴다.

其意若以乾主警惕, 坤貴自然, 警惕

110 성인이 … 않습니다: 『왕기집』에는 "聖人無欲應世·經綸裁制之道, 雖至於位天地·育萬物, 其中和性情·本原機括, 不過如此而已."로 되어 있다.

경계하고 두려워할 때는 자연스러울 수 없고, 자연스러울 때는 경계하고 두려워함을 일삼아 할 수 없다.'라는 것 같은데, 이것은 양극단에 떨어진 견해입니다.

時未可自然, 自然時無事警惕, 此是墮落兩邊見解.

대저 배움은 자연스러움을 근본으로 삼는데, 경계하고 두려워하는 것[警惕]은 자연의 작용입니다. 경계하고 두려워하는 데[戒愼恐懼][111]는 조금도 힘을 쓰지 않으나 두려워하는 바가 있으면 그 바름을 얻지 못하니,[112] 이것은 바로 입문할 때 착수하는 공부입니다.

大㉒學當以自然爲宗, 警惕者自然之用. 戒謹恐懼未嘗致纖毫之力, 有所恐懼便不得其正, 此正入門下手工夫.

예로부터 『주역』을 체득한 사람 중에 문왕文王만 한 분은 없습니다. (문왕은) "삼가고 조심하여 밝게 상제를 섬겼다."[113]라고 하는데, 이것이 바로 참된 자연스러움이요, "사적인 지식을 쓰지 않고 상제의 법칙에 따랐다."[114]라고 하는데, 이것이 바로 참된 경계하고 두려워함입니다. 건과 곤의 작용은 "순수함이 또한 그치지 않는다."[115]라는 것인데, 어떻게 선과 후를 논할 수 있겠습니까?

自古體『易』者莫如文王, "小心翼翼, 昭事上帝", 乃是眞自然; "不識不知, 順帝之則", 乃是眞警惕. 乾坤二用, "純亦不已", 豈可以先後論哉!

|12-87| 자호慈湖[116]의 "의意를 일으키지 않는

|12-87| 慈湖"不起

111 경계하고 두려워하는 데: 『中庸章句』 1장, "君子戒愼乎其所不睹, 恐懼乎其所不聞."

112 두려워하는 … 못하니: 『大學章句』 傳7章, "所謂脩身在正其心者, 身有所忿懥, 則不得其正; 有所恐懼, 則不得其正; 有所好樂, 則不得其正; 有所憂患, 則不得其正."

113 삼가고 … 섬겼다: 『詩經』 「大雅」, 大明.

114 사적인 … 따랐다: 『詩經』 「大雅」, 皇矣.

115 순수함이 … 않는다: 『詩經』 「周頌」, 維天之命.

다."라는 설이 옳지 않은 것은 아닙니다. (그러나) 대개 사람의 마음에 의가 있어야 비로소 (세상의) 경륜을 일으키고, 덕행과 사업을 이룰 수 있습니다. 의意는 마음에 뿌리를 두고 있고 마음은 생각[念]을 떠나지 않는데, 마음에 욕심이 없다면 생각은 저절로 하나[=일념(一念)]가 됩니다. 일념은 영원하고 주재함이 밝고 안정되어서 일어남도 없고 바뀜도 없습니다. 이것이 바로 본심의 자연스러운 작용이고, "등에서 그치면 (자신을 보지 못하고), 뜰에 가더라도 (사람을 보지 못하여 허물이 없다)."[117]라는 말이 뜻하는 바이니, 종일토록 변화하고 응대하더라도 (그 자신은) 움직인 적이 없습니다. (반면에) 조금이라도 [의(意)를] 일으킨다면 두 개의 의意가 될 것입니다. 그렇다면 욕심이 있어서 함부로 움직이고, 뿌리(=마음)를 떠나게 될 것이니, (세상을) 경륜하고 제재하는 도가 아닙니다.

"의意도 없고 기필期必함도 없다."[118]는 자호가 (처음으로) 주창한 것이 아닙니다. 그는 일념一念도 모르고 힘쓸 곳도 몰랐기 때문에 근본에서 벗어나 광막하여 의거할 곳이 없었습니다.

意", 未爲不是. 蓋人心惟有一意, 始能起經綸・成德業. 意根於心, 心不離念, 心無欲則念自一. 一念萬年, 主宰明定, 無起作, 無遷改, 正是本心自然之用・艮背行庭之旨, 終日變化酬酢而未嘗動也. 纔有起作便涉二意, 便是有欲而妄動, 便爲離根, 便非經綸裁制之道.

"無意無必", 非慈湖所倡也. 惟其不知一念用力, 脫却主腦, 莽蕩無據, 自以

---

116 자호(慈湖): 양간(楊簡, 1141-1226). 南宋 사람으로 字는 敬仲, 호는 慈湖. 陸九淵의 제자.

㉒ 大: 『왕기집』에는 '夫'로 되어 있다.

117 등에서 … 없다: 『周易』「艮卦」, 卦辭, "艮其背, 不獲其身; 行其庭, 不見其人, 無咎."

118 의(意)도 없고 기필(期必)함도 없다: 『論語』「子罕」:4, "子絶四, 毋意, 毋必, 毋固, 毋我."

(그는) 스스로 의도 없고 기필함도 없다고 하였지만, 오늘날의 폐단과 마찬가지로 세상을 경륜하고 제재하기에 부족하였으니, 참으로 불가不可한 점이 있습니다. 【『왕기집』 권9, 「답계팽산용경서(答季彭山龍鏡書)」[119]】

爲無意無必, 而不足以經綸裁制, 如今時之弊, 則誠有所不可耳. 【「答彭山」】

|12-88| 우리의 사려는 아침부터 저녁까지 한숨도 멈추지 않습니다. 비유하자면 해와 달이 자연스럽게 오고 갈 때 역시 한숨도 멈추지 않지만 실제로는 (해와 달이) 움직인 적이 없는 것과 같습니다. 만약 해와 달이 오고 가는 것처럼 사려가 자연스러움에서 나온다면, 비록 하루 종일 사려하여 늘 느끼고 늘 고요하더라도 곧고 바른[貞明][120] 본체를 잃어버리지 않아서 (사려를) 일으키더라도 일으킨 적이 없을 것입니다. 만약 (희로애락의 감정이 드러나지 않은) 미발未發의 시기가 있다고 말한다면 이는 해와 달이 돌기를 멈추는 때가 있다는 것이니, 그렇다면 (그것은) 곧고 바른 (마음의 본체를) 말하는 것이 아닙니다. 【『왕기집』 권9, 「답만리암(答萬履庵)」[121]】

|12-88| 吾人思慮, 自朝至暮未嘗有一息之停. 譬如日月自然往來, 亦未嘗有一息之停, 而實未嘗動也. 若思慮出於自然, 如日月之往來, 則雖終日思慮, 常感常寂, 不失貞明之體, 起而未嘗起也. 若謂有未發之時, 則日月有停輪, 非貞明之謂矣. 【「答萬履菴」】

---

119 계팽산(季彭山): 계본(季本). 『명유학안』 권13, 「浙中王門學案三」, 知府季彭山先生本 참고.

120 곧고 바른: 『周易』 「繫辭下傳」:1, "日月之道, 貞明者也."

121 만리암(萬履庵): 만사화(萬士和, 1517-1587). 자는 思節, 호는 履庵(혹은 履菴)으로 宜興(江蘇省) 사람이다. 嘉靖 20년(1541) 진사로 관직은 禮部尙書에 이르렀다. 唐順之(『명유학안』 권26, 南中王門學案二)의 제자. 『明史』 권220에 本傳.

| 12-89 | 양화陽和[122]가 저에게 말했습니다. "배우는 사람이 공허한 것을 논하고 오묘한 것을 말하는데 (그것이) 일상생활에도 해당하는 바가 없고 전상[典常, 변하지 않는 법도]을 지키는 데도 필요치 않다면, 이를 괴이하다[詭]고 한다. 입으로는 주공周公과 공자孔子를 말하면서 행실은 장사꾼 같다면, 이를 위선[僞]이라고 한다."

(그런데) 괴이함과 위선의 잘못에 빠질 것이 두려워서 혼자서 배우고 자신만 믿으며 어두운 밤길을 가는 것처럼 (도리를 알지 못하면서 무턱대고 행하고) 남의 말을 듣지 않는다면, 이를 가려졌다[蔽]고 합니다. 행실은 한 마을 사람들의 바람에 부합할 만하고, 지식은 하나의 관직을 맡을 만하면서[123] 스스로 몸소 도를 실천하고 있다고 만족하면서 (더이상 나아가려 하지 않는다면),[124] 이를 스스로 한계를 긋는다[畫]고 합니다. 【『왕기집』 권9, 「여반수렴(與潘水簾)」[125]】

| 12-89 | 陽和謂予曰: "學者談空說妙, 無當於日用, 不要於典常, 是之爲詭. 口周·孔而行商賈, 是之爲僞."

懲詭與僞之過, 獨學自信, 冥行無聞, 是之爲蔽. 行比一鄕, 智效一官, 自以爲躬行, 是之爲畫. 【「與潘水簾」】

| 12-90 | 온갖 욕심이 들끓는 속에 있더라도

| 12-90 | 當㉓萬欲

122 양화(陽和): 장원변(張元忭). 『명유학안』 권15, 「浙中王門學案五」, 侍讀張陽和先生元忭 참고.

123 행실은 … 만하면서: 『莊子』 「逍遙遊」.

124 스스로 … 않는다면: 원문은 "自以爲躬行"인데, 『왕기집』에는 "自以爲躬行君子, 安於小成而不求上達"로 되어 있다.

125 반수렴(潘水簾): 반성(潘晟, 1517-1589). 자는 思明, 호는 水簾으로 新昌(浙江省) 사람이다. 嘉靖 20년(1541) 진사로 관직은 禮部尚書에 이르렀다.

㉓ 當: 『왕기집』에는 '雖'로 되어 있다.

기꺼이 일념一念의 양지良知로 돌아가려고 한다면, 그 참으로 (옳은 것을) 옳다고 하고 참으로 (그른 것을) 그르다고 하는 것(=양지)이 형형炯炯하게 밝지 않은 적이 없을 것입니다. 이것이 바로 천명天命이 없어짐을 용납하지 않는 곳이고, 인심이 가려짐을 용납하지 않는 곳입니다. 이것은 천고에 현인으로 들어가고, 성인으로 들어가는 진정한 길입니다. 【『왕기집』 권9, 「답모치경(答茅治卿)」[126]】

騰沸之中, 若肯返諸一念良知, 其眞是眞非, 炯然未嘗不明. 只此便是天命不容滅息所在, 便是人心不容蔽昧所在. 此是千古入賢入聖眞正路頭. 【「答茅治卿」】

|12-91| 양지는 지각知覺을 말하는 것은 아니지만 지각이 아니면 양지도 없습니다. 양지는 곧 주재하는 것이지만 그 주재함은 깊고 고요하여 원래 아무것도 없습니다. 우리의 현재現在의 감응感應이 외물에 따라서 유전流轉한다면 물론 주재함을 잃어버린 것입니다. (하지만) 만약 "내가 여기에서 수렴하여 굳게 움켜쥐고 있으니 잡을 수 있는 지도리가 있다."라고 말하면서, 이렇게 하는 것을 치지致知의 실제라고 여긴다면 여전히 내內와 외外를 두 가지로 보는 견해에 떨어짐을 면할 수 없습니다. 조금이라도 집착하는 것이 있다면 관대(管帶, 늘 소중하게 보호하여 지님)하게 될 것입니다. 이 관대야말로 (양지를) 잃어버리는 원인입니다.

|12-91| 良知非知覺之謂, 然舍知覺無良知. 良知卽是主宰, 而主宰淵寂, 原無一物. 吾人見在感應, 隨物流轉, 固是失却主宰. 若曰"我惟於此收斂握固, 便有樞可執", 認以爲致知之實, 未免猶落內外二見. 纔有執著, 終成管帶. 只此管帶, 便是放失之因.

126 모치경(茅治卿): 미상.

자, 말씀해 보십시오. 두세 살 먹은 어린아이의 정신에 매달리는 것이 있습니까, 없습니까? 솔개가 날고 물고기가 뛰어오를 때 관대管帶함이 있습니까, 없습니까? 여룡驪龍[127]이 (잠들지 않고) 진주를 지킨다면 끝까지 진주가 남아 있겠지만, 손으로 물건을 잡고 있다면 놓을 때가 있을 것입니다. (여룡이 구슬을) 붙잡고 있지 않은데도 저절로 굳게 (지키는 것은) 손을 잊었기 때문입니다. 잊어도 될 것이 없는데도 잊었기 때문에 보존하지 않아도 보존되었으니, 여기에서 스스로 깨달을 수 있을 것입니다.

且道孩提精神, 曾有著到也無? 鳶之飛, 魚之躍, 曾有管帶也無? 驪龍護珠, 終有珠在, 以手持物, 會有一㉔時, 不捉執而自固, 乃忘於手者也. 惟無可忘而忘, 故不待存而存, 此可以自悟矣.

|12-92| [『대학(大學)』의] "치지致知는 격물格物에 있다"는 치지가 전적으로 격물에 있다고 말한 것이니, 격물이 아니면 다시 치지 공부도 없다고 말한 것과 같습니다. 쌍강雙江[128]이 말씀하신 것처럼 "격물에는 공부가 없다"라고 한다면, ("치지는 격물에 있다"가 아니라) "격물은 치지에 있다"가 되어야 할 것입니다. 【이상 『왕기집』 권10, 「답나염암(答羅念菴)」[129]】

|12-92| "致知在格物", 言致知全在格物上, 猶云舍格物更無致知工夫也. 如雙江所教"格物上無工夫", 則格物在於致知矣.

---

127 여룡(驪龍): 온몸이 검은 용으로 턱 밑에는 천금의 진주가 있다고 한다. 『莊子』 「列禦寇」.

128 쌍강(雙江): 섭표(聶豹). 『명유학안』 권17, 「江右王門學案二」, 貞襄聶雙江先生豹 참고.

129 나염암(羅念菴): 나홍선(羅洪先). 『명유학안』 권18, 「江右王門學案三」, 文恭羅念菴先生洪先 참고.

㉔ 一: [원주] 賈本과 備要本에는 '放'으로 되어 있다.
* 『왕기집』에도 '放'으로 되어 있다.

|12-93| "현재의 양지는 반드시 수행修行하여 증득證得한 뒤에야 요·순堯舜과 대등하게 된다."라고 말씀하셨는데, 형께서는 다시 한번 체인해 보시기 바랍니다. 대개 지금 이 자리에 다 갖추어져 있음을 믿지 못한다면 결국에 가서는 밝지 못한 점이 있을 수밖에 없습니다. 배우는 자들이 공부를 하지 않는 문제를 징계하려고 하다가 그 본체까지 의심한다면 이 역시 잘못을 바로잡으려다가 (너무 지나쳐서 오히려 일을 그르치는) 과오를 범하는 것입니다. 【이상 『왕기집』 권10, 「여나염암(與羅念菴)」】

|12-93| "見在良知, 必待修證而後可與堯·舜相對", 尙望兄一黙體之. 蓋不信得當下具足, 到底不免有未瑩處. 欲懲學者不用工夫之病, 幷其本體而疑之, 亦矯枉之過也. 【「答念菴」】

|12-94| 미발未發의 중中은 태허太虛의 본체이니, 가는 곳마다 충만하여 내內, 외外의 구별이 없습니다. 발하여 절도에 맞는 곳이 곧 미발의 중입니다. 만약 중(中, 희로애락의 미발)의 상태에 있는 중中[130]을 별도로 본체로 여겨 그것이 이발已發과 서로 짝이 된다고 한다면 진실로 근본이 둘이 될 것입니다.

|12-94| 未發之中, 是太虛本體, 隨處充滿, 無有內外. 發而中節處, 卽是未發之中. 若有在中之中, 另爲本體, 與已發相對, 則誠二本矣.

|12-95| 양지는 옳음을 알고 그름을 아는 것이나 (양지에는) 원래 옳음도 없고 그름도 없습니다. 이는 바로 참으로 옳고 참으로 그른 의義

|12-95| 良知知是知非, 原是無是無非, 正發眞是眞非之

130 중(中)의 상태에 있는 중(中): 『二程遺書』 18:83, "季明問: '先生說〈喜怒哀樂未發謂之中, 是在中之義〉, 不識何意?' 曰: '只喜怒哀樂不發, 便是中也.'"

를 드러내는 것이지, (참으로 옳고 참으로 그른 것을) 옳음도 없고 그름도 없는 데서 나온다고 하면서 말단으로 보아 천하 사람들을 모두 흐리멍덩한 상태에 이르게 하는 것이 아닙니다. 해와 달이 왔다가 갔다가 하는 것에 비유하자면, 자연스럽게 왔다가 갔다가 하는 것이 바로 오는 것도 없고 가는 것도 없는 것입니다. 만약 오는 것도 없고 가는 것도 없는 것의 본체가 있다고 말한다면, 해와 달에 돌기를 멈추는 때가 있을 것이니, 이는 (해와 달이) 왔다가 갔다가 하며 빛을 낸다는 의미가 아닙니다. 【이상 『왕기집』 권10, 「답경초동(答耿楚侗)」[131]】

義, 非以爲從無是無非中來, 以標末視之, 使天下胥至於惛惛懂懂也. 譬諸日月之往來, 自然往來, 卽是無往無來. 若謂有個無往無來之體, 則日月有停輪, 非往來生明之旨矣. 【「答耿楚侗」】

|12-96| 근계近溪[132]는 "속세를 벗어나면 맑고 편안함을 느껴 호오好惡로 인해 분주하게 좇아다니지 않게 된다. 이 본체를 가지고 함영涵泳하고 차분하게 가라앉힌다면 그것이 대체로 준칙과 근거가 될 것이다."라고 하였습니다. 이것은 비단 허견虛見을 실제實際로 간주한 것일 뿐만 아니라, 설사 그것이 실견實見이더라도 역시 이승[二乘, 성문승(聲聞乘)과 연각승(緣覺乘)]의 공空에 빠지고 적寂을 지키는 배움일 뿐입니

|12-96| 近溪"解離塵俗, 覺得澄湛安閒, 不爲好惡馳逐. 却將此體涵泳夷猶, 率爲準則依據." 此非但認虛見爲實際, 縱使實見, 亦只二乘沉空守寂之學, 纔遇些子差別境界, 便經

131 경초동(耿楚侗): 경정향(耿定向). 『명유학안』 권35, 「泰州學案四」, 恭簡耿天臺先生定向 참고.

132 근계(近溪): 나여방(羅汝芳). 『명유학안』 권34, 「泰州學案三」, 參政羅近溪先生汝芳 참고.

다. 조금이라도 차별이 있는 경계를 만난다면 경륜하거나 요리하지 못할 것입니다. 【『왕기집』 권10, 「답풍위천(答馮緯川)」[133]】

綸宰割不下. 【「與馮緯川」】

|12-97| 참으로 본체의 곧고 바름을 보았다면, 행지(行持, 수행하고 지킴)하고 보임(保任, 잘 보호하여 온전하게 간직함)하기를 스스로 그만둘 수 없을 것입니다. 만일 그 스스로 그만둘 수 없는 생기生機를 얻지 못했다면, 비록 매일 행지하고 보임하는 일에 종사하고 억지로 힘을 쓰고 잡아 지키면서 분발하여 스스로 잘못이 없는 상태가 되었다고 생각하더라도, 행하면서도 (왜 그렇게 해야 하는지) 분명하게 알지 못하고 습관적으로 하고 있으면서도 (그렇게 된 까닭을) 알지 못할 것입니다. 그렇다면 결국에 가서는 바깥에서 의義를 빼앗아 오는 학문[134]이 될 뿐입니다. 【『왕기집』 권10, 「답오오재(答吳悟齋):1」[135]】

|12-97| 眞見本體之貞明, 則行持保任自不容已. 苟不得其不容自已之生機, 雖日從事於行持保任, 勉強操勵, 自信以爲無過, 行而不著, 習而不察, 到底只成義襲之學.

|12-98| 문공[文公, 주희(朱熹)]은 '천하의 사물에는 방원方圓, 경중, 장단에 모두 정해진 리理가 있으니, 반드시 바깥에 있는 사물의 리가

|12-98| 文公謂天下之物, 方圓·輕重·長短皆有定理,

---

133 풍위천(馮緯川): 미상.

134 바깥에서 의(義)를 빼앗아 오는 학문: 『孟子』「公孫丑上」:2, "其爲氣也, 配義與道; 無是, 餒也. 是集義所生者, 非義襲而取之也."

135 오오재(吳悟齋): 오시래(吳時來, ?-1590). 자는 惟修, 호는 悟齋로 仙居(浙江省) 사람이다. 嘉靖 32년(1553) 진사로 관직은 左都御史에 이르렀다. 『明史』 권210에 本傳.

궁구된 뒤에야 안에 있는 지知가 지극해진다.' 라고 말했습니다. (이에 반해) 선사(先師, 왕수인)께서는 '사물의 리理는 모두 일념一念의 양지良知를 벗어나지 않는다. 컴퍼스와 직각자가 나에게 있다면 천하의 방원을 이루 다 쓸 수 없을 정도로 그릴 수 있지만, 저울과 자가 없다면 경중과 장단의 리도 없을 것이다.'라고 말했습니다.

必外之物格, 而後內之知至. 先師則謂事物之理皆不外於一念之良知, 規矩在我, 而天下方圓不可勝用; 無權度, 則無輕重·長短之理矣.

12-99 문공(文公, 주희)은 치지致知와 격물格物을 선지先知로, 성의誠意와 정심正心을 후행後行으로 나누었습니다. 그러므로 밖으로 놀러 나간 말이 돌아갈 곳이 없는 것처럼 (근본을 떠나 돌아갈 곳 없는) 생각이 있게 되었습니다. 그래서 반드시 경敬으로 시작하고[136] 본원을 함양해야 비로소 신심身心과 연관을 가지게 됩니다. 만약 물物이 의意에서 생김을 안다면 격물格物이 바로 성의誠意의 공부이고, 정성스럽게 하는 것[誠]이 바로 공경하는 것[敬]이 될 것입니다. (그리하여) 하나가 해결되면 모든 것이 해결될 것이니, 경敬으로 합하게 한 뒤에야 완전한 경[全經][137]이 되는 것이 아닙니다. 【『왕기집』

12-99 文公分致知·格物爲先知, 誠意·正心爲後行, 故有遊騎無歸之慮. 必須敬以成始, 涵養本原, 始於身心有所關涉. 若知物生於意, 格物正是誠意工夫, 誠卽是敬, 一了百了, 不待合之於敬而後爲全經也. 【「答吳悟齋」】

136 경(敬)으로 시작하고: 朱熹, 『大學或問』, "蓋吾聞之, 敬之一字, 聖學之所以成始而成終者也."

137 완전한 경[全經]: 마음을 육경(六經)에 비유한 말인 듯하다. 『왕기집』 권1, 「撫州擬峴臺會語」, "道在人心, 六經, 吾心註脚. 雖經祖龍之火, 吾心之全經未嘗忘也." 참고. 여기

권10, 「답오오재(答吳悟齋):2」】

| 12-100 | 우리나라의 리학理學에서 단초를 연 사람은 백사白沙[138]인데, 선사(先師, 왕수인(王守仁)에 이르러 크게 밝아졌습니다. 【『왕기집』 권10, 「여안충우(與顏冲宇)」[139]】

| 12-100 | 我朝理學, 開端是白沙, 至先師而大明. 【「與顏冲宇」】

| 12-101 | 양지가 곧 독지獨知[140]이고, 독지가 곧 천리天理입니다. 독지의 본체는 본래 소리도 없고 냄새도 없으며, 본래 아는 바도 없으며, 본래 들러붙거나 골라내는 바도 없고, 본래 아래서부터 위까지 전부 통합니다. 독지가 바로 본체이고 신독愼獨이 바로 공부이니, 이것이 바로 미발未發 선천先天의 학문입니다. 만약 "양지는 후천後天에 속한다. 온전하게 체인하여 힘을 얻을 수 없다면 모름지기 선천先天을 보아야 하니 (그렇게 해야) 비로소 근거할 바가 있다."라고 말한다면 머리 위에 머리를 얹는 것처럼 (쓸데없이 중복하는 것이니) 이 또한 미혹된 것입니다.

| 12-101 | 良知卽是獨知, 獨知卽是天理. 獨知之體, 本是無聲無臭, 本是無所知識, 本是無所拈㉕帶揀擇, 本是徹上徹下. 獨知便是本體, 愼獨便是功夫, 只此便是未發先天之學. 若謂"良知是屬後天, 未能全體得力, 須見得先天, 方有張本", 却是頭上安頭,

---

에서 "六經, 吾心註脚"은 陸九淵의 말(『陸九淵集』 권34, 「語錄 · 上」:4, "學苟知本, 六經皆我註脚.")이고, "祖龍"은 秦始皇의 별칭이다.

138 백사(白沙): 진헌장(陳獻章). 『명유학안』 권5, 「白沙學案上」, 文恭陳白沙先生獻章 참고.

139 안충우(顏冲宇): 안경(顏鯨). 『명유학안』 「附案」, 副使顏冲宇先生鯨 참고.

140 독지(獨知): 『大學章句』 傳6章, "故君子必愼其獨也" 註: "獨者, 人所不知而己所獨知之地也."

㉕ 拈: 『왕기집』에는 '粘'으로 되어 있다.

斯亦惑矣.

| 12-102 | 온갖 욕심이 어지럽게 뒤얽혀 있는 가운데서 일념一念의 독지獨知로 돌아간다면 밝지 않음이 없을 것이니, 이것이 바로 하늘의 밝은 명命이 마멸될 수 없는 곳입니다. 그러므로 신독愼獨 공부는 그림자와 메아리를 미루어서 헤아리는 것이라서 욕심의 뿌리를 깨끗하게 없앨 수 없다고 말한다면 괜찮지만, 독지에 욕심이 있다고 말하면 안 됩니다. 독지가 곧 천리天理라고 말한다면 괜찮지만, 독지의 속에서는 반드시 천리를 써야 한다고 말한다면 마치 (독지와 천리가) 두 가지인 것처럼 되니 (그렇게 말하면) 안 됩니다. 【이상 『왕기집』 권10, 「답홍각산(答洪覺山)」[141]】

| 12-102 | 萬欲紛紜之中, 反之一念獨知, 未嘗不明, 此便是天之明命不容磨滅所在. 故謂愼獨功夫, 影響揣摩, 不能掃蕩欲根則可, 謂獨知有欲則不可; 謂獨知卽是天理則可, 謂獨知之中必存㉖天理, 爲若二物則不可. 【「答洪覺山」】

| 12-103 | 독지獨知는 생각[念]이 움직인 뒤에 아는 것이 아닙니다. 그것은 바로 선천先天의 신령한 구멍이니, 생각으로 인해 있는 것도 아니고, 생각을 따라서 옮겨 다니지도 않으며, 만물과 짝이 되지도 않습니다. 삼간다[愼]고 말하는 것은 억지로 그렇게 한다는 말이 아닙니다. 단지 항상 조심하고 삼가며 이 신령한 구멍을 보호하여 그 본래의 청정함으로 돌아가는 것

| 12-103 | 獨知者, 非念動而後知也, 乃是先天靈竅, 不因念有, 不隨念遷, 不與萬物作對. 愼之云者, 非是强制之謂, 只是兢業保護此靈竅, 還他本來淸淨而

141 홍각산(洪覺山): 홍원(洪垣). 『명유학안』 권39, 「甘泉學案三」, 郡守洪覺山先生垣 참고.

㉖ 存: [원주] 賈本·備要本에는 '用'으로 되어 있다.
* 『왕기집』에도 '用'으로 되어 있다.

일 뿐입니다. 【『왕기집』 권10, 「답왕리호(答王鯉湖)」[142]】

已. 【「答王鯉湖」】

| 12-104 | 감정을 교정하고 외물을 억누른다면 (인위적으로) 안배安排하는 것 같습니다. 가슴을 터놓고 뜻에 맡긴다면 도리어 진성眞性이 유행流行함을 깨달을 것입니다. 【『왕기집』 권10, 「여당형천(與唐荊川)」[143]】

| 12-104 | 矯情鎭物, 似涉安排; 坦懷任意, 反覺眞性流行. 【「與荊川」】

| 12-105 | 의견이 끼어들거나 작용한다면 눈앞에 저절로 수많은 좋고 나쁨, 높고 낮음 등이 있어 만족스럽지 못한 곳이 있을 것입니다. 만약 철저하게 단지 양지良知에서 생사生死를 탐구한다면, 비유컨대 근원이 있는 물이 쉬지 않고 흘러서 굽은 곳과 곧은 곳, 네모난 곳과 동그란 곳을 가리지 않고 만나는 곳마다 모든 곳을 채우는 것처럼 (모든 곳에서 만족하게 될 것입니다.) 이것이 바로 본성이 유행함에 진실로 그것을 받아서 사용하는 것입니다. 【『왕기집』 권10, 「답담이화(答譚二華)」[144]】

| 12-105 | 意見攙入用事, 眼前自有許多好醜高低未乎㉗滿處. 若徹底只在良知上討生活,㉘ 譬之有源之水, 流而不息, 曲直方圓, 隨其所遇, 到處平滿, 乃是本性流行, 眞實受用. 【「答譚二華」】

---

142 왕리호(王鯉湖): 미상.

143 당형천(唐荊川): 당순지(唐順之). 『명유학안』 권26, 「南中王門學案二」, 襄文唐荊川先生順之 참고.

144 담이화(答譚二華): 담륜(譚綸, 1520-1577). 자는 子理, 호는 二華로 宜黃(江西省) 사람이다. 嘉靖 23년(1544) 진사로 관직은 兵部尙書에 이르렀다. 『明史』 권222에 本傳.

㉗ 乎: 『왕기집』에는 '平'으로 되어 있다.

㉘ 活: [원주] 賈本 · 備要本에는 '死'로 되어 있다.

| 12-106 | 이른바 "반드시 일삼아 하는 바가 있다."는 말은 혼자 방에 있어도 이 생각이 항상 밝고, 매일 온갖 변화에 응해도 이 생각이 항상 고요하여 한가할 때도 한가하지 않을 수 있고, 바쁠 때도 바쁘지 않을 수 있다는 것입니다. 이래야 비로소 경(境, 대상)에 따라 바뀌지 않을 것입니다. 【『왕기집』 권11, 「여조인양(與趙麟陽)」[145]】

| 12-106 | 所謂"必有事"者, 獨處一室而此念常炯然, 日應萬變而此念常寂然, 閒時能不閒, 忙時能不忙, 方是不爲境所轉. 【「與趙麟陽」】

| 12-107 | 우리는 천지 사이에 서 있으니, 나로 하여금 가서 사람들을 보살펴 주게 해야지 사람들이 나를 보살펴 주기를 바라서는 안 됩니다. 【『왕기집』 권12, 「여주순지(與周順之)」[146]】

| 12-107 | 吾人立於天地之間, 須令我去處人, 不可望人處我. 【「與周順之」】

치지의변(9조)[147]

致知議辨(九則)

| 12-108-1 | 쌍강자雙江子[148]가 말했다. "소자[邵子, 소옹(邵雍)]는 '선천先天의 학문은 마음이고, 후천後天의 학문은 자취이다.'[149]라고 말했습니

| 12-108-1 | 雙江子曰: "邵子云: '先天之學, 心也; 後天之

---

* 『왕기집』에도 '死'로 되어 있다.

145 조인양(趙麟陽): 조금(趙錦, 1516-1591). 자는 元樸, 호는 麟陽으로 餘姚(浙江省) 사람이다. 嘉靖 23년(1544) 진사로 관직은 刑部尙書에 이르렀다. 『明史』 권210에 本傳.

146 주순지(周順之): 주이(周怡). 『명유학안』 권25, 「南中王門學案一」, 恭節周訥谿先生怡 참고.

147 치지의변(致知議辨): 『왕기집』 권6.

148 쌍강자(雙江子): 섭표(聶豹). 『명유학안』 권17, 「江右王門學案二」, 貞襄聶雙江先生豹 참고.

149 선천(先天)의 … 자취이다: 『邵雍集』 「觀物外篇」(下之中).

다. 선천은 그 본체를 말하고 후천은 그 작용을 말합니다. 대개 본체와 작용으로 선 · 후(=선천 · 후천)를 나눈 것이지 애초에 좋고 나쁨으로 나눈 것이 아닙니다.

'양지良知는 미발未發의 중中이다.'라는 말은 선사(先師, 왕수인)께서 하신 적이 있습니다. 그런데 만약 '양지가 곧 발하여 절도에 맞는[發而中節] 바의 화和이기도 하다.'라고 말한다면 말에 촉박한 감이 있습니다.

적寂은 성性의 본체이고 천지의 뿌리입니다. 그것을 '안[內]이 아니다'라고 말하는데, 그렇다면 밖[外]에 있다는 것입니까? 감感은 정情의 작용이고 형기刑器의 자취입니다. 그것을 '밖이 아니다'라고 말하는데, 그렇다면 안에 있다는 것입니까? 그렇지 않다면 안과 밖의 사이에 별도로 편안하게 머물 수 있는 장소가 있다는 것입니까? (존형께서는) '적에 즉卽하여 감이 보존되고, 감에 즉하여 적이 행해진다.'[150]라고 하셨습니다. 이것을 가지고 현성現成을 논한다면 그럴듯합니다만, 만약 이것으로 배우는 사람들을 위해 법法을 세운다면 다시 심기心機를 일전一轉하게 하는 말을 해야 할 듯합니다.

學, 迹也.' 先天言其體, 後天言其用, 蓋以體用分先後, 而初非以美惡分也.

'良知是未發之中', 先師嘗有是言, 若曰良知亦卽是發而中節之和, 詞涉迫促.

寂, 性之體, 天地之根也, 而曰非內, 果在外乎? 感, 情之用, 形器之迹也, 而曰非外, 果在內乎? 抑豈內外之間, 別有一片地界可安頓之乎? '卽寂而感存焉, 卽感而寂行焉', 以此論見成, 似也; 若爲學者立法, 恐當更下一轉語.

150 적에 … 행해진다: 원문은 "卽寂而感存焉, 卽感而寂行焉"이나, 下文 및 『왕기집』 권6, 「致知議略」, 그리고 『聶豹集』 권11, 「答王龍溪」 등을 보면 "卽寂而感行焉, 卽感而寂存焉." 즉, "적(寂)에 즉(卽)하여 감(感)이 행해지고, 감에 즉하여 적이 보존된다."가 되어야 할 듯하다.

『주역周易』에서는 안과 밖을 말하고, 『중용中庸』에서도 안과 밖을 말했는데, 지금 (존형께서는) 안과 밖이 없다고 말합니다. 『주역』에서는 선과 후를 말하고, 『대학大學』에서도 선과 후를 말했는데, 지금 (존형께서는) 선과 후가 없다고 말합니다. 이는 모두 통체[統體, 전체(全體)]를 가지고 공부工夫를 말한 것이니, 마치 백 척尺이나 되는 (뿌리부터 지엽까지) 일관되어 있는 큰 나무를 가지고 나무를 심고 가꾸는 일에 대해 논하면서,[151] 지엽의 무성함이 뿌리의 성대함으로 말미암아 이루어지고, 뿌리의 성대함이 반복해서 북을 돋우고 물을 대 주는 일로 말미암아 이루어짐을 살피지 않는 것과 같습니다. 이것이 저의 안과 밖, 선과 후에 관한 설입니다.

『易』言內外, 『中庸』亦言內外, 今曰無內外; 『易』言先後, 『大學』亦言先後, 今曰無先後. 是皆以體統㉙言工夫, 如以百尺一貫論種樹, 而不原枝葉之碩茂, 由於根本之盛大; 根本之盛大, 由於培灌之積累. 此鄙人內外先後之說也.

(존형께서는) '양지의 앞에 미발未發이 없고, 양지의 밖에 이발已發이 없다.'라고 하셨는데, 이는 나눠지기 이전의 혼돈에 대한 말인 듯합니다. 가령 (말을 바꾸어) '양지의 앞에 성性이 없고, 양지의 밖에 정情이 없다.'라고 말한다면, 이는 곧 양지의 앞에, (양지의) 밖에 마음이 없다는 것이 됩니다. 말은 비록 현묘하지만 의미는 어긋납니다.

'良知之前無未發, 良知之外無已發', 似是渾沌未判之前語. 設曰良知之前無性, 良知之外無情, 卽謂良知之前與外無心, 語雖玄而意則舛矣.

---

151 백 척(尺)이나 … 논하면서: 『二程遺書』 15:78, "沖漠無朕, 萬象森然已具. 未應不是先, 已應不是後. 如百尺之木, 自根本至枝葉, 皆是一貫."

㉙ 體統: 『왕기집』에는 '統體'로 되어 있다.

존형尊兄은 남들보다 훨씬 고명高明하여 예전부터 배움을 논할 때 단지 혼돈에서 처음 생겨나고 오염되거나 망가지지 않은 것으로부터 말을 했습니다. 그리하여 현재現在를 다 갖추고 있는 것으로 여기고 (인위적으로) 손을 대지 않는 것을 오묘한 깨달음이라고 하였습니다. 이것을 가지고 스스로 즐긴다면 괜찮겠지만, 그것은 아마도 중인中人 이하의 사람이 미칠 수 있는 바가 아닌 듯합니다."

尊兄高明過人, 自來論學, 只從渾沌初生・無所汚壞者而言, 而以見在爲具足, 不犯做手爲妙悟, 以此自娛可也, 恐非中人以下所能及也."

| 12-108-2 | 선생이 말했다. "적寂이라는 글자는 천고에 성학聖學의 근본입니다. 감感은 적에서 생기고, 적은 감을 떠나지 않습니다. 적을 내버려 두고 감을 따르는 것을 외물을 쫓아다닌다고 하고, 감을 떠나서 적을 지키는 것을 허虛에 얽매인다고 합니다. 대저 적이란 미발未發의 중中이고, 선천先天의 학문입니다. 하지만 미발의 공부는 도리어 발하는 데서 하고, 선천의 공부는 도리어 후천後天에서 합니다. 명도[明道, 정호(程顥)]는 '이것은 일상생활에서 본령이 되는 공부지만 도리어 이미 발한[已發] 하는 곳에서 본다.'[152]라고 말했고, 강절[康節, 소옹(邵雍)]은 「선천음先天吟」에서 '만약 선천을

| 12-108-2 | 先生曰: "寂之一字, 千古聖學之宗. 感生於寂, 寂不離感. 舍寂而緣感, 謂之逐物; 離感而守寂, 謂之泥虛. 夫寂者, 未發之中, 先天之學也. 未發之功, 却在發上用; 先天之功, 却在後天上用. 明道云: '此是日用本領工夫, 却於已發處觀之.'

---

152 이것은 … 본다: 이는 『二程遺書』 18:83, "曰: '固是所爲皆中, 然而觀於四者未發之時, 靜時自有一般氣象, 及至接事時又自別, 何也?' 曰: '善觀者不如此, 却於喜怒哀樂已發之際觀之.'"를 가리키는 듯하다. 다만 이것은 明道가 아니라 伊川(程頤)의 말이다.

말한다면 한 글자도 덧붙일 수 없고, 후천이 되어야 공부를 할 수 있다.'[153]라고 말했습니다. (두 사람은 적의) 의미를 터득했다고 말할 수 있습니다.

선천은 마음이고 후천은 의意이며, 지선至善은 마음의 본체입니다. 마음의 본체는 본래 바르니, 조금이라도 마음을 바르게 한다면 곧 마음을 바르게 하는 병통이 있고, 조금이라도 마음을 바르게 하려고 한다면 곧 이미 의意에 속하게 됩니다. (『대학』의) '마음을 바르게 하고자 하면 먼저 그 의를 정성스럽게 한다.'라는 말은 의를 정성스럽게 하는 일을 내버려 두고 다시 마음을 바르게 하는 공부를 할 수가 없다고 말하는 것과 같습니다.

양지는 적연寂然한 본체이고, 물物은 (양지가) 느끼는 바의 작용이며, 의意는 적寂과 감感이 타는 바의 기機입니다. 지知와 물物은 선후로 나눌 수 없습니다. 그러므로 (『대학』에서) '치지致知는 격물格物에 있다.'라고 말한 것입니다. 치지 공부는 격물에서 한다는 말은 『대학』의 명덕明德을 밝히는 일은 백성을 친하게 대하는

康節「先天吟」云: '若說先天無個事,㉚ 後天須用著工夫.' 可謂得其旨矣.

先天是心, 後天是意, 至善是心之本體. 心體本正, 纔正心便有正心之病; 纔要正心, 便已屬於意. '欲正其心, 先誠其意', 猶云舍了誠意, 更無正心工夫可用也.

良知是寂然之體, 物是所感之用, 意則其寂感所乘之機㉛也. 知之與物, 無先後可分, 故曰'致知在格物'. 致知工夫在格物上用, 猶

---

153 만약 … 할 수 있다: 『伊川擊壤集』 권17, 「先天吟」에는 "若問先天一字無, 後天方要着功夫."로 되어 있다. 본문과는 조금 글자가 다르다.

㉚ 事: 『왕기집』에는 '字'로 되어 있다.

㉛ 機: 『왕기집』에는 '幾'로 되어 있다. 그러나 『聶豹集』 권11, 「答王龍溪」에는 '機'로 되어 있다.

일에서 한다고 말하는 것과 같습니다. 백성을 친하게 대하는 일을 떠나면 다시 (명덕을 밝히는) 학문도 없습니다.

云『大學』明德在親民上用, 離了親民, 更無學也.

양지는 천연天然의 법칙이고, 격格이란 바르게 한다는 뜻이며, 물物은 사(事, 일)와 같습니다. 격물格物이란 사사물물에서 이 양지의 천칙天則을 지극하게 하는 것입니다. 물이 이른바 격(格, 바르게 함)을 얻는다는 것은 천칙의 밖에 별도로 바르게 하는 공부가 있다는 말이 아닙니다.

良知是天然之則, 格者正也, 物猶事也. 格物云者, 致此良知之天則於事事物物也. 物得其所謂之格, 非於天則之外, 別有一段格之之功也.

(제가) 앞에서 '미발의 공부는 단지 발하는 데서 한다.'라고 말했는데, 이는 희·로喜怒의 끄트머리에서 억지로 교정하고 겉을 꾸미면서 헛되이 밖을 제어한다는 말이 아닙니다. 절도[節]는 천직이니, 곧 이른바 미발의 중입니다. 중절(中節, 절도에 맞음)이란 천칙을 따르고 넘어서지 않는 것입니다.

前謂'未發之功, 只在發上用'者, 非謂矯强矜飾於喜怒之末, 徒以制之於外也. 節是天則, 卽所謂未發之中也. 中節云者, 循其天則而不過也.

'미발에서 미리 기르는 것은 선천의 학문이다.'라고 하신 말씀은 옳습니다. '하늘보다 뒤에 해도 천시天時를 받든다[154]라는 말은 천시를 타고서 행하는 것이니, 사람의 힘으로 관여할 수 없다.'라고 하셨는데, '받든다', '탄다'는 것

'養於未發之豫, 先天之學', 是矣. '後天而奉時者, 乘天時行, 人力不得而與', 曰奉曰乘, 正是

154 하늘보다 … 받든다: 『周易』「乾卦」, 文言傳, "後天而奉天時."

이 바로 기르는 공부입니다. 만약 이 밖에서 별도로 미리 기르기를 구한다면 이는 곧 외물을 버리고 인정人情에서 멀어지는 것이니, 성문聖門의 복성(復性, 성을 회복함)의 취지와는 차이가 있습니다.

(제가) '적寂에 즉卽하여 감感이 행해지고, 감에 즉하여 적이 보존된다.'라고 말했는데, 이는 바로 본체에 합하는 공부입니다. (그렇게 하면) 느끼지[感] 않는 때가 없고, 적寂으로 돌아가는 않는 때가 없습니다. 만약 이것을 현성現成이라고 한 것이지 배우고 묻는 공부에 대해 언급한 것이 아니라고 한다면 또한 장차 어떻게 공부를 하겠습니까?[155]

(제가) '적은 안이 아니고 감은 밖이 아니다.'라고 말했는데, 이는 대개 세상의 유자들이 적을 안으로 여기고 감을 밖이라고 여기기 때문에 그렇게 말함으로써 적과 감이 안과 밖의 구별이 없는 학문임을 보여 준 것이지, 일부러 적을 밖으로 여기고 감을 안으로 여기거나 안과 밖의 사이에 별도로 머물 수 있는 장소가 있다고 한 것이 아닙니다. 이미 '적은 성性의 본체이다', '성에는 안과 밖의 구분이 없다'라고 말했으니, 적에 안과 밖의 구별이 없음은

養之之功. 若外此而別求所養之豫, 卽是遺物而遠於人情, 與聖門復性之旨爲有間矣.

'卽寂而感行焉, 卽感而寂存焉', 正是合本體之工夫, 無時不感, 無時不歸於寂也. 若以此爲見成, 而未見㉜學問之功, 又將何如其爲用也?

'寂非內而感非外', 蓋因世儒認寂爲內·感爲外, 故言此以見寂感無內外之學, 非故以寂爲外, 以感爲內, 而於內外之間, 別有一片地界可安頓也. 旣云'寂是性之體', '性無內外之分', 則寂

---

155 만약 … 하겠습니까: 이는 다음의 말에 대한 반박이다. 『聶豹集』 권11, 「答王龍溪」, "'未應不是先, 已應不是後', 程子蓋爲心體言也, 然於學問之功, 則未之及."

㉜ 見: 『왕기집』에는 '及'으로 되어 있다.

더 논하지 않아도 분명합니다.

(저의) '양지의 앞에 미발이 없다.'라는 말은 양지가 곧 미발의 중이라는 것입니다. 만약 다시 미발을 구한다면 이른바 공空에 빠진 것입니다. (저의) '양지의 밖에 이발이 없다.'라는 말은 이 양지를 지극하게 하면 그것이 곧 발하여 절도에 맞는 화和라는 것입니다. 만약 별도로 이발이 있다고 한다면 이는 곧 식識에 의지하는 것입니다. 이 말은 의미가 또한 분명한 듯합니다. 그런데 '가령 (말을 바꾸어) 양지의 앞에 성性이 없고, 양지의 밖에 정情이 없다고 말한다면, 이는 곧 마음이 없다는 말이다.'라고 하면서 이를 나눠지기 이전의 혼돈에 대한 말이라고 단정하셨으니, 이는 과도한 추측에 가깝습니다.

공께서는 저를 두고 '남들보다 훨씬 고명高明하여 예전부터 배움을 논할 때 단지 혼돈에서 처음 생겨나고, 오염되거나 망가지지 않은 것으로부터 말했다. 그리하여 현재現在를 다 갖추고 있는 것으로 여기고 (인위적으로) 손을 대지 않는 것을 오묘한 깨달음이라고 하였다.'라고 하셨는데, 제가 어떻게 감히 그런 말씀에 해당하는 사람이겠습니까? 그러나 가만히 말

無內外, 可不辨而明矣.

'良知之前無未發'者, 良知卽是未發之中, 若復求未發, 則所謂沉空也. '良知之外無已發'者, 致此良知, 卽是發而中節之和, 若別有已發, 卽所謂依識也. 語意似亦了然. '設謂良知之前無性, 良知之後無情, 卽謂之無心', 而斷以爲混沌未判之前語, 則幾於推測之過矣.

公謂不肖'高明過人, 自來論學, 只從混沌初生 · 無所汚壞者而言, 而以見在爲具足, 不犯做手爲妙悟', 不肖何敢當? 然竊觀立言之意, 却實以爲混沌[33]無歸

---

[33] 沌: 『왕기집』에는 '淪'으로 되어 있다.

씀하신 뜻을 살펴보면 실제로는 뒤섞여 있어서 돌아갈 곳이 없으며, 또 오염되거나 망가지지 않았다는 것도 제멋대로 그렇게 생각하는 것(에 불과하다)고 하신 것입니다. 이는 뒤에 나오는 고자告子에서 예를 든 것[156]을 보면 알 수 있습니다.

著, 且非汚壞者, 所宜妄意而認也. 觀後條於告子身上發例, 可見矣.

저의 생각은 다음과 같습니다. '사람에게 있는 양지는 본래 오염되거나 망가지지 않았으니, 아무리 어둡고 가려졌더라도 스스로 일념一念으로 돌이킬 수만 있다면 곧바로 본심을 얻는다. 비유하자면 해와 달의 밝음이 우연히 구름과 안개에 가려졌을 때 어둡다고 하지만, 구름과 안개가 걷히기만 하면 밝은 본체가 곧바로 보이며, 그것이 원래 손상된 적이 없음과 같다. 이것은 원래 사람마다 모두 현재現在 다 갖추고 있으니, (인위적으로) 손을 대지 않으면서 본령의 공부를 한다면 사람은 요·순堯舜처럼 될 수 있고, 소인도 군자가 되게 할 수 있다. 이것이 아니라면 더 이상 들어갈 길도 바꿀 수 있는 조짐도 없다.'

愚則謂良知在人, 本無汚壞, 雖昏蔽之極, 苟能一念自反, 卽得本心. 譬之日月之明, 偶爲雲霧所翳, 謂之晦耳, 雲霧一開, 明體卽見, 原未嘗有所傷也. 此原是人人見在具足, 不犯做手本領工夫, 人之可以爲堯·舜, 小人之可使爲君子, 舍此更無從入之路·可變之幾.

(저는) 물론 이것을 오묘한 깨달음이라고 여기면서 제멋대로 자신自信하는 것도 아니며, 또 중인中人 이하의 사람이 미칠 수 있는 바가 아니라고 말한 적도 없습니다."

固非以爲妙悟而妄意自信, 亦未嘗謂非中人以下所能及也."

156 뒤에 나오는 고자(告子)에서 예를 든 것: 12-115-1 참고.

| 12-109-1 | 쌍강자가 말했다. "[주자(朱子)의] 『주역본의周易本義』에서는 [「계사전(繫辭傳)」의 '乾知大始, 坤作成物'에 대해] '건乾은 만물의 시작을 주관하고 곤坤은 만들고 완성한다.'[157]라고 풀이하였습니다. 이에서 경經의 의미가 이미 명백해진 것 같습니다. ['건지대시(乾知大始)'의] '지知'는 원래 아래의 '대시大始'에 속하는데[='지知'는 동사이고 '대시(大始)'는 그 목적어인데] 지금 (존형께서는) '지知'를 '건乾'에 속하게 하였습니다[='건지(乾知)'를 하나의 단어로 보았습니다]. 그리하여 마침내 '건지乾知'는 양지良知이고, 만물과 상대가 되지 않는 독지獨知이며, 7가지 덕[158]을 다 갖추고 있어서 '하늘을 통솔한다'라고 말했습니다. [건괘(乾卦)의] 「단전彖傳」에서 '위대하도다! 건원乾元이여. 만물이 그에 의지하여 시작하니, 이에 하늘을 통솔한다.'라고 하였는데, 이는 하늘을 통솔하는 것을 가지고 '건원'을 찬양한 것이지, '건'을 찬양한 것이 아닙니다.

['건지대시(乾知大始)…'의] 하문下文을 살펴보면 '건乾은 쉬움으로써 주관하고, 곤坤은 간략함으로써 (만물을 이루어 주는 데) 능하다.'[159]라고 하

| 12-109-1 | 雙江子曰: "『本義』[34]云: '乾主始物而坤作成之.' 已似於經旨本明白. '知'字原屬下文, 今提'知'字屬'乾'字, 遂謂'乾知'爲良知, 不與萬物作對爲獨知, 七德咸備爲'統天'. 「彖」曰: '大哉乾元, 萬物資始, 乃統天.' 是以統天贊乾元, 非贊乾也.

及以下文照之, 則曰: '乾以易知, 坤以簡能.' 又以易簡爲

---

157 건(乾)은 … 완성한다: 『周易本義』「繫辭上傳」:1, "乾知大始, 坤作成物"의 註.

158 7가지 덕: 剛, 健, 中, 正, 純, 粹, 精을 말한다. 『왕기집』 권6, 「致知議略」, "乾知者, 剛·健·中·正·純·粹·精也. 七德不備, 不可以語良知." 이는 『周易』「乾卦」, 文言傳, "大哉, 乾乎! 剛健中正純粹精."에 근거한 말.

159 건(乾)은 … 능하다: 『周易』「繫辭上傳」:1.

34 義: [원주] 원래는 '意'로 되어 있었으나 『龍溪先生全集』 및 朱鴻林, 『明儒學案點校釋

였습니다. 이 또한 '쉬움'과 '간략함'을 건과 곤의 덕으로 여기고, '주관함'과 '능함'을 그 작용으로 본 것입니다. 사람이 건·곤의 덕을 본받아 쉬움과 간략함에 이른다면 '천하의 리理가 얻어지고, 그 (천지의) 가운데에 자리를 이루게 됩니다'.[160]

乾坤之德, 而知能則其用也. 人法乾坤之德, 至於易簡, 則'天下之理得而成位乎其中'也.㉟

(「계사전」에서는) 또 '대저 건은 천하의 지극한 강건함이니 그 덕행은 항상 쉬움으로써 험함을 안다. 대저 곤은 천하의 지극한 순종함이니 그 덕행은 항상 간략함으로써 막힘을 안다.'[161]라고 하였습니다. '강건'과 '순종'은 그 본체를 말한 것이고, '쉬움'과 '간략함'은 그 덕을 말한 것이며, '안다'는 그 재능을 말한 것이고, '막힘'과 '험함'은 변화를 말한 것입니다. '능히 기뻐한다', '능히 연구한다'는 성인의 학문을 말한 것이며, '길흉을 정한다', '힘써야 할 일을 이룬다'[162]는 성인의 공용功用을 말한 것입니다.

又曰: '夫乾, 天下之至健也, 德行恒易以知險; 夫坤, 天下之至順也, 德行恒簡以知阻.' 健順, 言其體; 易簡, 言其德; 知, 言其才; 阻險, 言其變; 能說能研, 言聖人之學; 定吉凶·成亹亹, 言聖人之功用.

육경六經의 말에는 각각 해당되는 바가 있으니, 한 가지 예를 가지고 견강부회하기 어려울

六經之言各有攸當, 似難以一例牽合

誤』에 근거하여 고쳤다.

160 천하의 … 됩니다: 『周易』「繫辭上傳」:1.

161 대저 … 안다: 『周易』「繫辭下傳」:12.

162 능히 … 이룬다: 『周易』「繫辭下傳」:12, "能說諸心, 能研諸(侯之)慮, 定天下之吉凶, 成天下之亹亹者."

㉟ 也: 『왕기집』에는 '他'로 되어 있다. 그렇다면 표점은 "…則'天下之理得而成位乎其中'. 他又曰…"이 돼야 한다.

듯합니다."

也."

| 12-109-2 | 선생이 말했다. "(「계사전」)의 '건지대시乾知大始'에서 '대시大始'의 '지知'는 혼돈에서 처음으로 열리는 구멍으로 만물에 그에 의지하여 시작하는 것입니다. '지知'의 의미는 본래 명백하니 다시 '주主'(=주관한다)로 풀이할 필요가 없습니다. 하문下文을 가지고 증명해 보면, '건이이지乾以易知'에서 '이지易知'를 '이주易主'(=쉬움으로써 주관한다)라고 할 수 있겠습니까?

이것은 하늘을 통솔하는[統天] 학문입니다. 원(元)을 찬양하는 것은 곧 건乾을 찬양하는 것이니, 여기에 두 가지 뜻이 있는 것이 아닙니다. (『주역』에서는) 본체, 덕, 재능, 변화, 배움, 공용을 가지고 말했다고 하셨는데, 경전에 있는 것이라고 해도 자질구레하게 나눈다면 이 또한 마음으로 상상한 것이지, 아마도 '쉽고 간단한[易簡]' 뜻은 아닐 것입니다. (이렇게 말하면) 공께서는 장차 다시 저를 (구별하지 않고) 마구 뒤섞어서[混沌] 말한다고 하실 것입니다."

| 12-109-2 | 先生曰: "'乾知大始', 大始之知, 混沌初開之竅, 萬物所資以始. 知之爲義本明, 不須更訓'主'字. 下文證之, 曰'乾以易知', 以'易知'爲易主, 可乎?

此是統天之學, 贊元卽所以贊乾, 非二義也. 其言以體·以德·以才·以變·以學·以功用, 雖經傳所有, 屑屑分疏, 亦涉意象, 恐非易簡之旨. 公將復以不肖爲混沌語矣."

| 12-110-1 | 쌍강자가 말했다. "정자程子는 '〈보이지 않고 들리지 않음〉[163]은 곧 미발未發의 중中이고, 드러남[發]을 말하면 〈보고 들음〉에 속

| 12-110-1 | 雙江子曰: "程子云: '不覩不聞, 便是未發之

163 보이지 않고 들리지 않음: 『中庸章句』 1장, "君子戒愼乎其所不睹, 恐懼乎其所不聞."

하게 된다.'라고 말했습니다. 독지獨知는 양지가 싹트는 곳이니, 양지와는 조금 거리가 있는 듯합니다. 여기에서 공부를 하는 것은 비록 도중途中에 하는 일을 바꾸는 것과는 다르지만, 요컨대 그 역시 도중에 (하는 일을 바꾸는 데로 나아가는) 길목입니다. 지극히 허虛하게 하고, 적寂을 지켜야 비로소 보이지 않고 들리지 않는 곳에서 배우는 것이고, 뿌리로 돌아가고 명命으로 돌아가는 요체입니다.[164] 대개 잘 배우지 못하는 것이 걱정이기는 합니다만, 허虛와 적寂에 치우쳐서 만물과 인륜에 대한 명찰(明察, 밝게 알고 자세히 살핌)을 갖추기에 부족하다고 한다면 지나친 말씀입니다. 대저 만물을 밝게 알고 인륜을 자세히 살피며, 마음속의 인의仁義에 따라서 행해야[165] 비로소 성체性體의 자연스러운 깨달음인데, 이는 명찰明察을 격물格物의 공부로 여기는 것이 아닙니다. 만약 명찰을 격물의 공부로 여긴다면 마음 밖의 인의를 행하는 것[166]이고 바깥에서 (인의를) 빼앗아 오는 것입니다. 이것을 가지고 자연스러운 깨달음을 말한다면 잘못입니다.

中, 說發便屬覩聞.' 獨知是良知的萌芽處, 與良知似隔一塵. 此處著功, 雖與半路修行不同, 要亦是半路的路頭也. 致虛守寂, 方是不覩不聞之學, 歸根復命之要. 蓋嘗以學之未能爲憂, 而乃謂偏於虛寂, 不足以該乎倫物之明察, 則過矣. 夫明物察倫, 由仁義行, 方是性體自然之覺, 非以明察爲格物之功也. 如以明察爲格物之功, 是行仁義而襲焉者矣, 以此言自然之覺, 誤也.

---

164 지극히 … 요체입니다: 『老子』 16章, "致虛極, 守靜篤. 萬物並作, 吾以觀復. 夫物芸芸, 各復歸其根. 歸根曰靜, 是謂復命; 復命曰常, 知常曰明."에 근거한 표현.

165 만물을 … 행해야: 『孟子』「離婁下」:19, "舜明於庶物, 察於人倫, 由仁義行, 非行仁義也."

166 마음 밖의 인의를 행하는 것: 위의 주석 참고.

'모습이 없는 데서 보고, 소리가 없는 데서 듣는다.'라고 말하셨습니다. 잘 모르겠습니다만, 무엇을 가리켜 모습이 없는 데서 보고, 소리가 없는 데서 듣는다고 하는 것입니까? 일상의 윤리와 만물 안에 별도로 허명虛明하고 움직이지 않는 본체가 있어서 그것들을 주재한 뒤에야 명찰明察하는 바의 모습과 소리가 전부 없어지는 것이 아니겠습니까? 그렇다면 적寂으로써 저 감感을 주관하고 고요함으로써 움직임을 제어할 것입니다. '드러난 것과 은미한 것, 숨은 것과 나타난 것이 하나로 통하고 둘로 나뉨이 없다.'라는 말이 바로 이것입니다.

부자(夫子, 공자)께서는 함괘咸卦에서 특별히 '허虛'와 '적寂' 두 글자를 제출하여 감感과 응應의 근본을 세우고,[167] 이를 '지극히 신비하다[至神]'[168]고 찬양했습니다. 이는 대개 함괘의 '그치고 기뻐한다[止而說]'[169]는 말에 근거하여 그 심오함을 드러낸 것입니다. 이씨(二氏, 불교와 도교)는 그것을 터득하여 생각을 끊었고, 우리 유교는 그것을 터득하여 감感을 통하게 하였습니다. 털끝만큼의 차이로 인해 결과적으로 천

其曰: '視於無形, 聽於無聲.' 不知指何者爲無形聲而視之·聽之? 非以日用倫物之內, 別有一個虛明不動之體以主宰之, 而後明察之形聲俱泯? 是則寂以主夫感, 靜以御乎動, 顯微隱見, 通一無二, 是也.

夫子於咸卦, 特地提出'虛''寂'二字, 以立感應之本, 而以'至神'贊之, 蓋本卦之'止而說'以發其蘊. 二氏得之而絶念, 吾儒得之以通感, 毫釐千里之差, 又自可見."

---

167 함괘(咸卦)에서 … 세우고: 『周易』「咸卦」, 彖傳, "咸, 感也. 柔上而剛下, 二氣感應以相與, 止而說, 男下女, 是以亨利貞取女吉也."; 大象傳, "山上有澤, 咸, 君子以虛受人." 다만 咸卦에서는 '寂' 자가 보이지 않는다.

168 지극히 신비하다[至神]: 『周易』「繫辭上傳」:10, "易無思也, 無爲也, 寂然不動, 感而遂通天下之故. 非天下之至神, 其孰能與於此?"

169 그치고 기뻐한다: 『周易』「咸卦」, 彖傳. 위의 주석 참고.

리나 어긋나는 일을 여기에서도 저절로 볼 수 있습니다."

| 12-110-2 | 선생이 말했다. "공은 '부자夫子께서는 『주역周易』의 함괘咸卦에서 〈허虛〉와 〈적寂〉 두 글자를 제출하여 감感과 응應의 근본을 세웠는데, 이는 함괘의 덕인 〈그치고 기뻐한다(止而說)〉에 근거하여 그 심오함을 드러낸 것이다.'라고 하셨는데 옳은 말씀입니다. 그러나 '독지獨知는 양지가 싹트는 곳이고, 조금이라도 드러나면 바로 〈보고 들음〉에 속하니, 요컨대 그 역시 도중途中에 하는 일을 바꾸는 데로 나아가는 길목이다. 명찰明察은 마음 밖의 인의를 행하여 (바깥에서 인의를) 빼앗아 오는 것이지, 격물格物의 공부가 아니다. 지극히 허虛하게 하고 적寂을 지켜야 비로소 보이지 않고 들리지 않는 곳에서 배우는 것이다. 일상의 윤리와 만물 안에 별도로 허명虛明하고 움직이지 않는 본체가 있어 그것들을 주재한 뒤에야 명찰明察하는 바의 모습과 소리가 전부 없어진다.'라고 말씀하셨는데, 이는 선사(先師, 왕수인)께서 말씀하신 치지致知의 의미와 전부 일치하지는 않는 것 같습니다.

양지는 곧 이른바 미발未發의 중中이고, 원래 '보이지 않고 들리지 않는 것'이나, 원래 '그보다 더 잘 드러나는 것이 없고, 그보다 더 잘 나타나는 것이 없습니다'.[170] 만물을 밝게 알고

| 12-110-2 | 先生曰: "公謂'夫子於咸卦提出虛寂二字, 以立感應之本, 本卦德之止而悅, 以發其蘊', 是矣. 而謂'獨知是良知的萌芽, 纔發便屬覩聞, 要亦是半路修行的路頭. 明察是行仁義而襲, 非格物之功. 致虛守寂, 方是不覩不聞之學. 日用倫物之內, 別有一個虛明不動之體以主宰之, 而後明察之形聲俱泯.' 似於先師致知之旨, 或有未盡契也.

良知卽所謂未發之中, 原是不覩不聞, 原是莫見莫顯. 明物察倫, 性體之

인륜을 자세히 살피는 것은 성체性體의 깨달음이고, 마음속의 인의仁義에 따라서 행하는 것은 깨달음의 자연스러움입니다. '드러난 것과 은미한 것, 숨은 것과 나타난 것이 하나로 통하고 둘로 나뉨이 없다.'라는 것은 순舜임금에게 있었던 이른바 '현덕玄德'[171]입니다. 자연스러운 깨달음은 곧 허虛이고, 곧 적寂이며, 곧 모습도 없고 소리도 없음이며, 곧 허명虛明하여 움직이지 않는 본체이고, 곧 『주역』의 심오함입니다. [치지(致知)의] 치致는 이것을 지극하게 하는 것일 뿐이며, 지킨다는 것은 이것을 지키는 것일 뿐이며, (모습도 소리도) 없는 것을 보고 듣는다는 것은 이것을 보고 듣는 것일 뿐이며, 주재한다는 것은 이것을 주재하는 것일 뿐입니다. [〈그치고 기뻐한다(止而說)〉에서] 그침은 감(感, 느낌)의 전일함이고, 기뻐함은 응(應, 반응)의 지극함입니다. 감과 응을 떠나지 않는데도 항상 적연(寂然, 고요함)하기 때문에 '감感하는 바를 보면 천지 만물의 실정을 볼 수 있다.'[172]라고 말한 것입니다. 이제 만약 독지獨知를 이미 발한 것으로 여겨서 '보고 들음'에 속한다고 하고, 별도로 허명虛明하고 움직이지 않는 본체를 찾아서 주재하는 것으로 삼은 뒤에야 뿌리로

覺; 由仁義行, 覺之自然也. '顯微隱見, 通一無二', 在舜所謂玄德. 自然之覺, 卽是虛, 卽是寂, 卽是無形無聲, 卽是虛明不動之體, 卽爲『易』之蘊. 致者, 致此而已; 守者, 守此而已; 視聽於無者, 視聽此而已; 主宰者, 主宰此而已. 止則感之專, 悅則應之至, 不離感應而常寂然, 故曰: '觀其所感, 而天地萬物之情可見矣.' 今若以獨知爲發而屬於覩聞, 別求一個虛明不動之體, 以爲主宰, 然後爲歸復之學, 則其疑致知不足以盡聖學之蘊,

---

170 그보다 … 없습니다: 『中庸章句』 1章, "莫見乎隱, 莫顯乎微, 故君子愼其獨也."

171 현덕(玄德): 『書經』 「虞書」, 舜典.

172 감(感)하는 바를 … 있다: 『周易』 「咸卦」, 彖傳.

돌아가고 명命으로 돌아가는 학문이 된다고 한다면, 그것은 단지 분명하게 말하지 않았을 뿐, 치지致知가 성학聖學의 심오함을 다하기에 부족하지 않을까 의심하는 것입니다.

特未之明言耳.

'이씨(二氏, 불교와 도교)는 그것을 터득하여 생각을 끊었고, 우리 유교는 그것을 터득하여 감感을 통하게 하였다.'라고 말씀하셨는데, 이 또한 상승上乘을 논하고 대성大成을 말하는 바가 아닙니다."

其曰: '二氏得之以絶念, 吾儒得之以通感', 恐亦非所以議上乘而語大成也."

| 12-111-1 | 쌍강자가 말했다. "형께서는 '성학聖學에서는 단지 기(幾, 기미)에서 힘써 공부한다. 유有와 무無의 사이[=기(幾)][173]에는 사람 마음의 참된 본체와 작용이 지금 그 자리에 다 갖추어져 있다.'라고 말씀하셨는데, 이는 현성現成을 공부로 본 것입니다.

| 12-111-1 | 雙江子曰: "兄謂'聖學只在幾上用功, 有無之間是人心眞體用, 當下具足', 是以見成作工夫看.

대저 '〈고요하여[寂] 움직이지 않는〉 것은 성誠이고, 〈느껴서[感] 마침내 통하는〉 것은 신神'[174]입니다. 이제 성과 신이 학문의 참된 공부라고 말하지 않고, 유와 무의 사이[=기(幾)]를 사람 마음의 참된 본체와 작용이라고 여긴다면, 뗏목을 버리고서 건너편 강기슭에 닿기를

夫'寂然不動者, 誠也; 感而遂通者, 神也'. 今不謂誠·神爲學問眞工夫, 而以有無之間爲人心眞體用, 不幾於舍筏

173 유(有)와 무(無)의 사이: 기(幾)를 말한다. 『通書』「聖第四」, "寂然不動者, 誠也; 感而遂通者, 神也; 動而未形·有無之間者, 幾也. 誠精故明, 神應故妙, 幾微故幽. 誠·神·幾, 曰聖人."

174 고요하여 … 신(神): 『通書』「聖第四」. 위의 주석 참고.

바라는 것에 가까우니, 넓은 물을 보고서 (건너지 못함을) 탄식하는 것을 면할 수 있겠습니까? 성誠은 순수하여 밝으니, 고요하여 무無가 아닐까 의심스럽지만 만상萬象이 빽빽하게 이미 갖추어져 있으므로 무無이지만 없었던 적이 없습니다. 신神은 응하여 신묘하니, 느끼므로 유有가 아닐까 의심스럽지만 본체가 고요하여 움직이지 않으므로 유有이지만 있었던 적이 없습니다. 이것(=성 · 신)을 유와 무의 사이라고 한다면 또한 무엇이 불가하겠습니까?

노자老子는 '무無가 없다는 것조차 이미 없으니 맑고 항상 고요하다. 항상 고요하되 항상 응하니 참되고 영원하여 성性을 얻는다. 항상 응하되 항상 안정되니 항상 청정淸靜하다.'[175] 라고 말했습니다. 이는 무無를 유有의 기幾로 여기고, 적寂을 감感의 기幾로 여긴 것입니다. (형께서는) 적감과 유무를 가지고 이 글을 미루어 생각했기 때문에 사람으로 하여금 더이상 따져 묻게 할 수 없는 것을 기幾로 여긴 것이 아닙니까?

『통서通書』는 '기미를 안다[知幾]'에 대한 풀이를 『주역周易』「계사전繫辭傳」에서 얻었습니다. (「계사전」에서는) '공자께서 말씀하셨다. 〈기미

求岸, 能免望洋之歎乎? 誠, 精而明, 寂而疑於無也, 而萬象森然已具, 無而未嘗無也; 神, 應而妙, 感而疑於有也, 而本體寂然不動, 有而未嘗有也. 即是爲有無之間, 亦何不可?

老子曰: '無無既無, 湛然常寂. 常寂常應, 眞常得性. 常應常定, 常淸淨矣.' 則是以無爲有之幾, 寂爲感之幾, 非以寂感有無隱度其文, 故令人不可致詰爲幾也?

'知幾'之訓, 『通書』得之易傳. '子曰: 知幾其神乎! 幾者, 動

---

175 무(無)가 … 청정(淸靜)하다: 『太上老君說常淸靜妙經』(正統道藏本), "無無既無, 湛然常寂. … 眞靜應物, 眞常得性. 常應常靜, 常淸靜矣."

를 아는 것[知幾]이 신神일 것이다! 기미는 은미한 움직임이니, 길吉이 먼저 나타난 것이다.〉'[176] 라고 하였는데, 이는 곧 『통서』의 '움직이되 아직 모습이 나타나지 않으며, 유有와 무無의 사이[가 기(幾)이다].'[177]와 같은 말입니다. (또한 「계사전」에서는) '『주역周易』에서 말했다. 〈절개介가 돌과 같으니, 어찌 하루 종일 기다리겠는가? 결단함을 알 수 있다.〉'[178]라고 하였는데, 이는 부자(夫子, 공자)의 단안斷案입니다.

之微, 吉之先見者也', 卽『書』之'動而未形, 有無之間'之謂. '『易』曰: 介如石焉, 寧用終日, 斷可識矣', 此夫子之斷案也.

대개 [예괘(豫卦)의] 육이六二는 중정中正함으로 스스로를 지켜서 그 절개가 돌처럼 견고하기 때문에 즐거움에 빠지지 않을 수 있습니다.[179] 그리하여 윗사람과 사귈 때는 아첨하지 않고, 아랫사람과 사귈 때는 함부로 대하지 않으니, 이는 기미를 아는 것입니다. [예괘의 육삼(六三)이] 위를 올려다보고 기뻐하다가 뉘우치는 것은[180] 아첨하기 때문이고, [상육(上六)이] 즐거움에 빠져 어둡고 [육오(六五)가] 바르되 병이 있는 것은[181] 함부로 대하기 때문입니다.

蓋六二以中正自守, 其介如石, 故能不溺於豫, 上交不諂, 下交不瀆, 知幾也. 盱豫之悔, 諂也; 冥貞之疾, 瀆也.

---

176 공자께서 … 것이다: 『周易』「繫辭下傳」:5.

177 움직이되 … 기(幾)이다: 『通書』「聖第四」. 위의 주석 참고.

178 『주역』에서 … 있다: 『周易』「繫辭下傳」:5.

179 예괘(豫卦)의 … 있습니다: 『周易』「豫卦」, "六二, 介于石, 不終日, 貞吉. 象曰: '不終日, 貞吉', 以中正也."

180 예괘의 … 것은: 『周易』「豫卦」, "六三, 盱豫悔, 遲有悔."

181 상육(上六)이 … 것은: 『周易』「豫卦」, "六五, 貞疾, 恒不死. 上六, 冥豫, 成有渝, 無咎."

기(幾, 기미)는 나뉘는 때[介]에 드러나니 아첨하지 않고 함부로 대하지 않음을 기幾로 여기는 것이 아닙니다. 『주역』에서는 '뉘우침과 인색함을 근심함은 나뉘는 때에 있다.'[182]라고 말했으니, 나뉘는 때[介]가 고요하여 움직이지 않는 성誠이 아니겠습니까? 『중용中庸』에서는 '지극한 성誠은 신神과 같다.'[183]라고 말했고, 또 '성誠하면 밝아진다.'[184]라고 말했는데, 이는 기幾를 말한 것입니다. 성을 내버려 두고 기를 찾는다면 크게 기를 잃어버릴 것입니다.

幾在介, 而非以不諂不瀆爲幾也. 『易』曰: '憂悔吝者, 存乎介.' 介非寂然不動之誠乎? 『中庸』曰 '至誠如神', 又曰'誠則明', 言幾也. 舍誠而求幾, 失幾遠矣.

안과 밖, 선과 후를 뒤섞어 버리거나 (한쪽을) 좇아다니고, 잊어버리거나 조장하는 병통에 대해서는 당연히 분별할 줄 아는 사람이 있을 것입니다."

內外先後, 混逐忘助之病, 當有能辨之者."

| 12-111-2 | 선생이 말했다. "주자[周子, 주돈이(周敦頤)]는 '성誠하고, 신神하며, 기幾를 알면 성인聖人이다.'[185]라고 말했습니다. 양지란 자연스러운 깨달음으로 은미하지만 드러나고 숨어있지만 나타나니, 이른바 기幾입니다. 양지의 실제 본체는 성(誠)이고, 양지의 오묘한 작용은

| 12-111-2 | 先生曰: "周子云: '誠·神·幾, 曰聖人.' 良知者, 自然之覺, 微而顯, 隱而見, 所謂幾也. 良知之實體

182 뉘우침과 … 있다: 『周易』「繫辭上傳」:3. '介'에 대해 『周易本義』에서는 "介, 謂辨別之端, 蓋善惡已動而未形之時也."라고 하였다.

183 지극한 성(誠)은 신(神)과 같다: 『中庸章句』 24章.

184 성(誠)하면 밝아진다: 『中庸章句』 21章.

185 성(誠)하고 … 성인(聖人)이다: 『通書』「聖第四」.

신神이며, 기幾는 본체와 작용에 통하고 적寂과 감感에 일관된 것입니다. 그러므로 '유有와 무無의 사이가 기幾이다.'[186]라고 말하는 것입니다. 유와 무는 바로 성과 신을 가리켜 말한 것입니다. 이것은 모든 성인이 따라서 들어갔던 중도中道입니다. 그것을 지나치면 무에 떨어지고, 미치지 못하면 유에 막힙니다. (제가) 다소 의義를 정밀하게 연구한 적은 있지만 '현성現成을 공부로 삼는다'고 말하거나, 또 '노자의 글을 미루어 생각하여 사람으로 하여금 더이상 따져 묻게 할 수 없는 것을 기幾로 여기지는' 않았습니다.

爲誠, 良知之妙用爲神, 幾則通乎體用而寂感一貫, 故曰'有無之間者幾也.' 有與無, 正指誠與神而言. 此是千聖從入之中道, 過之則墮於無, 不及則滯於有. 多少精義在, 非謂'以見成作工夫', 且'隱度其文, 令人不可致詰爲幾也'.

예괘豫卦의 육이六二는 중정中正함으로 스스로 지키고 즐거움에 빠지지 않기 때문에 기幾를 자극하는 바에 따라 응하고, 종일 기다리지 않고도 길할 수 있습니다. 양지는 미발未發의 중中이고, 양지는 스스로 기幾를 알 수 있습니다. 양지의 밖에서 별도로 돌처럼 굳은 절개가 있어서 그것을 지킨 뒤에야 기幾를 볼 수 있는 것이 아닙니다. 『대학大學』의 이른바 성의誠意, 『중용中庸』의 이른바 복성(復性, 본성을 회복함)은 모두 신독愼獨을 핵심으로 삼는데, 독獨이 곧 기幾입니다."

豫之六二, 以中正自守, 不溺於豫, 故能觸幾而應, 不俟終日而吉. 良知是未發之中, 良知自能知幾, 非良知之外, 別有介石以爲之守, 而後幾可見也. 『大學』所謂誠意, 『中庸』所謂復性, 皆以愼獨爲要, 獨卽幾也."

---

186 유(有)와 … 기(幾)이다: 『通書』「聖第四」.

| 12-112-1 | 쌍강자가 말했다. "자신을 이기고 예로 돌아가고,[187] 석 달 동안 인仁에서 떠나지 않은 것[188]은 안자顔子의 멀리 가지 않고 돌아오고,[189] 재주를 다한[190] 공부입니다. '돌아감으로써 스스로 안다'[191]는 것은 대개 천덕天德의 강함이 나에게서 온전하게 회복되어 뭇 음陰이 어지럽힐 수 있는 바가 아니며 도리어 스스로 주재함이 확고해지는 것을 말합니다. 그러므로 '스스로 안다'는 말은 스스로 주재한다는 말과 같습니다.

| 12-112-1 | 雙江子曰: "克己復禮, 三月不違, 是顔子不違㊱於復, 竭才之功也. '復以自知', 蓋言天德之剛復全於我, 而非羣陰之所能亂, 却是自家做主宰定, 故曰自知, 猶自主也.

자공子貢은 많이 기억하고,[192] 억측하여 맞히는 것[193]을 배움으로 삼았으니 참으로 안자와는 상반됩니다. 하지만 그는 '하나로써 꿰뚫는다'는 가르침을 받았고,[194] 성性과 천도天道에 대해서도 들었으니[195] 당연히 그 역시 다 갖추고 있는 본체를 보았을 것입니다. 요컨대 그를 쉽게 보아서는 안 됩니다.

子貢多識億中爲學, 誠與顔子相反. 至領一貫之訓而聞性與天道, 當亦有見於具足之體, 要未可以易視之也.

선사(先師, 왕수인)의 양지의 가르침은 맹자에

先師良知之敎, 本

187 자신을 이기고 예로 돌아가고: 『論語』「顔淵」:1.
188 석 달 … 않은 것: 『論語』「雍也」:5.
189 안자(顔子)의 … 돌아오고: 『周易』「繫辭下傳」:5.
190 재주를 다한: 『論語』「子罕」:10.
191 돌아감으로써 스스로 안다: 『周易』「繫辭下傳」:7.
192 많이 기억하고: 『論語』「衛靈公」:2.
193 억측하여 맞히는 것: 『論語』「先進」:18.
194 '하나로써 꿰뚫는다'는 가르침을 받았고: 『論語』「衛靈公」:2.
195 성(性)과 천도(天道)에 대해서도 들었으니: 『論語』「公冶長」:12.
㊱ 違: 『왕기집』에는 '遠'으로 되어 있다.

근본을 두고 있습니다. 맹자는 '두세 살 먹은 어린아이도 배우지 않고 생각하지 않아도 자기 부모를 사랑할 줄 알고 형을 공경할 줄 안다.'[196]라고 말했습니다. 이는 대개 마음속에 무언가 주재하는 것이 있으며, 사랑과 공경은 그 주재자가 발한 것이라는 말입니다. 이제 주재하는 것에 종사하여 본체의 국량을 가득 채우지도 않으면서 가만히 앉아서 배우지 않고 생각하지 않음의 완성을 누리려 한다면, (바라는 바를 얻기가) 어려울 것입니다."

於孟子, 孟子言'孩提之童, 不學不慮, 知愛知敬', 蓋言其中有物以主之, 愛敬則主之所發也. 今不從事於所主, 以充滿乎本體之量, 而欲坐享其不學不慮之成, 難矣."

| 12-112-2 | 선생이 말했다. "안자顔子의 덕성지德性知는 자공子貢의 많이 배우고 억측으로 맞히는 것과는 그 학술이 다릅니다. 이 점은 분별하지 않을 수 없으나 (두 사람 사이에) 우열이 있다고 해서 그(=자공)를 쉽게 보는 것은 아닙니다.

선사의 양지설良知說은 맹자를 본받은 것입니다. '배우지 않고 생각하지 않음'은 하늘이 하는 바이며, 자연스러운 양지입니다. '자연의 양'[自然之良, 천부적으로 타고난 자연스러운 양지]은 배우고 생각하는 데 의지하지 않기 때문에 부모를 사랑하고 형을 공경함이 기機를 자극하는 대로 발하여 신묘하게 느끼고 신묘하게 반응

| 12-112-2 | 先生曰: "顔子德性之知, 與子貢之多學以億而中, 學術同異, 不得不辨, 非因其有優劣而易視之也.

先師良知之說, 倣於孟子, 不學不慮, 乃天所爲, 自然之良知也. 惟其自然之良, 不待學慮, 故愛親敬兄, 觸機而發, 神感神應. 惟其觸

196 두세 … 안다: 『孟子』「盡心上」:15.

합니다. 기機를 자극하는 대로 발하여 신묘하게 느끼고 신묘하게 반응한 뒤에야 배우지 않고 생각하지 않는 자연의 양[自然之良]이 됩니다. 자연의 양은 곧 사랑과 공경의 주재자이고, 곧 적寂이고, 곧 허虛이고, 곧 소리도 없고 냄새도 없음이니, 하늘이 하는 바입니다. 만약 다시 마음속에 무언가 주재하는 것이 있다고 하면서 이 주재하는 것에 종사하여 그 본연의 국량을 가득 채우려고 하고, (저를 보고) 가만히 앉아서 배우지 않고 생각하지 않음의 완성을 누리려 한다고 하신다면, 이는 거의 깊고 미묘한 것을 제멋대로 짐작하는 잘못을 범하는 것이 아니겠습니까?

幾㊲而發, 神感神應, 而後爲不學不慮, 自然之良也. 自然之良, 卽是愛敬之主, 卽是寂, 卽是虛, 卽是無聲無臭, 天之所爲也. 若更於其中有物以主之, 欲從事於所主, 以充滿其本然之量, 而不學不慮爲坐享其㊳成, 不幾於測度淵微之過㊴乎?

맹자는 '무릇 나에게 있는 사단을 모두 넓혀서 채울 줄 알면, 마치 불이 타오르기 시작하고 샘물이 솟아나기 시작하는 것처럼 (그 기세가 맹렬할 것이다).'[197]라고 말했습니다. 천기天機가 느끼는 바는 사람의 힘으로 관여할 수 없습니다. 지(知, 양지) 위에서 다시 무언가를 구해서 주재자로 삼는다는 말은 들어 보지 못했습니다.

孟子曰: '凡有四端於我, 知皆擴而充之, 若火之始然, 泉之始達.' 天機所感, 人力弗得而與. 不聞於知之上, 復求有物以爲之主也.

공은 평소에 백사자白沙子[198]의 '고요하게 (정좌하는) 가운데 단서를 길러낸다.'[199] '칼자루(=

公平時篤信白沙子'靜中養出端倪',

197 무릇 … 것이다: 『孟子』「公孫丑上」:6.

198 백사자(白沙子): 진헌장(陳獻章). 『명유학안』 권5, 「白沙學案上」, 文恭陳白沙先生獻章 참고.

키)가 손에 있다.'[200]는 설을 독실하게 믿으십니다. 하지만 자연의 양[自然之良]을 버리고서 별도로 이른바 '단예', '칼자루'가 있다면, 이는 제가 아는 바가 아닙니다. 우리는 치지致知의 배움이 정미精微한 단계에 들어가지 못하여 의견이나 지식을 끼워 넣다가 자연의 양을 채우지 못하고 있는데, 참으로 이런 단계에서 벗어나지 못하는 경우가 있습니다. 그렇지만 만약 '자연의 양은 배움을 다 포괄하기에는 부족하다.'라고 말하면서 다시 무언가 주재하는 것을 찾는다거나, 또 '깨달음에는 미발未發이 없으니[=깨달음은 이발(已發)이니], 이 또한 적寂으로 말할 수 없다.'라고 하면서 장차 사람들에게 그 자연스러운 깨달음까지 의심하게 만든다면, 이를 일러 잘못을 바로잡는 것이 지나쳐서 다시 치우치게 되었다고 하는 것이니, 잘 살펴보지 않으면 안 됩니다."

與'欛柄在手'之說, 若舍了自然之良, 別有所謂端倪·欛柄, 非愚之所知也. 吾人致知之學, 不能入微, 未免攙入意見知識, 無以充其自然之良, 則誠有所不免. 若謂'自然之良, 未足以盡學', 復求有物以主之, 且謂'覺無未發, 亦不可以寂言', 將使人併其自然之覺而疑之. 是謂矯枉之過而復爲偏, 不可以不察也."

| 12-113-1 | 쌍강자가 말했다. "당시 사람들은

| 12-113-1 | 雙江子

---

199 고요하게 (정좌하는) 가운데 단서를 길러 낸다: 『명유학안』 권5, 「白沙學案上」 5-22, 文恭陳白沙先生獻章, 論學書, 與賀克恭.

37 幾: 『왕기집』에는 '機'로 되어 있다.

38 其: 『왕기집』에는 '之'로 되어 있다.

39 過: [원주] 원래는 '道'로 되어 있으나 『龍溪王先生全集』 및 朱鴻林, 『明儒學案點校釋誤』에 근거하여 고쳤다.

200 칼자루가 손에 있다: 『명유학안』 권5, 「白沙學案上」 5-18, 文恭陳白沙先生獻章, 論學書, 與林緝熙.

부자(夫子, 공자)께서 많이 배우고서 기억하여 (무슨) 질문이든 대답할 수 있을 만큼 아는 것이 많다고 생각하였습니다. 그래서 무릇 물어볼 게 있는 사람은 반드시 그에게 갔던 것입니다. (하지만) 부자께서는 아는 것으로 사람들을 가르치려고 하지 않았습니다. 그래서 '내가 아는 것이 있는가? 나는 아는 것이 없다.'[201]라고 말씀하셨던 것입니다. (하지만) 사람들에게 알려 줄 경우에는 감히 다 말해 주지 않을 수 없었습니다. 그래서 '비천한 사람이 나에게 묻는데 마음을 비우고 경청하려 한다면[空空焉] 아는 바가 없더라도 나는 반드시 양단兩端을 들어서 다 말해 준다.'[202]라고 하신 것입니다. 양단을 들어서 다 말해 준다는 것은 아는 것이 극진한 사람이 아니라면 할 수 없는 일입니다. 이에서 부자의 만물을 대하는 넓은 마음과 사람을 가르치는 데 게을리 하지 않는 인仁을 볼 수 있습니다.

曰: "時人以夫子多學而識, 知足以待問也, 故凡問者必之焉. 夫子不欲以知教人也, 故曰: '吾有知乎哉? 無知也.' 至於告人, 則不敢不盡. '有鄙夫問於我, 空空焉, 無所知, 我必叩兩端而竭焉.' 兩端之竭, 非知之盡者不能. 於是見夫子待物之洪, 敎人不倦之仁也.

지금 '양지良知의 밖에 별도의 앎이 없다.'라고 말하셨는데, 이는 (『논어』의) 본문에서 보자면 군더더기인 듯합니다. 또한 ['공공여(空空如)'

今謂'良知之外別無知', 疑於本文爲贅. 而又以空爲道

201 내가 … 없다: 『論語』「子罕」:7, "子曰: '吾有知乎哉? 無知也. 有鄙夫問於我, 空空如也, 我叩其兩端而竭焉.'"

202 비천한 … 말해 준다: 『論語』「子罕」:7. 위의 주석 참고. '空空'에 대해서는 『聶豹集』 권11, 「答王龍溪」, "空空是一個虛心聽受之貌. 惟其虛心聽受, 故聖人叩兩端而竭之." 참고.

의] '공空'을 도체道體라고 하고, [공(空)의 측면에서 보면] 성인은 비천한 사람과 다를 바가 없다고 하셨는데, 그렇다면 비천한 사람이 이미 성인의 모습을 다 갖추고 있으니, 성인께서 알려주는 것은 단지 그의 공空함을 인정하는 것일 뿐입니다. (그렇다면) 안자顏子를 '도에 가깝다'고 칭찬한 것[203]처럼 말하면 충분할 것인데 어찌하여 다시 양단을 들어서 다 말해 주었겠습니까?

體, 聖人與鄙夫無異, 則鄙夫已具聖人體段, 聖人告之, 但與其空, 如稱顏子之'庶乎'足矣, 復何兩端之竭耶?

마음과 이목구비가 공空을 본체로 삼는다는 말씀은 옳습니다. 다만 잘 모르겠습니다만, '공공空空'과 허적虛寂은 무엇으로 구별합니까?"

心與耳目口鼻以空爲體, 是也, 但不知'空空'與虛寂何所別?"

| 12-113-2 | 선생이 말했다. "'공공空空'은 원래 도체입니다. 상산[象山, 육구연(陸九淵)]은 '의견을 가지고 있는 사람과 말하는 것이 가장 어렵다.'[204]라고 말했는데, 이는 그가 공空하지 않기 때문입니다. 비천한 사람의 공空함은 성인과 같습니다. 그러므로 그 양단을 들어서 다 말해 줄 수 있는 것입니다. 대개 옳은 것을 옳다고 하고 그른 것을 그르다고 하는 본심은 사람이 본래 가지고 있는 바이며, 아무리 성인이라도 조금도 그것을 보태거나 덜어낼 수 없습니다. 만약 조

| 12-113-2 | 先生曰: "'空空'原是道體. 象山云'與有意見人說話最難入', 以其不空也. 鄙人之空, 與聖人同, 故能叩其兩端而竭. 蓋是非本心, 人所固有, 雖聖人亦增減他一毫不得. 若有一

---

203 안자(顏子)를 … 칭찬한 것: 『論語』「先進」:18, "子曰: '回也其庶乎, 屢空.'"

204 의견을 … 어렵다: 『陸九淵集』 권34, 「語錄上」:20, "此道與溺於利欲之人言猶易, 與溺於意見之人言却難."

금이라도 (마음을) 메우고 있는 의견이 있다면 (양단을) 들어서 다 말해 줄 수 없을 것입니다.

마음과 이목구비는 모두 공空을 본체로 삼고, 공공空空은 곧 허적虛寂이니, 이는 [성학(聖學)의] 학맥學脈입니다."

毫意見填實, 卽不能叩而竭矣.

心口耳目皆以空爲體, 空空卽是虛寂, 此學脈也."

|12-114-1| 쌍강자가 말했다. "(형께서는) '양지는 성체性體의 자연스러운 깨달음'이라고 하셨는데 옳은 말씀입니다. 그러므로 치지致知를 하려고 한다면 먼저 성性을 길러야 합니다. 어찌하여 『주역周易』에서 시초의 덕을 신神, 괘의 덕을 지知[205]라고 한 것을 보지 않으십니까? 요컨대 성인의 역易을 체인하는 공부에서는 '마음을 씻고 은밀함에 감춘다'[206]는 말에 중점을 둡니다. 마음을 씻고 은밀함에 감추는 것은 덕을 신명神明하게 하는 일입니다. 그런 뒤에야 신명한 작용이 느끼는 바에 따라 반응합니다. '천도를 밝게 알고, 백성의 일을 상세히 알아서 신비한 물건(=시초)을 만들어 백성들이 행동하기에 앞서 미리 알려 준다.'[207]라는 것도 모두 이[=신명(神明)함]에 근원합니다.

|12-114-1| 雙江子曰: "'良知是性體自然之覺', 是也. 故欲致知, 當先養性. 盍不觀『易』言蓍卦之神知乎? 要聖人體易之功, 則歸重於'洗心·藏密'之一語. 洗心藏密, 所以神明其德也, 而後神明之用, 隨感而應, '明天道, 察民故, 興神物以前民用', 皆原於此.

205 시초의 덕을 신(神), 괘(卦)의 덕을 지(知): 『周易』「繫辭上傳」:11, "是故蓍之德圓而神, 卦之德方以知."

206 마음을 씻고 은밀함에 감춘다: 『周易』「繫辭上傳」:11. "聖人以此洗心, 退藏於密."

207 천도를 … 알려 준다: 『周易』「繫辭上傳」:11, "是以明於天之道, 而察於民之故, 是興神物以前民用."

이에서 보면 치지와 격물의 공부에는 마땅히 돌아가야 할 곳이 있습니다. '나날이 볼 수 있다'[208]라고 말한 것은, 『주역』에서 말하는 잠룡潛龍의 배움에서는 덕을 닦아서 그 몸을 이루는 데 힘을 쓰는데, 덕이 이루어져 스스로를 믿게 되면 행할 바를 의심하지 않아 (행동을) 나날이 밖에서 볼 수 있다는 뜻입니다. [잠룡(潛龍)의] '잠潛'이라는 말은 '물러나서 은밀함에 감춘다'를 말하는 것이 아니겠습니까? 지知의 좋은 점은 '명령을 받으면 메아리처럼 알려 주고',[209] 신비하게 반응하여 오묘하고, 지극하게 하지 않더라도 스스로 지극하지 않음이 없는 것입니다. 이제 '격물格物은 치지致知가 나날이 볼 수 있는 바의 행동으로 드러난 것이니, 가는 곳마다 이 양지를 지극하게 하여 두루 물物에 미치고 지나치지 않는다.'라고 말씀하셨는데, 이는 미루어서 행하는 것을 치致로 본 것입니다. (그렇다면) 전적으로 인위人爲에 속하고 종일토록 물物과 상대할 것이니, 자기를 끌어

由是觀之, 則致知格物之功, 當有所歸. 曰❹⓪可見之云者, 『易』言潛龍之學, 務修德以成其身, 德成自信, 則不疑於所行, 曰❹①可見於外也. 潛之爲言也, 非'退藏於密'之謂乎? 知之善物也, 受命如響, 神應而妙, 不待致之而自無不致.❹② 今曰'格物是致知日可見之行, 隨在致此良知, 周乎物而不過', 是以推而行之爲致, 全屬人爲, 終日與物作對, 雖❹③免牽己而

---

208 나날이 볼 수 있다: 『周易』「乾卦」, 文言傳, "君子以成德爲行, 日可見之行也."

209 명령을 … 알려 주고: 『周易』「繫辭上傳」:10, "其受命也如嚮."

❹⓪ 曰: 『왕기집』에는 '日'로 되어 있다.

❹① 曰: 『왕기집』에는 '日'로 되어 있다.

❹② 不待致之而自無不致: 『왕기집』에는 '不待至之而自無不至', 『聶豹集』(권11, 「答王龍溪」)에는 '不待致之而自無不至'로 되어 있다. 의미상으로는 『섭표집』이 가장 잘 통하는 듯하다.

❹③ 雖: 『왕기집』에는 '能'으로 되어 있다.

다 물物을 따라다니는 데서 벗어날 수 있겠습니까? (이는 형께서) 성체性體의 자연스러운 깨달음을 보는 것과는 너무나도 다릅니다!

從之乎? 其視性體自然之覺, 何啻千里!

형께서는 '깨달음에는 미발未發이 없으니[=깨달음은 이발(已發)이니] 또한 적寂을 가지고 말할 수 없다. 미발未發의 앞에서 깨달음을 찾는다면 동動과 정靜을 나누는 데서 벗어날 수 없으니, 모호하고 지리支離한 데 빠져들면서도 스스로 깨닫지 못한다.' 등등의 말씀을 하셨는데, 이는 선사(先師, 왕수인)의 말씀과도 맞지 않는 듯합니다.

兄謂'覺無未發, 亦不可以寂言. 求覺於未發之前, 不免於動靜之分, 入於茫昧支離而不自覺'云云, 疑於先師之言又不類.

선사께서는 '양지는 미발未發의 중中이고, 적연寂然하고 대공大公한 본체이니, 스스로 발하여 절도에 맞을 수 있고, 스스로 느껴서 마침내 통할 수 있다.'라고 말씀하셨습니다. (그렇다면) 감感은 적寂에서 생기며, 화(和, 발하여 절도에 맞음)는 중(中, 미발의 중) 속에 담겨 있는 것이니, 본체와 작용은 근원이 하나입니다. 이는 (선사의) 거울을 닦는 일, 나무를 심는 일의 비유에서도 역력하게 찾아볼 수 있습니다. 그런데 이를 '모호하고 지리支離하다'라고 말한다면 그것은 제가 이해할 수 없는 바입니다.

師曰: '良知是未發之中, 寂然大公的本體, 便自能發而中節, 便自能感而遂通.' 感生於寂, 和蘊於中, 體用一原也. 磨鏡種樹之喩, 歷歷可考, 而謂之茫昧支離, 則所未解.

동動과 정靜을 나누는 것도 『주역』에 근원을 두고 있습니다. 『주역』에서는 '[건(乾)은] 고요하면[靜] 전일하고, 움직이면[動] 곧다. [곤(坤)은] 고요하면 수렴하고, 움직이면 연다.'[210]라고 말했습니다. 주자[周子, 주돈이(周敦頤)]는 '고요하

動靜之分, 亦原於『易』. 『易』曰: '靜專動直, 靜翕動闢.' 周子曰: '靜無而動有.' 程子曰: '動亦

면 없으나 움직이면 있다.'[211]라고 말했고, 정자[程子, 정호(程顥)]는 '움직일 때도 안정되고, 고요할 때도 안정된다.'[212]라고 말했습니다. 주자와 정자는 『주역』을 깊이 이해한 사람들인데, 한 사람(=주자)은 '고요함을 위주로 한다.'[213]라고 말했고, 한 사람(=정자)은 '(마음의) 주인을 안정시킨다.'[214]라고 말했습니다. 또 (정자는) '전일하지 않으면 곧게 이루지 못하고, 수렴하지 않으면 발산하지 못한다.'[215]라고 말했는데, 이 때문에 광대廣大함이 생겨나는 것입니다. 광대함의 생겨남은 전일함과 수렴함에 근원하고, 곧은 것과 여는 것은 전일함과 수렴함이 발산한 것입니다. 반드시 이와 같이 한 뒤에야 잠룡潛龍의 배움을 말할 수 있습니다.

定, 靜亦定.' 周·程深於『易』者, 一曰'主靜', 一曰'主定'. 又曰: '不專一, 則不能直遂; 不翕聚, 則不能發散.' 是以廣大生焉. 廣大之生, 原於專翕, 而直與闢, 則專翕之發也, 必如此而後可以言潛龍之學.

'어리석은 보통 사람의 지知도 아직 의욕意欲에 의해 움직이지 않았을 때는 성인聖人과 같다.'라고 하셨는데 옳은 말씀입니다. 그렇다면 대저 치지致知의 공부는 요컨대 의욕意欲이 움직이지 않았을 때 하는 것이지 '두루 물物에 미치고 지나치지 않는' 것을 치致라고 하는 것이

'愚夫愚婦之知, 未動於意欲之時, 與聖人同', 是也. 則夫致知之功, 要在於意欲之不動, 非以'周乎物而不過'之爲致

---

210 고요하면(靜) … 연다: 『周易』「繫辭上傳」:6.

211 고요하면 없으나 움직이면 있다: 『通書』「誠下第二」.

212 움직일 … 안정된다: 『二程文集』 권2, 「答橫渠先生定性書」.

213 고요함을 위주로 한다: 『太極圖說』.

214 (마음의) 주인을 안정시킨다: 『二程遺書』 15:16, "要作得心主定, 惟是止於事, 爲'人君止於仁'之類."

215 전일하지 … 못한다: 『二程遺書』 11:135.

아닙니다. 연평[延平, 이통(李侗)]은 '거울이 여기에 매달려 있어서 외물이 스스로 비춘다면 비추는 바가 넓지만, 거울을 잡고서 외물을 좇아 다니며 모습을 비춘다면 비추는 게 얼마나 되겠는가!'라고 하였는데, 이 비유에는 본 바가 없다고 할 수 없습니다. 치지致知는 거울을 닦는 것과 같고, 격물格物은 거울이 비추는 것과 같습니다. (제가) 격물에는 공부가 없다고 말한 것은 이 때문입니다."

也. '鏡懸於此而物自照, 則所照者廣; 若執鏡隨物以鑒其形, 所照幾何!' 延平此喩, 未爲無見. 致知如磨鏡, 格物如鏡之照, 謂[44]格物無工夫者, 以此."

| 12-114-2 | 선생이 말했다. "치지를 하려면 격물에서 해야 합니다. 만약 '먼저 성性을 길러야 한다'라고 말하고, '양지가 곧 성체性體의 자연스러운 깨달음'이라고 말한다면 또 무엇이 먼저 한다는 것입니까?

『주역』에서는 시초의 신神과 괘의 지知를 말했는데, 신·지가 곧 양지입니다. 양지는 마음의 신령함입니다. '마음을 씻고 물러나 은밀함에 감춘다.'라는 말은 단지 양지가 정결淨潔하고 조금의 얽매임도 없어서, 일이 있거나 일이 없거나 상관없이 언제나 맑고 언제나 숙연肅然하다는 것입니다. 그래서 이를 '재계齋戒하여 그 덕을 신명神明하게 한다'[216]라고 말한 것입

| 12-114-2 | 先生曰: "欲致其知, 在於格物, 若曰'當先養性', '良知卽是性體自然之覺', 又孰從而先之耶?

『易』言蓍之神, 卦之知, 神知卽是良知. 良知者, 心之靈也. '洗心, 退藏於密', 只是良知潔潔淨淨, 無一塵之累, 不論有事無事, 常是湛然的, 常是肅然

216 재계(齋戒)하여 그 덕을 신명(神明)하게 한다: 『周易』「繫辭上傳」:11, "聖人以此齊戒,

니다. 신神 · 지知가 곧 신명神明이니, 마음을 씻고 은밀함에 감춘 뒤에야 신 · 지의 작용이 있는 것이 아닙니다.

的, 是謂'齋戒以神明其德'. 神知, 卽是神明, 非洗心藏密之後, 方㊺有神知之用也.

공은 '치지와 격물의 공부에는 마땅히 돌아가야 할 곳이 있다.'라고 말씀하셨습니다. 양지가 곧 신명神明한 덕이고, 곧 적寂인데 다시 어디로 돌아가겠습니까? 격물은 『대학大學』 전체에서 실제로 (공부에) 착수하는 곳입니다. 그러므로 '치지는 격물에 있다.'라고 말한 것입니다. 만약 '격물에는 공부가 없다.'라고 말한다면 『대학』은 쓸데없는 말이 될 것이고, 사문師門의 설은 표절이 될 것입니다. (공의 말씀을) 아무리 마음에서 이해해 보려고 해도 실로 이해할 수가 없습니다.

公云: '致知格物之功, 當有所歸.' 良知卽是神明之德, 卽是寂, 復將何所歸乎? 格物者, 『大學』到頭實下手處, 故曰: '致知在格物.' 若曰'格物無工夫', 則『大學』爲贅詞, 師門爲勦說, 求之於心, 實所未解.

리理는 하나일 뿐입니다. 성性은 리가 응집한 것이고, 마음은 응집한 것(=성)이 주재하는 것이고, 의意는 주재하는 것(=마음)이 발동한 것이고, 지知는 분명하게 깨닫는[明覺] 본체이고, 물物은 반응하고 느끼는 작용입니다. 천하에는 성性 밖에 있는 리理가 없는데, 어떻게 다시 성 밖에 있는 물物이 있겠습니까?

理一而已, 性則理之凝聚, 心則凝聚之主宰, 意則主宰之發動, 知則其明覺之體, 而物則應感之用也. 天下無性外之理, 豈復有性外之物乎?

以神明其德夫."

㊹ 謂: 『왕기집』에는 '謬謂'로 되어 있다.

㊺ 方: 『왕기집』에는 '而後', 『聶豹集』(권11, 「答王龍溪」)에는 '而'로 되어 있다.

공께서는 우리 격물치지의 배움을 하는 사람들이 지식知識을 양지로 보아 정미한 단계에 들어가지 못하고, 그 (양지의) 자연스러운 깨달음을 지극하게 할 때는 종일토록 자취에 응하는 데 있으면서 상象에 집착하여 안배하고 끌어모아서 합당함을 구하는 모습을 보셨습니다. 그래서 입에 침이 마르도록 간곡하게 허적虛寂의 화두를 제시하여 배우는 자들의 폐단을 구하고 있으니, 이는 본래 사문師門과 달라지려고 한 것이 아닙니다. 그러나 이로 인해 마침내 과감하게도 '격물에는 공부가 없다.'라고 말한다면, 비록 저의 '가는 곳마다 이 양지를 지극하게 하여 두루 물物에 미치고 지나치지 않는다.'라는 설 또한 '전적으로 인위人爲에 속하고 종일토록 물物과 상대하며 자기를 끌어다 물物을 따라다니는 것'이라고 하시더라도, 그 역시 뜨거운 국에 데어 냉채를 후후 불면서 먹는(=하나의 문제에 놀란 나머지 모든 일을 지나치게 경계하는) 잘못에서 벗어나지 못한 것인 듯합니다.

公見吾人爲格致之學者, 認知識爲良知, 不能入微, 致其自然之覺, 終日在應迹上執泥有象, 安排湊泊以求其是, 故當46苦口拈出虛寂話頭, 以救學者之弊, 固非欲求異於師門也. 然因此遂斬然謂格物無工夫, 雖以不肖'隨在致此良知, 周乎物而不過'之說, 亦以爲'全屬人爲, 終日與物作對, 牽己而從之', 恐亦不免於懲羹吹虀之過耳.

적寂은 마음의 본체이니 때를 가지고 말할 수 없습니다. 때에는 움직임動과 고요함靜이 있으나 적寂은 움직임과 고요함으로 나뉘지 않습니다. 염계[濂溪, 주돈이(周敦頤)]는 '욕심이 없기 때문에 고요하다.'[217]라고 말했고, 명도[明

寂是心之本體, 不可以時言, 時有動靜, 寂則無分於動靜. 濂溪曰: '無欲故靜.' 明道云: '動亦

217 욕심이 없기 때문에 고요하다: 『太極圖說』.

道, 정호(程顥)]는 '움직일 때도 안정되고 고요할 때도 안정된다.'라고 말했습니다. 선사(先師, 왕수인)께서는 '안정됨이란 마음의 본체이다.'라고 말했습니다. 움직임과 고요함은 만나는 바의 때이고, 고요함과 안정됨은 곧 적寂입니다. 양지는 거울의 밝음과 같고, 격물은 거울의 비춤과 같습니다. 거울은 상자 속에 있을 때도 있고 받침 위에 있을 때도 있는데, 이는 움직임과 고요함으로 말할 수 있습니다. 거울 본체의 밝음은 비추지 않는 때가 없으니, 그것은 상자 속에 있을 때와 받침 위에 있을 때로 나뉘지 않습니다. 그러므로 우리 유학의 격물 공부는 움직임과 고요함 사이에 차이가 없습니다. 그러므로 '반드시 일삼아 하는 바가 있다.'[218]라고 말한 것이니, 이는 움직일 때나 고요할 때나 모두 일삼아 (공부를) 한다는 말입니다.

定, 靜亦定.' 先師云: '定者心之本體.' 動靜所遇之時, 靜與定卽寂也. 良知如鏡之明, 格物如鏡之照. 鏡之在匣·在臺, 可以言動靜, 鏡體之明, 無時不照, 無分於在匣·在臺也. 故吾儒格物之功, 無間於動靜. 故曰'必有事焉', 是動靜皆有事.

(공께서는) '광대함의 생겨남은 전일함과 수렴함에 근원한다.'라고 하셨는데, 전일함과 수렴함이 곧 적寂이고, 곧은 것과 여는 것이 곧 적寂이라는 본체의 유행流行이니, 두 가지가 있는 것이 아닙니다. 자연스러운 지知가 곧 미발未發의 중中입니다. 후세의 유자儒者가 조금이라도 안다면 곧 이발已發이라고 간주하여 별도

'廣大之生, 原於專翕', 專翕卽寂也, 直與闢卽是寂體之流行, 非有二也. 自然之知, 卽是未發之中, 後儒認纔知卽是已發, 而別求未發之

㊻ 故當: 『왕기집』에는 '當故'로 되어 있다. 그렇다면 표점은 "安排湊泊以求其是當…"이 돼야 한다.

218 반드시 일삼아 하는 바가 있다: 『孟子』「公孫丑上」:2.

로 미발未發의 때를 찾기 때문에 '모호하고 지리支離하다'고 말한 것이지, 적寂과 감感을 지리하다고 한 것이 아닙니다.

(공께서는) '치지 공부는 의욕意欲이 아직 움직이지 않았을 때 한다.'라고 하셨는데 옳은 말씀입니다. '두루 물物에 미치고 지나치지 않는 것'은 성체性體의 유행인데, 그것을 의욕의 움직임으로 여긴다면 그 역시 실정을 잘못 이해한 것 같습니다."

時, 故謂之茫昧支離, 非以寂感爲支離也.

'致知之功, 在意欲之不動', 是矣. '周乎物而不過', 是性體之流行, 便以爲意欲之動, 恐亦求情之過也."

| 12-115-1 | 쌍강자가 말했다. "인仁은 생리生理이고, 또한 생기生氣입니다. 리理와 기氣는 하나지만 결국에는 구별이 있어야 합니다.

고자告子는 '태어난 그대로를 성性이라고 한다.'라고 말했습니다.[219] 이 역시 기氣를 성으로 간주한 것인데 그는 (관건이 성을) 잘 기르느냐, 그렇지 못하냐에 달려 있음을 알지 못했습니다. (고자의) 버드나무, 소용돌이치는 물, 식욕과 성욕의 비유[220] 역시 지금 이 자리를 다 갖춰져 있다고 생각한 것이며, '마음에서 이해하려고 하지 말고, 기氣에서 도움을 찾으려고 하지 말라.'[221]는 논의 역시 (인위적으로) 손을 대

| 12-115-1 | 雙江子曰: "仁是生理, 亦是生氣, 理與氣一也, 但終當有別.

告子曰: '生之謂性.' 亦是認氣爲性, 而不知係於所養之善否. 杞柳·湍水·食色之喩, 亦以當下爲具足; '勿求於心, 勿求於氣'之論, 亦以不犯做手爲妙悟. 孟子曰: '苟得

219 고자(告子)는 … 말했습니다: 『孟子』「告子上」:3.

220 버드나무, 소용돌이치는 물, 식욕과 성욕의 비유: 순서대로 『孟子』「告子上」:1, 「告子上」:2, 「告子上」:4에 보인다.

지 않는 것을 오묘한 깨달음이라고 여긴 것입니다. 맹자는 '잘 기르면 자라지 않는 것이 없고, 잘 기르지 못하면 사라지지 않는 것이 없다.'[222]라고 말했는데, 이는 학문에서 사라지거나 자라는 것을 경험한다는 말이지, 천지의 현성現成인 자라게 하는 일[息, 생식(生息)]을 제멋대로 자기 것으로 간주하여 (만물을) 자라게 한다는 말이 아닙니다. 인仁한 사람은 만물과 한 몸이지만, 또한 인仁을 체득한 사람만이 만물과 한 몸이 될 수 있습니다.

其養, 無物不長; 苟失其養, 無物不消.' 是從學問上驗消長, 非以天地見成之息, 冒認爲己有而息之也. 仁者與物同體, 亦惟體仁者而後能與物同之.

'기를 부린다', '신령한 것을 거느린다', 그리고 '호흡을 안정시켜 천지의 뿌리에 접한다'[223] 등등의 설은 양생가養生家들이 남몰래 전하는 말이니, 이것을 우리 유학에서 말하는 식(息, 호흡)과 억지로 같다고 해서는 안 됩니다. (다만) 요컨대 수렴收斂을 위주로 한다는 점에서 하나일 뿐입니다."

'馭氣攝靈', 與'定息以接天地之根'諸說, 恐是養生家所祕, 與吾儒之息未可强同, 而要以求㊼斂爲主, 則一而已."

| 12-115-2 | 선생이 말했다. "인仁은 생리生理이고, 자라게 하는 일[息]은 생성과 화육의 근원이니, 리理와 기氣는 떨어진 적이 없습니다. 사

| 12-115-2 | 先生曰: "仁是生理, 息卽其生化之元, 理與氣

221 마음에서 … 말라: 『孟子』「公孫丑上」:2.

222 잘 … 없다: 『孟子』「告子上」:8.

223 기를 … 접한다: 『왕기집』附錄三, 「致知議略佚文」:1, "靜專動直, 靈之馭氣也; 靜翕動闢, 氣之攝靈也. 是以大生·廣生, 動靜之間, 惟一息耳. … 又以呼吸定息爲接天地之根, 蓋言養而無害, 塞乎天地之間也."

㊼ 求: 『왕기집』에는 '收'로 되어 있다.

람이 자라게 하는 것息과 천지가 자라게 하는 것은 원래 일체一體이니, (사람과 천지는) 서로 의지하며 낳습니다. 『음부경陰符經』에 세 도둑에 관한 설[224]이 있는데 아무 근거 없이 '제멋대로 자기 것으로 간주하여 (만물을) 자라게 한다.'라고 한 것이 아닙니다. '기를 부린다', '신령한 것을 거느린다', 그리고 '호흡에서 숨을 안정시킨다'라는 것을 양생가의 말이라고 해서 마침내 그 뜻까지 그르다고 해서는 안 됩니다. 방외(方外, 도교)는 그것을 사유私有해서 기의 근원[氣母]을 빼앗지만, 우리 유학에서는 그것을 공유公有해서 화육의 근원[化元]을 돕습니다. (방외와 유교는) 단지 가져다 쓰는 곳이 다를 뿐입니다.

未嘗離也. 人之息與天地之息原是一體, 相資而生, 『陰符』有三盜之說, 非故冒認爲己物而息之也. 馭氣攝靈與呼吸定息之義, 不可謂養生家之言而遂非之. 方外私之以襲氣母, 吾儒公之以資化元, 但取用不同耳.

공은 '인仁한 사람은 만물과 한 몸이지만, 또한 인仁을 체득한 사람만이 만물과 한 몸이 될 수 있다.'라고 말하셨습니다. 이는 명언名言이니, 감히 깊이 반성하지 않을 수 없습니다."

公謂'仁者與物同體, 亦惟體仁者而後能與物同之', 却是名言, 不敢不深省也."

| 12-116-1 | 쌍강자가 말했다. "식息에는 두 가지 뜻이 있으니, (두 가지란) 생(生, 자라다)과 멸(滅, 사라지다)을 말합니다. 공격하여 빼앗은 기氣가 사라지면 맑고 순수한[湛一] 기가 회복되

| 12-116-1 | 雙江子曰: "息有二義, 生滅之謂也. 攻取之氣息, 則湛一之氣復,

224 세 도둑에 관한 설: 『陰符經』, "天地, 萬物之盜; 萬物, 人之盜; 人, 萬物之盜. 三盜旣宜, 三才旣安."

는데, 이것은 기화氣化의 오르락내리락하는 기機이지 학문과는 관계가 없습니다.

제가 말한 바의 식息은 대개 주재자가 잘 기르면, 기氣가 성性의 명령을 받고, 의義와 도道에 짝이 되어 천지에 가득한 것이니, 이는 낳고 낳는[生生] 기機입니다. 『전傳』에서는 '허虛는 기氣의 창고이고, 적寂은 생生의 기機이다.'[225]라고 말했습니다. 지금 허적虛寂을 선정禪定이라고 하면서 치지致知의 의미가 아니라고 하신다면 (이는 『전』과) 다릅니다. 불교에서는 허적虛寂을 성性으로 삼고, 깨달음覺도 성으로 삼는데, (깨달음에는) 황각皇覺·정각正覺·원각圓覺·명각明覺 등의 다름이 있습니다. 불학은 깨달음을 기르지만 그것을 사용하는 데는 인색하며, 지금의 유학은 깨달음을 사용하지만 기르는 법을 잃어버렸습니다. 이것이 또한 (불학과 유학이) 크게 다른 점입니다."

此氣化升降之機, 無與於學問也.

予之所謂息者, 蓋主得其所養, 則氣命於性, 配義與道, 塞乎天地, 生生之機也. 傳曰: '虛者氣之府, 寂者生之機.' 今以虛寂爲禪定, 謂非致知之旨, 則異矣. 佛氏以虛寂爲性, 亦以覺爲性, 又有皇覺·正覺·圓覺·明覺之異. 佛學養覺而嗇於用, 時儒用覺而失所養, 此又是其大異處."

| 12-116-2 | 선생이 말했다. "성체性體의 자연스러운 깨달음은 인륜과 사물의 감응을 떠나지 않으며 기機는 항상 낳고 낳습니다. 성性이 안정되면 호흡[息]은 저절로 안정되니, 이것이 이른바 성性을 다하여 명命에 이른다[226]는 것입

| 12-116-2 | 先生曰: "性體自然之覺, 不離倫物感應, 而機常生生. 性定, 則息自定, 所謂盡性以至

225 허(虛)는 … 기(機)이다: 출전 미상.

226 성(性)을 다하여 명(命)에 이른다: 『周易』「說卦傳」:1.

니다. 허적虛寂은 원래 성체性體이고, 돌아간다[歸]는 말은 돌아가서 감춘다는 뜻입니다. 그런데 돌아가는 곳이 있다고 한다면 낳고 낳는[生生] 기機와는 서로 상대하는 듯합니다. 그래서 선정禪定에 들어가는 것이 아닐까 의심한 것입니다. 불가佛家 역시 이승二乘이 수행을 통해 깨달음을 얻으려는 학문[證果之學]이지, 그들이 곧 허적을 선정으로 여기는 것은 아닙니다.

'불학은 깨달음을 기르지만 그것을 사용하는 데는 인색하며, 지금의 유학은 깨달음을 사용하지만 기르는 법을 잃어버렸다.'라고 하셨습니다. 말류의 차이는 그렇지만, 이 역시 유교와 불교의 근본을 구별한 것은 아닌 듯합니다."

於命也. 虛寂原是性體, 歸是歸藏之義, 而以爲有所歸, 與生生之機微若有待, 故疑其入於禪定. 佛家亦是二乘證果之學, 非卽以虛寂爲禪定也.

'佛學養覺而嗇於用, 時儒用覺而失所養', 末流之異則然, 恐亦非所以別儒佛之宗也."

인명 · 개념어 · 서명/편명 색인

인명 색인

개념어 색인

서명/편명 색인

저자

황종희(黃宗羲, 1610-1695)

중국 명말청초(明末淸初)의 학자이다. 자는 태충(太沖), 호는 남뢰(南雷) 또는 이주(梨洲)이며, 절강성(浙江省) 여요(餘姚) 사람으로 동림파(東林派) 관료였던 황존소(黃尊素)의 아들이다. 청년 시절 동림의 후예이자 복사(復社)의 명사로서 활약하며 정치 운동에도 참가하였고, 청(淸)나라 군대가 남하하자 의용군을 조직하여 저항하였다. 명조(明朝) 회복의 희망이 사라진 뒤에는 학문과 저술에 전념하며 청조(淸朝)의 부름을 거절하고 명(明)의 유로(遺老)로서 일생을 마쳤다.

스승인 유종주(劉宗周)를 통해 양명학(陽明學)의 온건한 측면을 계승하고 관념적인 심학(心學)의 횡류(橫流)를 비판하였으며, 경세(經世)를 위한 경학(經學)과 사학(史學)을 제창하여 청대 고증학의 형성에 기여하였다. 저술로는『명이대방록(明夷待訪錄)』,『명유학안(明儒學案)』,『역학상수론(易學象數論)』 등 다수가 있다.

역주자

한정길(韓正吉)

연세대학교 대학원 철학과에서 박사학위를 취득하고, 현재 한림대학교 태동고전연구소 연구교수로 재직 중이다. 주요 연구 분야는 양명학, 한국양명학, 조선경학이다. 논문으로「왕양명의 마음의 철학에 관한 연구」(박사학위논문, 1999),「조선조 관료지식인의 양명학관 연구」(2016),「왕수인의 경세사상」(2017),「정제두 〈대학설〉의 특성과 그 경학사상사적 의미」(2019) 등이 있고, 공저로『영 · 정조대 문예중흥기의 학술과 사상』(2014),『동양고전 속의 삶과 죽음』(2018),『사회사상과 동서접변』(2019),『조선경학의 문화다원론적 심화와 대안』(2022) 등이 있다. 역서로『전습록』(공역)(1995),『국역심경주해총람(상 · 하)』(공역)(2014),『양명학연론』(2020),『최명길의 사문록 역해와 심층 연구』(공역)(2022) 등이 있다.

윤상수(尹相洙)

연세대학교 철학과를 졸업하고 일본 도쿄대학(東京大學)에서 박사학위를 받았다. 현재는 인하대학교에서 강사로 재직하고 있으며, 송대(宋代) 이후의 유학사에 관심을 갖고 연구를 진행하고 있다. 논문으로 「科挙の学から経史の学へ—黄宗羲からみた明末清初の学術転換の一様相」(박사논문, 2011), 「거업(擧業)을 통해 본 명말(明末)의 과거와 학문」(2011), 「청대 고증학의 개조 황종희」(2012), 「『명유학안(明儒學案)』의 양명학관(陽明學觀) 재고」(2012), 「전후 일본의 송명유학 연구에 대하여」(2017) 등이 있다.

명유학안 역주

An Annotated Translation of
"Records of the Ming Scholars"